Acesse

www.moderna.com.br/ac/livro
e siga as instruções para ter acesso
aos conteúdos exclusivos do
Livro Digital

21 17208 Ciências - Apren Cotidi ano 7º ano - CANTO

CÓDIGO DE ACESSO:

A 00069 CIEAPCO5E 7 47804

0002789

Faça apenas um cadastro. Ele será válido para:

MODERNA Richmond SANTILLANA ESPAÑOL

Eduardo Leite do Canto
Licenciado em Química pela Universidade Estadual de Campinas (SP).
Doutor em Ciências pelo Instituto de Química da Universidade Estadual de Campinas (SP).
Autor de livros didáticos e paradidáticos.
Professor da rede particular de ensino.

Laura Celloto Canto
Bacharel em Biologia pela Universidade Estadual de Campinas (SP).
Licenciada em Ciências e em Biologia pela Universidade Estadual de Campinas (SP).
Especialista em Reprodução Humana Assistida.
Professora da rede particular de ensino.

Ciências Naturais

Aprendendo com o cotidiano

7

6ª edição

MODERNA

Eduardo Leite do Canto, Laura Celloto Canto, 2017

MODERNA

Coordenação editorial: Maíra Rosa Carnevalle
Edição de texto: Angélica Alves dos Santos, Tathyana Tumolo, Heloise do Nascimento Calça
Gerência de *design* e produção gráfica: Sandra Botelho de Carvalho Homma
Coordenação de produção: Everson de Paula
Suporte administrativo editorial: Maria de Lourdes Rodrigues (coord.)
Coordenação de *design* e projetos visuais: Marta Cerqueira Leite
Projeto gráfico: Patrícia Malizia
Capa: Daniel Messias
Foto: © Ben Miller/Canopy/Getty Images
Coordenação de arte: Carolina de Oliveira
Edição de arte: Arleth Rodrigues
Editoração eletrônica: Setup Bureau Editoração Eletrônica
Coordenação de revisão: Elaine Cristina del Nero
Revisão: Ana Cortazzo, Cárita Negromonte, Marina Oliveira
Coordenação de pesquisa iconográfica: Luciano Baneza Gabarron
Pesquisa iconográfica: Flávia Aline de Morais, Junior Rozzo, Luciana Vieira, Marcia Mendonça, Renata Martins
Coordenação de *bureau*: Rubens M. Rodrigues
Tratamento de imagens: Denise Feitoza Maciel, Joel Aparecido, Luiz Carlos Costa, Marina M. Buzzinaro
Pré-impressão: Alexandre Petreca, Denise Feitoza Maciel, Everton L. de Oliveira, Marcio H. Kamoto, Vitória Sousa
Coordenação de produção industrial: Wendell Monteiro
Impressão e acabamento: BMF Gráfica e Editora
Lote: 266820

Dados Internacionais de Catalogação na Publicação (CIP)
(Câmara Brasileira do Livro, SP, Brasil)

Canto, Eduardo Leite do
Ciências naturais : aprendendo com o cotidiano / Eduardo Leite do Canto, Laura Celloto Canto. — 6. ed. — São Paulo : Moderna, 2017.

Obra em 4 v. para alunos de 6º ao 9º ano.
Bibliografia.

1. Ciências (Ensino fundamental) I. Canto, Laura Celloto. II. Título.

17-02489 CDD-372.35

Índices para catálogo sistemático:
1. Ciências : Ensino fundamental 372.35

ISBN 978-85-16-10720-8 (LA)
ISBN 978-85-16-10721-5 (LP)

EDITORA MODERNA LTDA.
Rua Padre Adelino, 758 – Belenzinho
São Paulo – SP – Brasil – CEP 03303-904
Vendas e Atendimento: Tel. (0_ _11) 2602-5510
Fax (0_ _11) 2790-1501
www.moderna.com.br
2019
Impresso no Brasil

1 3 5 7 9 10 8 6 4 2

AOS SENHORES PAIS

Este volume integra uma coleção destinada ao ensino fundamental, no segmento de 6º a 9º ano.

A obra é fruto de vários anos de trabalho e de pesquisa. Ela apresenta uma abordagem na qual as Ciências da Natureza aparecem entremeadas no estudo de temas vinculados à realidade.

Em seus quatro volumes, a coleção procura auxiliar o processo educativo a desenvolver nos alunos capacidades que lhes serão úteis para aprender mais — por conta própria e ao longo de toda a vida — e atitudes desejáveis a qualquer cidadão consciente da realidade da sociedade em que vive e participante de suas decisões.

Cada um dos volumes da coleção pode ser utilizado de maneira versátil em diferentes locais do país, adaptando-se a variadas realidades. É fundamental que os senhores pais tenham em mente alguns pontos importantes:

- Não é necessário que os capítulos deste livro sejam trabalhados na ordem que aparecem. Diferentes sequências de conteúdos são possíveis, e o professor vai optar por aquela que for mais adequada à realidade local.
- Em muitos capítulos podem ser feitas atividades adicionais, como projetos, pesquisas, apresentações, visitas, entrevistas, encenações e feiras de Ciências. Investir tempo na realização dessas atividades é importante para desenvolver as capacidades dos alunos.
- Nenhum livro didático é, por si só, completo. Ao utilizar este livro, os estudantes serão continuamente estimulados a consultar o dicionário e outras fontes de informação.

É nosso sincero desejo de que esta obra contribua para o desenvolvimento das capacidades de sua filha/seu filho e favoreça o aprendizado de conteúdos necessários à vida em sociedade.

Suas sugestões e críticas serão muito bem-vindas.

Os autores

AO ESTUDANTE

Com a ajuda deste livro, você vai descobrir que as Ciências da Natureza são muito interessantes e estão relacionadas com várias coisas que acontecem com você e ao seu redor.

Para aproveitar ao máximo este livro, observe algumas recomendações importantes:

- Procure desenvolver, a cada dia, o gosto pela leitura e pelo estudo. São atividades muito prazerosas.
- Seu professor poderá trabalhar os capítulos em uma sequência diferente da apresentada no livro.
- Consulte um dicionário toda vez que aparecer uma palavra cujo significado você não conheça. O dicionário é um grande companheiro de quem estuda. Quanto mais você fizer uso dele, mais "craque" em consultá-lo ficará.
- Se tiver dúvidas, consulte seu professor. Troque ideias com ele sempre que achar necessário.
- Neste livro não cabem todas as informações sobre os temas que você vai estudar. Pesquisar em bibliotecas e outras fontes de informação é muito importante. E você não precisa esperar uma instrução do professor para pesquisar assuntos sobre os quais quer saber mais, não é?
- No final do ano, observe o seu crescimento ao aprender, de verdade, coisas novas e adquirir novas capacidades.

Nas páginas seguintes você encontra algumas informações sobre a estrutura deste livro. Compreender essa estrutura também é importante para aproveitar ao máximo o que a obra tem para lhe oferecer. Então, observe as páginas com atenção.

Tenha um ótimo aprendizado.

Os autores

HABITUE-SE COM A ESTRUTURA DESTE LIVRO

ABERTURA DE UNIDADE

As unidades se iniciam com duas imagens relacionadas aos temas que serão estudados. Observe atentamente os detalhes das imagens, procure supor o que será visto na unidade e troque ideias com os colegas sobre o que você sabe ou gostaria de saber sobre o tema. Analise também os ícones que representam o tema da unidade.

ABERTURA DE CAPÍTULO

Na abertura de cada capítulo existe uma foto que está relacionada ao assunto que será abordado. Na legenda dessa foto você encontra um breve comentário ou uma pergunta. Se for uma pergunta e você ficar curioso para saber a resposta, ótimo! É essa mesmo a intenção. Você conseguirá responder a pergunta estudando o capítulo.

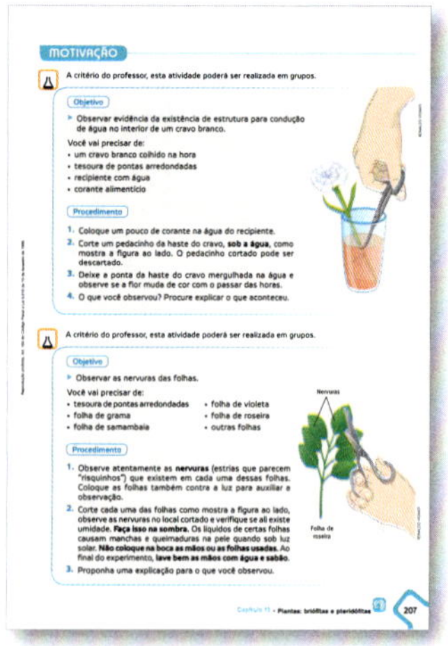

MOTIVAÇÃO

É sempre a primeira seção do capítulo, logo após a foto de abertura. Nela você encontrará uma notícia de revista, um texto da internet ou de livro, um experimento prático ou a descrição de alguma situação. A ideia é despertar seus conhecimentos prévios para ajudá-lo a aprender algo novo, relacionado ao tema em estudo.

ATIVIDADES EM QUADROS LATERAIS

Reflita sobre suas atitudes

Pretende dar umas "chacoalhadas" nas suas atitudes, por meio de perguntas que se referem ao modo como você vive e encara a vida. Às vezes, por causa dessas "chacoalhadas", você pode desejar mudar para melhor alguns de seus hábitos. Se isso acontecer, parabéns!

Trabalho em equipe

Apresenta atividades para serem executadas em grupo. Além de colocar em prática aquilo que está aprendendo, você exercitará algo muito importante para a vida: como atuar em conjunto para atingir uma finalidade comum.

Tema para pesquisa

Sugere temas que vão ajudá-lo a praticar o processo de busca de informações em outras fontes, como livros, enciclopédias, internet etc. É muito importante pesquisar para que você não fique preso somente a este livro e perceba que é gostoso aprender e que existem muitos meios de fazer isso.

Certifique-se de ter lido direito

Alerta para certos detalhes do texto que está sendo lido. Às vezes, é apenas relembrado que o dicionário deve ser consultado sempre que necessário. Outras vezes, é algo mais específico, como salientar alguma ideia ou passagem do texto. Saber ler com atenção é algo fundamental para a vida.

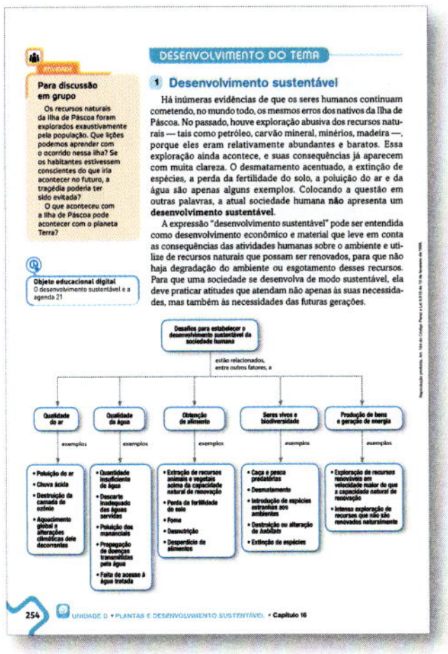

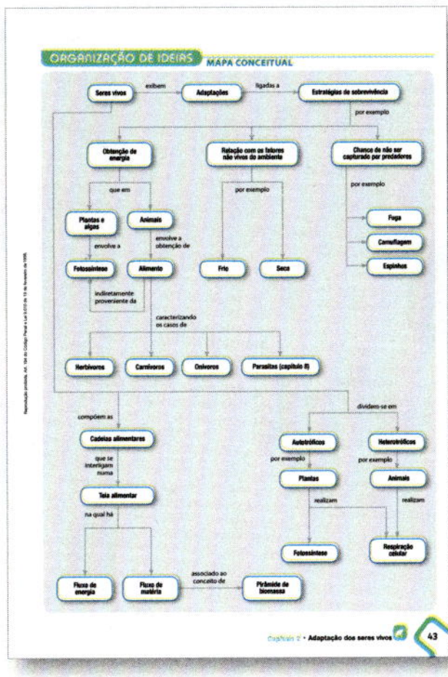

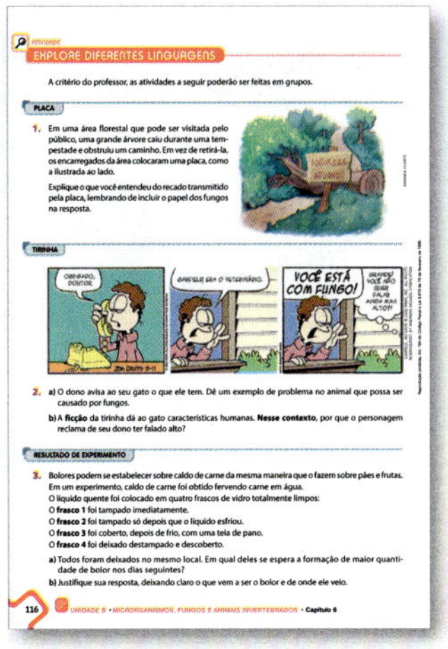

DESENVOLVIMENTO DO TEMA

Nessa seção você vai aprender coisas novas que estão associadas ao que foi inicialmente apresentado na seção *Motivação*.

ORGANIZAÇÃO DE IDEIAS: MAPA CONCEITUAL

Os mapas conceituais são um modo organizado de relacionar os conceitos aprendidos. Logo, você se acostumará com eles e verá como o ajudam a estudar e a perceber as conexões entre os novos conhecimentos adquiridos.

USE O QUE APRENDEU

Trata-se de uma lista de exercícios um pouco diferente da usual. A maioria dos exercícios deste livro pretende relacionar os conceitos estudados à sua aplicação em problemas práticos. Conhecimento não é para ser guardado. É para ser usado!

EXPLORE DIFERENTES LINGUAGENS

Apresenta exercícios que envolvem diferentes formas de expressão, como esquemas, tabelas, gráficos, desenhos, cartazes, *slogans*, texto jornalístico, encenações, charges, tirinhas etc.

Para fazer no seu caderno

Sugere atividades para você utilizar o que aprendeu e registrar suas conclusões no caderno. Essas atividades o ajudarão a aprender melhor o que está estudando.

Para discussão em grupo

Apresenta temas para você discutir com seus colegas. Aprender a trocar ideias e respeitar as opiniões das pessoas é fundamental para a vida em sociedade.

Use a internet

Sugere buscas ou visitas a páginas da internet, que trazem informações complementares aos assuntos que você está estudando.

Curiosidades

Com títulos diversos, apresenta curiosidades sobre os temas, entre elas a origem de algumas palavras **(Saiba de onde vêm as palavras)**.

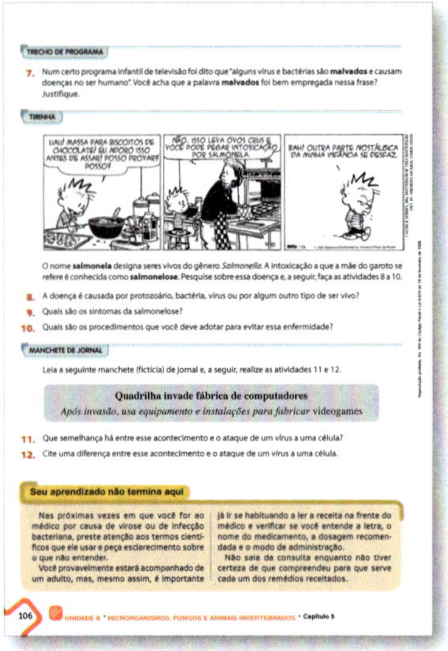

SEU APRENDIZADO NÃO TERMINA AQUI

Sempre é possível aprender mais. Não pensando em provas ou em "passar de ano", mas porque aprender é agradável e nos permite conhecer melhor as coisas que acontecem conosco e ao nosso redor. Nessa seção, há recados que procuram incentivar a continuidade do aprendizado.

AMPLIE O VOCABULÁRIO!

Atividade também vinculada aos *blogs* de Ciências da Natureza criados pelas equipes. Os quadros com o título *Amplie o vocabulário!* aparecem ao longo de todo o livro e destacam palavras cujo significado deve ser compreendido pelo estudante e incorporado ao seu vocabulário.

Sugere-se que a classe discuta o significado de cada palavra e que, com a supervisão do professor, o significado das palavras seja esclarecido. A seguir, as palavras e seu significado devem ser publicados no *blog* da equipe.

A critério do professor, esse material, devido à sua riqueza cultural e utilidade para consultas e retomadas, pode ser relacionado em cartazes, em fichas ou nas páginas finais do caderno de cada aluno. Ao longo do ano, a lista de palavras vai aumentando e o vocabulário da turma também.

FECHAMENTO DE UNIDADE – ISSO VAI PARA O NOSSO *BLOG*!

A classe é dividida em equipes, segundo critérios do professor. Cada equipe fica incumbida de criar e manter um *blog* sobre Ciências da Natureza. Essa atividade estimula a pesquisa de informações sobre temas de relevância (em jornais, revistas, livros, enciclopédias, internet e outras fontes), seguida da leitura e da seleção do material para postar no *blog*, bem como da discussão sobre o material publicado. A atividade desenvolve competências referentes ao acesso e ao tratamento de informações, à discussão em grupo, à cooperação e à interação com os colegas. Frequentemente, os temas escolhidos favorecem reflexões que podem produzir mudanças benéficas de atitude.

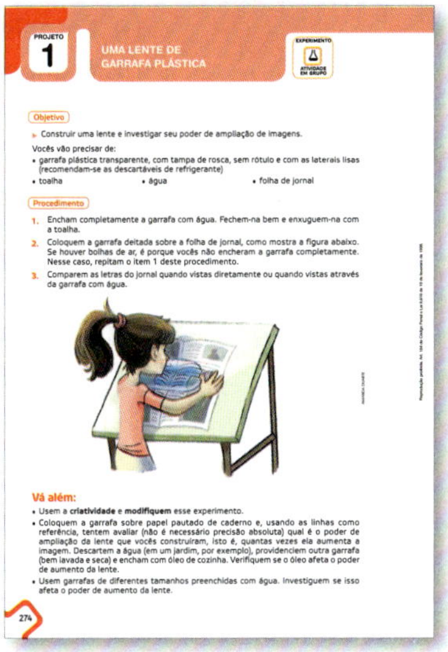

SUPLEMENTO DE PROJETOS

O **Suplemento de projetos**, no final do livro, apresenta propostas de atividades que os alunos poderão realizar sob a supervisão do professor. Tais atividades ajudarão o estudante a ampliar sua compreensão de conteúdos estudados no livro.

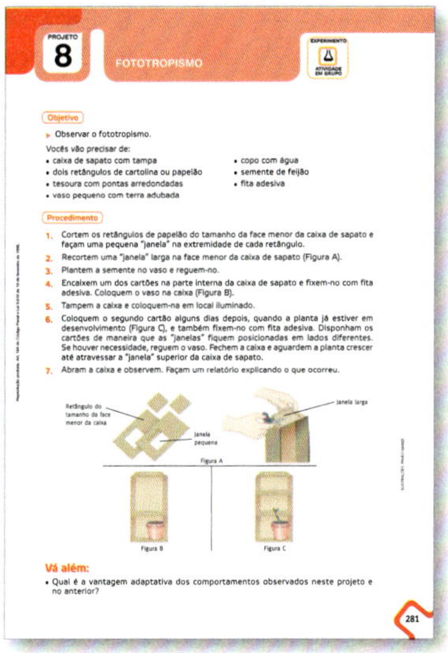

Objeto educacional digital
Indica que existem vídeos, animações e outros recursos no livro digital.

Todos os *links* citados nesta obra foram acessados de março a abril de 2017.

SUMÁRIO

UNIDADE A

DIVERSIDADE DA VIDA

CAPÍTULO 1
BIODIVERSIDADE

CAPÍTULO 2
ADAPTAÇÃO DOS SERES VIVOS

CAPÍTULO 3
CLASSIFICAÇÃO DOS SERES VIVOS

CAPÍTULO 4
EVOLUÇÃO DOS SERES VIVOS

UNIDADE B

MICRORGANISMOS, FUNGOS E ANIMAIS INVERTEBRADOS

CAPÍTULO 5
DIVERSIDADE DA VIDA MICROSCÓPICA

CAPÍTULO 6
FUNGOS

CAPÍTULO 7
ANIMAIS INVERTEBRADOS: PRINCIPAIS GRUPOS

CAPÍTULO 8

ANIMAIS INVERTEBRADOS: PARASITISMO

UNIDADE C

ANIMAIS VERTEBRADOS

CAPÍTULO 9

REPRODUÇÃO SEXUADA E REPRODUÇÃO ASSEXUADA EM ANIMAIS

CAPÍTULO 10

PEIXES

CAPÍTULO 11

ANFÍBIOS E RÉPTEIS

CAPÍTULO 12

AVES E MAMÍFEROS

UNIDADE D

PLANTAS E DESENVOLVIMENTO SUSTENTÁVEL

CAPÍTULO 13

PLANTAS: BRIÓFITAS E PTERIDÓFITAS

CAPÍTULO 14

PLANTAS: GIMNOSPERMAS E ANGIOSPERMAS

CAPÍTULO 15

PRINCIPAIS BIOMAS BRASILEIROS

CAPÍTULO 16

DESENVOLVIMENTO SUSTENTÁVEL

UNIDADE A

DIVERSIDADE DA VIDA

PAVEL VAKHRUSHEV/SHUTTERSTOCK

ANNA KUCHEROVA/SHUTTERSTOCK

Nessas fotos, você vê exemplos de animais. Na página à esquerda, uma água-viva (*Chrysaora fuscescens*, diâmetro do corpo: 50 cm), no Oceano Pacífico. Nesta página, uma fêmea adulta de macaco-esquilo e seu filhote (*Saimiri boliviensis*, altura da fêmea: 27 cm), na Floresta Amazônica. Os animais representam apenas uma parte da imensa diversidade de seres vivos. O que distingue os animais de todos os outros seres vivos?

CAPÍTULO 1

BIODIVERSIDADE

VITOR MARIGO/TYBA

O Parque Nacional da Serra dos Órgãos, no estado do Rio de Janeiro, é uma das unidades destinadas à conservação do patrimônio biológico nacional.

MOTIVAÇÃO

Em destaque

Parque Nacional da Serra dos Órgãos

"Uma das maiores, mais antigas e mais visitadas unidades de conservação, o Parque Nacional da Serra dos Órgãos estende suas altas montanhas por quatro municípios da região serrana do Rio de Janeiro e aposta nas pesquisas, no ecoturismo e na fiscalização para preservar a rica biodiversidade em seus vários ecossistemas

A placa alerta o visitante: 'Ao observar formação de nuvens no alto da serra, retire-se imediatamente das proximidades do rio'. O aviso, que menciona os riscos das trombas-d'água, pedras escorregadias e animais peçonhentos, também pede respeito à força da natureza no Parque Nacional da Serra dos Órgãos (Parnaso), uma das unidades de conservação mais antigas e mais visitadas do Brasil. São 20 mil hectares que se espalham pelos municípios de Teresópolis, Petrópolis, Magé e Guapimirim, na região serrana do Rio de Janeiro.

[...]

A população de bichos é grande nos diversos ecossistemas da Serra dos Órgãos. Além das aves, são 81 espécies de répteis, 107 de anfíbios e 112 de mamíferos, entre os quais os ameaçados gato-maracajá, gato-do-mato-pequeno, jaguatirica, preguiça-de-coleira, a onça-parda (suçuarana ou puma) e o muriqui-do-sul (*Brachyteles arachnoides*), o maior primata do continente americano. Mas também há perdas, segundo a pesquisadora Cecília de Faria: 'A onça-pintada, a anta e o queixada estão provavelmente extintos na região devido à caça e perda de hábitat'.

O homem ainda é a principal ameaça à unidade de conservação, reconhece Leandro Goulart, chefe do Parnaso. 'A especulação imobiliária e o parcelamento do solo para a construção de condomínios prejudicam a conexão com outros fragmentos de mata e o crescimento desordenado de comunidades do entorno, que não seguem uma regra de ocupação do solo, também favorece a fragmentação.' No interior do parque, a caça e a extração de palmito são os problemas que mais dão trabalho aos fiscais do Instituto Chico Mendes de Conservação da Biodiversidade (ICMBio), apoiados por órgãos ambientais da região.

Além da fiscalização, a chefia do parque aposta em dois outros pilares de apoio à preservação: a pesquisa e o ecoturismo. Cecília de Faria, que coordena as pesquisas, diz que a Serra dos Órgãos é a unidade de conservação federal mais pesquisada. O número de estudos já passa dos 500. 'Todas as atividades têm por objetivo a conservação da natureza, seja através da conscientização das pessoas que visitam o parque, do combate ao crime ambiental ou do monitoramento da biodiversidade', explica a coordenadora.

[...]"

Fonte: P. Conte. Acima das nuvens. *Terra da Gente*, ano 11, n. 119. p. 52-59.

!

Bioma

A palavra **bioma** pode ser entendida como uma grande comunidade de seres vivos, adaptada às condições de certa região, e que tem uma vegetação que lhe é característica. A Mata Atlântica é um exemplo de bioma. O Parque Nacional da Serra dos Órgãos está inserido nesse bioma.

DESENVOLVIMENTO DO TEMA

1 O que significa fazer uma classificação?

Imagine que você fosse o gerente de um supermercado. Como parte de sua atividade, deveria orientar os funcionários para que arrumassem as mercadorias nas prateleiras de modo que facilitasse aos consumidores encontrar o que procuram. Para isso, você teria de escolher um **critério** para separar as mercadorias e explicar esse critério aos funcionários.

Você poderia separar os produtos pelo preço, pelo tipo de embalagem ou pela quantidade, em gramas, ou, ainda, pelo nome, em ordem alfabética. Outra possibilidade seria agrupar as mercadorias pela finalidade a que se destinam — limpeza, alimentação, vestuário, brinquedos, eletrodomésticos etc. Algumas maneiras de arrumar as mercadorias podem ser mais vantajosas que outras.

Agrupar as mercadorias seguindo um critério escolhido é fazer uma **classificação** delas. Há muitas maneiras de organizar um supermercado. Cada uma tem suas vantagens e suas desvantagens. Uma coisa, porém, é certa: qualquer critério de classificação deve se basear na **observação das características** das mercadorias, pois são elas que permitem estabelecer a classificação.

2 A variedade dos seres vivos

Desde pequenas, as crianças começam a perceber que há muitos tipos de seres vivos. Ao notar as diferenças entre eles e usar um nome diferente para cada um, a criança demonstra curiosidade em conhecê-los e, desde cedo, habilidade para agrupar e para distinguir os seres vivos de acordo com suas características. Ao crescer, muitas pessoas acabam perdendo essa curiosidade, enquanto outras a mantêm.

Os **biólogos** são cientistas que se preocupam em conhecer melhor os seres vivos e suas características. A Ciência estudada por eles é a **Biologia**.

Uma parte muito importante no **estudo dos seres vivos** é conseguir perceber as semelhanças e as diferenças entre eles para, então, **classificá-los**. Um critério deve ser adotado. No entanto, há muitos critérios possíveis. Cada um deles tem suas vantagens e desvantagens.

As plantas produzem o próprio alimento por meio da fotossíntese. Na foto, bromélias no mangue em Itacaré, BA.

EDSON GRANDISOLI/PULSAR IMAGENS

3 Classificando os seres vivos

Plantas e algas são autotróficos

Uma maneira de classificar os seres vivos seria pelo seu tamanho, ou pela letra inicial do nome ou, ainda, pela sua cor. Muitas outras maneiras poderiam ser elaboradas. Veremos algumas delas neste capítulo e nos seguintes.

Um dos critérios que os biólogos escolheram diz respeito à maneira como o ser vivo obtém alimento.

As plantas e as algas são exemplos de seres vivos que fazem fotossíntese. Esse é um processo pelo qual água e gás carbônico são transformados em açúcar (empregado como alimento) e gás oxigênio. Os seres vivos que são capazes de produzir seu próprio alimento são denominados **autotróficos.**

FABIO COLOMBINI

Animais são heterotróficos. Arara-azul comendo acuri. (Pantanal, MT.)
envergadura: até 1,30 m

Animais são heterotróficos

Os animais, diferentemente das plantas e das algas, não realizam fotossíntese. Por isso se alimentam de outros seres vivos. Os organismos que não produzem seu próprio alimento são chamados de **heterotróficos**.

FABIO COLOMBINI

Fungos são heterotróficos. (Cogumelos sobre galho caído; altura: 5 cm.)

Fungos são heterotróficos

Os cogumelos não fazem fotossíntese e, portanto, não são autotróficos. Eles crescem sobre restos de matéria em decomposição, como folhas caídas, fezes e cadáveres, dos quais se alimentam. Logo, os cogumelos são **heterotróficos**, e há muito tempo não são mais classificados como plantas.

Os biólogos não colocam os cogumelos no grupo dos animais nem no das plantas. Eles são classificados como **fungos**. Além dos cogumelos, o grupo dos fungos inclui muitos outros seres, como os bolores que crescem sobre as frutas e o pão.

São conhecidos muitos seres vivos que não se encaixam no grupo dos animais, no das plantas ou no dos fungos, tais como as bactérias e as algas. Vamos mencionar os grupos que englobam esses outros seres vivos no capítulo 3.

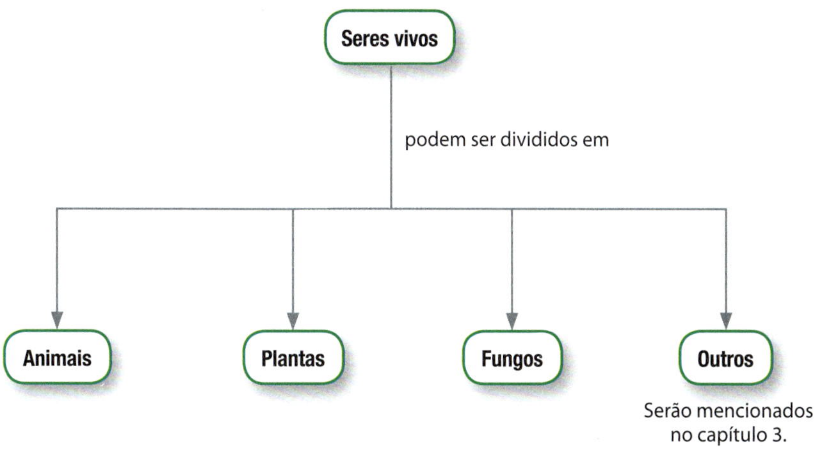

Saiba de onde vêm as palavras

A palavra "autotrófico" vem do grego *autós*, por si próprio, e *trophé*, nutrição. Ela se refere ao ser que se nutre por si próprio.

A palavra "heterotrófico" vem do grego *hétero*, outro, e *trophé*, nutrição. Ela se refere ao ser que se nutre de outros organismos.

A-Z

ATIVIDADE

Amplie o vocabulário!

Hora de debater o significado de cada conceito, redigi-lo com nossas palavras e incluí-lo no nosso blog.

- autotrófico ou autótrofo
- heterotrófico ou heterótrofo

4 O conceito de espécie

Um pé de alface não dá tomates como fruto. Nem o tomateiro produz laranjas. Uma cadela não dá à luz gatos. Tampouco uma gata tem sapos como filhotes.

De observações simples como essas surgiu a ideia de **espécie** de ser vivo: grupo de seres vivos que podem cruzar em condições naturais e originar descendentes férteis. Indivíduos de uma certa espécie geram descendentes que pertencem a essa mesma espécie. Um indivíduo de determinada espécie não pode nascer de um indivíduo de outra espécie. Uma espécie se distingue de outra pelas características comuns compartilhadas por seus indivíduos.

5 Nome das espécies: o sistema de Lineu

O sistema de classificação dos seres vivos usado atualmente pelos biólogos é baseado no trabalho do cientista sueco Carolus Linnaeus (1707-1778), conhecido como Lineu. Ele passou boa parte da vida estudando os seres vivos, observando suas características e agrupando-os conforme suas semelhanças.

Um mesmo ser vivo pode ser chamado por nomes diferentes, de acordo com o lugar. Para contornar esse problema, Lineu propôs que cada espécie fosse chamada por um nome constituído por **duas palavras**, ambas geralmente derivadas do latim ou do grego. (O latim é uma língua que foi falada no antigo Império Romano. Dele derivam muitas línguas atuais, como o português, o espanhol, o francês e o italiano.)

Deve-se escrever **a primeira palavra do nome de uma espécie com a inicial maiúscula e todas as outras letras minúsculas. A segunda palavra deve ser escrita com letras minúsculas.** O nome todo deve estar destacado do restante do texto, sendo normalmente escrito em **itálico** — quer dizer, com aquelas letras inclinadas — ou **sublinhado**. O nome científico do gato doméstico, por exemplo, pode ser escrito como *Felis catus* ou Felis catus.

EDUARDO RIVERO/SHUTTERSTOCK

Ramphastos toco, o tucanuçu.
comprimento: 56 cm

ARY BASSOUS/TYBA

Ramphastos dicolorus, o tucano-de-bico-verde.
comprimento: 46 cm

PETESPHOTOGRAPHY/THINKSTOCK/GETTY IMAGES

Chelonia mydas, a tartaruga-verde.
comprimento: 1 m

6 Gênero

Lineu reuniu as espécies que tinham muitas semelhanças em um grupo maior, chamado **gênero**. Assim, por exemplo, a onça-pintada, o leão, o tigre e o leopardo pertencem ao mesmo gênero, o gênero *Panthera*.

Da mesma forma, o cão doméstico e o coiote são espécies diferentes, mas que pertencem ao mesmo gênero.

No nome de uma espécie, a primeira palavra indica o gênero, e as **duas palavras juntas indicam a espécie**. A segunda palavra do nome da espécie, sozinha, não tem significado. Ela deve ser sempre escrita acompanhada do gênero, formando o nome da espécie. Assim, por exemplo, no caso do gato doméstico, *Felis catus*, o **gênero** é *Felis*. A **espécie** não é *catus*, mas sim *Felis catus*.

ZSSD/MINDEN PICTURES/FOTOARENA

Onça-pintada: *Panthera onca*.
comprimento: 1,7 m

PURESTOCK/PURESTOCK/GETTY IMAGES

Leão: *Panthera leo*.
comprimento: 2,5 m

KONRAD WOTHE/MINDEN PICTURES/FOTOARENA

Tigre: *Panthera tigris*.
comprimento: 2,8 m

Em destaque

O comedor de formigas

Embora possam parecer complexos, os nomes científicos das espécies têm uma origem lógica.

Vejamos, por exemplo, o caso do tamanduá: *Myrmecophaga tridactyla*. Essas palavras vêm do grego. O nome do gênero, *Myrmecophaga*, vem de *myrmeco*, formiga, e *phaga*, que se alimenta de. E a palavra *tridactyla* vem de *tri*, três, e *daktylos*, dedos. Na verdade, o tamanduá não tem só três dedos, mas três deles são mais desenvolvidos, dando essa impressão.

Muitos dos nomes não científicos também têm origem lógica. "Tamanduá" vem do tupi *tamonduá*, que é composto de *ta*, formiga, e *monduá*, caçador.

TUI DE ROY/MINDEN PICTURES/FOTOARENA

O formato do focinho e a comprida língua do tamanduá-bandeira permitem que ele alcance formigas em locais pouco acessíveis. (Pantanal, MT.)
comprimento do focinho à cauda: 2,2 m

NALUWAN/SHUTTERSTOCK; MBI/SHUTTERSTOCK; MARIO FRIEDLANDER/PULSAR IMAGENS; MAX TOPCHII/SHUTTERSTOCK

Todos os seres humanos pertencem à mesma espécie: *Homo sapiens*. Os membros dessa espécie, como os de qualquer outra, apresentam diferenças individuais.

7 Diferenças individuais em uma espécie

Mesmo dentro de uma determinada espécie, os indivíduos não são exatamente iguais. Veja, por exemplo, o caso da espécie humana. Todos os seres humanos pertencem à mesma espécie, mas existem notáveis diferenças de uma pessoa para outra. Apesar de possuírem características individuais eventualmente bem distintas, existe a possibilidade de que um homem e uma mulher, não importa em qual lugar do mundo tenham nascido, deem origem a descendentes. Estes, por sua vez, também poderão ter descendentes, que também pertencerão à espécie humana.

Outro exemplo em que podemos observar as diferenças individuais com facilidade é no caso dos cães domésticos: todos pertencem à mesma espécie, apesar da grande diversidade de aspectos. Variação nas características individuais é algo que acontece em todas as espécies.

Em destaque

Categorias de classificação dos seres vivos

Apenas para que você tenha uma noção, além de gênero e espécie, os biólogos utilizam outras categorias para agrupar os seres vivos.

Uma ou mais **espécies** formam um **gênero**. Um ou mais gêneros constituem uma **família**. Uma ou mais famílias compõem uma **ordem**. Uma ou mais ordens constituem uma **classe**. Uma ou mais classes formam um **filo**. Vários filos são reunidos em um **reino**. Um ou mais reinos constituem um **domínio**.

Domínio
(*Eukarya*, eucariotos)

Reino
(*Animalia*, animais)

Filo
(*Chordata*, cordados)

Classe
(*Mammalia*, mamíferos)

Ordem
(*Primates*, primatas)

Família
(*Hominidae*, hominídeos)

Gênero
(*Homo*)

Espécie
(*Homo sapiens*)

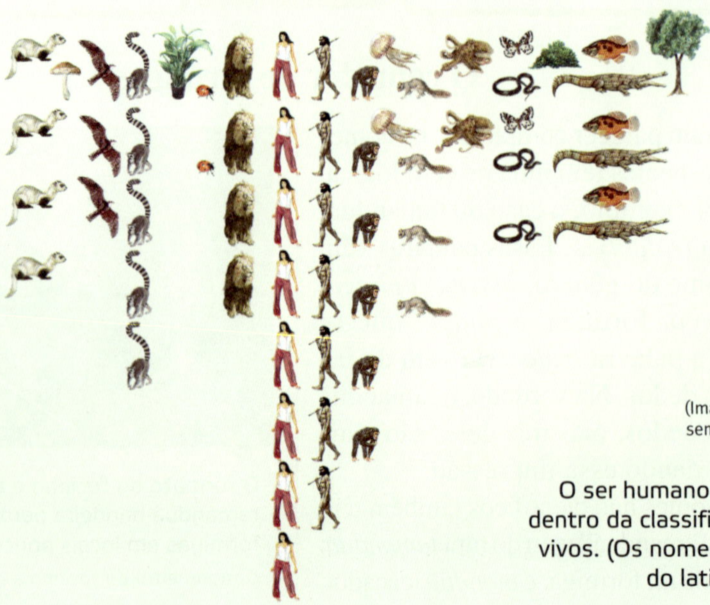

ILUSTRAÇÕES: PAULO CÉSAR PEREIRA

(Imagem dos seres vivos sem proporção entre si.)

O ser humano (*Homo sapiens*) dentro da classificação dos seres vivos. (Os nomes em itálico vêm do latim ou do grego.)

8 Biodiversidade

Você já tinha ouvido falar em biodiversidade? Provavelmente já, pois essa palavra vem sendo cada vez mais usada. Mas o que ela significa?

Biodiversidade é a palavra usada para expressar a variedade de espécies de seres vivos que existem em nosso planeta (ou em uma região em particular), a variedade de aspectos que existem dentro de uma mesma espécie e também a complexidade das interações entre as diversas espécies de uma região.

A variedade de formas de vida é muito importante, por diversas razões. Veja, por exemplo, o caso dos seres vivos decompositores. A vida seria impossível sem eles, pois decompõem fezes e organismos mortos, liberando no ambiente, na forma de nutrientes, os materiais neles presentes, que, agora, podem ser utilizados pelas plantas.

Muitos animais, algas e plantas constituem fontes de alimento para nós e para outros animais. As algas e as plantas, além de serem o começo das cadeias alimentares, são importantes fontes de substâncias que atuam como medicamentos.

ATIVIDADE

Para discussão em grupo

O ser humano depende da biodiversidade? Por quê?

Que motivos temos para conservá-la?

ATIVIDADE

Trabalho em equipe

Aproveitando o tema discutido em grupo, redijam uma (simulação de) carta a uma autoridade federal (deputado, senador ou presidente) expondo a importância de conservar a biodiversidade de determinado ambiente e justificando-a.

Em destaque

A cura do câncer e da aids: esperanças destruídas?

Ninguém sabe ao certo quantas espécies de seres vivos existem em nosso planeta, pois nem todas as espécies foram descobertas.

O número de espécies que já foram catalogadas não chega a 2 milhões. É muito difícil ter o número exato, pois, além de esses dados estarem espalhados por muitos jornais de circulação no meio científico, a cada dia várias novas espécies são identificadas e catalogadas.

As estimativas sobre quantas existem ao todo variam muito. Há quem diga que podem existir 100 milhões de espécies diferentes na Terra, mas as opiniões frequentemente convergem para algo em torno de 10 milhões.

O ser humano, com suas intervenções no ambiente, está destruindo cada vez mais espécies. Muitas foram destruídas antes de serem descobertas e estudadas pelos cientistas.

E se alguma dessas continha as substâncias para curar a aids ou o câncer? Uma vez que elas desapareceram, jamais se saberá!

Use a internet

Um estudo recente estima que o número total de espécies é de 8,7 milhões, com incerteza de 1,3 milhão, para mais ou para menos. Para você ler o que a imprensa divulgou sobre o estudo, dê uma busca pela expressão "8,7 milhões de espécies".

ATIVIDADE

Tema para pesquisa

Existem espécies em risco de extinção no Brasil? Em caso afirmativo, dê exemplos delas.

Em destaque

Como a biodiversidade está ligada à diversidade cultural?

"Desde que surgiram, os seres humanos modelaram e administraram a biodiversidade e o mundo natural, [...] ecossistemas e paisagens. As culturas, por sua vez, foram moldadas por seus ambientes naturais. Hoje, as comunidades indígenas e locais frequentemente desempenham um papel fundamental na conservação da biodiversidade, mantendo sistemas complexos de conhecimento e prática. Seus territórios, muitas vezes em áreas protegidas, estão entre os mais biologicamente diversos do planeta: cobrem até 24% da superfície terrestre e contêm 80% dos ecossistemas ainda saudáveis."

Fonte: A. Candau. Tudo o que você sempre quis saber sobre biodiversidade. *Unesco/Planeta*, n. 458. Acessado em: http://www.revistaplaneta.com.br/tudo-o-que-voce-sempre-quis-saber-sobre-biodiversidade/.

9 O que é extinção de uma espécie?

Quando o último indivíduo de uma espécie morre, tal espécie foi **extinta**. Nunca mais existirá um indivíduo vivo que pertença a essa espécie.

A extinção de uma espécie pode ocorrer por causas naturais, como mudanças climáticas, aparecimento de novas doenças, incêndios naturais, erupções vulcânicas, secas e enchentes.

Contudo, a principal razão para a grande extinção de espécies que vem ocorrendo atualmente é a **alteração radical do meio ambiente pelo ser humano**. Um dos principais exemplos dessa alteração é o desflorestamento de extensas áreas, por meio de queimada e corte, para o crescimento das cidades ou para a agricultura e a pecuária.

Além disso, a introdução de espécies em ambientes em que elas não ocorrem naturalmente (que, nesse caso, são conhecidas como **espécies invasoras** ou **espécies exóticas**), a caça predatória, o tráfico de animais e a poluição do ar, da água e do solo também contribuem para a perda de várias espécies.

Quando os indivíduos vivos de uma espécie correm risco de desaparecer da natureza dentro de pouco tempo, dizemos que a espécie está **ameaçada de extinção**. Nesses casos, se não forem tomadas providências, é bastante provável que a extinção da espécie aconteça. Muitas espécies estão ameaçadas por causa da caça ou da pesca predatórias realizadas pelo ser humano. Outras estão em perigo em consequência da destruição do ambiente natural em que vivem.

A-Z

ATIVIDADE

Amplie o vocabulário!

Hora de debater o significado de cada conceito, redigi-lo com nossas palavras e incluí-lo no nosso blog.

- espécie
- gênero
- biodiversidade
- extinção de uma espécie

ORGANIZAÇÃO DE IDEIAS

MAPA CONCEITUAL

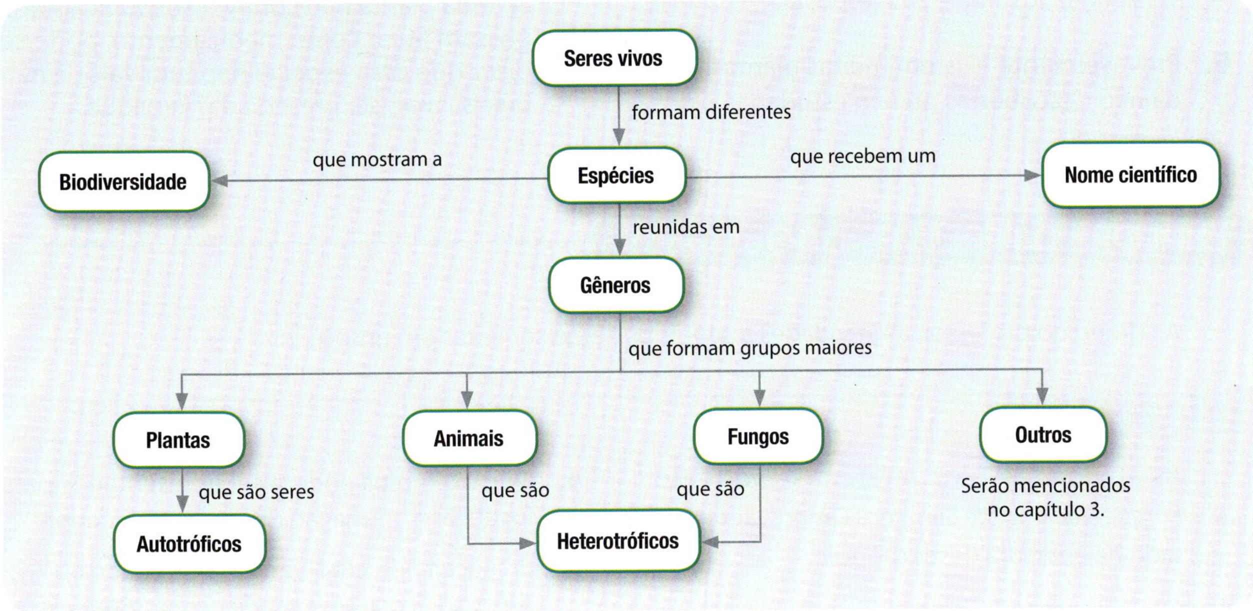

ATIVIDADE

USE O QUE APRENDEU

1. Que motivos levam os biólogos a classificar uma roseira como planta e não como animal?

2. Uma anêmona-do-mar aparece na foto abaixo. Ela é dotada de tentáculos que possuem estruturas que permitem imobilizar ou matar pequenos peixes que lhe servem de alimento.

Com base nessas informações, responda em seu caderno:

DAVID WROBEL/VISUALS UNLIMITED, INC./GLOW IMAGES

Anêmona-do-mar com 10 cm de diâmetro.

a) A anêmona-do-mar é um ser autotrófico ou heterotrófico?

b) Trata-se de um animal ou de uma planta?

3. Um ouriço-do-mar aparece na foto a seguir. Na parte de baixo de seu corpo, que não aparece na foto, há uma boca que permite a ele ingerir algas como alimento. O ouriço-do-mar tem o corpo revestido de espinhos e possui muitos pequenos pés que lhe permitem uma lenta locomoção pelo fundo do mar.

Conhecendo essas características, é mais correto classificar o ouriço-do-mar como um animal ou como uma planta? Explique.

PALÊ ZUPPANI/PULSAR IMAGENS

Ouriço-do-mar com 9 cm de diâmetro.

4. Os musgos são organismos que vivem em lugares úmidos e formam "tapetes" verdes sobre rochas, barrancos e troncos de árvores. Embora vivam em locais com sombra, eles dependem da iluminação, pois realizam fotossíntese.

Responda em seu caderno:

a) Os musgos são autotróficos ou heterotróficos?

b) Os musgos devem ser classificados como fungos, como animais ou como plantas?

FABIO COLOMBINI

Esses musgos cresceram sobre rochas e troncos, em local úmido.

5. A população mundial está crescendo continuamente. Esse crescimento ameaça a biodiversidade? Justifique sua resposta.

6. Provavelmente existem muitas plantas, ainda não descobertas ou não estudadas pelos cientistas, que podem conter substâncias capazes de combater diversas doenças.
Se uma planta não contiver substâncias que possam atuar como medicamento, pode-se dizer que essa espécie não tem valor e não precisa mais ser preservada? Explique.

ATIVIDADE

EXPLORE DIFERENTES LINGUAGENS

A critério do professor, as atividades a seguir poderão ser feitas em grupos.

TEXTO JORNALÍSTICO

As atividades 1 a 7 referem-se ao texto *Parque Nacional da Serra dos Órgãos*, apresentado na abertura deste capítulo.

1. O texto refere-se a um Parque Nacional existente em qual estado brasileiro?

2. O Parque Nacional em questão é uma "unidade de conservação", diz o texto. O que se pretende conservar lá? Por que é necessária essa conservação?

3. Segundo um entrevistado do autor do texto, qual é a maior ameaça à unidade de conservação do Parque Nacional da Serra dos Órgãos?

4. Que exemplos podem ser apresentados para justificar a afirmação da resposta anterior?

5. O conceito de **biodiversidade** é citado no final do texto. O que se entende por biodiversidade?

6. Alguns pesquisadores se referem ao Brasil como um país "megadiverso". O que significa dizer que um país é "megadiverso"?

7. O Brasil tem diversos **biomas**, e o Parque Nacional da Serra dos Órgãos está inserido em um deles. (A explicação do que é bioma é dada no quadro que aparece junto do texto.) Qual é esse bioma?

CHARGE

8. Pesquise o significado de *Rhinella marina* e *Homo sapiens* e, a seguir, reescreva a fala do animal, tornando-a mais próxima da linguagem não científica.

9. Sobre os dois seres mencionados na fala, quatro alunos elaboraram as seguintes conclusões:

Aluno 1 – Pertencem à mesma espécie e ao mesmo gênero.

Aluno 2 – Pertencem à mesma espécie, mas a gêneros diferentes.

Aluno 3 – Pertencem ao mesmo gênero, mas a espécies diferentes.

Aluno 4 – Pertencem a espécies e gêneros diferentes.

Com qual dessas conclusões você concorda? Por quê?

NON SEQUITUR, WILEY MILLER © 1996 WILEY MILLER/DIST. BY ANDREWS MCMEEL SYNDICATION

TIRINHA

As atividades 10 e 11 referem-se à tirinha a seguir, que propõe uma **situação fictícia**.

FRANK & ERNEST, BOB THAVES © 2003 THAVES/ DIST. BY ANDREWS MCMEEL SYNDICATION

10. O cruzamento entre uma pomba e um papagaio não ocorre em ambiente natural. Interprete essa informação utilizando o conceito de **espécie** de ser vivo.

11. Mesmo que esse cruzamento fosse tentado em laboratório, de modo artificial, é de esperar que os descendentes não sobreviveriam ou, se sobrevivessem, não seriam férteis. Com base em que é possível fazer essa previsão?

TRECHO DE DISCURSO

12. Durante um discurso, um político de um país desenvolvido teria dito: "Ser a favor da natureza é ser contra o progresso!".

Escreva um texto em seu caderno expressando sua opinião sobre essa fala do político.

TRECHO DE ENTREVISTA

13. Durante uma entrevista, o presidente de uma Organização Não Governamental (ONG) voltada para a conservação ambiental afirmou:

"Uma das formas de ajudar a conservar a biodiversidade é conversar com as pessoas sobre problemas como poluição e desmatamento."

Explique de que maneira conversar com as pessoas sobre esses problemas pode ajudar na conservação da biodiversidade.

TEXTO DE DIVULGAÇÃO CIENTÍFICA

Vida de borboleta

"Espécie que vive apenas no Brasil está ameaçada de extinção [...]

Há milhares de borboletas no mundo. Mas algumas delas só ocorrem no Brasil. É o caso da borboleta-da-praia. Seu corpo alongado sustenta quatro belas asas negras e brancas, com desenhos avermelhados. Mas antes de se transformar neste belo animal [...], que visita flores e embeleza a paisagem, ela tem uma longa história de vida para contar.

Tudo começa com a postura dos ovos, cerca de cem, que a borboleta-da-praia põe sobre as folhas de uma trepadeira conhecida como jarrinha. Quando esses ovos eclodem, sai de cada um deles uma lagarta, que se alimenta das folhas da jarrinha.

Após 60 dias, a lagarta para de comer e tece um casulo em torno de si, transformando-se em pupa. Dentro do casulo ocorre um fenômeno conhecido como metamorfose. Em três semanas, uma linda borboleta surge de seu interior. Seu ciclo de vida é breve: termina logo após a reprodução e postura dos ovos, o que leva em média 25 dias.

Quer saber por que a borboleta-da-praia só coloca os seus ovos em folhas e galhos da jarrinha ou bem próximos a ela? Porque essa planta possui uma substância chamada lantanina, que, apesar de ser bastante tóxica para outras espécies, mais tarde se torna o escudo protetor do animal na natureza. As lagartas, ao se alimentarem da planta, armazenam a lantanina em seu corpo, e a substância permanece no organismo do animal mesmo depois de se transformar em borboleta. Os animais que gostam de comer borboletas, como alguns pássaros, evitam comer essa espécie, pelo horrível e inesquecível sabor amargo de seu corpo. Assim, ela está protegida dos predadores.

Mas é por depender exclusivamente da jarrinha para garantir sua reprodução que a borboleta-da-praia corre risco de extinção. As planícies úmidas do estado do Rio de Janeiro — como brejos e pântanos onde esta planta se desenvolve — têm sofrido grandes transformações, principalmente pela destruição da vegetação nativa dessas baixadas. Para piorar, as áreas de restinga próximas à praia, onde a jarrinha também cresce, estão acabando por dar lugar a condomínios de casas e apartamentos. Além disso, a espécie foi, ao longo da história, caçada para compor quadros e outros objetos decorativos. Não seria muito melhor se a borboleta-da-praia pudesse voar livremente?"

Fonte: S. F. Bruno e A. L. Mello (UFF). *Ciência Hoje das Crianças*, n. 217, p. 16.

LUIZ CLÁUDIO MARIGO/OPÇÃO BRASIL IMAGENS

Borboleta-da-praia (*Parides ascanius*).
envergadura: 4,5 cm

14. Utilize as informações dadas no terceiro parágrafo para fazer uma estimativa do tempo total de vida do inseto mencionado.

15. O texto informa que a borboleta-da-praia está ameaçada de extinção. Explique o que significa estar ameaçado de extinção.

16. A borboleta-da-praia corre esse risco porque outro ser vivo também está ameaçado. Que ser vivo é esse e por que ele está ameaçado?

17. Que relação há entre a borboleta-da-praia e a espécie citada na resposta anterior que faz com que o risco sofrido por esta última ameace também a borboleta?

18. Há outro motivo, também mencionado no texto, que contribui para colocar a borboleta-da-praia em risco. Qual é ele?

Seu aprendizado não termina aqui

Jornais e revistas estão sempre noticiando situações criadas pelo ser humano que colocam em risco a biodiversidade. Preste atenção a essas notícias. Estar informado é possuir argumentos que podem ser utilizados para tentar conscientizar outras pessoas sobre a importância de conservar a biodiversidade, entre outras questões.

CAPÍTULO 2

ADAPTAÇÃO DOS SERES VIVOS

O caranguejo-de-esponja (*Lauriea siagiani*) tem um aspecto que possibilita sua camuflagem em meio às esponjas marinhas de coloração similar à dele. Essa adaptação é vantajosa para o caranguejo. Por quê? (Oceano Pacífico, Indonésia; comprimento do caranguejo: 2,5 cm.)

MICHAEL STUBBLEFIELD/ALAMY/GLOW IMAGES

MOTIVAÇÃO

Em destaque

Sangue latino, coração baiano

"[...]

Por onde passa, tem um apelido, mas jupará (*Potos flavus*) é o nome verdadeiro deste animal de cor marrom-avermelhada, de no máximo um metro de comprimento — sem contar a cauda de 40 centímetros — e 4,5 quilogramas. Este pequeno gracioso é da família dos procionídeos, primo próximo dos quatis (*Nasua nasua*) e dos guaxinins (*Procyon cancrivorus*). A diferença entre os parentes é a cauda preênsil do jupará, usada como um quinto membro, que o ajuda a se pendurar no topo das árvores mais altas e também serve para lhe dar apoio, como uma terceira perna. A cauda é o principal motivo de ser sempre confundidos com macaquinhos, como o sagui.

[...] é pelo cacau que o jupará se mistura entre mitos e lendas no folclore do povo baiano, mais especificamente do sul do estado [...].

O cacaueiro não é uma árvore nativa na região, foi trazida no século 17 e criou raízes. Atualmente, o sul da Bahia é responsável por 95% da produção do Brasil, que por sua vez é o quinto maior produtor de cacau do mundo. E todo esse potencial só foi possível devido a um lavrador de mão cheia.

'Aqui, o jupará é conhecido como o maior plantador e disseminador do cacaueiro no sul da Bahia', atesta o jornalista e historiador Adelindo Kfoury Silveira. 'O cacaueiro produz um fruto em forma de cabaça e dentro dele têm as sementes em forma de amêndoas. Ele usa seus trinta e oito dentes e suas unhas afiadas para quebrar a cabaça e pegar as amêndoas. Quando defeca espalha as sementes pelo solo. Segundo nossos ancestrais, as primeiras plantações surgiram em razão disso', completa. [...]

[...]

O hábito noturno rendeu outro apelido, macaco-da-meia-noite. Durante o dia, o jupará passa entocado, normalmente dentro de árvores ocas. [...] Mas é só começar a cair a noite que a movimentação toma conta do animal. É a hora de se alimentar, brincar e reproduzir. [...] Sua visão tem a mesma característica de outros animais notívagos. Os olhos são grandes e bastante sensíveis à luz. A pupila é vertical, assim como a dos gatos e a das jiboias. Esse detalhe também facilita a entrada de luz. Por causa dessa sensibilidade, dificilmente são vistos em dias de sol.

ATIVIDADE

Certifique-se de ter lido direito

Você já tinha ouvido falar no jupará?

Após ler atentamente, tente responder: de quantas características do jupará, citadas no texto, você consegue se lembrar?

TOM BRAKEFIELD/STOCKBYTE/GETTY IMAGES

Jupará (*Potos flavus*).
comprimento do focinho à ponta da cauda: 1,4 m

A noite é sua única companhia. O jupará é um animal solitário. As duplas só são avistadas em época de reprodução. [...] A gestação dura aproximadamente quatro meses e normalmente nasce um filhote por vez, que fica junto da mãe até atingir a maturidade sexual. O jupará, assim como todos os procionídeos, cria os filhotes em ninhos no alto das árvores.

O mamífero só é visto em grupos na hora de se alimentar. As frutas são seu prato predileto, mas o guloso não se aperta na hora da fome. É um animal onívoro, ou seja, tem um cardápio bem variado com frutas, carnes (normalmente roedores e pequenos vertebrados) e até folhas.

[...]

Este baiano de coração e latino de sangue também tem outros apelidos. Na América Central é conhecido como kinkajou ou chucumbi. [...] São doze centímetros de língua, usados para alcançar pequenos animais ou insetos a distância, além de auxiliar na busca pelos melhores e mais escondidos frutos.

Outra particularidade do jupará são alguns pontos em seu corpo, como o tórax e o abdômen, onde não existem pelos. Nessa região, ficam algumas glândulas que, acreditam os pesquisadores, são usadas para demarcar território. [...]

[...]"

Fonte: N. Capp. *Terra da Gente*, n. 81, p. 16-23.

DESENVOLVIMENTO DO TEMA

1 O que é adaptação?

De maneira geral, verifica-se que os seres vivos estão adaptados a um ambiente e a um modo de vida. Os cientistas consideram **adaptação** qualquer característica de um ser vivo que o torne integrado ao ambiente e aumente as suas chances de sobrevivência.

No texto que abre este capítulo você pode perceber algumas adaptações do jupará relacionadas a diversos aspectos da vida desse animal.

Algumas adaptações têm relação com os fatores não vivos do ambiente. Outras dizem respeito à interação com outros seres vivos. Há aquelas ligadas à obtenção de energia para a sobrevivência e as que influem na reprodução e na propagação da espécie.

2 Como acontece a adaptação?

Em primeiro lugar, é importante saber que a adaptação **não** acontece para satisfazer a necessidade de um ser vivo nem porque esse ser vivo está submetido a determinadas condições durante sua vida.

Em outras palavras, a adaptação não acontece ao longo da vida de um indivíduo. Ela faz parte de um processo denominado **evolução**, que ocorre ao longo das gerações. A evolução é um assunto que será estudado no capítulo 4 deste livro.

Neste capítulo, vamos conhecer alguns exemplos de adaptação dos seres vivos ao ambiente.

A-Z ATIVIDADE

Amplie o vocabulário!

Hora de debater o significado de cada conceito, redigi-lo com nossas palavras e incluí-lo no nosso blog.

- adaptação
- evolução

ATIVIDADE

Reflita sobre suas atitudes

O ser humano é dotado de muitas características adaptativas.

Uma delas é a inteligência, que permite que tomemos cuidado com nossa saúde e nosso corpo.

Você realmente se preocupa com sua saúde e seu corpo? Dê exemplos.

3 O conceito de ecossistema

Em um ambiente podemos encontrar:

- **Fatores vivos** (chamados fatores **bióticos**), os organismos que compõem a comunidade biológica.
- **Fatores não vivos** (chamados fatores **abióticos**), como a luz, o ar e a água.

Ecossistema é o nome dado ao conjunto de todos os seres vivos e fatores não vivos de determinada região. Uma floresta e uma lagoa são exemplos de ecossistema.

Todos os ecossistemas têm fatores vivos e fatores não vivos. A própria definição de ecossistema já diz isso. Mas, se todos os ambientes têm aspectos em comum, então por que eles são diferentes?

Eles diferem justamente nas particularidades dos fatores vivos e dos fatores não vivos. De um ecossistema para outro podem mudar o tipo de solo, a quantidade de chuva que costuma cair, a temperatura ao longo do ano, a intensidade da luz solar, a presença ou ausência de rios, a diversidade de seres vivos, entre outros aspectos.

!

Saiba de onde vêm as palavras

A palavra "Ecologia" vem do grego *oikos*, casa, e *logos*, estudo ou Ciência. Assim, a Ecologia estuda a "nossa casa", os ambientes em que vivemos. Esse termo foi introduzido em 1866 pelo zoólogo alemão Ernst Haeckel (1834-1919). Portanto, embora a preocupação ambiental tenha aumentado junto à opinião pública nos últimos anos, a palavra "Ecologia" já tem aproximadamente um século e meio de uso.

4 Ecologia

Você já ouviu falar em **Ecologia**? É a Ciência que estuda os ecossistemas.

Em cada ecossistema, os seres vivos que encontramos estão **adaptados** à vida naquele ambiente. Ao estudar um ecossistema, os ecologistas, ou ecólogos, se preocupam com as relações que existem entre os vários seres aí presentes. Preocupam-se, também, em verificar como os fatores não vivos influenciam as formas de vida.

O crescimento da população humana tem provocado muitas agressões ao ambiente. A interferência do ser humano sobre os ecossistemas tem sido um dos objetos de estudo da Ecologia, o que vem ajudando a conscientizar muitas pessoas de que **a natureza não está a serviço do ser humano**. A humanidade depende da natureza e não pode fazer dela o que bem entende sem sofrer as consequências disso.

5 Adaptações aos fatores não vivos

Baixas temperaturas

Um urso-branco consegue sobreviver em um lugar frio como as geleiras da região norte da Terra porque tem, entre outras características, uma **grossa camada de gordura** debaixo da pele.

No inverno, algumas aves **migram**, ou seja, voam em busca de locais mais quentes. Elas só retornam ao lugar de origem na época em que a temperatura volta a subir.

Nas regiões frias do planeta, certas espécies de roedores, de morcegos e de anfíbios entram num sono profundo, dentro de suas tocas, durante as épocas mais frias do ano. Isso é chamado de **hibernação**.

A-Z

ATIVIDADE

Amplie o vocabulário!

Hora de debater o significado de cada conceito, redigi-lo com nossas palavras e incluí-lo no nosso blog.

- ecossistema
- Ecologia

A hibernação desses animais, o comportamento migratório das aves e a grossa camada de gordura sob a pele do urso-branco são exemplos de adaptações aos ambientes sujeitos a baixas temperaturas.

JOEL SARTORE/NATIONAL GEOGRAPHIC/GETTY IMAGES

Esquilo-do-ártico (*Spermophilus parryii*) hibernando. (Alaska, EUA.)
comprimento: 40 cm

SUZI ESZTERHAS/MINDEN PICTURES/FOTOARENA

O urso-branco (*Ursus maritimus*) consegue viver em regiões frias. (Cidade de Churchill em Manitoba, Canadá.)
comprimento: até 2,6 m

MIKE LANE/ALAMY/GLOW IMAGES

Aves migratórias marrequinhas-comuns (*Anas crecca*) em voo. (Lancashire, Inglaterra.)
comprimento: 34-43 cm

Ambientes com pouca água

Cactos são plantas típicas de regiões desérticas e semiáridas. São encontrados, por exemplo, na Caatinga, ambiente típico nos sertões do Nordeste brasileiro. Em locais com pouca água disponível, é importante que a planta não perca muita água por evaporação.

Vamos fazer uma comparação. Uma roupa seca mais rápido quando estendida do que quando enrolada. Da mesma maneira, se tivessem folhas grandes, os cactos perderiam muita água por evaporação. Suas folhas seriam como roupas estendidas. Assim, os cactos exibem uma adaptação: seus espinhos são folhas modificadas, os quais podem ser comparados a roupas enroladas, que perdem água mais lentamente.

Um interessante exemplo de adaptação relacionada à obtenção de água é encontrado em certas plantas do Cerrado, ambiente muito comum no Brasil central. Nessas áreas, a superfície do solo fica seca durante parte do ano, mas existe bastante água nos lençóis subterrâneos, a alguns metros de profundidade. Muitas plantas do Cerrado têm raízes profundas, algumas com mais de 15 metros, adaptação que permite a elas obter água e sobreviver.

CESAR DINIZ/PULSAR IMAGENS

MARCOS AMEND/PULSAR IMAGENS

A. Cactos na Caatinga: adaptados a um ambiente com pouca água. (Rio do Pires, BA.)

B. Vegetação do Cerrado em Santana do Riacho, MG. Algumas árvores adaptadas a esse ambiente possuem raízes muito profundas, que possibilitam obter água do lençol freático durante as épocas mais secas do ano.

6 Adaptação e teias alimentares

Herbívoros, carnívoros e onívoros

Cada ser vivo tem necessidades alimentares específicas. A capivara, por exemplo, é um animal que se alimenta de plantas. Dizemos que ela é um **herbívoro**. Se ela estiver num local sem plantas, morrerá de fome.

A onça-pintada apresenta uma alimentação diferente. Ela é um animal **carnívoro**, ou seja, que se alimenta de outros animais, como as capivaras. Há animais que são **onívoros**, isto é, que se alimentam de animais e de plantas. É o caso do ser humano.

Fotossíntese

As plantas não se alimentam como os animais. As plantas produzem o próprio alimento pelo processo de **fotossíntese**. Nesse processo, a água e o gás carbônico são transformados, com o auxílio da luz e na presença de clorofila, em gás oxigênio e açúcar. Este último é o alimento da planta. A água é absorvida pela planta por meio de suas raízes, e o gás carbônico, presente no ar, entra por pequeninos orifícios (denominados estômatos) existentes nas folhas.

Cadeias alimentares terrestres

Nos ambientes terrestres, as plantas são a base das cadeias alimentares. As plantas produzem o próprio alimento e são, por esse motivo, chamadas de seres vivos **produtores**. Esse alimento não serve apenas para a própria planta. Ele é útil também para qualquer animal que se alimente de plantas. Assim, todos os animais herbívoros dependem das plantas. Esses herbívoros, por sua vez, servem de alimento para carnívoros e onívoros.

Herbívoros, carnívoros e onívoros são seres vivos **consumidores**, pois precisam consumir outros organismos para obter alimento.

ATIVIDADE

Para discussão em grupo

Se, por acaso, o Sol se apagasse, os animais seriam prejudicados? Explique.

Vamos representar, por exemplo, a **cadeia alimentar** envolvendo planta, preá e jararaca:

planta → preá → jararaca

Nesse esquema, cada uma das setas (→) deve ser interpretada como "serve de alimento para". Assim, esse esquema diz que a planta serve de alimento para o preá, e o preá serve de alimento para a jararaca.

IMAGEBROKER/ALAMY/GLOW IMAGES

Preá: consumidor herbívoro.
comprimento: até 25 cm

ANDRE DIB/PULSAR IMAGENS

Jararaca: consumidor carnívoro.
comprimento: até 1,6 m

Seres vivos decompositores

Após a morte de um organismo, seus restos vão apodrecendo, ou seja, vão sofrendo decomposição sob a ação dos seres vivos **decompositores**. Alguns exemplos de organismos decompositores são os fungos e as bactérias. Podemos dizer que eles estão adaptados a obter seu alimento em restos de organismos mortos.

Folhas, frutos, galhos, troncos de árvores, fezes e cadáveres são utilizados pelos decompositores em sua alimentação. Esses seres vivos são bastante importantes para o ambiente, pois fazem uma espécie de reciclagem nos restos produzidos pelos seres vivos. Ao realizar a decomposição, deixam no solo muitos nutrientes importantes para as plantas. São nutrientes que adubam o solo, isto é, que são essenciais para o desenvolvimento das plantas, que são o ponto de partida das cadeias alimentares terrestres.

FLPA/DAVE PRESSLAND/CORBIS DOCUMENTARY/GETTY IMAGES

Ao decompor os restos de seres vivos, os seres decompositores, como os cogumelos (que são uma variedade de fungo) desta foto (*Lycoperdon perlatum*), deixam no solo muitos nutrientes para as plantas.
altura: 3-7,5 cm

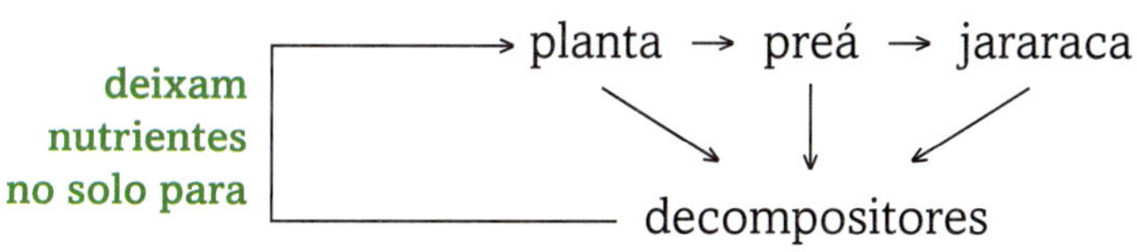

Cadeias alimentares aquáticas

Nos ambientes aquáticos, como os rios, os lagos e os oceanos, **as cadeias alimentares se iniciam, de modo geral, com organismos muito pequenos que fazem fotossíntese**. O conjunto desses organismos que vivem na água é chamado **fitoplâncton**, e os seres que o formam são tão pequenos que só podem ser vistos em detalhes com o auxílio de microscópio. Entre esses seres incluem-se muitas espécies de algas.

O fitoplâncton serve de alimento para outros organismos aquáticos, inclusive para vários seres muito pequenos, que normalmente também só podem ser vistos em detalhes com a ajuda do microscópio e que são coletivamente denominados **zooplâncton**.

O **plâncton** (conjunto formado pelo zooplâncton e pelo fitoplâncton) é o alimento de muitos organismos aquáticos como é o caso de alguns peixes pequenos, que, por sua vez, são devorados por peixes maiores, e assim por diante. O plâncton também pode servir de alimento para animais bem grandes, como a maioria das baleias, a raia-manta e o tubarão-baleia. Nas cadeias alimentares aquáticas também há atuação de decompositores, que devolvem à água nutrientes necessários ao desenvolvimento do fitoplâncton.

A-Z

ATIVIDADE

Amplie o vocabulário!

Hora de debater o significado de cada conceito, redigi-lo com nossas palavras e incluí-lo no nosso blog.

- fitoplâncton
- zooplâncton

Fonte: Elaborado com base em N. A. Campbell et al. *Biology: concepts & connections*. 7. ed. San Francisco: Benjamin Cummings. p. 744.

▲ Toda cadeia alimentar tem início com um ser vivo **produtor** (1) e termina com um **decompositor** (3). Os demais seres que participam das cadeias alimentares são os **consumidores** (2). Observe na imagem acima exemplos de cadeias alimentares: terrestre (A), aquática (B) e cadeia alimentar da qual participam organismos aquáticos e terrestres (C).
(Representação sem proporção e em cores fantasiosas. As setas vermelhas indicam "serve de alimento para" e os círculos alaranjados indicam a ampliação de seres microscópicos.)

Teias alimentares

Os seres produtores — as plantas, as algas e algumas espécies de bactérias — compõem a base das cadeias alimentares existentes nos ecossistemas, pois produzem substâncias que servem de alimento para si e para outros seres vivos, ou seja, são organismos **autotróficos**. Os seres não produtores, por outro lado, são **heterotróficos**, isto é, estão adaptados a obter energia a partir de outros organismos. São heterotróficos os seres **consumidores** e os **decompositores**.

Como cada ser vivo participa em geral de várias cadeias alimentares, uma representação mais real das relações de alimentação num ecossistema é feita por meio de uma **teia alimentar**, como a que aparece no esquema a seguir.

Esquema simplificado de uma teia alimentar em ambiente terrestre

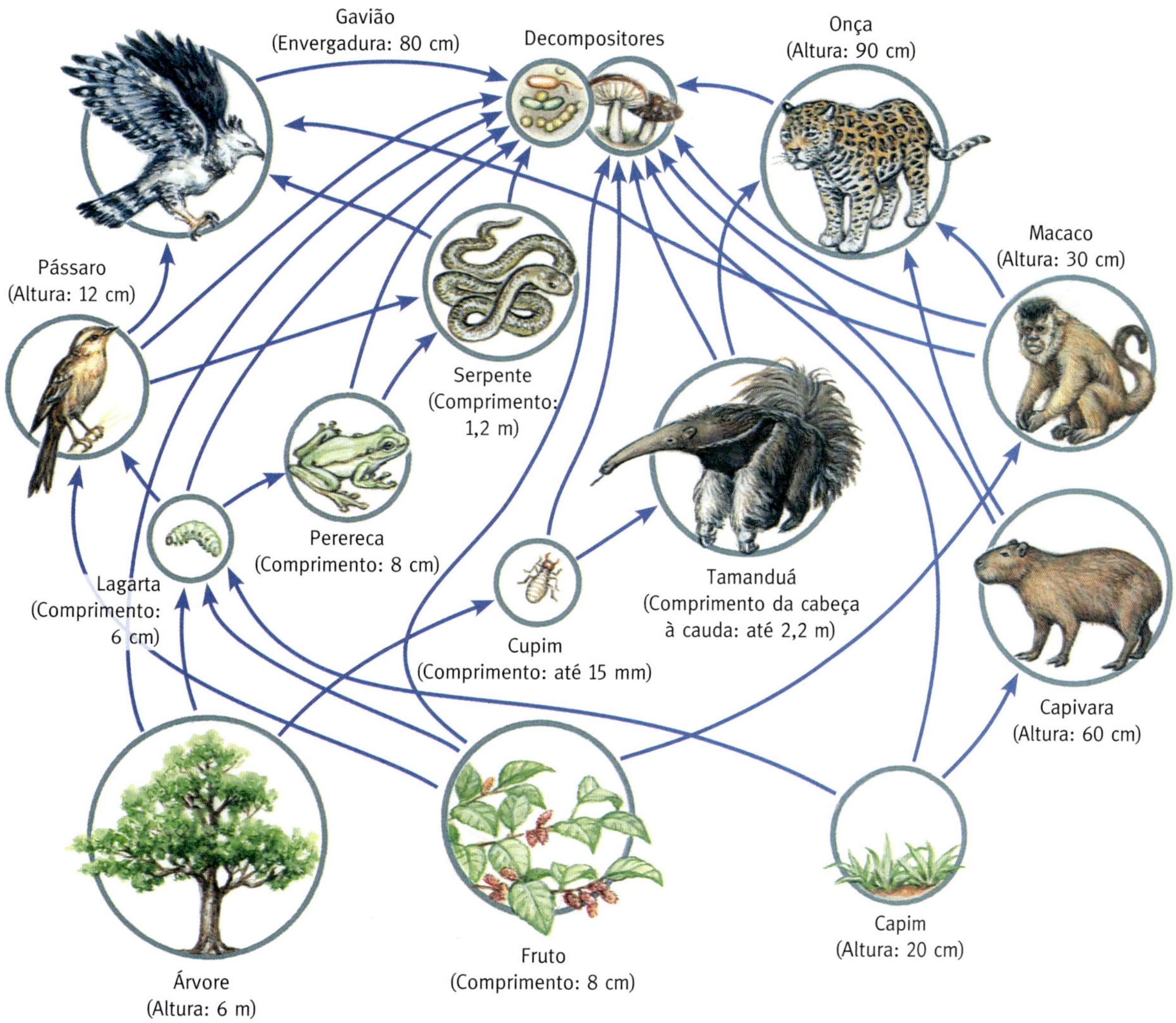

(Representação esquemática em que os seres não estão ilustrados em proporção entre si.)

Exemplo de teia alimentar, que consiste de várias cadeias alimentares entrelaçadas.

Fontes: Esquema elaborado a partir de G. T. Miller Jr. e S. E. Spoolman. *Living in the environment*. 17. ed. Belmont: Brooks/Cole. p. 63, 161; S. Brimblecombe et al. (ed.). *The Hutchinson Encyclopedia of Science*. Oxford: Helicon. p. 310.

F1ONLINE DIGITALE BILDAGENTUR GMBH/ALAMY/GLOW IMAGES

A língua da rã é uma adaptação que favorece a obtenção de alimento.
comprimento da rã totalmente esticada: 16 cm

FABIO COLOMBINI

São conhecidas várias espécies de insetos parecidos com folhas, como esse da foto. Esses insetos são popularmente chamados de **bicho-folha** e ficam camuflados no ambiente ao qual estão adaptados.
comprimento: 7 cm

7 Adaptações ligadas à alimentação

Adaptações e obtenção de alimento

A língua do tamanduá, que é revestida de muco (líquido pegajoso), é um exemplo de característica relacionada à obtenção de comida. O tamanduá consegue alcançar formigas em alguns locais que lhe são acessíveis somente porque ele possui essa característica adaptativa.

O bico do beija-flor, fino e comprido, é uma adaptação que lhe possibilita alcançar líquidos nutritivos nas flores.

Insetos servem de alimento, por exemplo, para certos pássaros. Se um inseto se parece com uma folha, então é menos provável que seus predadores o vejam entre as folhas, o que aumenta suas chances de sobreviver. Assim acontece com o bicho-folha. Trata-se de um exemplo de **camuflagem**, isto é: por ser visualmente parecido com outras formas presentes em seu ambiente, o bicho-folha é frequentemente confundido com elas.

Adaptações e sobrevivência a predadores

A zebra corre de predadores, tais como o leão. A habilidade de fuga é uma característica adaptativa que reduz a chance de presas virarem alimento para predadores.

O porco-espinho tem o corpo revestido de espinhos. Quando um predador, um cachorro-do-mato, por exemplo, tenta morder um deles, os espinhos espetam o focinho do predador, que acaba fugindo. Os "espinhos" da roseira têm uma função parecida: evitar que as rosas sejam devoradas por herbívoros.

A capacidade de correr para fugir e a presença de espinhos são exemplos de adaptações que permitem a um ser vivo reduzir a chance de virar alimento para outro e, portanto, sobreviver por mais tempo.

FRANCK FOUQUET/ BIOSPHOTO/SUPERSTOCK/GLOW IMAGES

Correr para fugir do predador é uma adaptação (como faz a impala para escapar do guepardo, nessa foto tirada na Reserva Masai Mara, Quênia). Os mais ágeis terão maior possibilidade de sobrevivência.
comprimento: 2 m (guepardo) e 1,4 m (impala)

8 Adaptações relacionadas à propagação da espécie

Nas plantas com frutos, estes costumam conter sementes que podem gerar novas plantas. Frutos bonitos, suculentos e saborosos são apreciados por muitos animais. Eles comem os frutos e engolem as sementes ou as deixam cair.

Acontece que sementes engolidas saem intactas nas fezes desses animais. O animal muito provavelmente estará em outro local no momento em que eliminar as sementes nas fezes. Nesse local crescerá uma nova planta, se as sementes encontrarem boas condições para a germinação. Esse tipo de adaptação está relacionado não só à continuidade da espécie, mas também à sua dispersão para outros lugares. Lembre-se do texto da abertura deste capítulo, que conta como o jupará ajuda a semear cacaueiros.

O carrapicho exibe um outro exemplo de adaptação ligada à propagação da espécie. Esse fruto gruda no pelo de animais e pode ser levado por eles a outros lugares, onde eventualmente cai e suas sementes podem originar novas plantas.

Existem certos frutos de plantas que possuem pequenos prolongamentos laterais e outros que são leves e com prolongamentos que parecem plumas. Esses frutos podem ser levados a grandes distâncias pelo vento.

FABIO COLOMBINI

Tucanuçu comendo mamão. (Pantanal, MT.)
comprimento do bico à cauda: 56 cm

FABIO COLOMBINI

O fruto do carrapicho pode ser levado a lugares distantes do local onde foi gerado, grudado no pelo de animais ou, até mesmo, nas roupas que vestimos.
diâmetro do carrapicho: 5 mm

SCENICS & SCIENCE/ALAMY/GLOW IMAGES

Frutos alados da árvore tipuana. Eles podem ser espalhados pelo vento graças aos prolongamentos laterais.
comprimento do fruto: 5 cm

BRIAN A JACKSON/SHUTTERSTOCK

Frutos do dente-de-leão também podem ser dispersos pelo vento. Na foto, alguns deles estão se soltando da planta que os originou.
diâmetro da estrutura: 6 cm

9 Interação com outros seres vivos

Em qualquer ecossistema, podemos encontrar inúmeros exemplos de **interações entre seres vivos**.

A relação do herbívoro com o vegetal que ele come ou do carnívoro com sua presa são exemplos de interações adaptativas entre seres vivos.

LISA COLLINS/ALAMY/GLOW IMAGES

Peixe-palhaço em meio aos tentáculos de uma anêmona-do-mar.
comprimento: até 10 cm (peixe)

Um outro exemplo de interação acontece entre as espécies de peixe-palhaço e certas espécies de anêmonas-do-mar. Nos tentáculos, essas anêmonas-do-mar têm estruturas que disparam minúsculos filamentos que podem injetar substância tóxica, paralisando as presas das quais se alimentam. O peixe-palhaço não é atingido porque produz uma substância que reveste seu corpo e impede o disparo desses filamentos.

Essa característica adaptativa de conseguir viver em meio aos tentáculos das anêmonas-do-mar ajuda o peixe-palhaço a se proteger de seus predadores e, também, a obter as sobras de alimento das anêmonas.

A-Z

ATIVIDADE

Amplie o vocabulário!

Hora de debater o significado de cada conceito, redigi-lo com nossas palavras e incluí-lo no nosso blog.

- camuflagem
- interação entre seres vivos

10 Fluxo de energia nos ecossistemas

Todo ser vivo precisa de **energia** para sobreviver. Os autotróficos captam essa energia da luz e a convertem em energia química, que é armazenada na glicose. Os heterotróficos obtêm energia dos seres vivos dos quais se alimentam. Sobre isso, leia atentamente o texto a seguir.

Em destaque

Não confunda respiração com fotossíntese

Respiração, ou **respiração celular**, é um processo em que a glicose (um tipo de açúcar) e o gás oxigênio são transformados em gás carbônico e água. Nessa transformação é liberada energia, utilizada para o funcionamento do organismo. Os animais e as plantas são exemplos de seres vivos que realizam respiração celular.

As plantas (e também as algas e alguns microrganismos) elaboram o açúcar de que necessitam por meio da **fotossíntese**. Nesse processo, há consumo de água e de gás carbônico, e produção de glicose e de gás oxigênio.

Para que a fotossíntese aconteça é preciso que a planta receba iluminação adequada. Energia proveniente da luz é transformada em outra forma de energia, a energia química, que é armazenada na glicose e que será aproveitada quando essa glicose for usada na respiração celular.

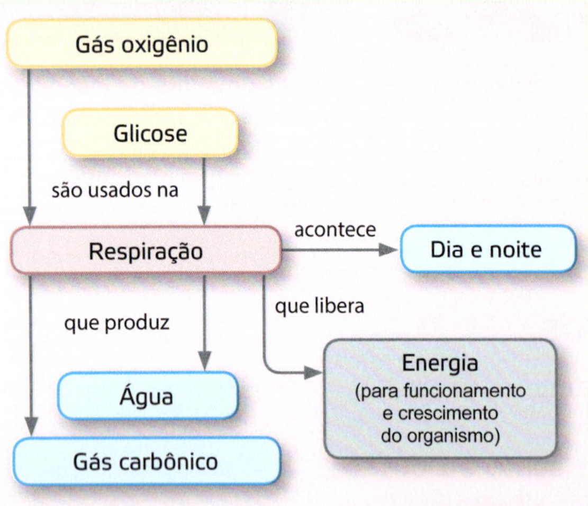

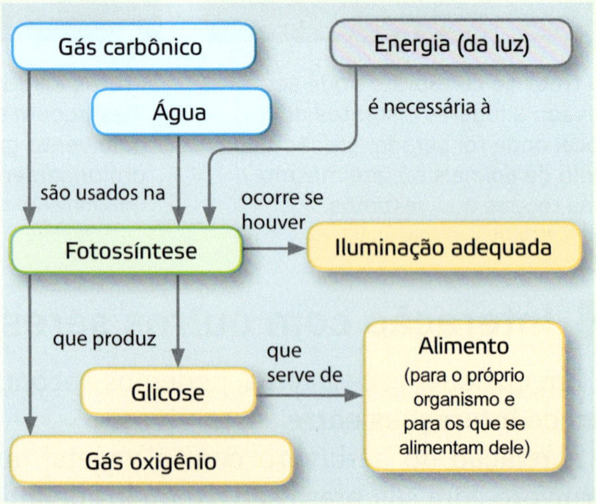

A entrada de energia numa teia alimentar, sob a forma de luz solar, ocorre por meio dos produtores, que a captam e a utilizam na fotossíntese. Essa energia é usada para produzir glicose, que é armazenada. Parte dessa glicose é consumida pelo próprio ser produtor no processo de respiração celular. Um organismo produtor serve de alimento para diferentes organismos consumidores, que, por sua vez, servirão de alimento para outros consumidores. Assim, por meio da alimentação, **a energia é gradualmente transferida de um organismo para outro ao longo da teia alimentar de um ecossistema, até chegar aos decompositores**.

Nessa passagem sucessiva ao longo das teias alimentares, **parte da energia** armazenada nos organismos vivos **não é disponibilizada** para os organismos que vêm a seguir. Isso ocorre porque:

- Há partes de um organismo que não são ingeridas e há outras que, mesmo ingeridas, não são aproveitadas.
- Parte da energia obtida por autotróficos e por heterotróficos é empregada para sustentar as atividades do próprio organismo, por isso, consumida dessa maneira, fica indisponível para os indivíduos que vêm na sequência da teia alimentar.
- Parte da energia também é dissipada (perdida para o ambiente) na forma de calor.

Uma conclusão muito importante dessa discussão é que, **nas cadeias e teias alimentares, a energia sempre flui num único sentido**. Ela é captada pelos produtores, passa pelos consumidores e chega aos decompositores.

Transferência de energia em uma cadeia alimentar

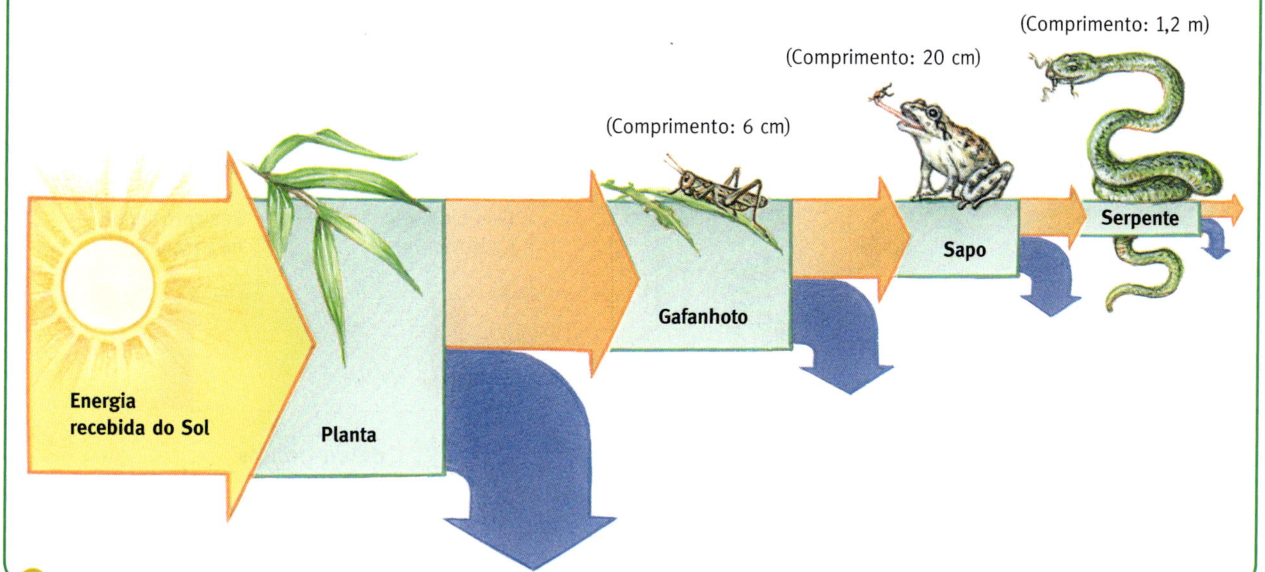

Representação esquemática da transferência de energia ao longo de uma cadeia alimentar. As setas de cor laranja representam a energia transferida para outro ser vivo. As setas azuis representam a energia utilizada (por meio da respiração) para sustentar as atividades do corpo e a energia dissipada como calor. (Os seres vivos não estão representados em proporção.)

Fonte: Esquema elaborado a partir de G. T. Miller Jr. e S. E. Spoolman. *Living in the environment.* 17. ed. Belmont: Brooks/Cole. p. 63.

ATIVIDADE

Para fazer no seu caderno

Redigir um texto, semelhante a um artigo de jornal, que explique que o conceito de **lixo** é decorrência das atividades humanas; nos ambientes naturais **não** existe lixo.

11 Fluxo de matéria nos ecossistemas

As plantas produzem glicose por meio da fotossíntese e absorvem do solo alguns nutrientes minerais de que necessitam. Parte da glicose e dos nutrientes minerais passa para os consumidores ao longo da teia alimentar. Os restos provenientes dos organismos que compõem essa teia — folhas caídas no chão, troncos mortos, fezes, cadáveres etc. — servem de alimento para os decompositores, que, ao atuar sobre tais restos, liberam nutrientes que se incorporam ao solo: são nutrientes minerais. As plantas podem absorver esses nutrientes minerais e, dessa maneira, todo **o ciclo se repete** (figura A, a seguir).

O gás oxigênio e o gás carbônico participam de **trocas gasosas** entre os seres vivos e a atmosfera. Ao realizarem respiração celular, seres vivos consomem gás oxigênio e produzem gás carbônico. Os organismos produtores, além de respirarem, também executam a fotossíntese, que consome gás carbônico e produz gás oxigênio (figura B).

As substâncias que constituem os seres vivos são aproveitadas por outros seres vivos, numa sequência interminável. **A natureza recicla constantemente a matéria, permitindo às novas gerações de seres vivos reaproveitá-la.**

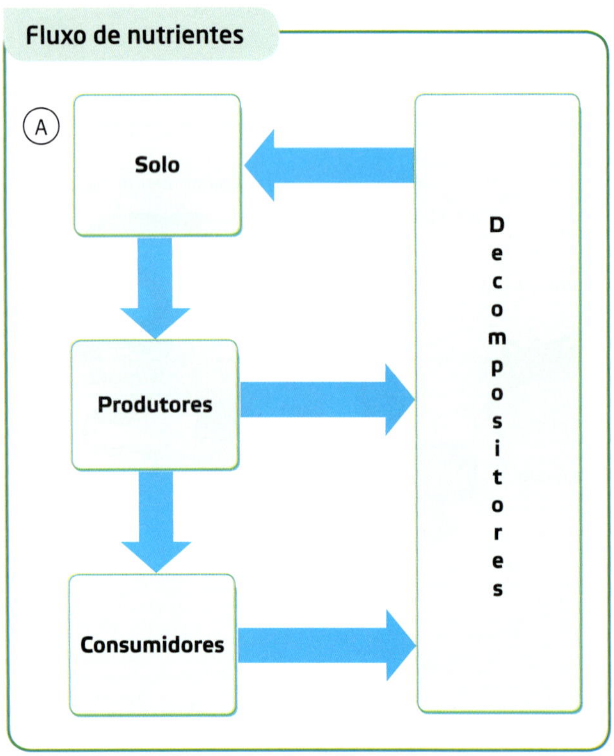

A. Esquema do fluxo de nutrientes num ecossistema terrestre. As setas azuis representam o fluxo dessas substâncias.

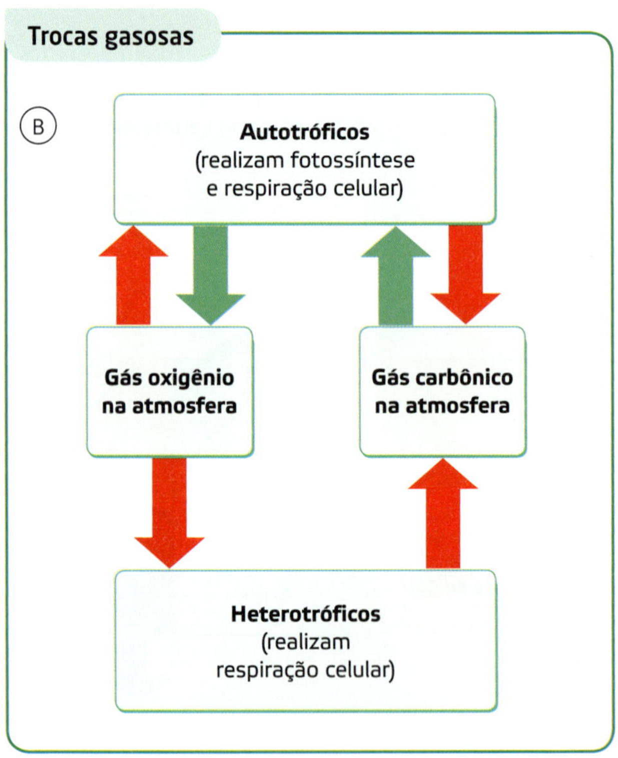

B. Esquema de trocas gasosas com o ambiente. As setas vermelhas representam trocas envolvidas na respiração celular, e as verdes, na fotossíntese.

ADILSON SECCO

Fontes: Esquemas elaborados a partir de S. Alters e B. Alters. *Biology: understanding life*. Hoboken: John Wiley. p. 707; J. Blamire. *Exploring life: the principles of Biology*. Dubuque (Iowa): WCB. p. 434.

12 Pirâmide de biomassa

Todos os seres vivos precisam de energia, e as teias alimentares são uma decorrência dessa necessidade. A energia é transferida ao longo dessas teias à medida que consumidores se alimentam de produtores ou de outros consumidores, ou seja, quando substâncias são transferidas de um organismo para outro.

Quando um coelho se alimenta, ele obtém nutrientes da planta, que são fonte de energia e de substâncias para o crescimento e a manutenção de seu corpo. Não é possível que em um ecossistema haja mais coelhos do que a vegetação permite sustentar. A **população** de coelhos é **controlada**, entre outros fatores, pela quantidade de alimento vegetal disponível. Da mesma maneira, a **população** de consumidores carnívoros, como o gavião, é **controlada**, entre outros fatores, pela quantidade de animais que lhes serve de alimento.

Fatos como esse podem ser representados por uma **pirâmide de biomassa**. Uma pirâmide de biomassa permite ilustrar que, num ecossistema terrestre, a massa total dos produtores é maior que a massa de consumidores herbívoros e esta, por sua vez, é maior que a de carnívoros, como está representado abaixo.

ATIVIDADE

Para discussão em grupo

A população de seres humanos está sujeita aos mesmos fatores que controlam a população de outros seres vivos? Justifique.

Objeto educacional digital
Desequilíbrio ambiental decorrente de interferências na cadeia alimentar

Exemplo de pirâmide de biomassa

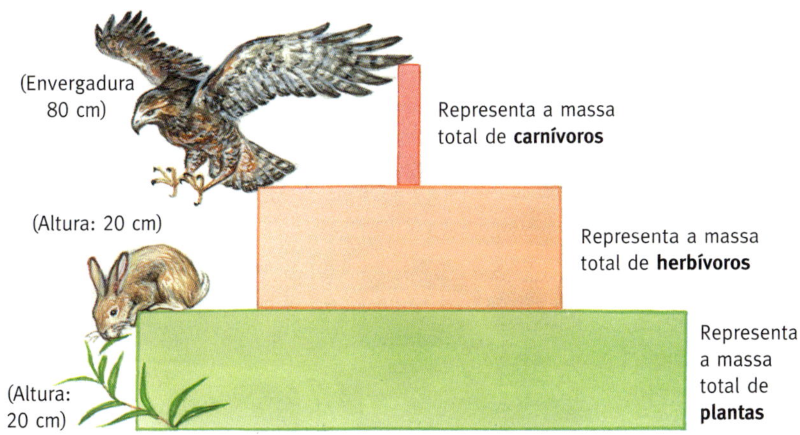

Uma pirâmide de biomassa como essa representa a massa de diferentes níveis da teia alimentar de um ecossistema terrestre. (Os seres vivos não estão representados em proporção.)

Fonte: J. Blamire. *Exploring life: the principles of Biology*. Dubuque (Iowa): WCB. p. 431.

A-Z

ATIVIDADE

Amplie o vocabulário!

Hora de debater o significado de cada conceito, redigi-lo com nossas palavras e incluí-lo no nosso blog.

- teia alimentar
- pirâmide de biomassa

Em destaque

Pirâmides de biomassa e alimentação humana

Com as pirâmides de biomassa pode-se entender por que é muito mais difícil alimentar a população mundial com carne do que com plantas (veja esquema a seguir). De fato, mais de 90% da alimentação mundial provém diretamente da agricultura.

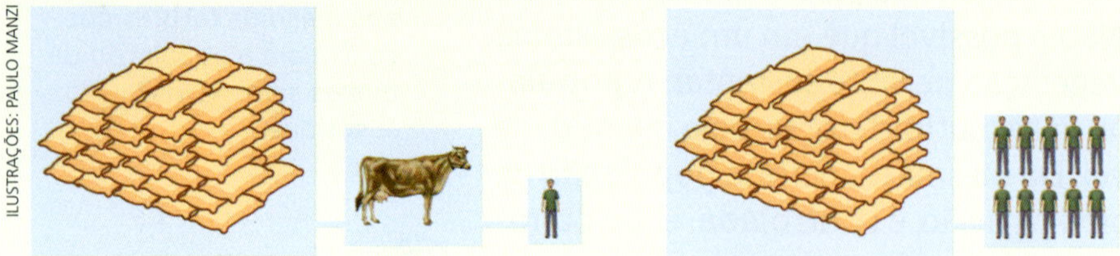

Comparação entre a massa corporal humana proveniente de 100 kg de grãos por meio de hábito alimentar carnívoro e por meio de hábito alimentar herbívoro. (Representação esquemática fora de proporção.)

Fonte da figura: E. D. Enger e B. F. Smith. *Environmental Science: a study of interrelationships*. 6. ed. Boston: WCB/McGraw-Hill. p. 122.

Em destaque

Ameaça humana aos ecossistemas

Como vimos neste capítulo, nos ecossistemas existem teias alimentares, ao longo das quais há um contínuo fluxo de matéria e, juntamente com ele, um fluxo de energia. O **fluxo de energia** acontece em um **sentido único**, dos produtores em direção aos decompositores. Por isso é necessária a permanente entrada de energia, que vem do Sol sob a forma de luz. Já a **matéria** de um ecossistema é **continuamente reciclada** pela natureza ao longo das teias alimentares. Substâncias que constituem os diversos organismos são transferidas dos produtores até os decompositores. Estes, por sua vez, deixam nutrientes disponíveis no solo para as plantas absorverem e reiniciarem o ciclo.

Os fluxos naturais de energia e de matéria nos ecossistemas sofrem **interferência das atividades humanas**. Isso acaba provocando desequilíbrios nas teias alimentares e a extinção de espécies, entre outras consequências.

Atualmente, existem, em todo o mundo, indivíduos e entidades preocupados em assegurar a sustentabilidade do desenvolvimento do planeta Terra. (O desenvolvimento sustentável é assunto tratado no capítulo 16.)

A ação do ser humano sobre os ecossistemas provoca desequilíbrios nas relações neles existentes e pode até resultar em sua total destruição. Apenas para dar um exemplo, pense na quantidade de veículos soltando poluentes no planeta. (Rio de Janeiro, RJ.)

ORGANIZAÇÃO DE IDEIAS

MAPA CONCEITUAL

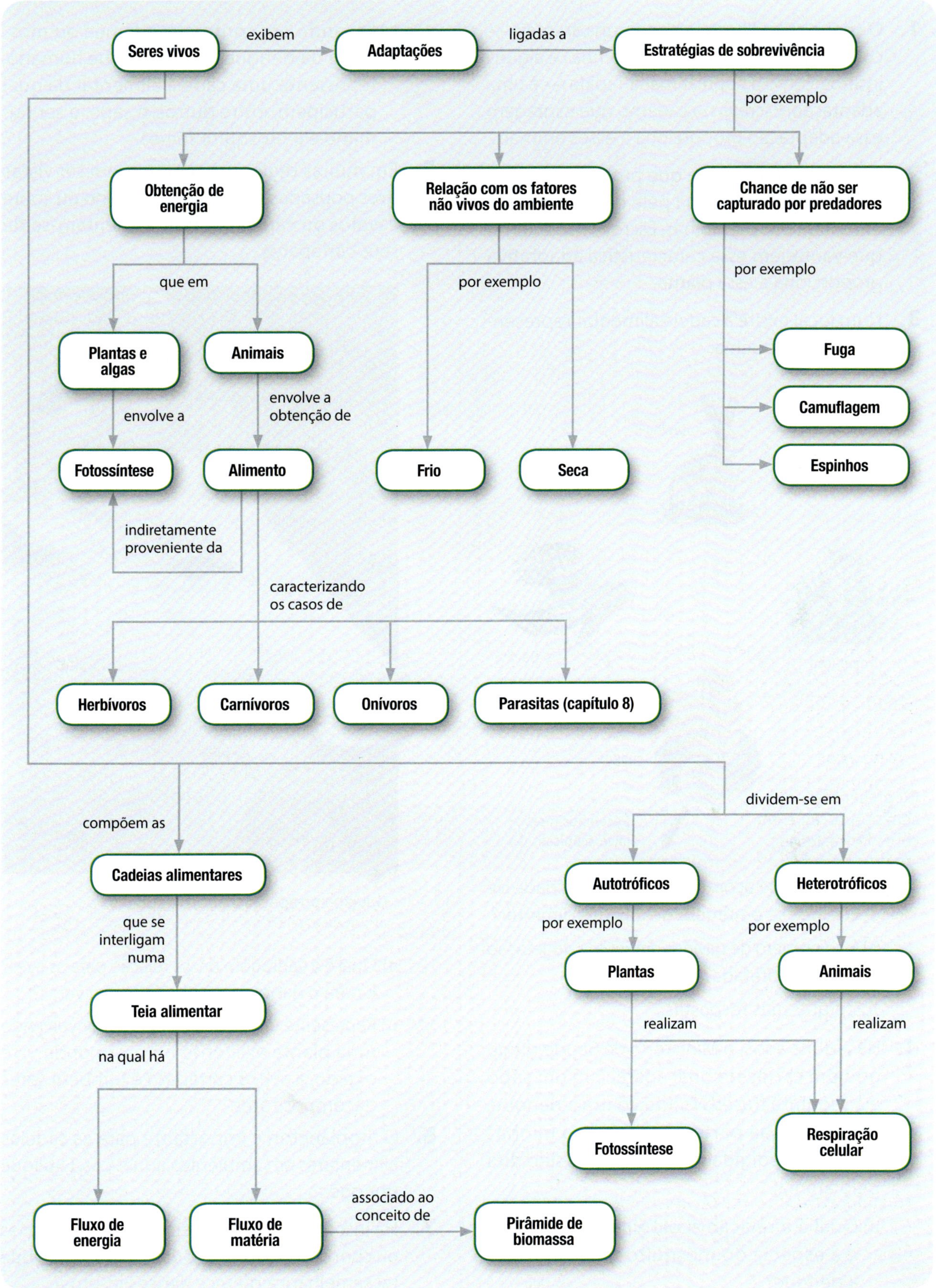

ATIVIDADE

USE O QUE APRENDEU

1. O cheiro ruim liberado por alguns animais — como algumas variedades de gambás e alguns insetos, como a popular maria-fedida — é uma adaptação. Escreva no caderno que vantagem essa adaptação proporciona a esses animais.

2. A urtiga é uma planta que provoca uma irritação muito grande na pele de animais que encostam em suas folhas. Escreva no caderno que vantagem essa característica adaptativa proporciona a essa planta.

3. Num local existe a cadeia alimentar representada pelo esquema.

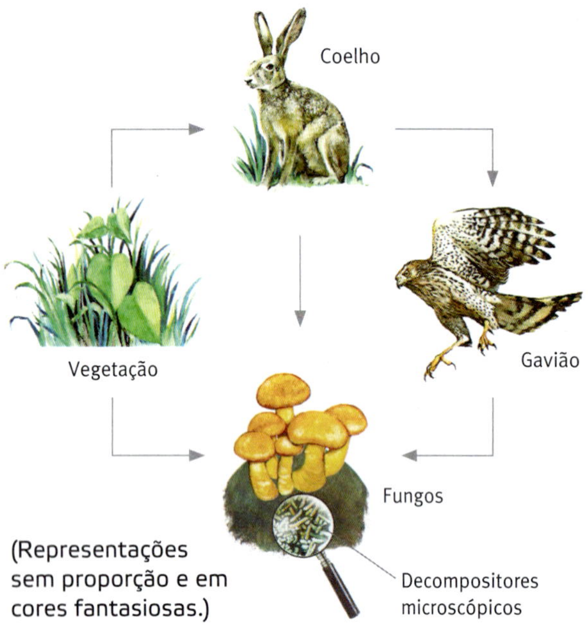

(Representações sem proporção e em cores fantasiosas.)

a) O que pode acontecer com a quantidade de coelhos se o número de gaviões diminuir?

b) Se o número de gaviões diminuir, a vegetação pode ser afetada?

Justifique suas respostas.

4. Há alguns anos, o Ministério da Saúde divulgou um cartaz no qual apareciam um sapo e a seguinte frase: "Na luta contra a dengue, você faz a sua parte que eu faço a minha". A frase foi redigida como se tivesse sido dita pelo animal.

a) Qual é a relação ecológica entre o sapo e a espécie do mosquito que transmite a dengue?

b) Levando em conta que a fêmea do mosquito da dengue suga o sangue humano, represente uma cadeia alimentar da qual participem, entre outros, o sapo, o ser humano e o mosquito fêmea.

5. Em muitas regiões do país podem ser vistas aves pousadas sobre o gado bovino ou sobre cavalos ou capivaras, pois alimentam-se de seus carrapatos.

GERSON SOBREIRA/TERRASTOCK

Gavião-carrapateiro sobre gado.
altura da ave: 30 cm

a) Qual é a vantagem dessa relação para as aves? E para o gado, os cavalos e as capivaras?

b) Represente uma cadeia alimentar envolvendo uma planta existente no pasto onde vive o gado, a ave, o carrapato e também seres decompositores.

6. O fitoplâncton é importante para as cadeias alimentares em ambientes aquáticos. Explique por quê.

7. Há insetos que se parecem com folhas verdes ou com gravetos secos. Qual é a vantagem que tal semelhança oferece a esses insetos?

8. Após assistir a um filme sobre ecossistemas, um aluno do 7º ano afirmou que "matéria e energia têm comportamento semelhante nos ecossistemas, fluindo por um mesmo trajeto na teia alimentar e sendo continuamente recicladas". Existe algum erro nesse raciocínio? Explique.

9. Com base no conceito de pirâmide de biomassa, faça uma previsão do que pode acontecer num ecossistema terrestre se os nutrientes que tornam o solo fértil forem eliminados dele por algum motivo. Justifique.

10. Imagine que duas ilhas isoladas e de mesmo tamanho tenham as mesmas características de solo, clima etc. e, por causa disso, ambas ofereçam a mesma capacidade para produção agrícola. Na ilha **A**, os habitantes têm hábito alimentar predominantemente carnívoro e, na ilha **B**, têm hábito alimentar principalmente vegetariano. Considerando que as ilhas não recebam alimento de fora, qual pode suportar uma população humana maior? Por quê?

11. No seu caderno, utilize o seguinte código de letras para indicar qual a vantagem adaptativa de cada uma das características da lista numerada.

A – Favorece a vida em local frio.
B – Favorece a obtenção de alimento.
C – Favorece a dispersão das sementes.
D – Evita ser vítima de predadores.

1. Camada grossa de gordura sob a pele do leão-marinho.
2. Frutos doces e suculentos do caqui.
3. Cheiro repugnante do cangambá (jaritataca).
4. Estruturas com aspecto de "espinhos" que revestem o corpo do porco-espinho.
5. Hibernação de alguns animais no inverno.
6. Músculos fortes, dentes pontudos e garras afiadas da onça.
7. Semelhança de uma espécie de besouro amarelo com outra espécie, que tem gosto ruim e é rejeitada por predadores.
8. Frutos leves e com estruturas que lhes permitam ser levados pelo vento.
9. Língua ágil, comprida e pegajosa do sapo.
10. Frutos cheirosos da goiaba.
11. Camuflagem de insetos que se parecem com folhas verdes ou com gravetos secos.
12. Asas do pinguim, modificadas sob a forma de nadadeiras.

ATIVIDADE

EXPLORE DIFERENTES LINGUAGENS

A critério do professor, as atividades a seguir poderão ser feitas em grupos.

TEXTO DE DIVULGAÇÃO CIENTÍFICA

As atividades 1 a 5 referem-se ao texto *Sangue latino, coração baiano*, que aparece na abertura deste capítulo.

1. Explique o que indica a expressão *Potos flavus* que aparece entre parênteses no início do texto.

2. O texto explica que a cauda do jupará é **preênsil** e permite deduzir o que isso significa. Explique o que é cauda preênsil e cite outro exemplo de animal que tenha esse tipo de cauda.

3. A capa da revista da qual foi extraído o texto diz que o jupará é o semeador das árvores que garantem nosso chocolate. Explique como o animal atua nesse processo.

4. O que significa dizer que esse animal é de hábito noturno?

5. Elabore uma lista com o nome de quatro alimentos consumidos pelo jupará citados no texto. A partir dessa lista, justifique se o animal é herbívoro, carnívoro ou onívoro.

ILUSTRAÇÃO CIENTÍFICA

Leia o texto, analise as ilustrações nele contidas e faça as quatro atividades a seguir.

Em destaque

Os dentes estão adaptados à dieta

As figuras abaixo mostram o crânio e os dentes de dois animais: um leão, que é carnívoro, e um boi, que é herbívoro.

Perceba que o carnívoro tem dentes apropriados para rasgar a carne dos animais que captura para comer. São dentes pontudos, próprios para essa tarefa.

Já o herbívoro tem os dentes dianteiros apropriados para cortar as plantas — um punhado de capim, por exemplo. Com os dentes do fundo, mais planos, ele pode mastigar esse alimento.

O ser humano, que é onívoro, não apresenta dentes tão adequados para nenhuma dessas duas tarefas. Sua dieta é bastante variada.

Examine seus dentes no espelho e compare-os com os destes desenhos. Que conclusão você tira?

Leão (carnívoro)

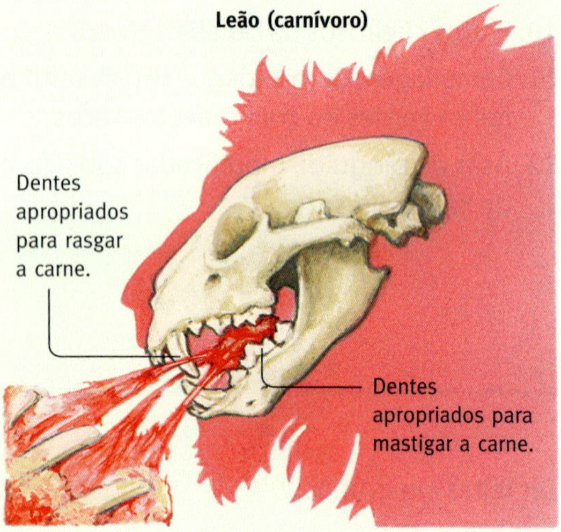

Boi (herbívoro)

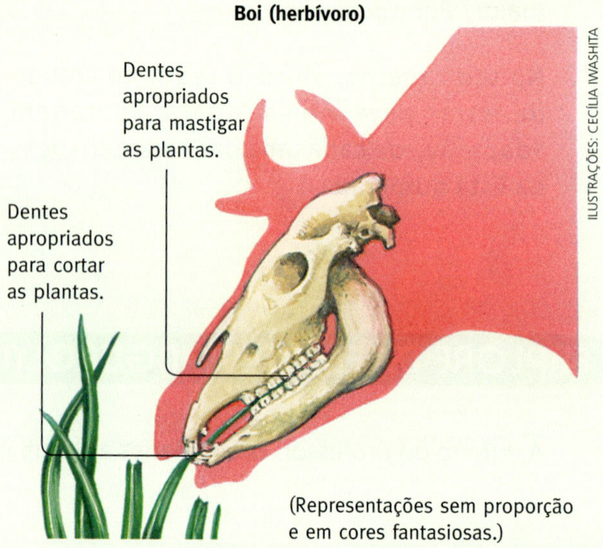

ILUSTRAÇÕES: CECÍLIA IWASHITA

Fonte das ilustrações: S. S. Mader. *Biology*. 10. ed. Nova York: McGraw-Hill. p. 636.

(Representações sem proporção e em cores fantasiosas.)

6. Qual das dentições apresentadas — a do leão ou a do boi — você acha que deve ser mais parecida com a do gato? Por quê?

7. A dentição do cavalo deve se assemelhar mais a qual das dentições apresentadas? Justifique.

8. Pesquise o nome dos dentes humanos indicados pelas setas na foto ao lado. Qual deve ser a origem desse nome?

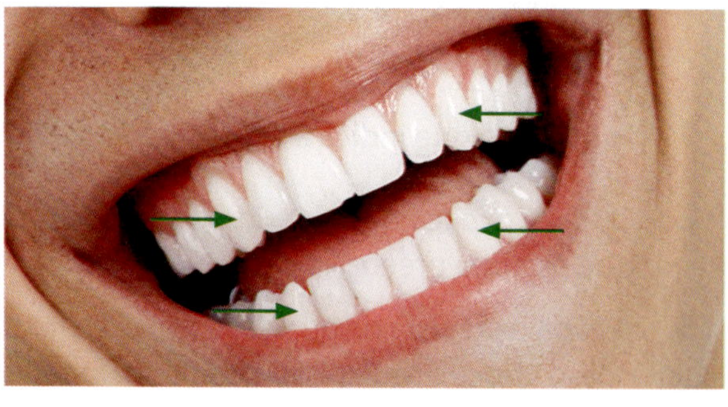

SERGEY FURTAEV/SHUTTERSTOCK

9. Observe as ilustrações a seguir e indique se o castor e a raposa são animais carnívoros ou herbívoros.

Crânio de castor, mostrando a dentição.

(Representações sem proporção e em cores fantasiosas.)

Crânio de raposa, mostrando a dentição.

ILUSTRAÇÕES: CECÍLIA IWASHITA

ESQUEMA

As atividades 10 a 13 se referem ao esquema ao lado.

10. Quais dos seres vivos mencionados são autotróficos?

11. Quais dos seres vivos mencionados são consumidores?

12. Qual dos seres vivos ilustrados é a base de todas as cadeias alimentares mostradas?

13. As setas 1 e 2 ilustram uma relação entre a espécie do carcará e a espécie da caninana. Explique o significado dessas setas.

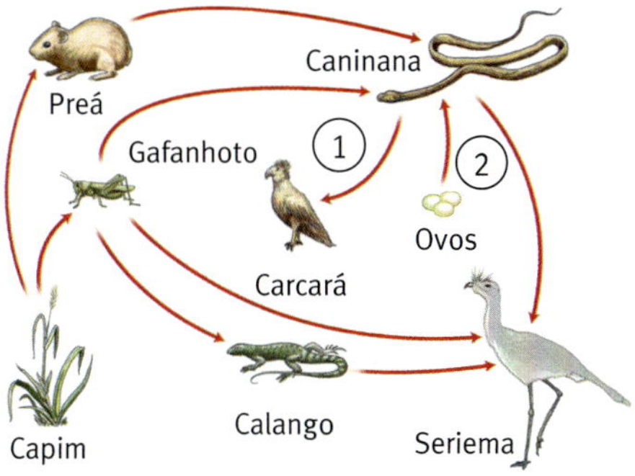

(Representação esquemática fora de proporção.)

CHARGE

FRANK & ERNEST, BOB THAVES © 2004 THAVES/DIST. BY ANDREWS MCMEEL SYNDICATION

14. Qual é a diferença entre fitoplâncton e zooplâncton quanto à nutrição?

15. O traçado do desenhista pode sugerir que a espécie em questão é o cachalote. Pesquise sobre esse animal e seu comportamento.

Além do **ERRO** de atribuir comportamentos humanos a animais, há outro **ERRO** na charge. Que erro é esse? Justifique sua resposta com base em fatos que encontrou na sua pesquisa.

Seu aprendizado não termina aqui

Eventualmente lemos ou ouvimos nos noticiários que um tubarão se aproximou de alguma praia frequentada por banhistas e foi morto. Você acha correto que, para garantir o lazer do ser humano, um animal seja morto no ambiente em que vive? Há outra forma de solucionar o problema que não seja matando o animal?

Há outras situações como essa que acontecem na vida diária ou aparecem em noticiários. Esteja sempre atento a essas situações e reflita sobre elas.

CAPÍTULO 3

CLASSIFICAÇÃO DOS SERES VIVOS

FABIO COLOMBINI

Do estudo da diversidade dos seres vivos surgiram conceitos científicos apresentados neste capítulo. (Gato-do-mato no Parque Ecológico de São Carlos. São Carlos, SP. Comprimento: 80 cm.)

MOTIVAÇÃO

Em destaque

O que causa o mau hálito?

"Odores desagradáveis no hálito são causados principalmente por procariotos que vivem na boca. A cavidade bucal humana, quente e úmida, hospeda uma comunidade microbiana diversificada, que inclui mais de 600 espécies de procariotos. Muitas dessas espécies obtêm energia e nutrientes por meio da degradação de muco, partículas de comida e células mortas. Os subprodutos dessa degradação podem incluir gases malcheirosos [...].

A maior concentração dos procariotos do mau hálito é encontrada na base da língua. Esse local pode ser especialmente hospitaleiro para microrganismos devido ao acúmulo de muco que escorre do nariz para a garganta. [...]"

Fonte: T. Audesirk et al. *Biology: life on Earth*. 9. ed. San Francisco: Benjamin Cummings. p. 359. (Tradução dos autores.)

ATIVIDADE

Certifique-se de ter lido direito

Cavidade bucal – interior da boca.
Comunidade microbiana – conjunto de microrganismos que habitam um local.
Degradação – transformação de uma substância química em outra menos complexa; decomposição.
Muco – líquido espesso e grudento produzido por algumas partes do corpo (no caso, o nariz).
Base da língua – parte da língua mais próxima da garganta.

Procure no dicionário qualquer outra palavra cujo significado não conheça.

O que são os procariotos mencionados? Além da língua, onde mais eles existem? Qual é sua importância?

O texto também fala em células mortas. O que são células? Qual é sua importância? Se elas podem morrer, então as células são entidades vivas?

ATIVIDADE

Reflita sobre suas atitudes

Como anda sua higiene bucal?

DESENVOLVIMENTO DO TEMA

1 Quem descobriu as células?

Estamos bastante acostumados às imagens que vemos ao nosso redor. No entanto, se nossos olhos passassem a ser capazes de ampliar bastante as imagens, ficaríamos espantados ao descobrir quantas coisas minúsculas não vemos normalmente.

Os cientistas que realizaram as primeiras observações ampliadas de materiais e de seres vivos utilizaram lentes de aumento e também instrumentos fabricados com elas.

Um desses cientistas foi Robert Hooke (1635-1703). Ele construiu um dos primeiros microscópios e o utilizou para observar fatias muito finas de cortiça, o material de que são feitas as rolhas. Ao fazer tal observação, Hooke descobriu que a cortiça apresentava vários buraquinhos em sua estrutura, parecendo um favo de mel. Ele chamou esses buraquinhos de **células**, palavra que significa "pequena cela, pequeno compartimento". A cortiça é um material morto, em que cada buraquinho está vazio. Ela apresenta apenas a parte externa de células que um dia foram vivas.

Depois de Hooke publicar suas descobertas em 1665, muitos outros cientistas se ocuparam com o uso do microscópio, até que, por volta de 1840, os pesquisadores já dispunham de evidências suficientes para afirmar que os seres vivos são formados por células.

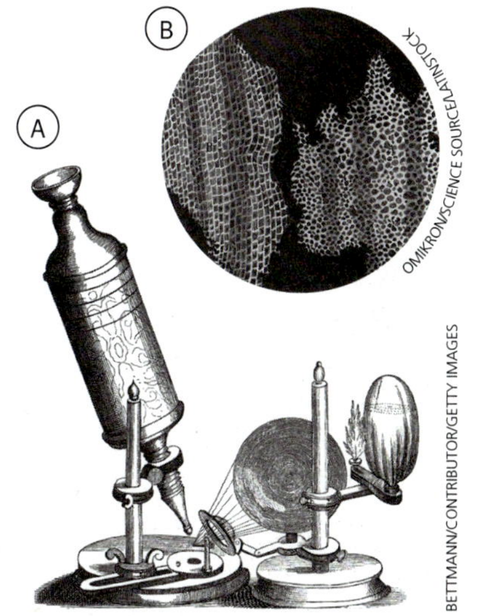

Desenhos feitos por Hooke, mostrando, em (A), seu microscópio e, em (B), células de cortiça vistas com o auxílio desse aparelho.

Em destaque

Instrumentos ópticos

MUSK/ALAMY/GLOW IMAGES

A lupa é um instrumento óptico. (Na foto, uma lupa é usada para visualizar a imagem ampliada de grãos de café.)

Uma lupa é um instrumento formado por uma lente, de vidro ou de plástico, fixada em um cabo. A lupa também é chamada **microscópio simples**. Ela é usada para observar objetos próximos e fornece uma imagem ampliada deles.

Uma lupa é um **instrumento óptico**, ou seja, um instrumento que atua sobre a formação das imagens. Alguns outros exemplos desse tipo de instrumento são o microscópio composto, a luneta, a máquina fotográfica e o projetor multimídia. Nesses instrumentos, as lentes são um dos componentes fundamentais.

Quando uma única lente é usada para visualizar um objeto, situação de grande importância no estudo dos seres vivos, verifica-se que uma ampliação muito grande faz a imagem ficar bastante distorcida. Contudo, usando duas ou mais lentes ao mesmo tempo, podem-se obter imagens nítidas e com um aumento de centenas de vezes.

Assim nasceu o **microscópio composto**, que recebe esse nome porque é composto de duas (ou mais) lentes. Uma delas fica próxima ao objeto que será estudado e é chamada **objetiva**. A outra, próxima ao olho do observador, é denominada **ocular**.

Na maioria desses microscópios há mais de uma objetiva, cada uma com um poder de aumento diferente. Assim, o usuário pode escolher a ampliação mais conveniente para o objeto que deseja visualizar.

O microscópio composto é comumente chamado de **microscópio de luz**. Existem microscópios desse tipo com diferentes capacidades de ampliação que podem variar de cem vezes a duas mil vezes. Para ampliações maiores, há a necessidade de usar outros tipos de microscópio, como o **microscópio eletrônico**. Esses outros tipos têm princípios de funcionamento mais complexos do que o mero uso de um conjunto de lentes.

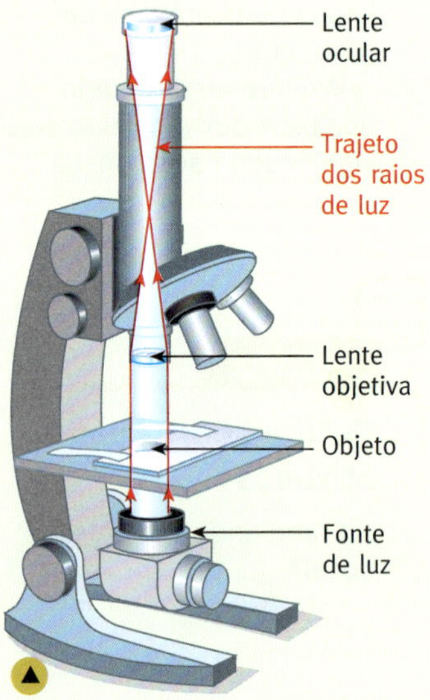

ADILSON SECCO

Esquema de um microscópio composto.

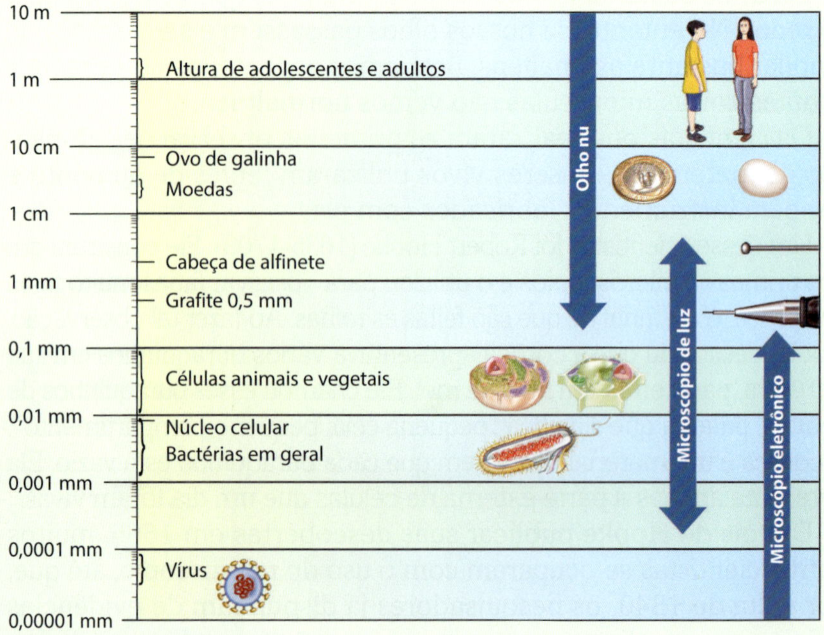

PAULO CÉSAR PEREIRA

Este esquema ilustra o tamanho de alguns objetos e como eles podem ser observados: a olho nu (isto é, sem auxílio de instrumentos), com microscópio de luz (microscópio composto) ou com microscópio eletrônico.

(Representação esquemática sem proporção. Cores fantasiosas.)

Fonte: Esquema elaborado a partir de N. A. Campbell et al. *Biology*. 10. ed. Glenview: Pearson. p. 94.

A **luneta astronômica** é um instrumento óptico usado para visualizar a imagem ampliada de corpos celestes, objetos que estão muito distantes do observador. Seu princípio de funcionamento é o mesmo do microscópio. Porém, ao contrário dele, o objeto está muito distante da objetiva. Por isso as lentes usadas na sua construção são apropriadas para fornecer uma imagem nítida de objetos distantes da objetiva.

Os **telescópios** são aprimoramentos das lunetas astronômicas, nos quais se utiliza também um espelho especial, que auxilia na obtenção de uma imagem melhor dos corpos celestes.

A luneta astronômica fornece uma imagem invertida do objeto. Ao observar estrelas distantes, que aparecem como pontos luminosos, isso não representa problema.

A **luneta terrestre** e o **binóculo** são adaptações da luneta astronômica. Eles são construídos de modo que forneçam uma imagem não invertida dos objetos.

!

Saiba de onde vêm as palavras

- "Lente" vem do latim *lente*, que designa o legume lentilha, numa alusão à semelhança de algumas lentes com o formato da lentilha.
- "Microscópio" vem do grego *mikrós*, pequeno, e *skopéo*, ato de ver ou examinar.
- "Telescópio" vem do grego *têle*, longe, e *skopéo*, ato de ver ou examinar.
- "Luneta" vem do latim *luna*, que significa Lua; instrumento com o qual se obtém uma imagem ampliada da Lua.

JEAN-CHRISTOPHE RIOU/RADIUS IMAGES/LATINSTOCK

Menino utilizando uma luneta astronômica.

LES AND DAVE JACOBS/CULTURA CREATIVE/AFP

Biólogo com um binóculo observando aves.

DMITRY KALINOVSKY/SHUTTERSTOCK

Engenheiro utilizando teodolito, uma luneta terrestre usada para agrimensura (medição de terras).

2 Células são estruturas vivas

Os seres vivos são formados por uma ou mais células. Uma célula é uma pequena estrutura viva, que pode ser vista com o auxílio de um microscópio. Um ser humano adulto, por exemplo, é formado por centenas de trilhões de células.

Nem todas as células têm o mesmo formato. A forma de uma célula está relacionada à função que ela executa.

Assim, por exemplo, as células avermelhadas presentes em nosso sangue — os glóbulos vermelhos — são arredondadas, o que facilita sua movimentação, junto com os demais componentes do sangue, para as diversas partes do nosso organismo. As células nervosas, que recebem e transmitem informações pelo corpo, são alongadas e têm muitos prolongamentos. As células que revestem nosso corpo têm formato tal que se encaixam perfeitamente, executando assim sua função de revestir. Já as células dos músculos do braço, por exemplo, são compridas e formam feixes de células, que permitem que esses músculos sejam ora relaxados, ora contraídos.

Esquema representando o formato de algumas células do corpo humano

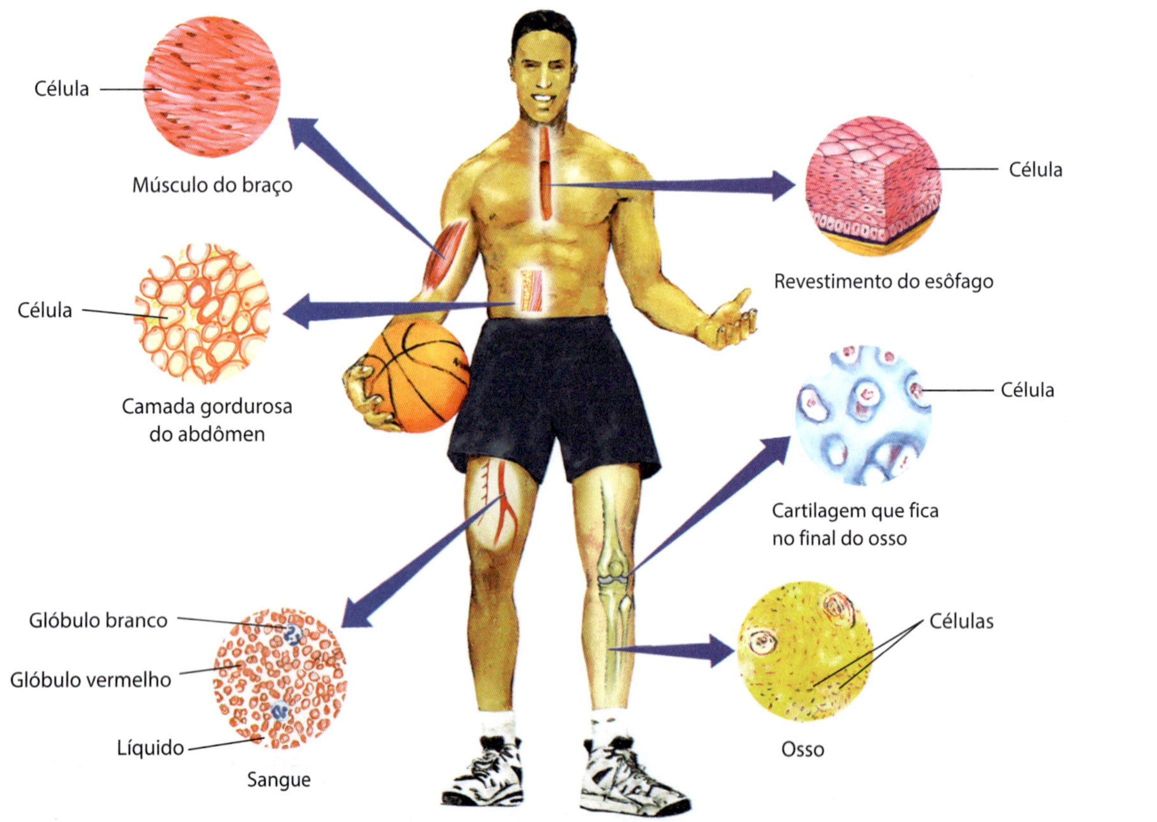

(Representação esquemática em cores fantasiosas e fora de proporção. As setas azuis indicam a parte do corpo da qual provêm as ampliações ilustradas.)

3 Seres pluricelulares e seres unicelulares

Cachorros, gatos, seres humanos, árvores, arbustos e cogumelos são exemplos de seres vivos cujos organismos são formados por muitas células. Eles são chamados de seres vivos **pluricelulares** ou **multicelulares**.

As bactérias e os protozoários (grupo que inclui a ameba, a giárdia e o paramécio e que será estudado no capítulo 5) são exemplos de seres que têm organismos formados por uma só célula. Eles são muito pequenos e nós só conseguimos visualizá-los com a ajuda de um microscópio.

Os organismos formados por apenas uma célula são os **seres vivos unicelulares**. São também chamados de **microrganismos**, ou **micróbios**, isto é, são organismos muito pequenos, visíveis apenas com o auxílio de um microscópio.

A-Z

ATIVIDADE

Amplie o vocabulário!

Hora de debater o significado de cada conceito, redigi-lo com nossas palavras e incluí-lo no nosso blog.

- célula
- unicelular
- pluricelular ou multicelular

CARLOS TERRANA/KINO.COM.BR

Animais, como essa perereca, e plantas são seres pluricelulares. (Planaltina, GO.)
comprimento da perereca: 4 cm

Exemplos de seres unicelulares

PHOTOTAKE INC/ALAMY/GLOW IMAGES

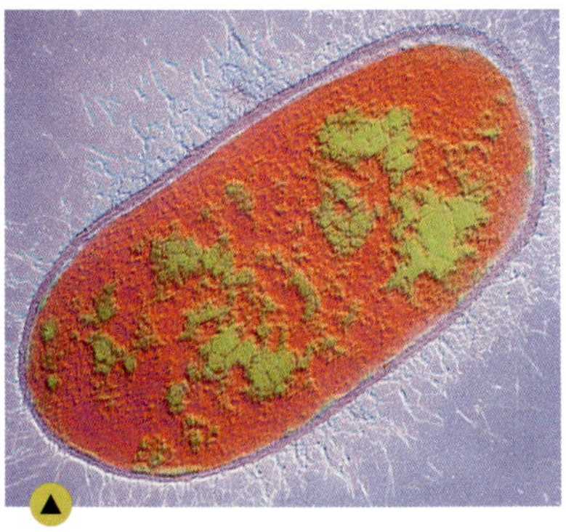

Bactéria *Klebsiella pneumoniae*, encontrada na pele, na boca e no intestino, sob ampliação aproximada de 32.000 vezes, ao microscópio eletrônico, com colorido artificial.

MICHAEL ABBEY/SCIENCE SOURCE/LATINSTOCK

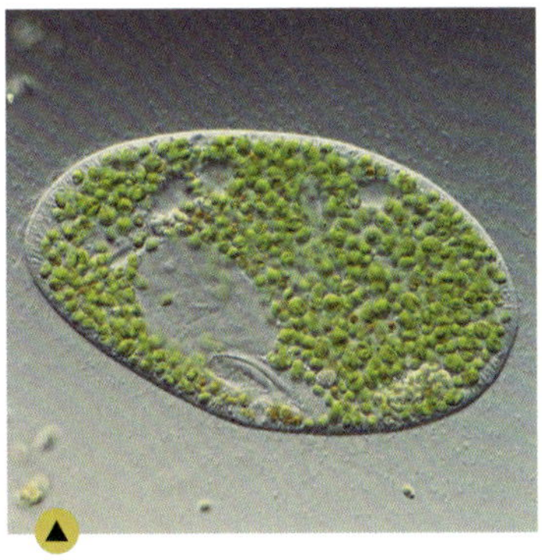

Paramécio, que pode ser encontrado em água doce, ampliado cerca de 320 vezes, ao microscópio de luz.

ASTRID & HANNS-FRIEDER MICHLER/SCIENCE PHOTO LIBRARY/LATINSTOCK

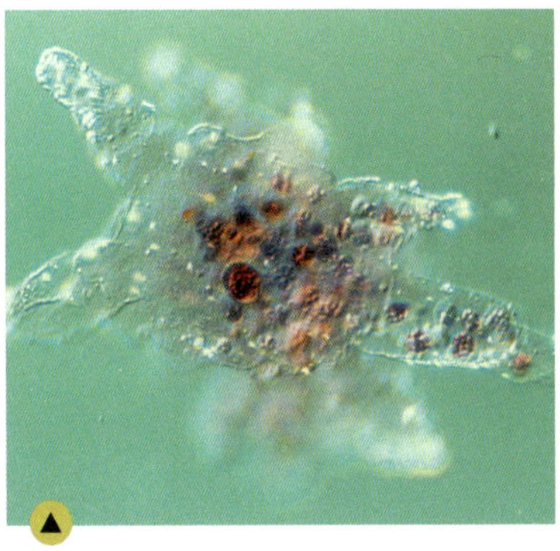

Ameba que vive em água doce, vista ao microscópio de luz sob ampliação de aproximadamente 140 vezes.

4 Noção da estrutura de uma célula animal

Toda **célula animal** é envolvida pela chamada **membrana plasmática**, que a circunda e delimita, mantendo seu conteúdo separado do meio externo e controlando as substâncias que entram ou saem. No interior da célula existem várias estruturas, entre elas o **núcleo**. Dentro do núcleo encontra-se o chamado **material genético**, que tem em sua constituição uma substância conhecida como **DNA** (ou **ADN**), sigla que significa ácido desoxirribonucleico.

Substâncias produzidas a partir de informações contidas no material genético são necessárias para o funcionamento da célula. As informações contidas no material genético de um indivíduo são herdadas de seus ascendentes (pais).

A região entre a membrana plasmática e o núcleo é preenchida por um material com consistência de gelatina, o **citoplasma**, no qual há diferentes tipos de estruturas, denominadas **organelas citoplasmáticas**.

As organelas citoplasmáticas desempenham diferentes funções, que permitem à célula manter-se viva e funcionando adequadamente. Entre essas funções estão a produção, o transporte e o armazenamento de substâncias, a destruição de produtos tóxicos que eventualmente entrem na célula ou se formem dentro dela, a realização de reparos nas partes danificadas, a eliminação de substâncias no meio exterior à célula e o aproveitamento da energia proveniente da glicose e de alguns outros nutrientes.

Em desenhos esquemáticos de células, como o que aparece a seguir, as **cores** utilizadas são **fantasiosas**, ou seja, não representam necessariamente a coloração real das diferentes partes. Esse recurso de **cores fantasiosas** é didático, pois facilita a visualização dessas partes.

Esquema de célula animal

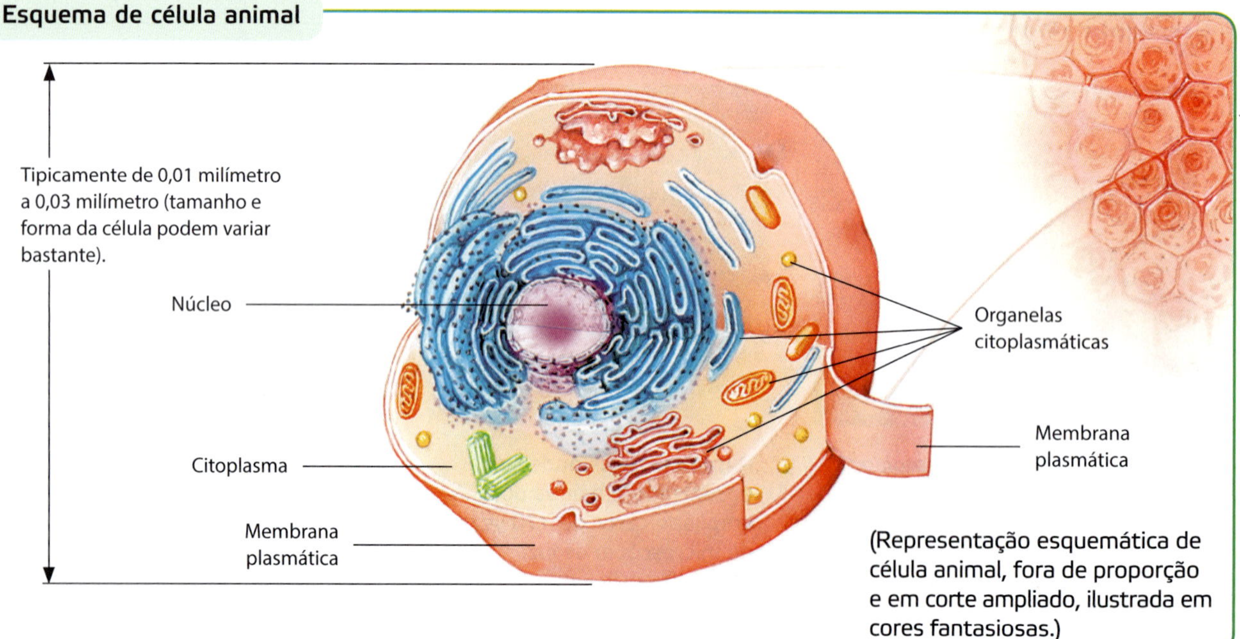

(Representação esquemática de célula animal, fora de proporção e em corte ampliado, ilustrada em cores fantasiosas.)

5 Noção da estrutura de uma célula vegetal

Uma **célula vegetal** típica também apresenta uma **membrana plasmática**, um **citoplasma** contendo **organelas citoplasmáticas** e um **núcleo**, no qual fica o **material genético**. As informações contidas no material genético de um indivíduo são herdadas da planta ou das plantas das quais ele descende.

Duas diferenças entre a célula vegetal e a animal devem ser destacadas neste momento. A primeira delas é a presença, no citoplasma da célula vegetal, de um tipo de organela responsável pela realização da fotossíntese. A segunda é a existência de um envoltório rígido, ao redor da membrana plasmática da célula vegetal, denominado **parede celular**, que dá sustentação à célula vegetal e impede que ela estoure por absorção de água em demasia.

Esquema de célula vegetal

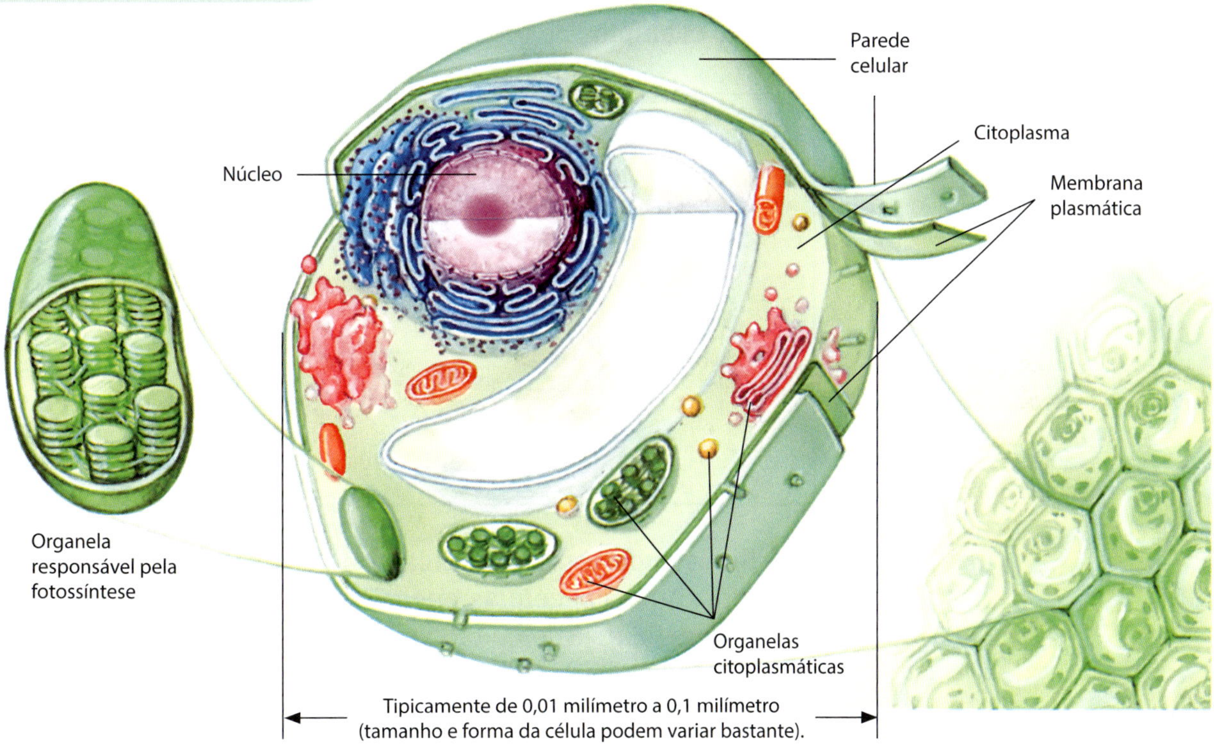

(Representação esquemática de célula vegetal, fora de proporção e em corte ampliado, ilustrada em cores fantasiosas.)

A-Z

ATIVIDADE

Amplie o vocabulário!

Hora de debater o significado de cada conceito, redigi-lo com nossas palavras e incluí-lo no nosso blog.

- membrana plasmática
- material genético
- citoplasma
- organelas citoplasmáticas
- parede celular

> **!**
> ### Saiba de onde vêm as palavras
> A palavra "procariótica" vem do grego *pro*, anterior a, e *karýa*, núcleo. As células procarióticas, desprovidas de núcleo organizado, existiam antes do surgimento evolutivo das células dotadas de núcleo.
> A palavra "eucariótica" vem do grego *eu*, bem, bom, verdadeiro, e *karýa*, núcleo. Essa palavra indica, portanto, a existência de núcleo bem individualizado na célula.

6 Procariotos e eucariotos

No passado, os biólogos classificaram os seres vivos em dois grandes grupos: o Reino Animal e o Reino Vegetal. Porém, com o prosseguimento dos estudos científicos, ficou claro que muitos organismos não se enquadravam em nenhum desses dois reinos. É o caso das bactérias, seres formados por uma só célula, na qual o material genético não está confinado no interior de um núcleo, ao contrário do que ocorre nas células animais e vegetais.

Os biólogos consideram essa diferença tão importante que, atualmente, a presença ou a ausência de um núcleo celular individualizado por membrana é um dos critérios empregados na classificação dos organismos. Com relação a esse critério, os seres vivos podem ser classificados em dois grandes grupos.

- **Seres procariotos**: unicelulares formados por **célula procariótica**, na qual **não há** um núcleo individualizado por membrana e o material genético está disperso no citoplasma. As **bactérias** são exemplos de procariotos.

Célula bacteriana (procariótica)

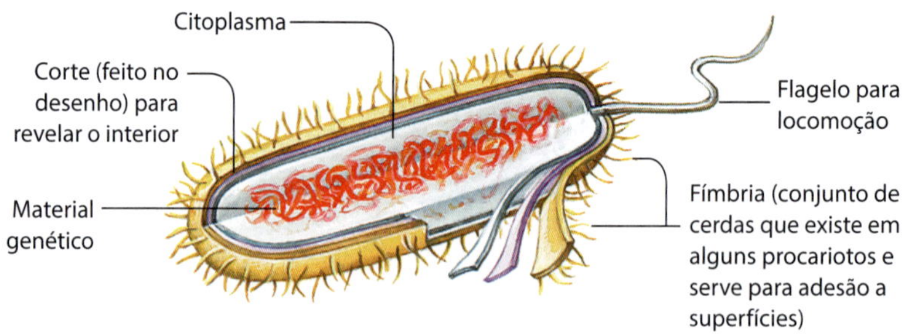

Esquema, em corte e fora de proporção, de bactéria ampliada cerca de 75 mil vezes, ilustrada em cores fantasiosas. Note que não há núcleo na célula.

- **Seres eucariotos**: unicelulares ou pluricelulares formados por (uma ou mais) **células eucarióticas**, nas quais **há** um núcleo bem definido e delimitado por uma membrana, dentro do qual se encontra o material genético. Os **animais**, os **vegetais** e os **fungos** são alguns exemplos de eucariotos.

Célula animal (eucariótica) **Célula vegetal (eucariótica)**

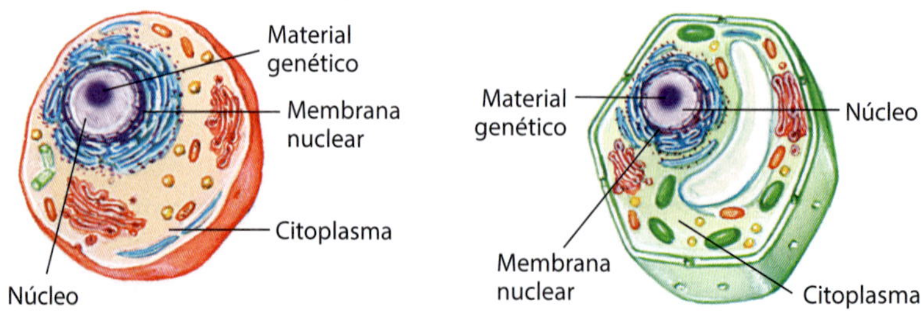

(Fora de proporção, em corte e em cores fantasiosas.)

> **A-Z** ATIVIDADE
> ### Amplie o vocabulário!
> *Hora de debater o significado de cada conceito, redigi-lo com nossas palavras e incluí-lo no nosso* blog.
> - célula procariótica
> - procarioto (ou procarionte)
> - célula eucariótica
> - eucarioto (ou eucarionte)

7 Os três domínios de seres vivos

No passado, os seres vivos foram classificados em dois reinos (o dos animais e o das plantas). Depois, com o passar do tempo e o aumento dos conhecimentos biológicos, passaram a ser classificados em cinco reinos e, posteriormente, em seis. Hoje, os biólogos falam em vários reinos (há diversas opiniões diferentes quanto ao número) e continua a existir muita pesquisa experimental e muito debate científico sobre a classificação dos seres vivos.

No final do século passado, com os avanços tecnológicos, cientistas puderam começar a fazer comparações detalhadas da composição do material genético dos diferentes organismos. Com base nas informações obtidas dessas comparações e naquelas de anatomia, morfologia etc., como o tipo de célula que forma o organismo (procariótica ou eucariótica), foi proposta a classificação dos seres vivos em **três domínios**, que recebem nomes vindos do grego.

Reveja, no item 7 do capítulo 1, a figura que está no texto *Categorias de classificação dos seres vivos* e perceba que **domínio** é uma categoria de classificação **mais abrangente** (isto é, mais ampla) que **reino**.

Os três domínios são os seguintes:

- **Domínio *Bacteria*** (lê-se "bactéria") – compreende os seres unicelulares procarióticos genericamente chamados de **bactérias**. Não há consenso entre biólogos a respeito de em quantos reinos esse grupo deve ser dividido.
- **Domínio *Archaea*** (lê-se "arquéa") – constituído pelos seres unicelulares procarióticos denominados arqueas (lê-se "arquéas"). Também nesse caso, há debate científico sobre a divisão desse domínio em reinos.
- **Domínio *Eukarya*** (lê-se "eucária") – formado pelos **fungos** (Reino *Fungi*), pelas **plantas** (Reino *Plantae*), pelos **animais** (Reino *Animalia*) e por uma grande variedade de seres genericamente denominados **protistas**, que são unicelulares ou pluricelulares de organização muito simples. A diversidade dos protistas é tão grande que podem ser divididos em vários reinos.

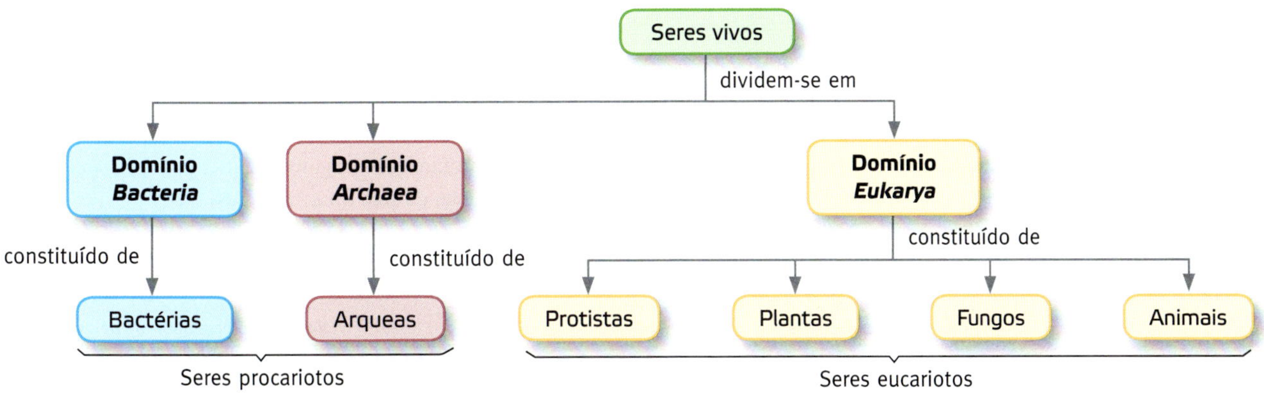

A tabela da próxima página dá uma noção dos principais representantes de cada um dos três domínios de seres vivos. Alguns desses grupos de seres vivos serão estudados em outras partes deste livro.

Não se preocupe em memorizar esta tabela. Consulte-a sempre que julgar necessário.

Classificação dos seres vivos em três domínios[1]

Domínio	Seres	Tipo de célula[2]	Quantidade de células	Representantes (mais importantes)	Nutrição
Domínio *Bacteria*	**Bactérias**	Procariótica	Unicelulares	**Bactérias** como as que causam cáries, as que vivem no solo e atuam como decompositores, as que vivem em raízes de fabáceas (leguminosas) e transformam nitrogênio do ar em "adubo" e as que provocam certas doenças no ser humano, como tétano, pneumonia, tuberculose, leptospirose e cólera.	Autotrófica ou heterotrófica
			Unicelulares	**Cianobactérias**, antigamente denominadas cianofíceas ou algas azuis, importantes fotossintetizántes (realizam fotossíntese) em ambientes naturais.	Autotrófica
Domínio *Archaea*	**Arqueas**[3]	Procariótica	Unicelulares	**Arqueas**, ou **arqueobactérias**, organismos que, ao microscópio, se assemelham às bactérias, mas que diferem consideravelmente delas quanto à composição do material genético. Muitas estão adaptadas à vida em ambientes que são hostis a outras formas de vida, tais como lagos de águas extremamente salgadas e depósitos naturais de águas quentes e muito ácidas. Algumas produzem gás metano.	Autotrófica ou heterotrófica
Domínio *Eukarya*	**Protistas**	Eucariótica	Unicelulares	**Protozoários**, importantes constituintes do zooplâncton, o segundo nível de cadeias alimentares aquáticas. Alguns causam doenças, tais como amebíase, giardíase, malária e doença de Chagas.	Heterotrófica
			Unicelulares ou pluricelulares de organização muito simples	**Algas**, dotadas de clorofila, pigmento verde envolvido na fotossíntese. Muitas espécies de algas fazem parte do fitoplâncton, que constitui o ponto de partida para a maioria das cadeias alimentares aquáticas. Algumas algas possuem, além da clorofila, pigmentos vermelhos ou marrons.	Autotrófica
	Reino *Plantae* (Reino das plantas)	Eucariótica	Pluricelulares	**Plantas**	Autotrófica
	Reino *Fungi* (Reino dos fungos)	Eucariótica	Unicelulares (menos comum) ou pluricelulares	**Fungos**, como as leveduras do fermento biológico (unicelulares), os cogumelos, os bolores e as orelhas-de-pau (pluricelulares).	Heterotrófica
	Reino *Animalia* (Reino dos animais)	Eucariótica	Pluricelulares	**Animais**	Heterotrófica

Fonte: Tabela elaborada pelos autores.

Notas: 1 Não há concordância entre todos os biólogos sobre o número de reinos e a maneira de classificar os seres vivos nesses reinos. Já a classificação em três domínios é bastante consensual e aparece em muitas publicações recentes.

2 Os vírus não se enquadram em nenhum reino, pois não são celulares. Consistem apenas em material genético protegido por um envoltório. Eles serão estudados no capítulo 5.

3 Embora seja uma prática que não apareça nos livros universitários mais recentes de Biologia, ainda há quem prefira reunir bactérias e arqueas em um reino, que denominam ***Monera*** ou ***Prokaryotae***.

Em destaque

Organizando a diversidade da vida

"A diversidade é uma indicação da autenticidade da vida. [...] Estimativas do número total de espécies variam de cerca de 10 milhões até mais de 100 milhões. Independente do número exato, a enorme variedade de vida dá à Biologia um alcance bastante amplo. Biólogos se deparam com um grande desafio ao tentar compreender essa variedade.

[...]

Até cerca de 20 anos atrás, a maioria dos biólogos adotava um esquema taxonômico [isso é, de classificação] que dividia a diversidade da vida em cinco reinos: plantas, animais, fungos, organismos eucarióticos unicelulares e procariotos. Desde então, novos métodos (como a comparação de sequências de DNA de diferentes espécies) levaram à reavaliação do número e limites dos reinos. [...]. Ao mesmo tempo que o debate continua em termos de reino, há o consenso de que os reinos da vida podem agora ser agrupados em três níveis ainda mais altos de classificação denominados domínios. Os três domínios são conhecidos como *Bacteria*, *Archaea* e *Eukarya*.

Os organismos que compõem o **domínio *Bacteria*** e o **domínio *Archaea*** são todos procariotos. A maioria dos procariotos é unicelular e microscópica. No sistema de cinco reinos, bactéria e arquea foram combinados em um reino comum, pois compartilhavam a forma procariótica de estrutura celular. Mas muitas evidências têm sustentado a visão de que bactéria e arquea representam dois ramos consideravelmente distintos de vida procariótica [...].

Todos os eucariotos (organismos com células eucarióticas) agora agrupam-se em vários reinos do **domínio *Eukarya***. Na época do modelo de cinco reinos, a maioria dos eucariotos unicelulares, entre eles os microrganismos conhecidos como protozoários, foram colocados em um só reino, o reino 'Protista'. Muitos biólogos estenderam os limites do reino Protista para incluir certas formas multicelulares, como as algas marinhas, intimamente relacionadas a certos protistas unicelulares. A recente tendência taxonômica é separar os protistas em uma série de reinos. Além desses reinos protistas, o domínio *Eukarya* inclui três reinos de eucariotos multicelulares: os reinos *Plantae*, *Fungi* e *Animalia*. Esses três reinos podem ser distinguidos em parte pelo modo de nutrição. As plantas produzem os próprios açúcares e outros alimentos a partir da fotossíntese. Os fungos em sua maioria são decompositores, que decompõem organismos mortos e restos orgânicos (folhas caídas e fezes de animais) e absorvem nutrientes a partir dessas fontes. Os animais obtêm alimento através da ingestão, que consiste no consumo e na digestão de outros organismos. É claro: pertencemos ao reino *Animalia*."

Fonte do texto: N. A. Campbell, et al. *Biologia*. 8. ed. Porto Alegre: Artmed. p. 12-14.

1000 WORDS/SHUTTERSTOCK

Diferentes espécies de arqueas **metanogênicas**, isto é, **produtoras de gás metano**, vivem dentro do intestino de vacas e bois. Elas pertencem ao Domínio *Archaea*.

altura: 1,5 m

ORGANIZAÇÃO DE IDEIAS

MAPA CONCEITUAL

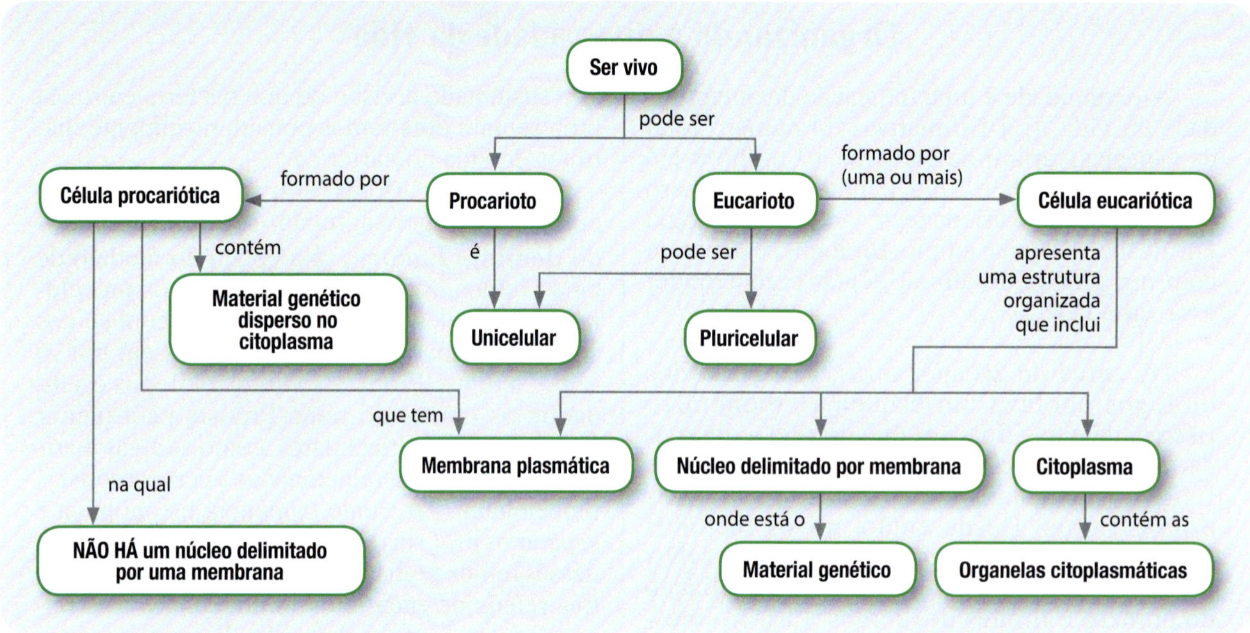

ATIVIDADE

USE O QUE APRENDEU

1. Procure no texto do capítulo o ano aproximado em que os cientistas já dispunham de evidências suficientes para afirmar que os seres vivos são constituídos de células. Essa época é mais próxima de qual dos acontecimentos relacionados a seguir?

- Chegada de Pedro Álvares Cabral ao Brasil (1500).
- Independência do Brasil (1822).
- Proclamação da República do Brasil (1889).
- Primeira Guerra Mundial (1914-1918).

2. Por que os animais e as plantas são classificados como pluricelulares e as bactérias são classificadas como unicelulares?

3. Cite algumas características comuns a uma célula animal e a uma célula vegetal.

4. Cite duas diferenças entre uma célula vegetal e uma célula animal.

5. Qual é o critério empregado para classificar uma célula como **procariótica** ou **eucariótica**? E para classificar um ser vivo como **procarioto** ou **eucarioto**?

6. Considere a divisão dos seres vivos em três domínios. Quantos e quais desses domínios são de organismos eucariotos?

7. Durante muito tempo, **Reino *Monera*** foi uma denominação comumente usada para seres procariotos, que, atualmente, podem ser classificados em dois domínios distintos.

a) Quais são esses dois domínios?

b) **Consulte a tabela do item 7** e responda: Qual é a diferença fundamental entre as células dos seres desses dois domínios e as células dos seres do outro domínio?

8. O nome científico do limoeiro é *Citrus limon* e o da laranjeira é *Citrus sinensis*. Durante uma pesquisa sobre essas plantas, alunos formularam as seguintes opiniões:

Aluno 1 – Ambas pertencem à mesma espécie.

Aluno 2 – Elas pertencem ao mesmo gênero e ao mesmo reino.

Aluno 3 – Elas são do mesmo reino, mas não do mesmo gênero.

Qual dessas opiniões é correta? Justifique.

9. Na época das Grandes Navegações, os portugueses já se referiam ao Brasil como a "terra dos papagaios" e incluíam nessa denominação os papagaios e também as araras e os periquitos. A tabela abaixo relaciona algumas dessas aves:

Papagaios	Araras	Periquitos
Curica *Amazona amazonica*	Arara-azul-de-lear *Anodorhynchus leari*	Periquito-de-bochecha--parda *Aratinga pertinax*
Papagaio-de--peito-roxo *Amazona vinacea*	Arara-azul-grande *Anodorhynchus hyacinthinus*	Periquito-de-cabeça-suja *Aratinga weddellii*
Papagaio-moleiro *Amazona farinosa*	Arara-azul-pequena *Anodorhynchus glaucus*	Jandaia *Aratinga solstitialis*

HAROLDO PALO JR/KINO.COM.BR

Curica. (São Carlos, SP.)
altura: 34 cm

Analisando a tabela, pode-se concluir que há representantes de:

a) quantas espécies? b) quantos gêneros? c) quantos reinos?

10. Um autor de livro de Biologia, por acidente, deixou respingar água em uma página do seu manuscrito. Como a tinta da caneta usada mancha com água, algumas palavras ficaram borradas. Os trechos com partes afetadas foram reproduzidos abaixo. Suponha que você seja o autor e vá arrumar os textos. Reescreva-os no caderno, substituindo os borrões por palavras adequadas.

a) O **Domínio *Bacteria*** inclui seres com células ______, ou seja, que não têm um ______ individualizado por uma ______. Esse domínio inclui as ______ e as ______ (anteriormente chamadas algas azuis). Essas últimas são ______, pois obtêm seu próprio alimento realizando ______.

b) Todos os membros do **Domínio *Archaea*** são ______, ou seja, têm organismos formados por apenas uma ______. Os membros desse domínio, denominados arqueas, estão adaptados à vida em locais que são ______ para a maioria dos outros seres vivos.

c) O grupo dos **protistas** é constituído por variadas formas de vida. Umas são ______ e outras são ______ de organização bem simples. Entre os protistas estão as algas, que realizam ______ e fazem parte do ______, que é o primeiro nível das cadeias alimentares aquáticas. Também entre os protistas estão os ______, que fazem parte do ______, o segundo nível das cadeias alimentares aquáticas.

d) O **Reino *Plantae*** é constituído pelas plantas, ou vegetais, que são seres com células ______ e que realizam ______, sendo, por isso, classificados como ______.

e) O **Reino *Fungi*** é aquele em que se encaixam os fungos, seres de células ______ que podem ser ______, como as leveduras usadas na fabricação do pão, ou ______, como os cogumelos, os bolores e as orelhas-de-pau. No que diz respeito à nutrição, os fungos são ______.

f) O **Reino *Animalia*** é formado por todos os animais, que são seres ______ (muitas células) e cujas células são ______. Quanto à nutrição, todos os animais são ______.

ATIVIDADE

EXPLORE DIFERENTES LINGUAGENS

A critério do professor, as atividades a seguir poderão ser feitas em grupos.

TIRINHA

FRANK & ERNEST, BOB THAVES © 2008 THAVES/DIST. BY ANDREWS MCMEEL SYNDICATION

1. Que instrumento o personagem está tentando usar? Ele é apropriado para observar corpos celestes como a Lua?

2. Cite uma semelhança e uma diferença entre o funcionamento desse instrumento e o de um microscópio composto.

BUSCA NA INTERNET

3. Alunos de uma escola fizeram uma visita ao zoológico e deveriam, cada um, realizar uma busca na internet de informações mais detalhadas sobre um dos animais vistos. Um dos alunos se interessou pelo animal identificado pela seguinte placa:

NELSON COSENTINO

Para dar uma busca na internet, quais são as **duas** palavras mais indicadas para serem digitadas a fim de obter informações **específicas** sobre esse animal? Justifique sua escolha.

Use a internet

Aproveite para fazer uma busca e aprender mais sobre esse animal. Qual é o seu *habitat*? Em que países é encontrado? Tem hábitos diurnos ou noturnos? Como interage com os outros da mesma espécie?

4. Nesta atividade você vai exercitar a consulta à tabela de classificação dos seres vivos, apresentada no item 7. Construa uma tabela com seis colunas no caderno, colocando os seguintes títulos em cada coluna: **Bactérias**, **Arqueas**, **Protistas**, **Plantas**, **Fungos** e **Animais**. Coloque o nome dos seres das fotos a seguir na coluna correta.

(A)

JOERG BEUGE/SHUTTERSTOCK

(B)

EDSON GRANDISOLI/PULSAR IMAGENS

(C)

CREATIVE TRAVEL PROJECTS/SHUTTERSTOCK

(D)

FABIO COLOMBINI

(E)

STR/AFP

(F)
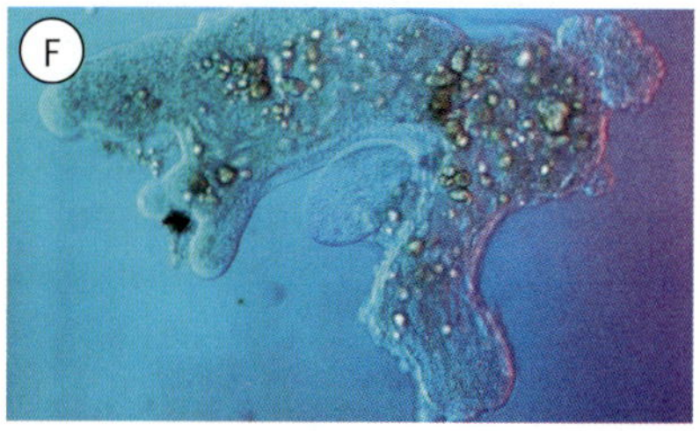
E. R. DEGGINGER/SCIENCE SOURCE/LATINSTOCK

(G)
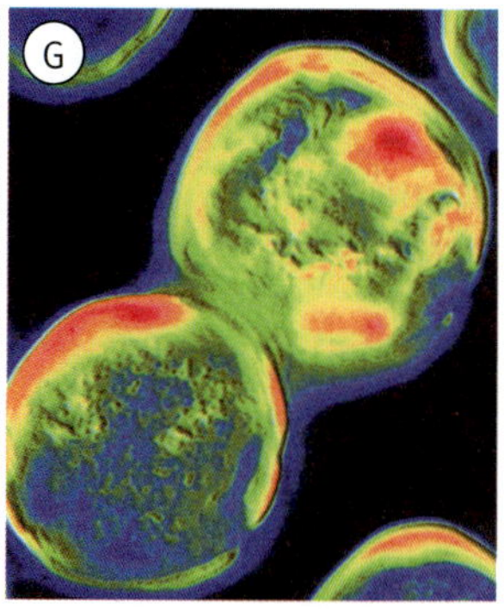
ALFRED PASIEKA/SCIENCE PHOTO LIBRARY/LATINSTOCK

(H)

FABIO COLOMBINI

(I)
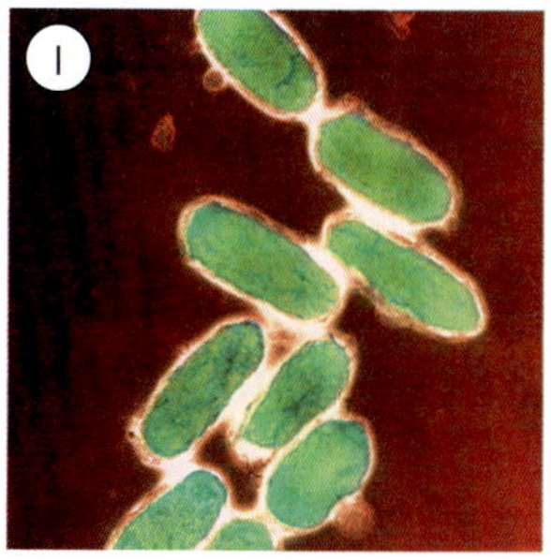
A. DOWSETT, HEALTH PROTECTION AGENCY/SCIENCE PHOTO LIBRARY/LATINSTOCK

(J)
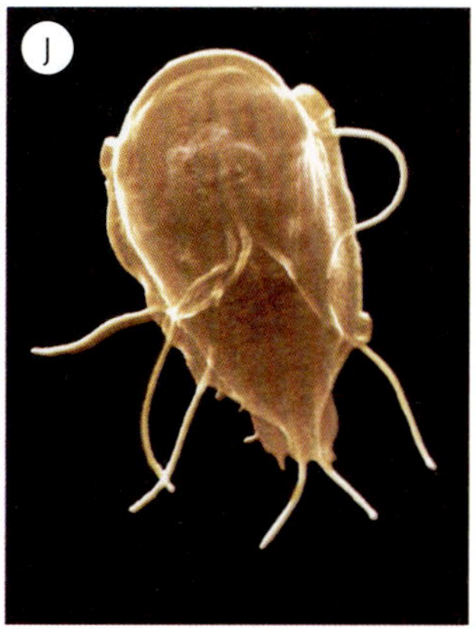
DR. FRED HOSSLER/VISUALS UNLIMITED, INC./GLOW IMAGES

(K)

DELFIM MARTINS/PULSAR IMAGENS

(L)

FLPA/DAVE PRESSLAND/KEYSTONE BRASIL

A. Bolor (em morango).
B. Alga verde, conhecida como alface-do-mar.
C. Camomila. (Altura: 50 cm.)
D. Teiú. (Comprimento: 1,5 m.)
E. Cianobactérias, unicelulares fotossintetizantes. O lago da foto recebeu despejo de esgoto. Algumas substâncias presentes no esgoto atuaram como nutrientes para essas formas de vida, favorecendo seu desenvolvimento. As cianobactérias são as responsáveis pela coloração esverdeada que a água adquiriu (Hefei, China.).
F. Ameba de água doce vista ao microscópio de luz, com ampliação de cerca de 240 vezes e colorido artificial.
G. Arqueas que vivem em ambientes com pouco ou nenhum gás oxigênio, vistas ao microscópio eletrônico, com ampliação aproximada de 11 mil vezes e colorido artificial.
H. Borboleta. Envergadura: 4 cm.
I. Bactéria causadora da peste bubônica, vista ao microscópio eletrônico, com ampliação aproximada de 4.300 vezes e colorido artificial.
J. Giárdia, causadora da doença intestinal giardíase, vista ao microscópio eletrônico, com ampliação de aproximadamente 3 mil vezes e colorido artificial.
K. Ipê-amarelo. (Altura: 10 m.)
L. Cogumelo. (Altura: 12 cm.)

TIRINHA

5. A sigla DNA aparece em muitos filmes, livros e até em tirinhas, como esta ao lado. O DNA faz parte da constituição do material genético, que é fundamental para a vida. Explique, em linhas gerais, qual é a função do material genético em uma célula.

FRANK & ERNEST, BOB THAVES © 2003 THAVES/DIST. BY ANDREWS MCMEEL SYNDICATION

TEXTO DE LIVRO TÉCNICO

O texto a seguir foi extraído de um livro de Biologia. Interprete-o e, a seguir, realize as atividades 6 a 11.

"Arqueas e bactérias são as formas de vida mais antigas, estruturalmente simples e abundantes. Também são os únicos organismos com organização celular procariótica. Procariotos foram abundantes por mais de um bilhão de anos antes que os eucariotos surgissem no planeta. Bactérias fotossintetizantes primitivas (cianobactérias) alteraram a atmosfera por meio da produção de gás oxigênio [...].

Procariotos são ubíquos e vivem em qualquer lugar em que vivam eucariotos. Eles também conseguem sobreviver em locais onde nenhum eucarioto consegue. [...]

Muitas arqueas são *extremófilas*. Elas vivem em lagoas de água quente, que mataria outros organismos por cozimento, em ambientes com alta concentração de sal, que desidrataria outras células, e em atmosferas ricas em gases que seriam tóxicos a outras espécies, tais como metano e sulfeto de hidrogênio. Já foram encontradas a 435 metros de profundidade no gelo da Antártida!

Esses ambientes hostis podem ser similares às condições existentes na Terra primitiva, quando a vida surgiu. É provável que os procariotos evoluíram nessas condições primitivas e que mantiveram a habilidade de viver em áreas desse tipo [...]."

Fonte: P. H. Raven et al. *Biology*. 9. ed. Nova York: McGraw-Hill. p. 547. (Tradução dos autores.)

6. Segundo o texto, que tipo de organismo — procarioto ou eucarioto — surgiu primeiro na Terra? Quanto tempo levou para que surgisse o outro?

7. O texto diz que as cianobactérias produziram o gás oxigênio da atmosfera. Recorde o conceito de fotossíntese e responda: Quais são as duas substâncias que as cianobactérias precisaram usar para produzir oxigênio?

8. Procure o significado da palavra **ubíquo** e explique o significado do trecho "procariotos são ubíquos".

9. Existem procariotos vivendo no seu organismo? Em caso negativo, por quê? Em caso afirmativo, dê três exemplos específicos de locais do seu corpo em que eles vivem.

10. A palavra **extremófilo** significa "amigo das condições extremas". Dê exemplos dessas condições.

11. Considere a divisão dos seres vivos em três domínios. Quais são os dois domínios especificamente citados nesse texto?

Seu aprendizado não termina aqui

O conhecimento humano avança com tamanha velocidade que é possível que os esquemas de classificação que você está estudando no 7º ano sofram mudanças antes mesmo que você termine o ensino médio. Por isso, ao prosseguir seus estudos, é importante se habituar a procurar fontes de informação que tenham credibilidade e estejam atualizadas.

CAPÍTULO 4

EVOLUÇÃO DOS SERES VIVOS

Ao conhecermos as características dos seres vivos, podemos compreender melhor sua história evolutiva. Os chimpanzés, como o da foto, são a espécie mais próxima evolutivamente dos seres humanos. (Altura do chimpanzé: até 1,6 m.)

MOTIVAÇÃO

Em destaque

Um trecho do livro *A origem das espécies*, de Charles Darwin

"Pode-se afirmar que a seleção natural está continuamente sondando, a cada dia e a cada hora, ao redor de todo o mundo, toda variação, mesmo a mais simples delas, rejeitando a nociva, preservando e ampliando o que for útil, trabalhando silenciosa e imperceptivelmente, quando e onde houver a oportunidade de aprimorar os seres vivos quanto às suas condições de vida orgânicas e inorgânicas. Não percebemos essas lentas modificações acontecendo, até que a mão do tempo tenha marcado a passagem das eras; e ainda assim é tão imperfeita nossa visão daquilo que ocorreu nos antigos períodos geológicos, que apenas podemos perceber que as atuais formas de vida são diferentes das que existiram no passado."

Fonte: Charles Darwin. *Origem das espécies*. Inglaterra, 1859. (Tradução dos autores.)

DESENVOLVIMENTO DO TEMA

1 Fósseis: registros do passado

SINCLAIR STAMMERS/SCIENCE PHOTO LIBRARY/LATINSTOCK

Fóssil de trilobite, forma de vida animal extinta há mais de 200 milhões de anos. Esse fóssil foi encontrado na Inglaterra. comprimento: 7 cm

Para você conhecer um pouco da história de seus ancestrais — pais, avós, bisavós etc. —, certamente seriam muito úteis fotografias, roupas, objetos pessoais e todo o tipo de registro escrito, como documentos, boletins escolares, mensagens enviadas e recebidas por eles etc.

Da mesma maneira, para saber um pouco mais sobre a história do passado do nosso planeta, os cientistas procuram registros do que ocorreu no passado.

Na investigação científica, os **fósseis** são muito importantes. Eles são vestígios deixados por seres que viveram há muito tempo.

Os fósseis são objeto de estudo da Paleontologia, ramo da Ciência que reúne, analisa e interpreta evidências sobre as formas de vida do passado do planeta. Vasculhando as grandes formações sedimentares, os paleontólogos encontram esses registros de tempos remotos, dispostos, geralmente, de acordo com a data de sua formação. Normalmente, as camadas mais profundas guardam registros de tempos mais distantes, e as camadas superficiais, registros de um passado mais recente.

Uma das indicações dos achados fósseis é que, com o passar de milhares de gerações, os seres vivos sofreram graduais modificações até chegar aos que atualmente povoam a Terra. Esse processo de sucessivas modificações dos seres vivos ao longo do tempo, que deu origem aos seres atualmente existentes, é chamado **evolução**.

Objeto educacional digital
Origem das aves

FABIO COLOMBINI

▲ Grande formação sedimentar estratificada, ou seja, formada em estratos (camadas). Num passado geológico, as camadas superiores depositaram-se sobre as inferiores e são, portanto, mais recentes do que elas. Cada camada pode conter fósseis da época em que se formou. (Margem de arenito do Rio São Francisco, em Canindé do São Francisco, SE.)

2 O conceito de evolução

Observando os fósseis, os cientistas perceberam que muitas espécies de seres vivos do passado não existem mais. Os atuais organismos apresentam algumas semelhanças com esses ancestrais que, por alguma razão, desapareceram do nosso planeta, ou seja, foram extintos.

O fóssil da foto abaixo, à direita, corresponde a um ser vivo já extinto. Nesse fóssil está registrada a imagem de um ser com asas e penas, e que lembra uma ave. No entanto, não é exatamente igual a nenhuma ave atual. Os cientistas acreditam que animais como esse são ancestrais de outros que existem atualmente.

Os muitos fósseis que já foram encontrados e estudados contêm evidências de que, com o passar de muitas e muitas gerações, os seres vivos foram sofrendo modificações até chegar aos que hoje povoam a Terra.

Esse processo de sucessivas modificações ao longo do tempo, que deu origem aos seres atualmente existentes, é chamado **evolução**.

Mas como acontece a evolução? Vários cientistas já tentaram responder a essa pergunta. Duas respostas serão mencionadas aqui: a de Lamarck e a de Darwin.

DE AGOSTINI PICTURE LIBRARY/DE AGOSTINI/GETTY IMAGES

▲ Representação artística de como seria o *Archaeopteryx*.

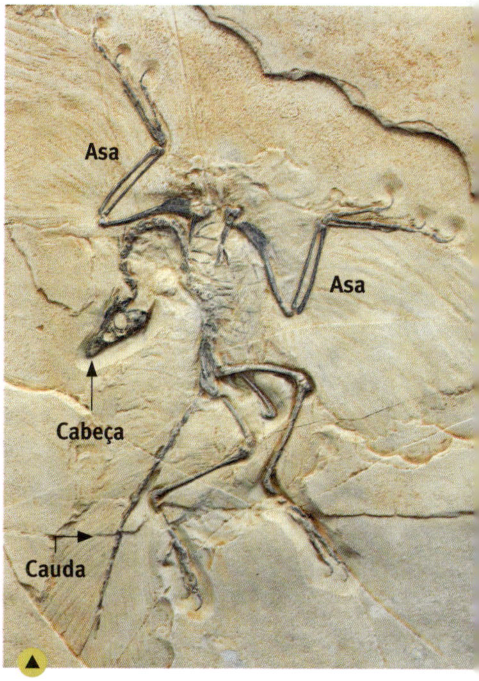

FABIO COLOMBINI - HISTÓRIA NATURAL DE TAUBATÉ, TAUBATÉ - SP

▲ Fóssil de um *Archaeopteryx*, animal já extinto. Esse fóssil, de 1 m de comprimento, foi encontrado na Bavária, Alemanha. (Réplica em exposição no Museu de História Natural de Taubaté, SP.)

3 A explicação lamarckista para a evolução

Em 1809, Jean-Baptiste de Lamarck sugeriu que a explicação para as evidências presentes nos fósseis seria o fato de os seres vivos evoluírem ao longo das gerações.

Lamarck propôs que, quando um organismo usa algumas de suas partes, elas se desenvolvem mais do que aquelas que são menos usadas e que essas novas características adquiridas passariam para os descendentes. No entanto, **não há** evidências de que novas características adquiridas em vida por um organismo passem para os descendentes e, por isso, a explicação lamarckista **NÃO é aceita atualmente pelos cientistas**.

O mérito de Lamarck foi admitir, em sua época, que os seres vivos evoluem.

ENGLISH PHOTOGRAPHER (19TH CENTURY)/© LOOK AND LEARN/ELGAR COLLECTION/ BRIDGEMAN IMAGES/KEYSTONE BRASIL - COLEÇÃO PARTICULAR

O naturalista inglês Charles Darwin (1809-1882).

4 A explicação darwinista para a evolução

No ano em que Lamarck publicou suas ideias, nascia na Inglaterra Charles Darwin. Em dezembro de 1831, com 22 anos, ele se juntou à tripulação do navio *Beagle*, cuja missão era mapear o litoral da América do Sul, pouco conhecido naquela época.

Em cinco anos de viagem, Darwin ocupou muito de seu tempo coletando amostras de fósseis, observando espécies animais e plantas, seu comportamento e suas adaptações. Terminada a jornada, ele pôde elaborar sua proposta de explicação para a evolução dos seres vivos, que publicou em 1859 no livro intitulado *A origem das espécies por meio da seleção natural* (frequentemente chamado apenas de *A origem das espécies*).

Darwin percebeu que os seres vivos em geral têm grande facilidade para gerar descendentes, mas, entre esses, **nem todos conseguem sobreviver até que possam produzir seus próprios descendentes**. Ele notou que os descendentes de um ser vivo **não são todos exatamente iguais** — ao contrário, sempre apresentam pequenas **diferenças individuais**. E concluiu que algumas dessas diferenças são **hereditárias** (herdadas dos ancestrais) e podem, em princípio, ser transmitidas aos descendentes.

Ao observarmos os seres humanos, é possível perceber as diferenças individuais dentro da mesma espécie. Nos filhos de um mesmo casal também notamos essas diferenças. Depois disso, você ainda acha que todas as girafas são iguais? Todos os elefantes são idênticos? Não há diferença alguma entre as roseiras?

RAWPIXEL/SHUTTERSTOCK

Segundo as ideias darwinistas, **em qualquer espécie de seres vivos, alguns indivíduos possuem características que os tornam mais aptos a sobreviver do que outros em determinado ambiente**. Os indivíduos mais aptos têm **maiores chances** de chegar à vida adulta e, consequentemente, de **transmitir essas características aos seus descendentes**.

O ambiente, com seus fatores vivos e fatores não vivos, favorece os organismos mais aptos a enfrentá-lo. Assim, ao longo das gerações, ocorre o que Darwin chamou de **seleção natural** dos indivíduos mais adaptados ao ambiente.

Para exemplificar, suponha que uma determinada espécie de inseto, cujos indivíduos são verdes, viva numa região do litoral, coberta por mata verde. Isso aparece na figura (A).

Os indivíduos dessa população de insetos cruzam uns com os outros e sempre aparecem novos indivíduos, com pequenas variações individuais, por exemplo na cor.

Um novo indivíduo que seja verde-amarelado estará menos camuflado na folhagem. Ele será visto mais facilmente por aves predadoras e terá menor chance de sobreviver. Também serão mais facilmente predados os indivíduos que tenham cor verde mais escura (veja a figura (B)). **O ambiente favorece os indivíduos mais adaptados a ele.**

(A)

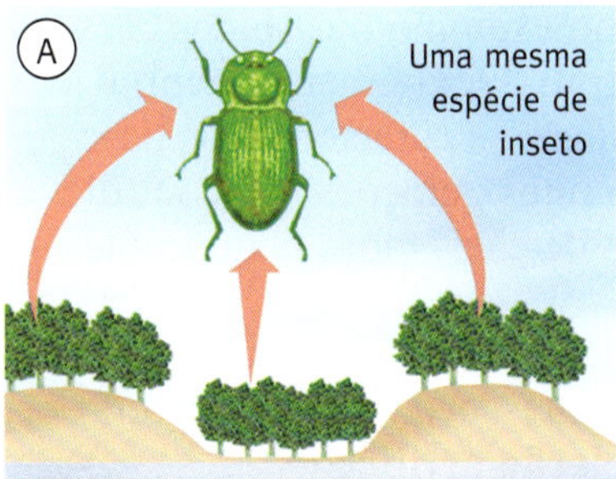

(B)

ILUSTRAÇÕES: PAULO MANZI

ATIVIDADE

Tema para pesquisa

Onde se localizam as Ilhas Galápagos?

Por que as observações que Darwin fez nessas ilhas foram tão importantes para a elaboração de sua teoria sobre a seleção natural e a evolução dos seres vivos?

Use a internet

Ao realizar a pesquisa sugerida acima, não deixe de procurar na internet imagens usando as palavras **Darwin** e **Beagle**. Você encontrará várias ilustrações do navio e do mapa da viagem feita por Darwin.

Realizando uma busca de imagens com a palavra **Galápagos**, você terá acesso a uma grande diversidade de fotos da vida selvagem nessas ilhas.

5 Como se formam novas espécies?

Vejamos um exemplo de como a teoria da seleção natural permite explicar o surgimento de novas espécies a partir de espécies anteriores. Para isso, voltemos ao exemplo dos insetos no litoral (figuras (A) e (B)).

Considere que, com o passar de milhares de anos, as condições da região se modifiquem e uma parte desse litoral seja inundada pelo mar, separando a população em duas partes, uma das quais fique isolada numa ilha. Considere, também, que alterações do clima façam com que a **ilha** tenha condições tais que favoreçam o crescimento de árvores com folhas verdes **mais escuras** e que, no **continente**, sejam favorecidas plantas com folhas **ligeiramente amareladas**, como está ilustrado na figura (C).

Na ilha, pela seleção natural, serão favorecidos os indivíduos de cor verde mais escura e, no continente, os indivíduos mais amarelados. Com o passar de milhares de anos, teremos populações com cores distintas (figura (D)). Além da cor, muitas outras características podem ter sido alteradas como decorrência da seleção natural, que favorece os indivíduos mais aptos a enfrentar cada ambiente.

(C)

(D)

ILUSTRAÇÕES: PAULO MANZI

Objeto educacional digital
Camuflagem e adaptação

Poderá chegar um momento em que ambas as populações terão diferenças suficientemente grandes a ponto de, se colocadas em contato, não conseguirem mais cruzar entre si originando descendentes férteis. Nesse momento, elas passaram a ser **duas espécies diferentes**, que se originaram de uma mesma espécie ancestral.

6 Evolução não é um processo individual

A evolução não ocorre com um só indivíduo, mas sim nas populações e ao longo das gerações. A seleção natural favorece a sobrevivência e a reprodução dos indivíduos de uma população que têm características que os tornam mais bem adaptados ao ambiente. Ao longo do tempo, a frequência de indivíduos que apresentam as características favoráveis tende a aumentar na população.

Use a internet

Para saber mais sobre a grande diversidade canina, realize uma busca na internet digitando "raças de cães".

Em destaque

A seleção artificial

Como será explicado na próxima página, Darwin encontrou apoio para suas ideias na observação da seleção de raças, feita pelo ser humano há muitos séculos com plantas e animais.

Vejamos o que é isso, usando como exemplo o caso dos cães. Partindo de um mesmo tipo de ancestral, o ser humano permitiu a reprodução dos indivíduos que possuíam as características desejadas. Assim, ao longo de muitas e muitas gerações sob controle humano, surgiram as diferentes raças de cães, todas pertencentes à mesma espécie, *Canis familiaris*.

As diferenças entre essas raças se devem à intervenção humana, que desempenhou um papel equivalente ao da seleção natural. Nesse caso, o processo é chamado **seleção artificial**.

A seleção de animais e plantas, destinados, por exemplo, à pecuária e à agricultura, vem sendo feita artificialmente pelo ser humano há muitos séculos.

MONIKA WISNIEWSKA/SHUTTERSTOCK

Cão da raça pastor alemão.
altura: 65 cm

YSBRAND COSIJN/SHUTTERSTOCK

Cão da raça buldogue francês.
altura: 35 cm

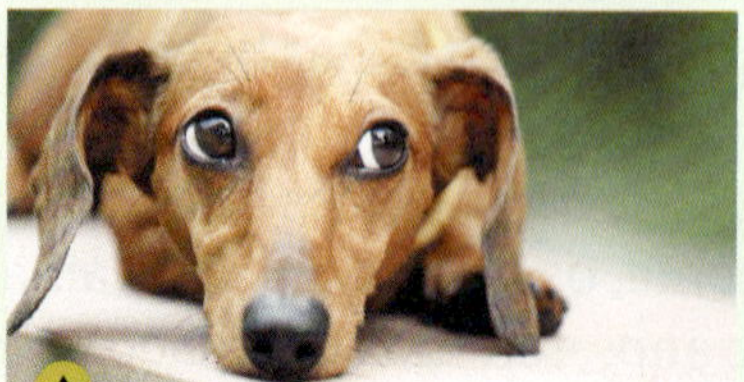
LEUNGCHOPAN/SHUTTERSTOCK

Cão da raça dachshund.
altura: 30 cm

DALEEN LOEST/SHUTTERSTOCK

Cão da raça basset hound.
altura: 35 cm

A-Z
ATIVIDADE

Amplie o vocabulário!

Hora de debater o significado de cada conceito, redigi-lo com nossas palavras e incluí-lo no nosso blog.

- evolução
- seleção natural
- seleção artificial

7 Darwin inspirou-se na seleção artificial

Um criador de gado leiteiro possui várias vacas e um único touro. Ele seleciona as melhores vacas leiteiras — as que produzem mais leite — e permite que apenas elas cruzem com o touro. Das novas vacas descendentes desses cruzamentos, apenas as melhores são cruzadas novamente.

Agindo assim, se a capacidade de produzir mais leite for uma característica herdável, o ser humano pode, ao longo de várias gerações de vacas, selecionar propositadamente as qualidades desejadas para os novos descendentes.

Esse exemplo ilustra o processo de *seleção artificial*, usado pela humanidade desde os tempos mais remotos para produzir animais e plantas mais adequados às suas próprias necessidades.

Por seleção artificial, a humanidade domesticou muitas espécies selvagens, selecionando variedades de seu interesse. Alguns exemplos de produtos da seleção artificial são as raças de gado leiteiro e gado para corte, e também de cães, gatos e outros animais de estimação, e muitas variedades de plantas utilizadas em agricultura.

Darwin tinha como passatempo a criação de pombos e a busca de novas variedades dessas aves por meio do cruzamento seletivo de indivíduos.

Ele percebeu que, assim como os humanos selecionam as variedades que mais lhes interessam, a natureza também exerce uma seleção sobre os indivíduos, só que o critério é outro: os mais aptos têm mais chances de sobreviver e de se reproduzir.

Provavelmente ele escolheu o nome "seleção natural" por causa da familiaridade que tinha com a seleção artificial.

ATIVIDADE

Tema para pesquisa

A viagem de Darwin a bordo do *Beagle*.

O trajeto da viagem, os países nos quais o navio ancorou e as principais observações feitas por Darwin, que o levaram a elaborar a teoria da seleção natural.

Objeto educacional digital
O pensamento evolucionista

FABIO COLOMBINI

Variedades de uma mesma espécie de planta, *Brassica oleracea*, obtidas por ação humana (seleção artificial):
(1) Repolho. (2) Couve-flor. (3) Brócolis. (4) Couve.

8 Árvores filogenéticas

A história da vida na Terra tem sido gradualmente desvendada pelos cientistas, sobretudo por meio do estudo dos fósseis. Alguns dos acontecimentos marcantes dessa história já são conhecidos e permitem montar esquemas como o seguinte.

Linha do tempo da vida na Terra, mostrando alguns acontecimentos (tempo expresso em milhões de anos)

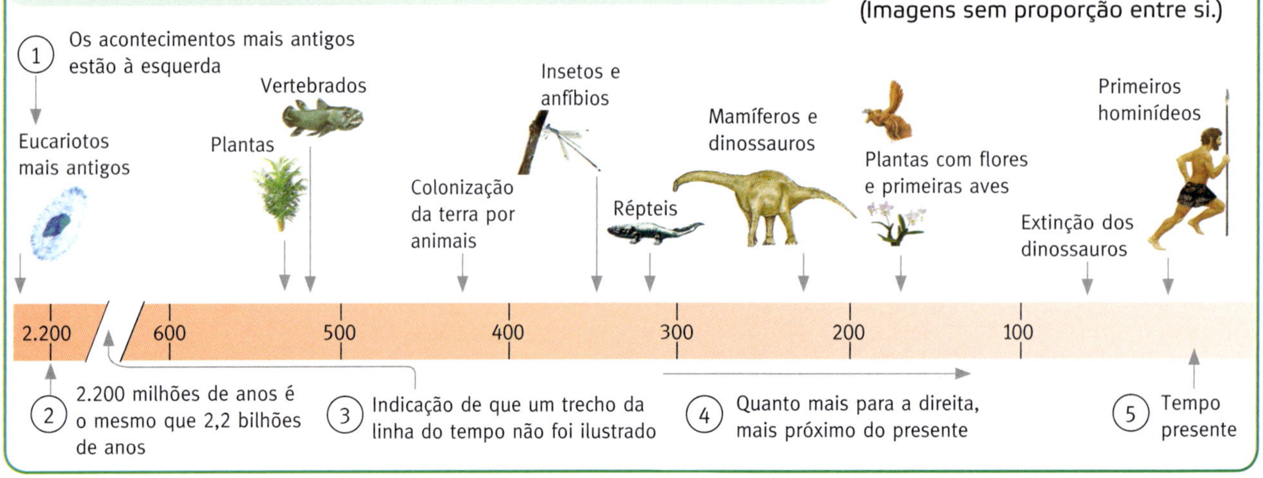

ILUSTRAÇÕES: ROGÉRIO BORGES

Fonte: P. Raven et al. *Biology*. 9. ed. Nova York: McGraw-Hill. p. 424.

Durante a evolução, novas espécies surgem a partir de espécies ancestrais e isso pode ser representado por meio das **árvores filogenéticas**. A seguir aparecem dois modos possíveis de fazer esse tipo de representação.

Exemplo de árvore filogenética horizontal

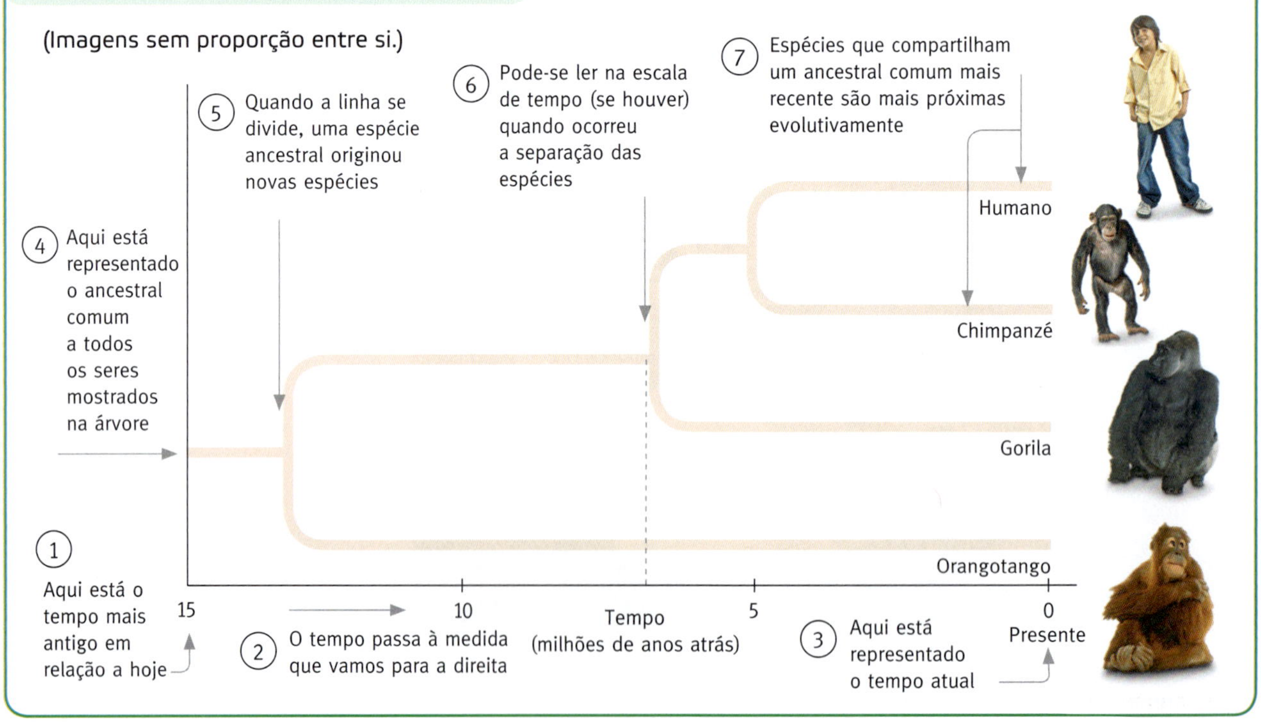

PAULO MANZI

HUMANO: FERNANDO FAVORETTO/CRIAR IMAGEM; CHIMPANZÉ: PINTO/ZEFA/CORBIS/GETTY IMAGES; GORILA: DORLING KINDERSLEY/GETTY IMAGES; ORANGOTANGO: DAVE KING/DORLING KINDERSLEY/GETTY IMAGES

Fonte: Elaborado a partir de D. Sadava et al. *Life: the science of Biology*. 10. ed. Sunderland: Sinauer. p. 450.

CACHORRO: DAVE KING/DORLING KINDERSLEY/GETTY IMAGES; GUAXINIM: GK HART/VIKKI HART/PHOTOGRAPHER'S CHOICE/GETTY IMAGES; URSO: DAVE KING/DORLING KINDERSLEY/GETTY IMAGES; LEÃO-MARINHO: ARCO IMAGES GMBH/ALAMY/; FOCA: FRANK GREENAWAY/DORLING KINDERSLEY/GETTY IMAGES; MORSA: W. PERRY CONWAY/CORBIS/GETTY IMAGES/ LATINSTOCK; DONINHA: FRANK GREENAWAY/DORLING KINDERSLEY/GETTY IMAGES

Exemplo de árvore filogenética vertical

(Imagens sem proporção entre si.)

PAULO MANZI

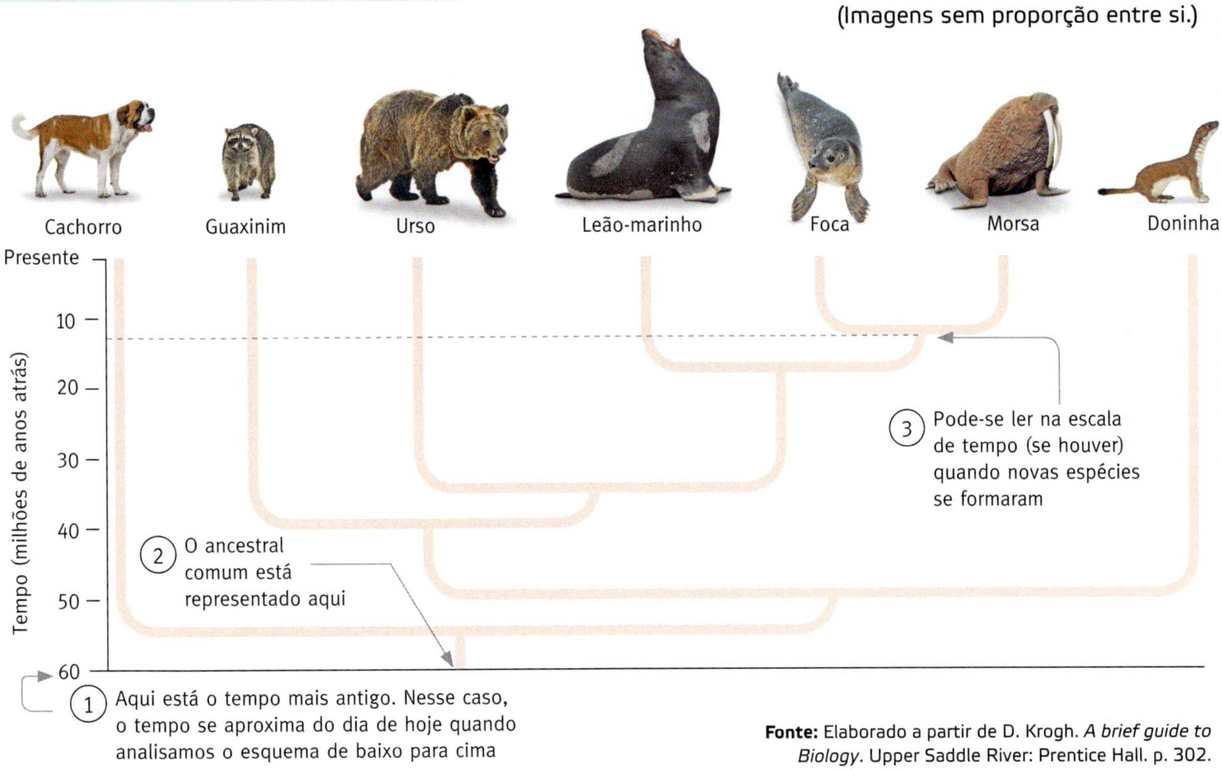

Fonte: Elaborado a partir de D. Krogh. *A brief guide to Biology*. Upper Saddle River: Prentice Hall. p. 302.

Os cientistas utilizam muitas evidências para montar as árvores filogenéticas. Entre elas, uma das mais úteis é a análise e comparação da composição do material genético das espécies. As **espécies mais próximas evolutivamente têm maior semelhança de material genético** do que as mais distantes.

HUMANO: FERNANDO FAVORETTO/CRIAR IMAGEM; CHIMPANZÉ: GEOFF DANN/ DORLING KINDERSLEY/GETTY IMAGES; GORILA: PETR BONEK/ALAMY/GLOW IMAGES; BABUÍNO: BIRGIT KOCK/F1ONLINE/OTHER IMAGES

Árvore filogenética e semelhança do material genético

PAULO MANZI

Os números indicam a porcentagem de semelhança com o material genético humano.

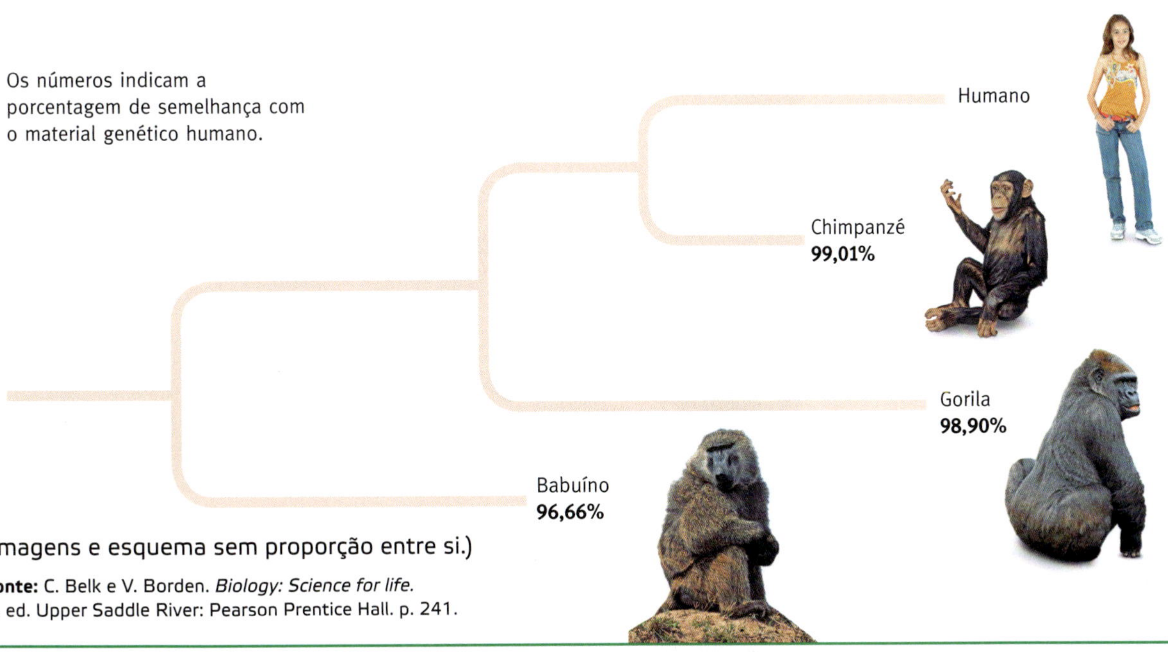

(Imagens e esquema sem proporção entre si.)

Fonte: C. Belk e V. Borden. *Biology: Science for life*. 2. ed. Upper Saddle River: Pearson Prentice Hall. p. 241.

Saiba de onde vêm as palavras

Em Geologia, "Éon" é um período maior que uma Era. "Éon" vem do grego *aiôn*, duração da vida, longo espaço de tempo, eternidade.

9 Os fósseis e a história da Terra

Os fósseis são frequentemente encontrados nas rochas sedimentares com estruturas em camadas. Esse tipo de rocha se formou pelo acúmulo ao longo de milhares de anos, em vales e outras depressões, de sedimentos como pó de rocha, levados pelo vento e pelos rios. Tais sedimentos se uniram uns aos outros sob ação do peso das camadas superiores. Você consegue ver essa estrutura em camadas nas fotos abaixo. Cada camada foi formada em uma época diferente e pode conter, em seu interior, fósseis dos seres que viveram naquele tempo.

Vasculhando as grandes formações sedimentares, os paleontólogos encontram registros de tempos remotos, organizados de acordo com a data de sua formação. Quanto mais próximo da superfície ele for encontrado, mais novo o fóssil será.

Além disso, os cientistas dispõem de métodos que permitem determinar, com razoável precisão, a idade de uma rocha. Assim, explorando os fósseis com a ajuda dos conhecimentos científicos, os paleontólogos podem, gradualmente, traçar a história evolutiva do nosso planeta e dos seres vivos.

O trabalho desses cientistas que se ocupam com o estudo das evidências fósseis é comparável ao que um detetive da polícia faz num romance policial para desvendar um crime: obter pistas e interpretá-las.

A história evolutiva do nosso planeta e dos seres vivos aparece, de forma bem resumida, na tabela a seguir.

ATIVIDADE

Trabalho em equipe

Suponham que em sua cidade tenha sido descoberto um grande e importante depósito de fósseis.

Escrevam uma carta às autoridades de sua cidade explicando por que é importante conservar tal depósito para que os cientistas possam estudá-lo.

ANDRE DIB/PULSAR IMAGENS

ARTUR KEUNECKE/PULSAR IMAGENS

Nessas fotos, vemos rochas sedimentares que se formaram em camadas, depositadas umas sobre as outras ao longo de milhares de anos.
Cada camada pode guardar registros fósseis da época em que se formou.
(À esquerda, Parque Nacional da Serra das Confusões, PI; à direita, Chapada dos Guimarães, MT.)

Resumo da história do nosso planeta

Dos primórdios da Terra em direção aos dias atuais

Éon	Era	Período	Época	Tempo transcorrido (milhões de anos)		Acontecimentos marcantes
Fanerozoico	Cenozoica	Quaternário	Holoceno (recente)	0,01	Era dos mamíferos	Humanos se tornam dominantes. Era do *Homo sapiens*.
			Pleistoceno	1,8		Extinção de muitos grandes mamíferos. Aparecimento do ser humano.
		Terciário	Plioceno	5,3		Desenvolvimento de plantas rasteiras; plantas com flores abundantes. Surgem os primeiros primatas humanoides.
			Mioceno	23		Muitas formas de mamíferos aparecem; plantas com flores continuam a se diversificar.
			Oligoceno	34		Surgem os macacos e os elefantes. Todas as famílias de mamíferos atuais já se acham representadas.
			Eoceno	56		Cavalos, camelos e rinocerontes primitivos. Aves atuais já são encontradas.
			Paleoceno	66		Ocorre considerável evolução dos mamíferos.
	Mesozoica	Cretáceo		146	Era dos répteis	No reino das plantas, predominam aquelas com flores. Desaparecimento dos dinossauros. Surgem os mamíferos primitivos.
		Jurássico		200		Primeiras aves. Apogeu dos dinossauros, alguns muito grandes e especializados.
		Triássico		251		Primeiros dinossauros e mamíferos aparecem. Muitas montanhas se formam. Aparecimento das plantas com flores.
	Paleozoica	Permiano		299	Era dos anfíbios	Aparecimento dos répteis e dos insetos modernos. Extinção de muitos animais marinhos.
		Carbonífero		359		Grandes anfíbios, tubarões abundantes. Extensas florestas, que originaram o atual carvão mineral. Primeiros répteis.
		Devoniano		416	Era dos peixes	Plantas terrestres já bem estabelecidas. Peixes em abundância. Surgem os anfíbios, os insetos sem asas e as primeiras florestas.
		Siluriano		444		Primeiras plantas com sistema vascular. Muitos recifes de coral. Algas são abundantes no ambiente aquático.
		Ordoviciano		488	Era dos invertebrados marinhos	Invertebrados são predominantes. Primeiros vertebrados (peixes) aparecem. Surgem as plantas terrestres.
		Cambriano		542		Surgem invertebrados com concha. Algas são predominantes nos ambientes aquáticos.
Proterozoico		Pré-Cambriano		3.500		Próximo ao final do Pré-Cambriano aparecem os primeiros organismos multicelulares: os invertebrados marinhos.
				3.800		Surgem os primeiros organismos unicelulares.
Arqueano						Formação das rochas mais antigas presentes no planeta.
				4.600		Origem da Terra.

Fontes: N. A. Campbell et al. *Biology*. 10. ed. Glenview: Pearson. p. 527; K. B. Krauskopf e A. Beiser. *The physical universe*. 14. ed. Nova York: McGraw-Hill. p. 558; S. Freeman. *Biological Science*. 4. ed. San Francisco: Benjamin Cummings. p. 482; J. T. Shipman et al. *An introduction to Physical Science*. 12. ed. Boston: Houghton Mifflin. p. 711; F. H. Pough et al. *A vida dos vertebrados*. 4. ed. (trad. da 7. ed.) São Paulo: Atheneu. s. p.; G. R. Thompson e J. Turk. *Earth Science and the environment*. 4. ed. Belmont: Thomson Brooks/Cole. p. 90; P. W. Davis et al. *The world of Biology*. 4. ed. Orlando: Saunders. p. 332-333.

Alguns animais que viveram na América do Sul no Período Terciário

(Ilustrações sem proporção entre si.)

Gliptodonte
comprimento: aproximadamente 3 m

Macrauquênia
altura: aproximadamente 3 m

Megatério
altura: aproximadamente 6 m

Tilacosmilo
comprimento: aproximadamente 1,5 m

ILUSTRAÇÕES: PAULO CÉSAR PEREIRA

Fonte das ilustrações: D. Lambert et al. *Enciclopédia dos dinossauros e da vida pré-histórica.* Londres: Ciranda Cultural/Dorling Kindersley. p. 208-211, 246-249.

10 Fósseis na América do Sul

No Brasil e em outras partes da América do Sul já foram encontrados muitos fósseis. Com base neles, os cientistas deduziram algumas das características dos seres que viveram nesse território, entre os quais estão o gliptodonte, a macrauquênia, o megatério e o tilacosmilo, ilustrados nesta página.

O gliptodonte era um gigantesco animal parecido com os atuais tatus. Seu corpo era revestido por uma carapaça e ele media cerca de 3 metros de comprimento.

A macrauquênia se parecia com uma lhama, animal que atualmente habita regiões da Bolívia e do Chile, mas era bem mais alta que ela; tinha cerca de 3 metros de altura.

O megatério era semelhante a uma preguiça, mas com uns 6 metros de comprimento.

O tilacosmilo foi um tipo de tigre. Media cerca de 1 metro e meio de comprimento, tinha grandes dentes caninos e uma mandíbula acentuada, capaz de proteger seus dentes no caso de uma queda.

Em destaque

A história da Terra em 24 h

Se os eventos referentes à história da Terra fossem dispostos ao longo de um dia, teríamos o que aparece na ilustração. Nesse "dia", 3 minutos antes da meia-noite, nossos ancestrais saíram da floresta e começaram a usar ferramentas rudimentares. Faltando menos de 1 minuto para a meia-noite, os humanos semelhantes a nós evoluíram e se dispersaram pela Terra. E, a 1 segundo da meia-noite, os seres humanos passaram a viver fixos no que teriam sido as primeiras fazendas.

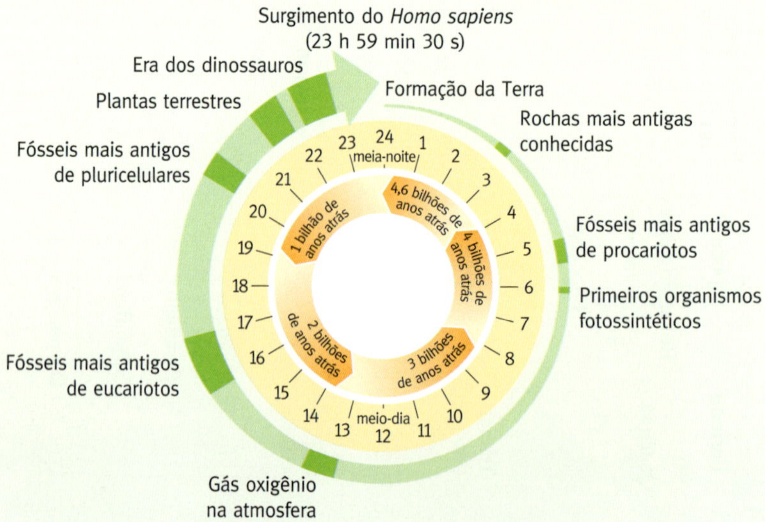

ADILSON SECCO

A história da Terra comparada à duração de um dia.

Fonte da ilustração: S. S. Mader. *Biology*. 10. ed. Nova York: McGraw-Hill. p. 323.

11 A origem da vida

Há várias concepções sobre o tema

Como surgiu a vida?

Essa é uma pergunta que sempre intrigou a humanidade e que já foi respondida de muitas maneiras diferentes em diversas épocas e culturas. Encontramos respostas a essa pergunta no folclore de muitos povos, nas doutrinas de várias religiões e nos livros científicos. E, ao comparar todas essas respostas, percebemos que elas são bem diversas.

A resposta da Ciência é bastante peculiar

O que distingue a maneira como os cientistas tentam responder a essa pergunta do modo como ela é respondida por não cientistas é que a Ciência realiza experimentos para descobrir eventuais falhas nas suas **teorias**, ou seja, nas suas **propostas de explicação**.

Uma proposta científica para a origem da vida

Uma proposta de ampla aceitação entre cientistas é a de que há cerca de 3,8 bilhões de anos originou-se, nos oceanos da Terra, a primeira forma de vida unicelular, bastante primitiva. Estudos geológicos de rochas daquela época forneceram pistas de como deveria ter sido a composição da atmosfera terrestre, que era bem diferente da atual.

Os cientistas realizaram testes em laboratório para tentar simular as condições de temperatura, de atmosfera e de luz solar existentes na Terra primitiva antes de aparecer a vida.

Nesses testes, uma mistura inicial de substâncias que supostamente imitava a composição da atmosfera primitiva foi confinada num recipiente. Sob a ação de descargas elétricas que simulavam os raios das tempestades que ocorriam na época, os cientistas verificaram que essa mistura gradualmente sofria inúmeras transformações químicas (reações químicas). Ao final de vários dias de descargas elétricas, foram detectadas no interior do recipiente substâncias que não estavam lá no início. Entre essas substâncias, havia alguns tipos de aminoácidos, constituintes das proteínas que existem na composição de todos os seres vivos.

Nessa fotografia de 1983, o cientista estadunidense Stanley Miller (1930-2007) aparece próximo ao equipamento que utilizara 30 anos antes para realizar um experimento em que testou a possibilidade de certas substâncias constituintes dos seres vivos terem se formado na atmosfera da Terra primitiva.

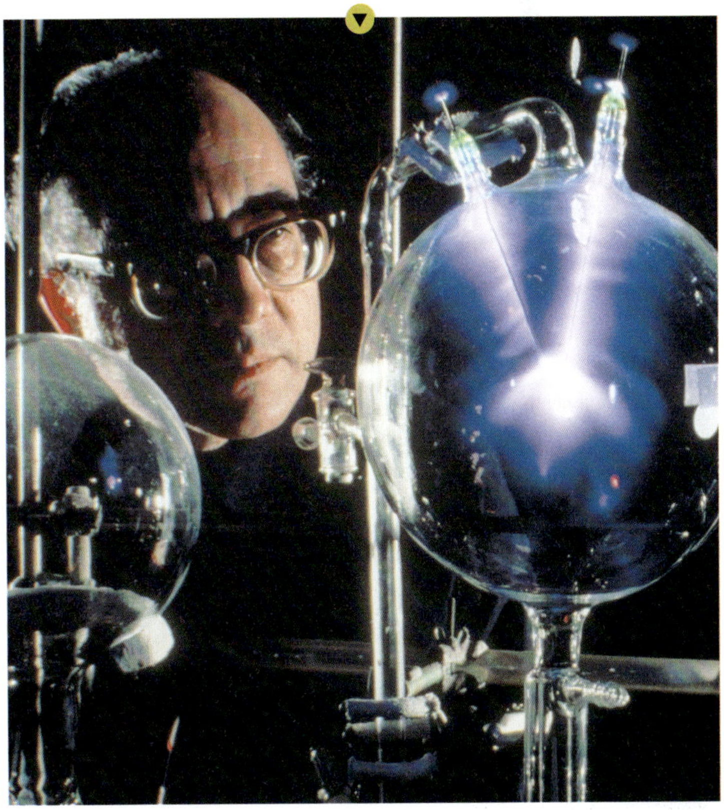

ROGER RESSMEYER/CORBIS/VCG VIA GETTY IMAGES

Com base nos resultados de experiências como essas, os cientistas propuseram que, ao longo de milhões de anos, houve uma série de reações químicas que, há cerca de 4 bilhões de anos, eventualmente produziram algumas das substâncias das quais a vida é formada. Teria se originado, como consequência, há cerca de 3,8 bilhões de anos, a primeira célula, extremamente primitiva, mas dotada de uma importante característica: poder fazer cópias de si mesma (capacidade de reprodução).

Convém insistir que essa é uma proposta que está sendo **continuamente reavaliada à luz de novas evidências** de vários ramos da Ciência, tais como a Geologia, a Paleontologia, a Química, a Física, a Genética e tantos outros. Quando novas evidências surgem, as ideias são aprimoradas visando incluir as novas informações disponíveis.

Nenhum cientista pode afirmar que essa explicação para a origem da vida seja correta em todos os seus detalhes, porém ela se fundamenta em evidências concretas. Além disso, está aberta a alterações advindas de novas evidências e, portanto, admite-se que seja uma **teoria**, uma **proposta de explicação**, e não uma verdade absoluta e inquestionável.

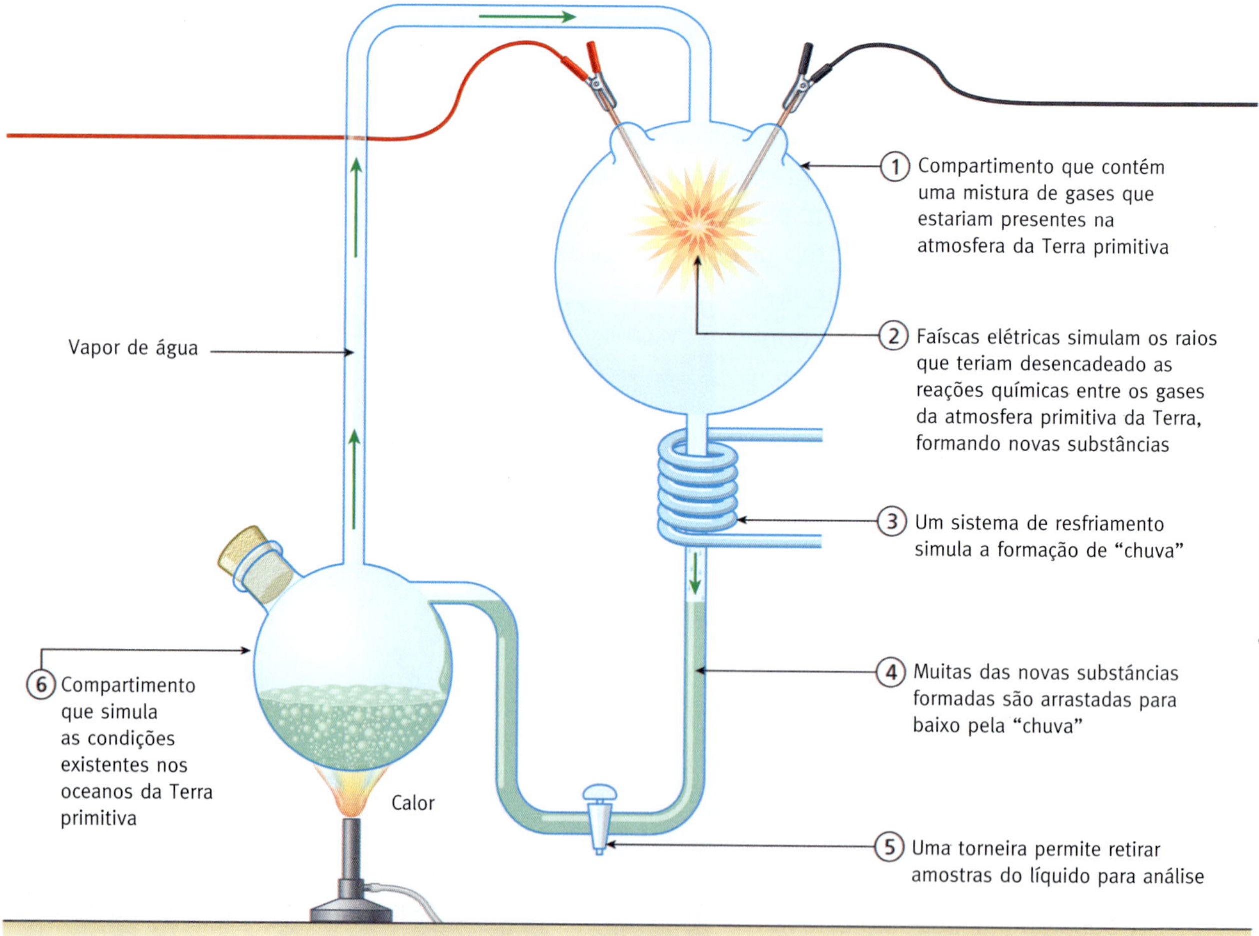

▲ Ilustração de uma experiência de laboratório simulando condições que provavelmente existiam na Terra primitiva. Após vários dias de descargas elétricas, são detectadas no líquido algumas das susbtâncias existentes na composição dos seres vivos. (Representação esquemática, cores fantasiosas.)

ILUSTRAÇÃO: ADILSON SECCO

Em destaque

Uma visão geral sobre a vida na Terra

Os avanços da Paleontologia (que estuda os seres vivos do passado mediante as evidências deixadas por eles), da Geologia (que estuda os minerais, as rochas e a estrutura do planeta) e da Genética (que estuda o material genético dos organismos e sua influência sobre as características dos indivíduos) permitiram que as ideias darwinistas sobre a evolução fossem encaradas de uma maneira mais moderna. Em linguagem científica atual, as ideias relacionadas à origem e à evolução da vida podem ser muito brevemente descritas como segue.

1. A Terra é muito antiga se comparada ao tempo em que a humanidade a habita. As estimativas para a idade da Terra giram em torno de 4,6 bilhões de anos.
2. Todos os seres vivos são descendentes de um ancestral comum que teria sido uma forma muito rudimentar de vida unicelular, surgida há cerca de 3,8 bilhões de anos.
3. A evolução ocorre em razão das mudanças graduais ao longo de muitas gerações de uma espécie e não por causa de súbitas alterações sofridas por um ou mais indivíduos.
4. Indivíduos mais adaptados ao ambiente são consequência de processos evolutivos.
5. Uma mesma espécie, separada em dois ou mais grupos isolados, pode originar novas espécies distintas, em razão da evolução independente de cada um desses grupos.
6. Por causa da evolução, com o passar de bilhões de anos, a Terra passou a ser habitada por um grande número de espécies diferentes. Todas elas, contudo, originaram-se de um ancestral comum.
7. Um agente responsável pela evolução é a seleção natural, que se baseia nos seguintes fatos:
   - A população de uma espécie gera mais descendentes do que aqueles que de fato sobreviverão até a idade adulta.
   - Existem variações genéticas (isto é, diferenças no material genético) entre os novos indivíduos que nascem.
   - Os indivíduos de uma mesma espécie competem pela sobrevivência (alimento, acasalamento, espaço etc.).
   - Os indivíduos que possuem os conjuntos de características que os tornam mais aptos a enfrentar o ambiente têm maior probabilidade de chegar à idade adulta e de produzir descendentes, transmitindo a eles sua bagagem genética, isto é, material genético. Esse material influenciará características dos descendentes, que poderão torná-los também mais aptos a enfrentar o ambiente, chegar à idade adulta e gerar novos descendentes.

altura da girafa: até 6 m

STARKBLAST/E+/GETTY IMAGES

Os cientistas dispõem de evidências para acreditar que todas as formas de vida atuais, não importa quão diferentes sejam, descendem de ancestrais comuns. (Nessa foto, girafa, zebras e outros seres vivos no Parque Nacional Etosha, Namíbia.)

Em destaque

O ser humano é descendente do macaco?

A linhagem dos primatas, à qual a espécie humana (*Homo sapiens*) pertence, originou-se, de acordo com evidências paleontológicas, de pequenos mamíferos que viveram em árvores e se alimentavam de insetos.

Uma notável distinção entre os primatas e outros mamíferos é um conjunto de adaptações que os primatas têm para a vida em árvores, que inclui mãos habilidosas, com o polegar posicionado em oposição aos outros dedos (o que permite agarrar-se aos galhos e manipular alimentos), unhas no lugar de garras, olhos na parte frontal da face (que propiciam avaliar visualmente a distância a que os objetos se encontram), crias pouco numerosas (geralmente apenas um filhote) que recebem prolongado cuidado dos pais.

Ao longo da evolução, a linhagem dos primatas separou-se em dois ramos principais, o dos prossímios e o dos antropoides (veja o esquema na página ao lado). Os antropoides diversificaram-se e algumas espécies provenientes dessa ramificação evolutiva, que se iniciou provavelmente na África ou na Ásia, espalharam-se pelas Américas e outras, pela Europa, África e Ásia.

Um gênero do qual provavelmente o *Homo sapiens* descende é o *Australopithecus*. Seus integrantes exibiam algumas adaptações que já os distinguiam bastante dos demais primatas, tais como o andar sobre duas pernas (bipedalismo) e um corpo que se mantém relativamente ereto e se locomove com movimentos das pernas, sem necessitar do auxílio dos braços para isso. Os *Australopithecus* representam um estágio evolutivo em que as árvores foram abandonadas e o solo passou a ser moradia definitiva.

O gênero *Homo* originou-se há cerca de 2,5 milhões de anos. Uma significativa alteração evolutiva do *Australopithecus* para o *Homo* é o aumento do tamanho do corpo e praticamente a duplicação do tamanho do cérebro. Os fósseis mais antigos do gênero *Homo* são da espécie conhecida como *Homo habilis* e datam de há aproximadamente 2 milhões de anos. O *Homo habilis* dominava a construção de ferramentas rudimentares para obter comida e exemplares dessas ferramentas foram encontrados junto a fósseis da espécie.

Outra espécie pertencente ao nosso gênero, *Homo*, é a *Homo erectus*, que evoluiu na África há cerca de 1,6 milhão de anos. Alguns cientistas acreditam que, à medida que essa espécie se expandiu, ela exterminou, em conflitos, o *Homo habilis*.

Os membros da espécie *Homo erectus* eram de altura similar à dos seres humanos atuais, mas seus ossos eram mais pesados. De acordo com evidências paleontológicas, usavam o fogo para assar a comida e faziam ferramentas de pedra. Essas ferramentas provavelmente eram usadas para cavar, para caçar animais, para cortar e limpar a carne e para cortar madeira.

Embora haja evidências de que a espécie *Homo erectus* sobreviveu na Europa e na Ásia até 250 mil anos atrás, nas regiões tropicais ela foi substituída por outra, *Homo sapiens*, há cerca de 1 milhão de anos.

A evolução do *Australopithecus* até o *Homo sapiens* foi acompanhada de um aumento no tamanho do cérebro — mudança que favoreceu a inteligência, a possibilidade de comunicação entre os membros da espécie e também o estabelecimento de uma complexa vida social. Em última análise, o cérebro desenvolvido do *Homo sapiens* é o responsável por ele ter dominado a agricultura e a domesticação de animais selvagens, permitindo a sua fixação num local.

A aquisição da habilidade de falar, ainda que primitivamente, deve ter sido de grande valor para a sobrevivência dos primeiros seres humanos. Ela permitia aos caçadores se comunicarem durante a caçada a animais de grande porte e transmitirem informações sobre a localização e sobre o uso das fontes alimentares.

As pesquisas referentes à evolução do ser humano apresentam notáveis progressos nos últimos tempos, pois novos fósseis têm sido encontrados e novas técnicas de análise têm sido desenvolvidas.

Não há, até o momento, uma certeza absoluta sobre todos os detalhes da linhagem evolutiva por meio da qual os humanos atuais evoluíram. Uma coisa, no entanto, está bem estabelecida: o ser humano **não** descende dos macacos; os humanos e todos os demais primatas descendem de **ancestrais comuns**.

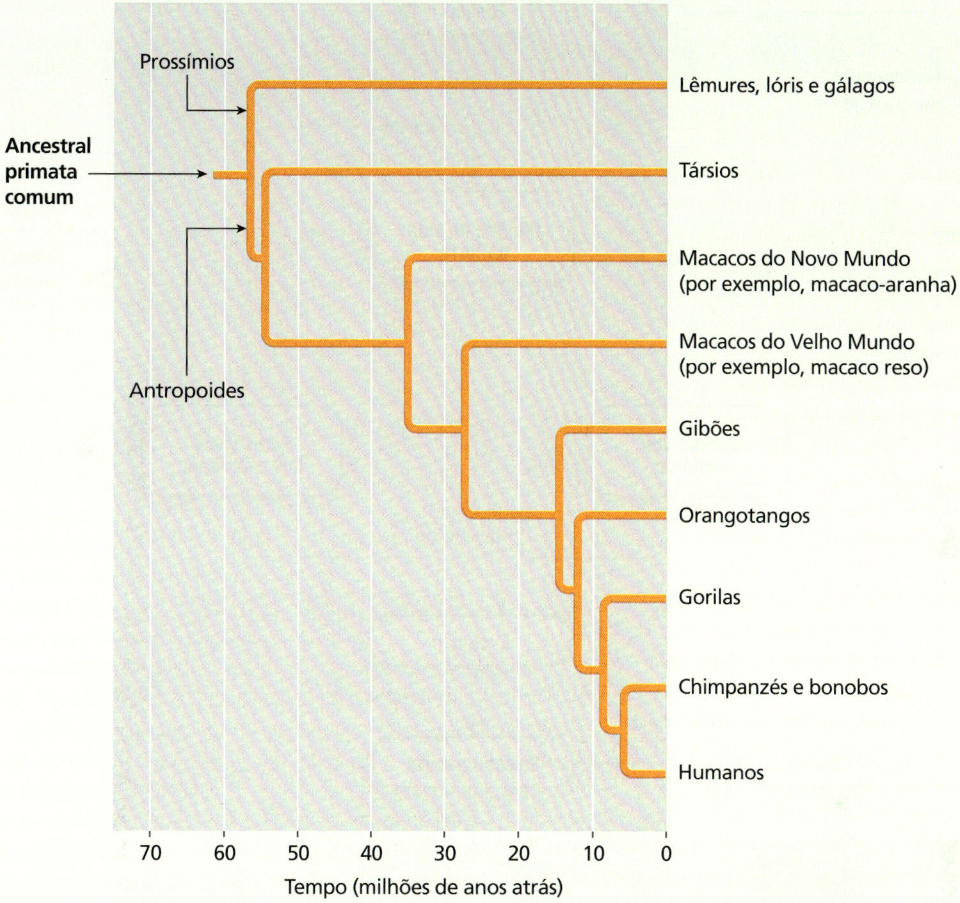

ADILSON SECCO

Fonte do gráfico: J. B. Reece et al. *Campbell Biology*. 10. ed. Glenview: Pearson. p. 740.

KOJIN/SHUTTERSTOCK

Lêmure.

KEVIN SCHAFER/NHPA/ PHOTOSHOT/AGB PHOTO LIBRARY

Lóris.

ROBERT WINSLOW/ANIMALS ANIMALS/ KEYSTONE BRASIL

Gálago.

SERGI REBOREDO/ PICTURE ALLIANCE/DPA/AFP

Társio.

THOMAS MARENT/ARDEA/ AGB PHOTO LIBRARY

Macaco-aranha.

MC DONALD WILDLIFE PHOTOG./ ANIMALS ANIMALS/KEYSTONE BRASIL

Macaco reso.

THOMAS MARENT/MINDEN PICTURES/GETTY IMAGES

Gibão.

GUILLAUME SOUVANT/AFP

Orangotango.

GREG WOOD/AFP

Gorila.

YATRA/SHUTTERSTOCK

Chimpanzé.

DREAM PICTURES/BLEND IMAGES/GETTY IMAGES

Ser humano.

ORGANIZAÇÃO DE IDEIAS

MAPA CONCEITUAL

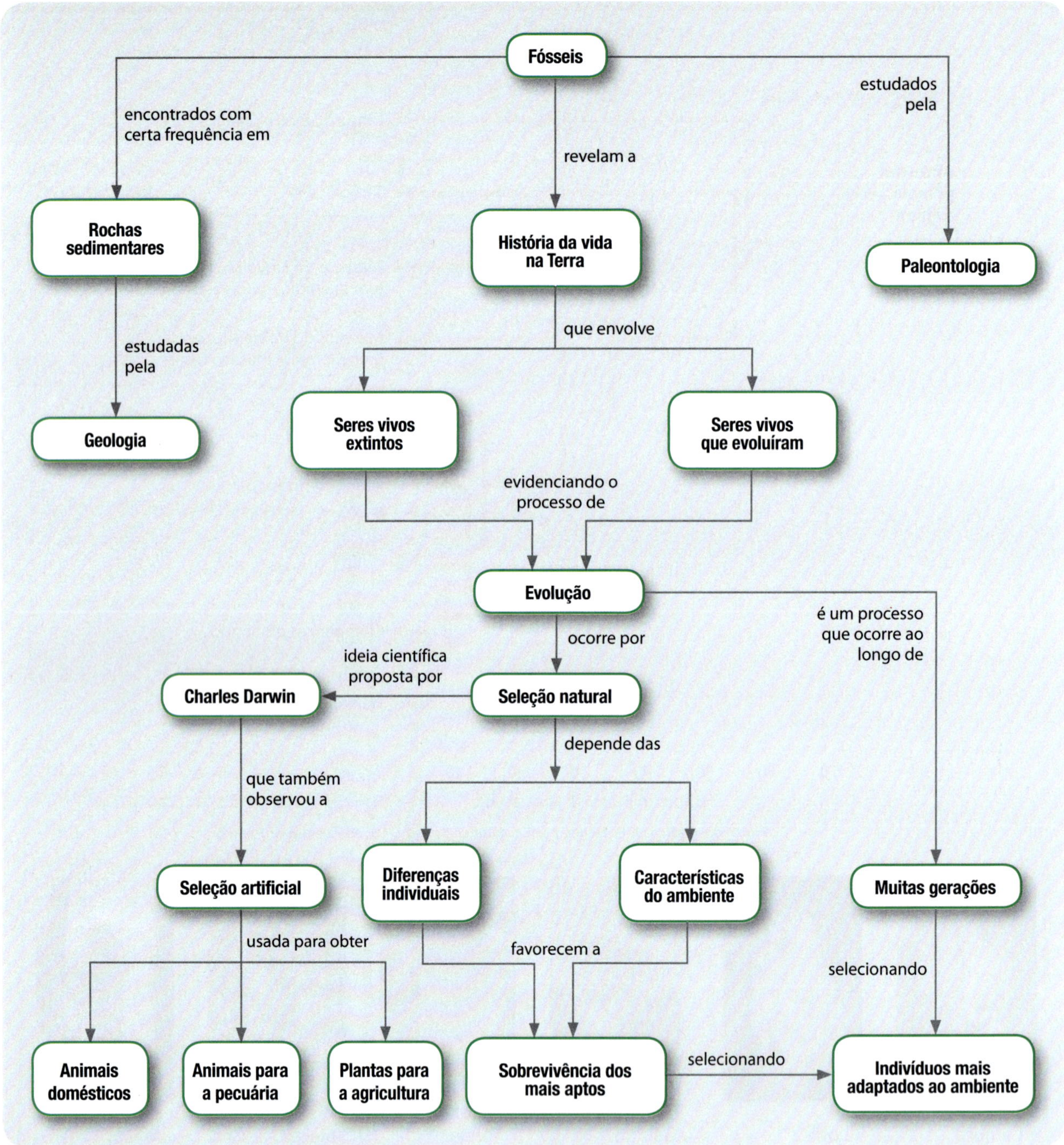

ATIVIDADE

USE O QUE APRENDEU

1. Existe diferença entre **evolução** e **seleção natural**? Explique com suas palavras cada um desses conceitos.

2. Por motivos estéticos, algumas raças de cães têm como padrão o corte da cauda dos animais quando ainda filhotes. Seus descendentes, entretanto, nascerão com cauda.

   Você acha que essa afirmação está de acordo com as ideias de Lamarck sobre a evolução das espécies? Explique.

3. Considere as seguintes opiniões a respeito da evolução da espécie humana:

I. O ambiente fez com que os ancestrais dos humanos fossem se esforçando para adquirir características necessárias à sobrevivência. Essas características, adquiridas durante a vida, foram transmitidas aos descendentes, ao longo de seguidas gerações, resultando na espécie humana que existe atualmente.

II. O ambiente propiciou a sobrevivência dos indivíduos possuidores de características que os tornavam mais adaptados ao ambiente. Essas características foram transmitidas ao longo de muitas gerações, resultando na espécie humana atual.

a) Qual dessas opiniões é lamarckista e qual é darwinista?

b) Qual dessas opiniões é, atualmente, aceita pelos cientistas como mais adequada para explicar a evolução da espécie humana?

4. Determinada espécie de inseto verde vive sobre folhas verdes, alimentando-se delas. No ambiente há predadores desse inseto. Dos diversos descendentes de um casal dessa espécie de inseto, um deles apresentou cor nitidamente diferente do verde das folhas.

a) Pensando na sobrevivência (evitar ser alimento para os predadores), esse indivíduo apresenta uma característica que favorece ou atrapalha sua sobrevivência? Justifique.

b) Você acha que a seleção natural vai favorecer esse indivíduo? Por quê?

5. Explique qual é a importância do estudo dos fósseis para a Ciência e qual é a importância de os cientistas conseguirem determinar há quanto tempo um fóssil se formou.

FABIO COLOMBINI

Fóssil de peixe do período Cretáceo, encontrado na Bacia do Araripe, CE. Idade aproximada: 120 milhões de anos.
comprimento: 15 cm

6. Os cientistas já elaboraram várias teorias sobre a origem da vida na Terra. Este capítulo apresentou uma das mais aceitas no meio científico.

a) Explique, com suas palavras, o que é uma **teoria**. A palavra "teoria" pode ser entendida como certeza absoluta?

b) Quando uma teoria científica é elaborada, o cientista que a elaborou pode esperar que ela seja definitiva? Explique.

7. Quando Darwin propôs a teoria da seleção natural, o material genético ainda não havia sido descoberto. Explique por que a descoberta desse material nos seres vivos contribuiu para reforçar a aceitação científica da teoria da seleção natural.

ATIVIDADE

EXPLORE DIFERENTES LINGUAGENS

A critério do professor, as atividades a seguir poderão ser feitas em grupos.

TRECHO DE LIVRO

"Podemos duvidar [...] que os indivíduos com qualquer vantagem sobre os outros, ainda que pequena, têm maiores chances de sobreviver e procriar? Por outro lado, podemos ter certeza de que quaisquer variações que sejam prejudiciais, por pequenas que sejam, seriam rigidamente destruídas. A essa preservação das variações favoráveis eu chamo Seleção Natural."

Trecho do livro *A origem das espécies*, publicado em 1859.

1. a) Quem é o autor desse livro?

b) A seleção natural é uma explicação para qual processo natural?

TIRINHA

2. Parece que o homem não compreendeu aquilo que está em exposição.

a) O que está em exposição?

b) O que o homem pensou que estava em exposição?

ÁRVORE FILOGENÉTICA

Responda às questões 3 a 6, considerando as espécies mostradas na árvore filogenética a seguir.

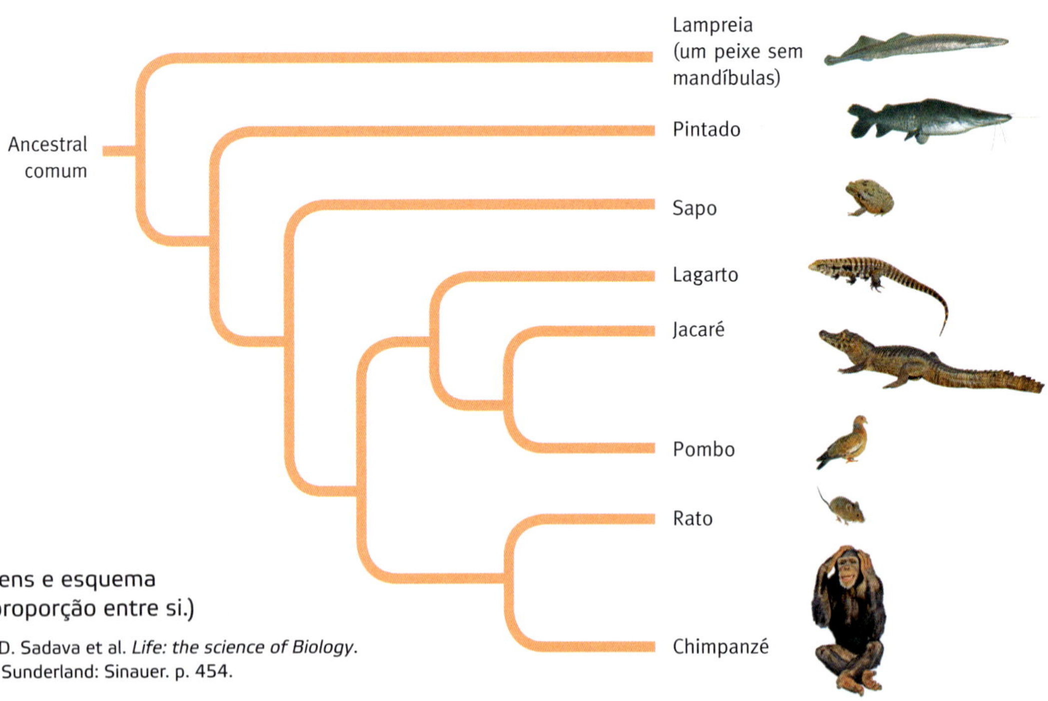

(Imagens e esquema sem proporção entre si.)

Fonte: D. Sadava et al. *Life: the science of Biology*. 10. ed. Sunderland: Sinauer. p. 454.

3. No decorrer da evolução, a linhagem de qual das espécies mostradas separou-se da linhagem das outras há mais tempo?

4. Qual das espécies mostradas tem maior semelhança com o rato?

5. Cite duas espécies que mais parentesco têm com o lagarto.

6. Qual é a espécie evolutivamente mais distante do chimpanzé?

ÁRVORE FILOGENÉTICA

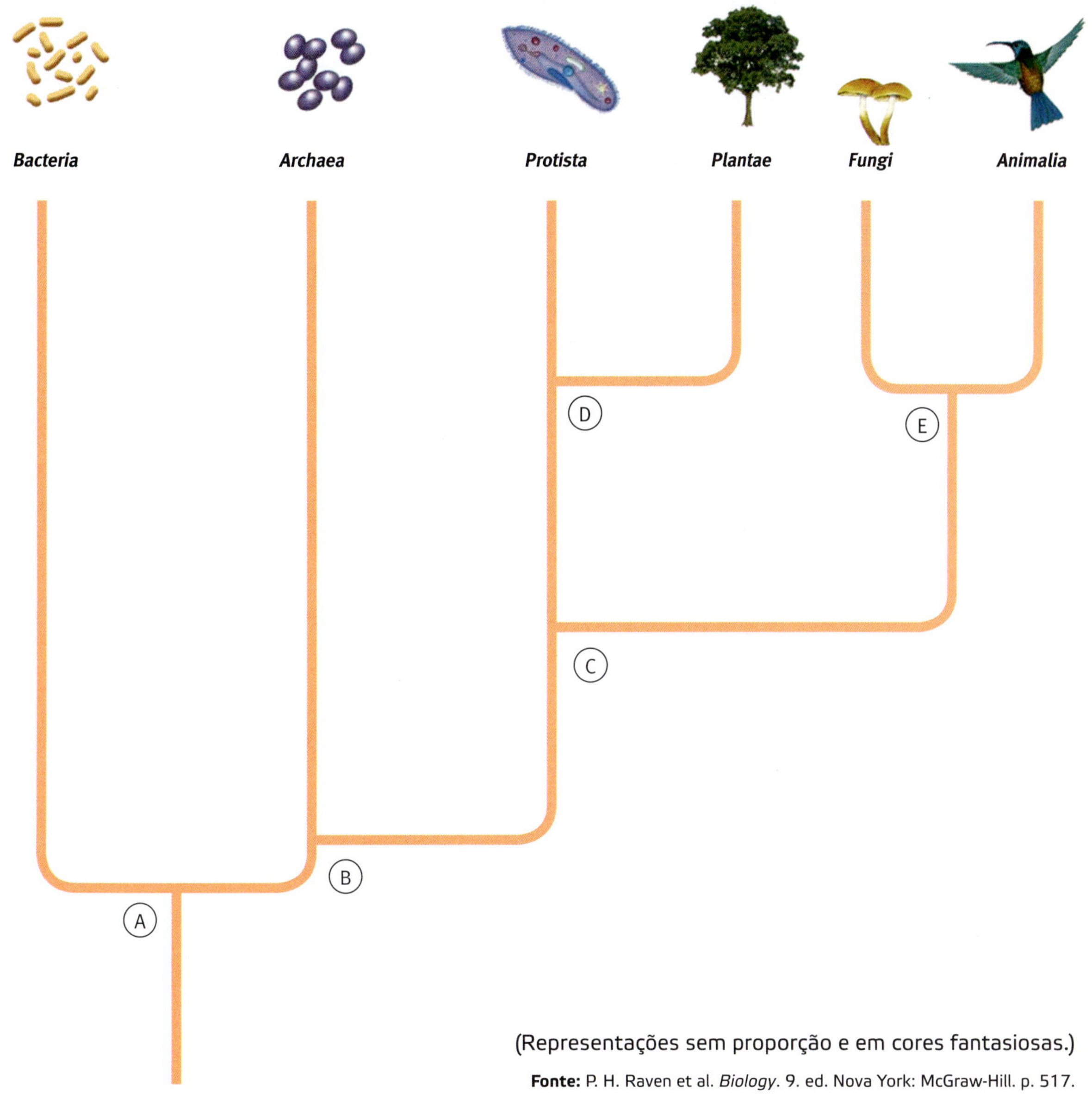

(Representações sem proporção e em cores fantasiosas.)

Fonte: P. H. Raven et al. *Biology*. 9. ed. Nova York: McGraw-Hill. p. 517.

A árvore filogenética acima esquematiza, de modo geral, a evolução dos seres vivos. Analise-a detalhadamente. A seguir, realize as atividades no seu caderno.

7. Cite uma semelhança entre os seres vivos dos dois grupos à esquerda que os diferenciam dos seres dos outros quatro grupos.

8. Qual das indicações — Ⓐ, Ⓑ, Ⓒ, Ⓓ ou Ⓔ — representa a separação evolutiva entre as bactérias e os demais seres vivos?

9. Qual das indicações representa a separação evolutiva entre eucariotos e procariotos?

10. Reproduza no seu caderno um esboço do esquema apresentado e indique nele o sentido em que transcorre o tempo. Indique também a localização, nessa árvore filogenética, do ancestral comum a todos os seres vivos.

TEXTO PARADIDÁTICO

Leia o texto abaixo e, em seguida, realize as atividades 11 a 16.

ATIVIDADE

Tema para pesquisa

Pesquise mais sobre os dinossauros: onde viveram, seus hábitos, como se relacionavam com o ambiente, como os cientistas fazem as descobertas sobre eles etc.

Extinções em massa

"[...] segundo os registros fósseis e os melhores cálculos científicos, os últimos dinossauros desapareceram da Terra subitamente há 65 milhões de anos. Essa extinção foi parte de um Armagedom ambiental digno do Livro do Apocalipse. Um meteorito gigante, incendiando-se ao atravessar a atmosfera, caiu na superfície do planeta. Seu impacto, próximo à atual península de Iucatán, no México, atirou *tsunamis* altos como montanhas contra as áreas litorâneas em torno, cuspindo para o alto da atmosfera uma imensa nuvem de pó. O choque ressoou pela crosta terrestre como o bater de um sino, deflagrando erupções vulcânicas em todo o planeta. A poeira ejetada escureceu o céu e alterou o clima global. Todos esses efeitos, em conjunto, tornaram as terras e os mares inabitáveis para a maioria das espécies vegetais e animais. Os cientistas marcam esse evento como o final da Era Mesozoica, a Idade dos Répteis, e o início da Era Cenozoica, a Idade dos Mamíferos.

A extinção no final da Era Mesozoica teve seus precedentes. Foi a quinta vez que ocorreu uma perturbação de tamanha magnitude na história da Terra durante os 400 milhões de anos anteriores. Houve muitos episódios menores nesse intervalo, mas aqueles cinco grandes eventos foram os que mais influenciaram a história da vida no planeta.

Agora, como resultado da atividade humana, teve início um sexto período de extinção. Embora não causado pela violência cósmica, seu potencial é suficiente para ser tão infernal como os cataclismos anteriores. Segundo estimativas feitas em 2004 por uma equipe de especialistas, apenas a mudança climática, se não for contida, poderá ser a causa primária da extinção de um quarto das espécies de plantas e animais terrestres nos meados deste século.

[...]"

Fonte: E. O. Wilson. *A criação: como salvar a vida na Terra.* São Paulo: Companhia das Letras. p. 87-88.

HERSCHEL HOFFMEYER/SHUTTERSTOCK

Gravura mostrando concepção artística de um *Tyrannosaurus rex*. O comprimento do focinho à cauda podia chegar a 13 metros.

11. Alguns filmes de ficção científica colocam homens pré-históricos caçando e combatendo dinossauros. Procure na tabela do item 9 deste capítulo a época do aparecimento do ser humano, compare com as informações do texto sobre a extinção dos dinossauros e responda: tais filmes têm fundamentação científica? Explique.

12. Segundo o texto, qual é a explicação mais aceita para a extinção dos dinossauros?

13. Há uma passagem no texto que diz que a "poeira ejetada escureceu o céu". Por que isso teria provocado a morte de muitas plantas?

14. Você vê alguma relação entre as informações sobre dinossauros presentes nesse texto e a importância dos fósseis? Explique.

15. Explique por que é importante para a Ciência conseguir determinar a idade de uma rocha.

16. Na mesma época dos dinossauros já existiam muitos seres vivos de corpo mole e com conchas protetoras (moluscos), como os atuais caramujos. Explique por que é mais fácil encontrar o fóssil da concha de um caramujo do que de seu corpo.

GRÁFICO

17. O gráfico ao lado mostra o número de famílias de organismos que habitaram a Terra nos últimos 600 milhões de anos. Note que esse número varia ao longo do tempo. Use o gráfico e as informações do texto anterior para responder às perguntas.

a) Qual das letras – **A, B, C, D, E, F** – representa a extinção em massa que acabou, entre outros seres vivos, com os dinossauros? Como você concluiu isso?

b) Quais das letras representam as quatro extinções em massa anteriores à extinção dos dinossauros? **Aproximadamente** há quanto tempo ocorreu cada uma delas?

c) Qual das letras indicaria uma possível extinção em massa causada pela atividade humana?

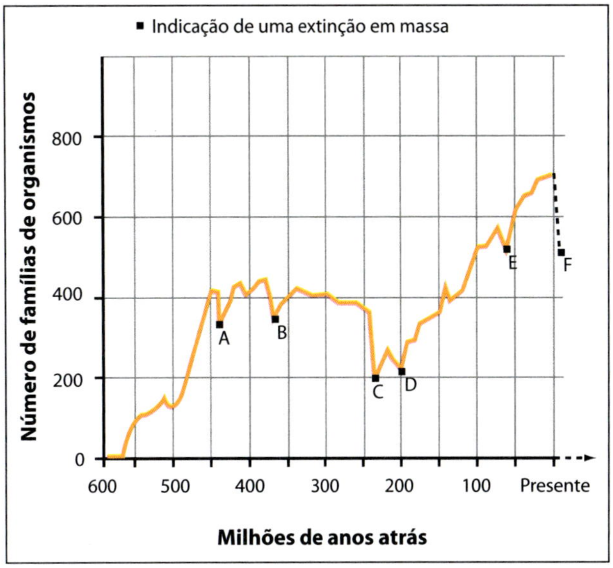

ADILSON SECCO

Fonte: D. B. Botkin e E. A. Keller. *Environmental Science: Earth as a living planet*. 8. ed. Hoboken: John Wiley. p. 275. (Tracejado e indicação **F** incluídos pelos autores.)

CONSULTE A TABELA

18. Leia o texto, que contém **5 ERROS**. **Consulte** a tabela mostrada no item 9 do capítulo (e outras informações que achar importantes, no livro ou fora dele) para **identificar os erros** presentes no texto e indicar **como poderiam ser corrigidos**.

Dinossauros foram animais herbívoros, aparentados dos répteis, que viveram no Período Pré-Cambriano. Em sua época chegaram a ser as formas animais dominantes em ambiente terrestre, exibindo grande variedade de formas e tamanhos. Alguns atingiram tamanhos consideravelmente grandes, com vários metros de comprimento.

Foram extintos há cerca de 360 milhões de anos. Segundo a teoria científica mais aceita, o impacto de um meteorito contra a superfície terrestre teria levantado grande quantidade de poeira na atmosfera, reduzindo a penetração da luz solar, extinguindo muitas plantas e, por consequência, muitos animais; entre eles, todos os dinossauros.

O ser humano está entre as espécies que sobreviveram à extinção em massa que eliminou os dinossauros.

Muitas espécies de seres vivos que existem atualmente evoluíram depois desse acontecimento. As plantas com flores, por exemplo, surgiram evolutivamente bem depois da extinção dos dinossauros.

TIRINHAS

CALVIN & HOBBES, BILL WATTERSON © 1993 WATTERSON/ DIST. BY ANDREWS MCMEEL SYNDICATION

19. No segundo quadro, a fala do menino está baseada na seguinte ideia: "O ser humano descende do macaco".

Essa ideia, embora comum, é **INCORRETA** do ponto de vista científico. Reescreva-a de modo a torná-la **CORRETA**.

As atividades 20 a 23 referem-se à tirinha, que se passa diante de uma escultura que reconstrói o hominídeo denominado Homem de Neandertal (ou, simplesmente, Neandertal), que alguns estudiosos preferem considerar uma espécie e denominar *Homo neanderthalensis*.

Utilize dicionário e outras fontes de informação para pesquisar e responder às perguntas.

FRANK & ERNEST, BOB THAVES © 2005 THAVES/DIST. BY ANDREWS MCMEEL SYNDICATION

20. O que é estudado pela Antropologia?

21. Em que época viveram os Neandertais? (Poderá haver divergência nas informações, dependendo das fontes consultadas.)

22. Qual é a origem do nome "de Neandertal"?

23. Ao pesquisar sobre o Homem de Neandertal, qual informação mais chamou sua atenção? Por quê?

Seu aprendizado não termina aqui

O uso incorreto e indiscriminado de antibióticos favorece a seleção de variedades de bactérias resistentes a eles. Isso vem dificultando o combate a determinadas doenças de origem bacteriana.

Que tal pesquisar mais sobre esse assunto? Inclua em sua busca de informações o grave problema das infecções hospitalares causadas por bactérias resistentes a antibióticos.

FECHAMENTO DA UNIDADE

Isso vai para o nosso *blog!*

Fósseis e espécies extintas

A critério do professor, a classe será dividida em grupos e cada um deles criará e manterá um *blog* na internet sobre a importância do que se aprende na disciplina de Ciências Naturais. Na presente atividade, a meta é selecionar informações (acessar, reunir, ler, analisar, debater e escolher as mais relevantes e confiáveis) relacionadas aos tópicos abaixo para incluir no *blog*.

DANIEL ZEPPO

UNIDADE B

MICRORGANISMOS, FUNGOS E ANIMAIS INVERTEBRADOS

NATALIEJEAN/SHUTTERSTOCK

DAVID HAVEL/SHUTTERSTOCK

A anêmona-do-mar desta página (diâmetro: 5 cm) e o ouriço-do-mar da página à esquerda (diâmetro: 6 cm) são exemplos de animais invertebrados. Você sabe explicar por qual parte do corpo o ouriço e a anêmona ingerem os alimentos?

CAPÍTULO 5

DIVERSIDADE DA VIDA MICROSCÓPICA

A polpa do açaí (de aspecto roxo-avermelhado, dentro da tigela) é obtida pelo esmagamento do açaí (frutos com diâmetro de 2 cm). Se o alimento não for pasteurizado, há o risco de que transmita a doença de Chagas. Por quê?

DIOGOPPR/SHUTTERSTOCK

MOTIVAÇÃO

Em destaque

Doenças negligenciadas

"Doenças negligenciadas são doenças que não só prevalecem em condições de pobreza, mas também contribuem para a manutenção do quadro de desigualdade, já que representam forte entrave ao desenvolvimento dos países. Como exemplos de doenças negligenciadas, podemos citar: dengue, doença de Chagas, esquistossomose, hanseníase, leishmaniose, malária, tuberculose, entre outras. Segundo dados da Organização Mundial de Saúde (OMS), mais de um bilhão de pessoas estão infectadas com uma ou mais doenças negligenciadas, o que representa um sexto da população mundial.

Embora exista financiamento para pesquisas relacionadas às doenças negligenciadas, o conhecimento produzido não se reverte em avanços terapêuticos, como novos fármacos, métodos diagnósticos e vacinas. Uma das razões para esse quadro é o baixo interesse da indústria farmacêutica nesse tema, justificado pelo reduzido potencial de retorno lucrativo para a indústria, uma vez que a população atingida é de baixa renda e presente, em sua maioria, nos países em desenvolvimento.

[...]"

Fonte: Departamento de Ciência e Tecnologia do Ministério da Saúde (Decit). Doenças negligenciadas: estratégias do Ministério da Saúde. *Revista de Saúde Pública*, vol. 44, n. 1, p. 200.

ATIVIDADE

Certifique-se de ter lido direito

Significado de algumas palavras e expressões do texto:

Negligenciada – considerada com falta de atenção, de interesse ou de motivação, tratada com indiferença.

Prevalecer – persistir, continuar a existir, predominar.

Entrave – obstáculo, impedimento.

Reverter – resultar em benefício.

Avanços terapêuticos – progressos nos métodos para tratar uma doença.

Fármaco – medicamento.

Método diagnóstico – procedimento para descobrir se a pessoa tem uma doença (por exemplo, exame médico ou de laboratório).

Indústria farmacêutica – indústria de medicamentos.

Potencial de retorno lucrativo – possibilidade de dar lucro.

Procure no dicionário qualquer outra palavra cujo significado não conheça.

DESENVOLVIMENTO DO TEMA

O texto menciona doenças causadas por seres muito pequenos, que só podem ser vistos com a ajuda de microscópios.

Entre as enfermidades citadas estão a doença de Chagas, a tuberculose e a dengue. A doença de Chagas é causada por um **protozoário** e a tuberculose, por uma **bactéria**. Protozoários e bactérias são seres formados por uma só célula e que podem ser vistos ao **microscópio de luz**.

A dengue é causada por **vírus**. Os vírus têm estruturas que são mais simples que a dos protozoários e a das bactérias. São desprovidos de células e podem ser vistos com o auxílio de um **microscópio eletrônico**, que é muito mais poderoso para ampliar as imagens do que um microscópio de luz.

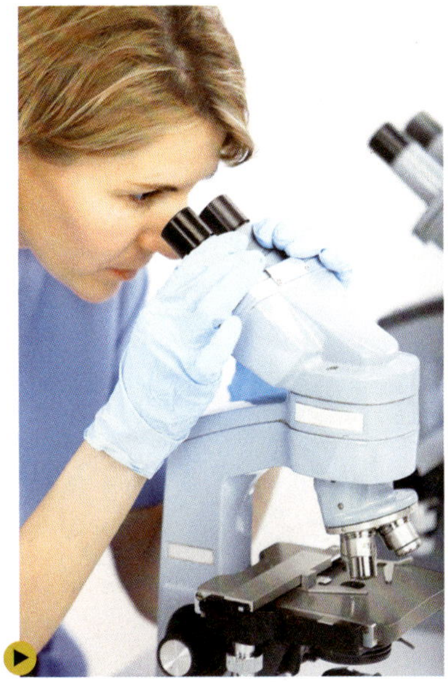

KURHAN/SHUTTERSTOCK

Os melhores microscópios de luz podem ampliar imagens até aproximadamente 2 mil vezes.

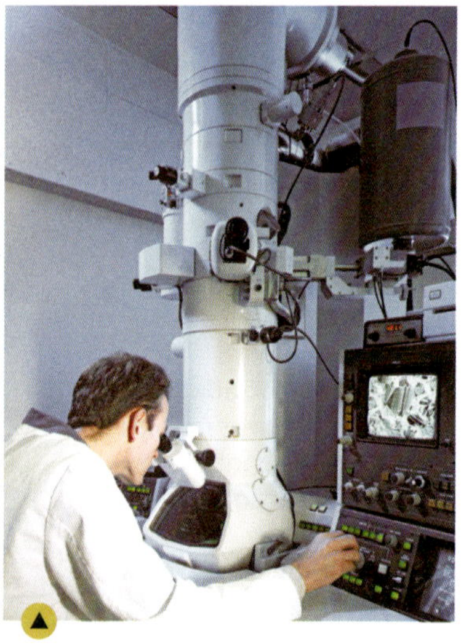

STEVE ALLEN/STOCKBYTE/GETTY IMAGES

Com o uso de microscópios eletrônicos podem ser feitas ampliações de até aproximadamente 100 mil vezes.

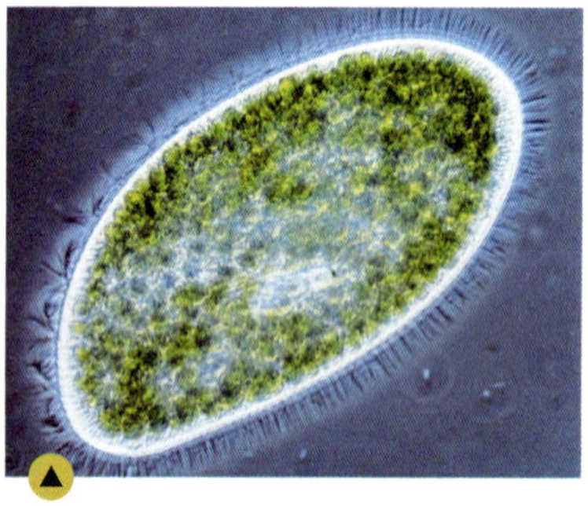

ROLAND BIRKE/PHOTOLIBRARY/GETTY IMAGES

Paramecium bursaria, protozoário de vida livre que pode ser encontrado em água doce. (Imagem ao microscópio de luz, com cor artificial e ampliação aproximada de 480 vezes.)

1 Protozoários

Os **protozoários** são seres unicelulares heterotróficos, ou seja, são formados por uma só célula e obtêm energia por meio de alimentos vindos do meio externo. Os biólogos os incluem no grupo de seres vivos genericamente denominados **protistas** (capítulo 3).

A maioria das espécies de protozoários vive em ambientes aquáticos, de água doce ou salgada. Algumas espécies habitam a terra úmida ou a lama. Há espécies adaptadas para a vida parasitária, provocando doenças em animais, inclusive no ser humano.

Um protozoário pode se reproduzir por meio do processo de **fissão** ou **divisão binária**, no qual sua célula cresce e se divide em duas, cada qual com as mesmas características da original.

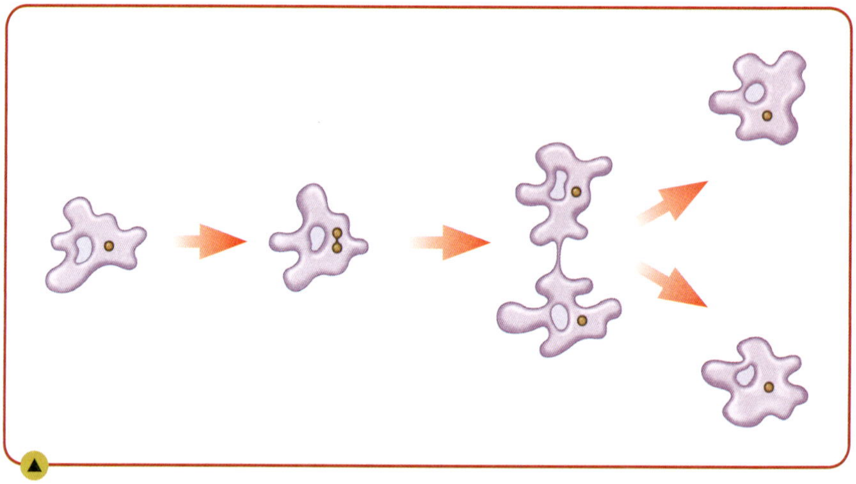

PAULO CÉSAR PEREIRA

Protozoários, de modo geral, se reproduzem por meio da divisão da célula em duas, como mostra esse esquema. (Cores fantasiosas.)

2 Há protozoários que causam doenças

Entre as principais doenças causadas por protozoários estão:

- doença de Chagas;
- amebíase;
- giardíase;
- malária.

A **doença de Chagas** é provocada pelo protozoário *Trypanosoma cruzi*. Ele é transmitido pelo inseto chamado **barbeiro**, que tem esse nome porque costuma picar o rosto das pessoas. O protozoário, que está presente nas fezes do inseto infectado por ele, passa para o ser humano quando essas fezes entram em contato com o local da picada do inseto. O protozoário também pode ser adquirido quando uma pessoa consome alimentos que foram contaminados com barbeiros infectados pelo *Trypanosoma cruzi*. Uma vez dentro do organismo humano, o protozoário se instala no músculo do coração, causando sérios problemas nesse órgão.

FABIO YOSHIHITO MATSUURA/MOSAICO FOTOGRAFIA

Caldo de cana e polpa de açaí são alimentos que, se estiverem contaminados pelo *Trypanosoma cruzi*, transmitem a doença de Chagas a quem os consome.

A *Entamoeba histolytica* é um tipo de protozoário que pode estar presente na água ou em frutas e verduras. Uma vez ingerido, age como parasita do intestino humano, provocando lesões na sua parede. A doença causada por esse protozoário é a **amebíase**, que se caracteriza por diarreias com sangue.

Outro protozoário que pode ser adquirido por meio de água, frutas ou verduras contaminadas é a *Giardia lamblia*, causadora da enfermidade denominada **giardíase**. O doente apresenta diarreias acompanhadas de dores no abdômen.

A **malária** é outro exemplo de doença causada por protozoário. O seu agente causador é o *Plasmodium vivax* (geralmente chamado apenas de *plasmódio*), que é transmitido pela picada de um pernilongo conhecido como mosquito-prego. O protozoário permanece no sangue humano, no qual libera substâncias tóxicas que provocam febre e mal-estar a intervalos regulares.

FABIO COLOMBINI

Barbeiro, inseto com tamanho entre 2 e 3 centímetros, transmissor do *Trypanosoma cruzi*, protozoário causador da doença de Chagas.

DR TONY BRAIN/SCIENCE PHOTO LIBRARY/LATINSTOCK

Giardia lamblia, protozoário que parasita o intestino humano, causando a giardíase. (Imagem, ao microscópio eletrônico, com cor artificial e ampliação aproximada de 1.920 vezes, de giárdia, em azul, no intestino delgado.)

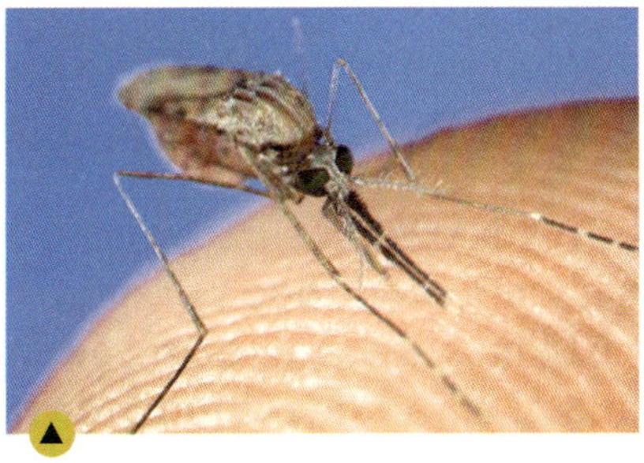

CDC/PHIL/JIM GATHANY/BSIP/ ALAMY/GLOW IMAGES

Mosquito-prego sobre a pele humana. Ele mede cerca de 1 cm de comprimento. Esse inseto é o vetor (transmissor) do *Plasmodium vivax*, causador da malária.

A-Z

ATIVIDADE

Amplie o vocabulário!

Hora de debater o significado de cada conceito, redigi-lo com nossas palavras e incluí-lo no nosso blog.

- protozoários
- doença de Chagas
- amebíase
- giardíase
- malária

!

Saiba de onde vêm as palavras

"*Malária*" vem do italiano *mala*, mau, e *aria*, ar. A origem do nome está ligada à crença (incorreta) de que locais pantanosos favorecem a doença porque neles se respira "mau ar".

Em destaque

Malária e locais pantanosos

Locais alagados favorecem a proliferação do mosquito-prego, facilitando a transmissão da malária, caso haja pessoas contaminadas com o protozoário *Plasmodium vivax*.

A malária é conhecida desde a Antiguidade. A descrição da doença foi encontrada em papiros egípcios e também em inscrições (hieróglifos) no interior de templos do Antigo Egito. Os surtos da doença aconteciam com as cheias anuais do Rio Nilo, porque nas áreas inundadas havia aumento da quantidade dos mosquitos que atuavam como vetores (transmissores) da doença.

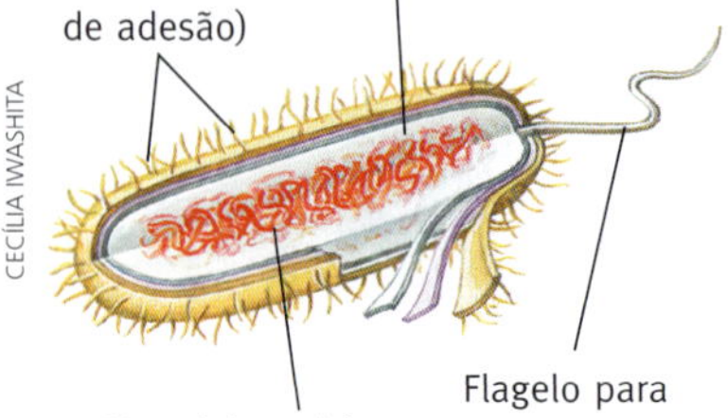

Esquema, em corte parcial e fora de proporção, de bactéria ampliada cerca de 50 mil vezes, com cores fantasiosas. Note que não há núcleo na célula.

3 Bactérias

As **bactérias** são os organismos mais simples conhecidos. São unicelulares procariotos e existem centenas de espécies diferentes já identificadas. Os biólogos as incluem no **Domínio *Bacteria***.

Há bactérias com formato de esfera (cocos), de bastonete (bacilos), de espiral (espirilos) ou de vírgula (vibrião). Algumas se agrupam formando cachos ou sequências, como se fossem colares de contas.

Cocos (Ampliação aproximada: 2.700 vezes.)

Bacilos (Ampliação aproximada: 1.620 vezes.)

Espirilos (Ampliação aproximada: 3.380 vezes.)

Vibriões (Ampliação aproximada: 2.700 vezes.)

(Representações esquemáticas. Cores fantasiosas.)

A maioria das bactérias é heterotrófica, ou seja, depende de alimento produzido por outros organismos.

Muitas delas podem ser encontradas nos solos férteis, onde atuam como **decompositoras** de restos de organismos mortos. Juntamente com os fungos, essas bactérias desempenham um papel fundamental na natureza: decompor os resíduos de seres vivos, devolvendo ao solo os nutrientes importantes ao crescimento das plantas. Em apenas um grama de solo podem ser encontrados 2,5 bilhões de bactérias!

Além disso, há algumas variedades de bactérias que também vivem no solo e que são capazes de transformar o gás nitrogênio do ar em "adubos" para as plantas. Ao fazer isso, aumentam, e muito, a fertilidade do solo. Essas bactérias, chamadas de **fixadoras de nitrogênio**, frequentemente vivem associadas à raiz de plantas fabáceas (leguminosas), como feijão e soja.

Nesta raiz de fabácea (leguminosa) podem ser vistos nódulos (bolinhas) formados por muitas bactérias fixadoras de nitrogênio. Em média, os nódulos apresentam de 4 a 8 mm.

O papel das bactérias decompositoras é essencial para a fertilidade do solo. (Plantação de hortaliças em Santa Maria, RS.)

4 Há bactérias que causam doenças

As bactérias exibem muitas adaptações diferentes, que lhes permitem viver em condições muito variadas.

Uma notável adaptação de certas bactérias é a capacidade de viver em associação com outros organismos. Algumas são encontradas, por exemplo, em nossa pele, em nossa boca e em nosso intestino e, normalmente, não nos causam mal.

Outras bactérias, porém, são capazes de provocar doenças no ser humano ou em outros animais. Entre as doenças humanas causadas por bactérias merecem destaque:

- tétano;
- coqueluche;
- tuberculose;
- leptospirose;
- hanseníase;
- tifo;
- pneumonia bacteriana;
- meningite bacteriana;
- cólera;
- botulismo.

!

Saiba de onde vêm as palavras

A palavra "bactéria" vem do grego *baktêrion*, que quer dizer bastonete. Algumas bactérias têm forma de bastonete: os bacilos. A introdução dessa palavra no vocabulário científico é atribuída ao biólogo alemão Gottfried Ehrenberg (1795-1876).

5 Reprodução das bactérias

Assim como os protozoários, as bactérias podem se reproduzir por divisão binária.

Nesse processo, a célula de uma bactéria vai crescendo até o momento em que se divide em duas, com as mesmas características da original. Encontrando condições apropriadas de temperatura e alimento, uma célula pode crescer e originar duas novas células em cerca de 20 ou 30 minutos. Depois de igual período, cada uma delas cresce e se divide em mais duas, e assim por diante. Como você percebe, em pouco tempo uma única bactéria consegue dar origem a um verdadeiro batalhão delas.

ATIVIDADE

Trabalho em equipe

A critério do professor, cada grupo deve pesquisar as características de uma doença causada por bactérias e expor à classe. Merecem destaques: o agente causador, as formas de contágio, a profilaxia (prevenção), os sintomas, o tratamento, as possíveis consequências para o doente e se há ocorrência na região em que vocês vivem.

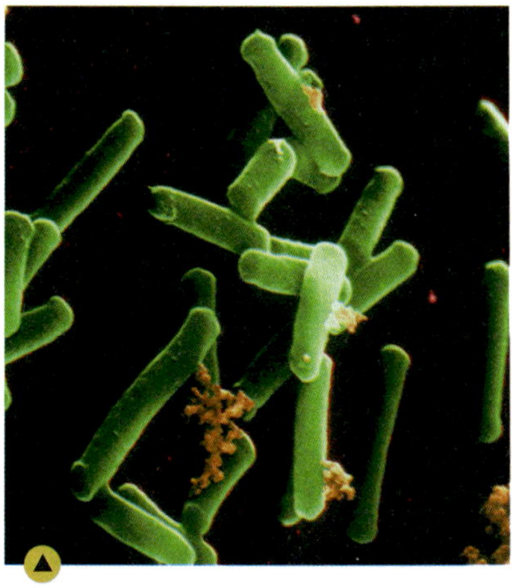
EYE OF SCIENCE/SCIENCE PHOTO LIBRARY/LATINSTOCK

Bactérias *Clostridium tetani*, em forma de bastonete, ao penetrarem no corpo, provocam o tétano, doença infecciosa grave (ao microscópio eletrônico, com cor artificial e ampliação aproximada de 5.300 vezes).

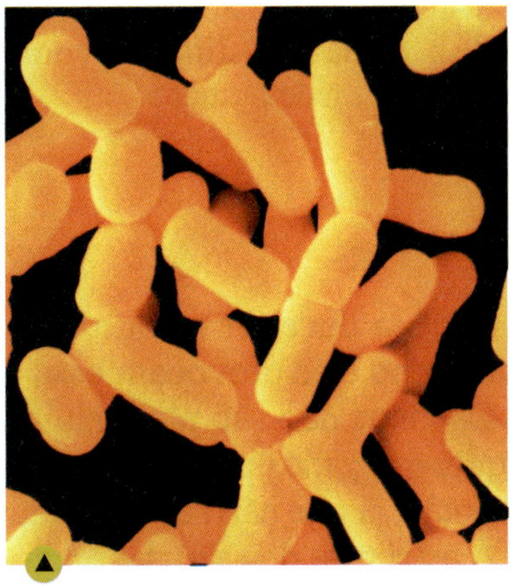
SCIMAT/SCIENCE SOURCE/LATINSTOCK

Bactérias *Bifidobacterium bifidum*, naturalmente presentes no intestino humano (ao microscópio eletrônico, com cor artificial e ampliação aproximada de 9.000 vezes).

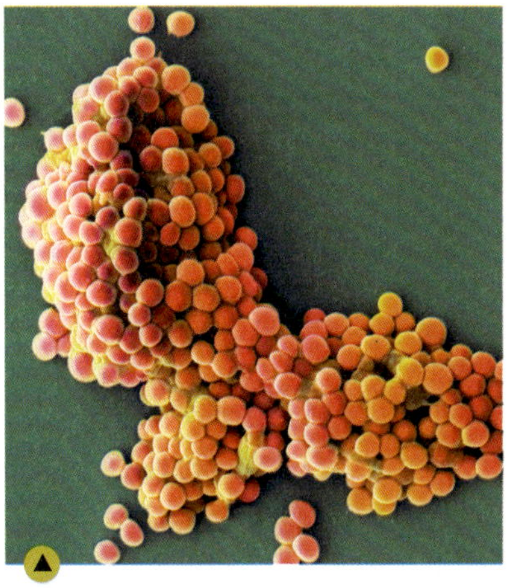
STEVE GSCHMEISSNER/SCIENCE PHOTO LIBRARY/LATINSTOCK

Bactérias *Streptococcus thermophilus*, uma das espécies de microrganismos empregadas para transformar o leite em iogurte (ao microscópio eletrônico, com cor artificial e ampliação aproximada de 2.230 vezes).

> **!** **Saiba de onde vêm as palavras**
>
> O nome "penicilina" vem de *Penicillium* (gênero de fungo), que é uma palavra do latim e significa pincel. O bolor *Penicillium notatum*, quando observado sob ampliação, tem aspecto de pincel.

Em destaque

Os antibióticos e a saúde humana

Em 1928, durante suas pesquisas, o cientista escocês Alexander Fleming (1881-1955) deixou uma placa contendo uma cultura de bactérias *Staphylococcus* destampada. Por acaso, ela se contaminou com esporos de um bolor, vindos do ar. (Fazer uma cultura de bactérias é deixá-las crescer em um material nutritivo, para serem estudadas.)

Fleming percebeu que as bactérias da cultura morriam nas proximidades da região em que o fungo cresceu. Atento a essa observação casual, ele estudou melhor a placa e concluiu que o fungo, o *Penicillium notatum*, produzia uma substância capaz de matar as bactérias ao redor. Testes posteriores indicaram que essa substância, que ele denominou **penicilina**, podia ser administrada no combate a infecções bacterianas. Estava descoberto o primeiro **antibiótico**. Graças ao trabalho de outros pesquisadores, a penicilina pôde ser produzida em escala industrial e, em 1941, passou a ser comercializada. Fleming recebeu o Prêmio Nobel em 1945.

Um **antibiótico** é uma substância capaz de impedir o crescimento e o desenvolvimento de microrganismos. Os antibióticos são especialmente úteis como medicamentos no **combate às doenças causadas por bactérias**.

Atualmente são conhecidos vários antibióticos. Alguns são produzidos por seres vivos microscópicos. Outros são obtidos artificialmente, utilizando conhecimentos químicos em indústrias farmacêuticas.

Os antibióticos são extremamente úteis na Medicina atual. Sem eles, algumas infecções bacterianas seriam fatais para o ser humano.

Antibióticos só devem ser tomados **sob orientação médica**. Seu uso pode acarretar **efeitos colaterais** (efeitos não pretendidos) indesejáveis, além do que, se ingeridos de forma incorreta ou por tempo muito prolongado, favorecem a **seleção de bactérias resistentes** a eles. Se isso ocorrer, terá surgido uma nova variedade de bactéria mais difícil de combater e, portanto, que oferece mais riscos à saúde humana.

> **A-Z** **ATIVIDADE**
>
> **Amplie o vocabulário!**
>
> *Hora de debater o significado de cada conceito, redigi-lo com nossas palavras e incluí-lo no nosso* blog.
>
> - bactérias
> - antibiótico

6 Vírus

Você já deve ter ouvido falar que a gripe é causada por vírus. Mas como eles provocam essa doença?

Os **vírus** não são pluricelulares nem unicelulares. Eles não são sequer formados por células.

Então, já que não são formados por células, como são os vírus?

A estrutura dos vírus é menos complexa que a das bactérias.

De modo bem simples, podemos descrever um vírus como sendo formado por um **envoltório externo**, dentro do qual se abriga o que é chamado **material genético do vírus**.

Por não serem feitos de células, os vírus não se alimentam e não são capazes de se reproduzir por si mesmos. **Para se reproduzirem, eles necessitam de uma célula que os hospede**.

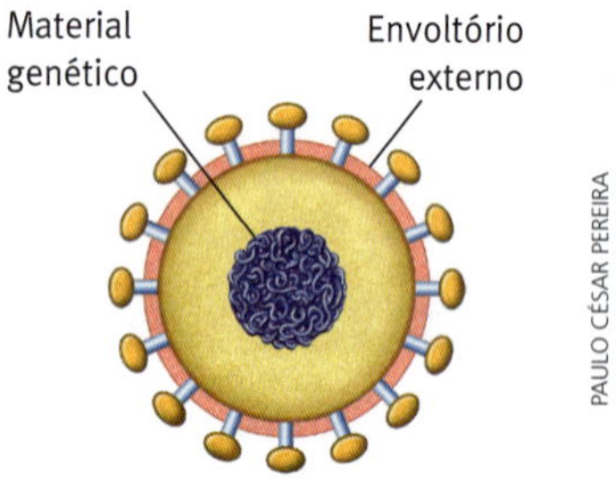

Representação esquemática de um vírus causador da gripe em ampliação de, aproximadamente, 290 mil vezes. (Cores e formas fantasiosas.)

Saiba de onde vêm as palavras

O substantivo "vírus" vem do latim *virus*, que significa veneno. O adjetivo "virulento" — que significa "referente a vírus" — também está presente no vocabulário não científico, sendo usado como sinônimo de violento, venenoso, rancoroso.

7 Como ficamos gripados?

Quando uma pessoa gripada tosse ou espirra, muitas pequenas gotinhas de saliva são espalhadas pelo ar. Cada uma delas pode conter vírus causadores da gripe. Se uma delas entrar pela boca ou pelo nariz de outra pessoa, esta será contaminada.

Dentro desse novo indivíduo, o vírus da gripe invade uma célula do nariz ou da garganta, por exemplo. Dentro da célula, o vírus libera o seu material genético. Esse material tem a capacidade de **assumir o controle da célula e usar a sua estrutura para produzir novos vírus**.

Os vários novos vírus formados deixam a célula e se espalham pelo organismo. Cada um deles vai entrar em outra célula e repetir todo esse processo, originando mais vírus. Por meio da saliva da pessoa contaminada, alguns deles podem ser transmitidos, deixando outras pessoas também gripadas.

JASON STITT/SHUTTERSTOCK

Num único espirro, uma pessoa gripada elimina centenas de vírus em gotículas de saliva.

Esquema da atividade de um vírus da gripe numa célula humana

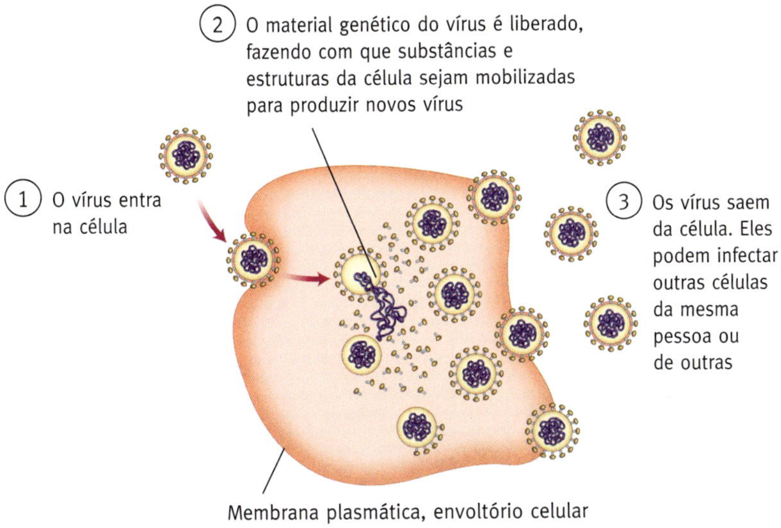

PAULO CÉSAR PEREIRA

Os vírus estão ampliados, aproximadamente, 75 mil vezes. (Representação fora de proporção. Cores e formas fantasiosas.)

8 Então os vírus são seres vivos?

Para se reproduzir, os vírus precisam de uma célula que os hospede. Assim, todos **os vírus são, obrigatoriamente, parasitas do interior de células**.

Quando fora de uma célula, um vírus não costuma ser considerado um ser vivo. Afinal de contas, ele não tem as características de um. Quando dentro de uma célula hospedeira, os vírus atuam como parasitas e, aí sim, até podem ser considerados viventes.

Como você percebeu, os vírus são bem distintos das bactérias, dos protozoários e de outros seres mais complexos, como animais, plantas e fungos.

ATIVIDADE

Trabalho em equipe

A critério do professor, cada grupo pode pesquisar as características de uma doença causada por **vírus** e expor à classe.

9 Doenças causadas por vírus

Além da gripe, muitas outras doenças humanas são causadas por vírus. Entre elas, podemos destacar:

- aids
- sarampo;
- caxumba;
- hepatite infecciosa;
- febre amarela;
- ebola;
- dengue;
- febre chicungunha;
- catapora (varicela);
- varíola;
- raiva;
- poliomielite ou paralisia infantil.

Os modos de transmissão dessas doenças são muito variados. Algumas, como gripe, sarampo e caxumba, são transmitidas por gotículas de saliva contendo vírus.

O vírus da dengue é transmitido pela fêmea do mosquito *Aedes aegypti*, que o adquire ao picar uma pessoa contaminada. O vírus da febre amarela, em ambiente silvestre, é transmitido principalmente pelas fêmeas de mosquitos do gênero *Haemagogus* e, em ambiente urbano, pelas fêmeas de *Aedes aegypti*.

O vírus da aids **não** é transmitido por saliva, aperto de mão ou abraço, mas por contato com o sangue da pessoa contaminada ou por relações sexuais desprotegidas (isto é, sem o uso adequado de preservativos) com ela. A aids é uma enfermidade grave que, sem tratamento especializado, mata.

As aglomerações humanas podem favorecer a transmissão de algumas doenças causadas por vírus, como as gripes, a caxumba e o sarampo. (Trio elétrico em Salvador, BA.)

INACIO TEIXEIRA/ PULSAR IMAGENS

Em destaque

Febre chikungunya (ou chicungunha)

CHAJAMP/SHUTTERSTOCK

A artrite, uma inflamação das articulações que provoca dor intensa, é um dos sintomas da chicungunha.

"A febre chikungunya é uma doença causada por vírus do gênero ***Alphavirus***, transmitida por mosquitos do gênero ***Aedes***, sendo o *Aedes aegypti* (transmissor da dengue) e o *Aedes albopictus* os principais vetores.

Para evitar a transmissão do vírus, é fundamental que as pessoas reforcem as ações de eliminação dos criadouros dos mosquitos. As medidas são as mesmas para o controle da dengue, ou seja, verificar se a caixa-d'água está bem fechada; não acumular vasilhames no quintal; verificar se as calhas não estão entupidas; e colocar areia nos pratos dos vasos de planta, entre outras iniciativas desse tipo.

Os sintomas da doença são febre alta, dor muscular e nas articulações, cefaleia e exantema e costumam durar de três a 10 dias. A letalidade da chikungunya, segundo a OPAS [Organização Pan-Americana de Saúde], é rara, sendo menos frequente que nos casos de dengue."

Fonte: Ministério da Saúde. Acessado em: http://portalsaude.saude.gov.br

Em destaque

Zika virus

"O ***Zika virus*** foi isolado, pela primeira vez, em 1947, num macaco *Rhesus* utilizado para pesquisas na Floresta de Zika, em Uganda, no continente africano. Aproximadamente 20 anos depois, ele foi isolado em seres humanos na Nigéria. Dali, ele se espalhou por diversas regiões da África e da Ásia e alcançou a Oceania. Possivelmente, ele entrou no Brasil trazido por turistas que vieram assistir à Copa do Mundo de Futebol, em 2014.

No nosso país, o vírus ***Zika*** encontrou o mosquito que, entre outros do mesmo gênero [...], serve de vetor para sua transmissão: o *Aedes aegypti*, também transmissor da dengue, da febre chicungunha e da febre amarela. Macacos e seres humanos costumam ser os hospedeiros.

De certa forma, os sintomas são semelhantes nessas doenças, porém menos graves na febre zika: febre por volta dos 38 graus, dor de cabeça, no corpo e nas articulações, diarreia, náuseas, mal-estar. A erupção cutânea (exantema) acompanhada de coceira intensa pode tomar o rosto, o tronco e os membros e atingir a palma das mãos e a planta dos pés. Fotofobia [aversão à luz] e conjuntivite são outros sinais da infecção pelo ***Zika virus***.

[...]

Não existe vacina contra a doença, que é de notificação compulsória. A única forma de prevenção é combater os focos do mosquito Aedes, típico das regiões urbanas de clima tropical e subtropical e que ataca principalmente nos períodos de muito calor e chuva, pela manhã e ao entardecer.

[...] É muito importante manter o paciente bem hidratado e procurar um médico assim que os primeiros sintomas se manifestarem."

Fonte: D. Varella. Acessado em: http://drauziovarella.com.br

Saiba de onde vêm as palavras

O termo "vacina" vem do latim *vaccina*, referente a vaca. Usava-se a palavra *vaccina* para designar a varíola bovina, que, quando infectava pessoas, tinha desenvolvimento brando e as deixava parcialmente imunizadas contra a varíola humana.

Com base nisso, o médico inglês Edward Jenner (1749-1823) elaborou as primeiras formas de imunização contra a varíola em 1798.

Por volta de 1880, o francês Louis Pasteur (1822-1895) aprimorou a ideia de Jenner, aplicando-a a outras doenças, e sugeriu o nome de vacina para essa prática de imunização.

Em destaque

As vacinas, a saúde e as defesas do organismo

Quando somos infectados por um vírus, nosso organismo imediatamente entra em atividade para combatê-lo e criar defesas contra ele. O funcionamento das vacinas se baseia justamente nessa capacidade de reação que nosso corpo tem.

Vacinas são substâncias que, após serem administradas, "enganam" o nosso corpo, fazendo-o achar que foi invadido pelo agente causador de certa doença. Assim, ele se prepara para combatê-lo, desenvolvendo as defesas necessárias.

Se, um tempo após ter sido vacinado, um indivíduo for realmente infectado pelo agente causador da doença, seu organismo estará preparado para enfrentá-lo e não ficará doente. Dizemos que o indivíduo foi **imunizado** contra a doença.

Há muitos meios diferentes usados para preparar as vacinas. Eles variam dependendo da doença. Um desses métodos é tornar o vírus inofensivo, por exemplo, por meio de aquecimento. Ao entrar no organismo de uma pessoa, tais vírus inofensivos desencadeiam a mesma resposta que o corpo teria se fosse infectado por vírus normais, criando imunidade à doença.

Já que as doenças de origem viral não podem ser tratadas com antibióticos, o que se deve fazer é preveni-las. A **prevenção** é feita com vacinas adequadas.

As vacinas contra a gripe não são completamente eficientes nas diferentes epidemias. Isso porque o vírus está sempre sofrendo pequenas mudanças em sua estrutura, decorrentes de alterações em seu material genético, chamadas mutações. O vírus da gripe de um ano não é igual ao do ano anterior. Isso dificulta a obtenção de uma vacina que imunize contra todas as gripes.

Cartaz de campanha de vacinação contra gripe.

© 2015 PORTAL DA SAÚDE – MINISTÉRIO DA SAÚDE/GOVERNO FEDERAL

ATIVIDADE

Amplie o vocabulário!

Hora de debater o significado de cada conceito, redigi-lo com nossas palavras e incluí-lo no nosso blog.

- vírus
- vacina
- imunização

ORGANIZAÇÃO DE IDEIAS

MAPA CONCEITUAL

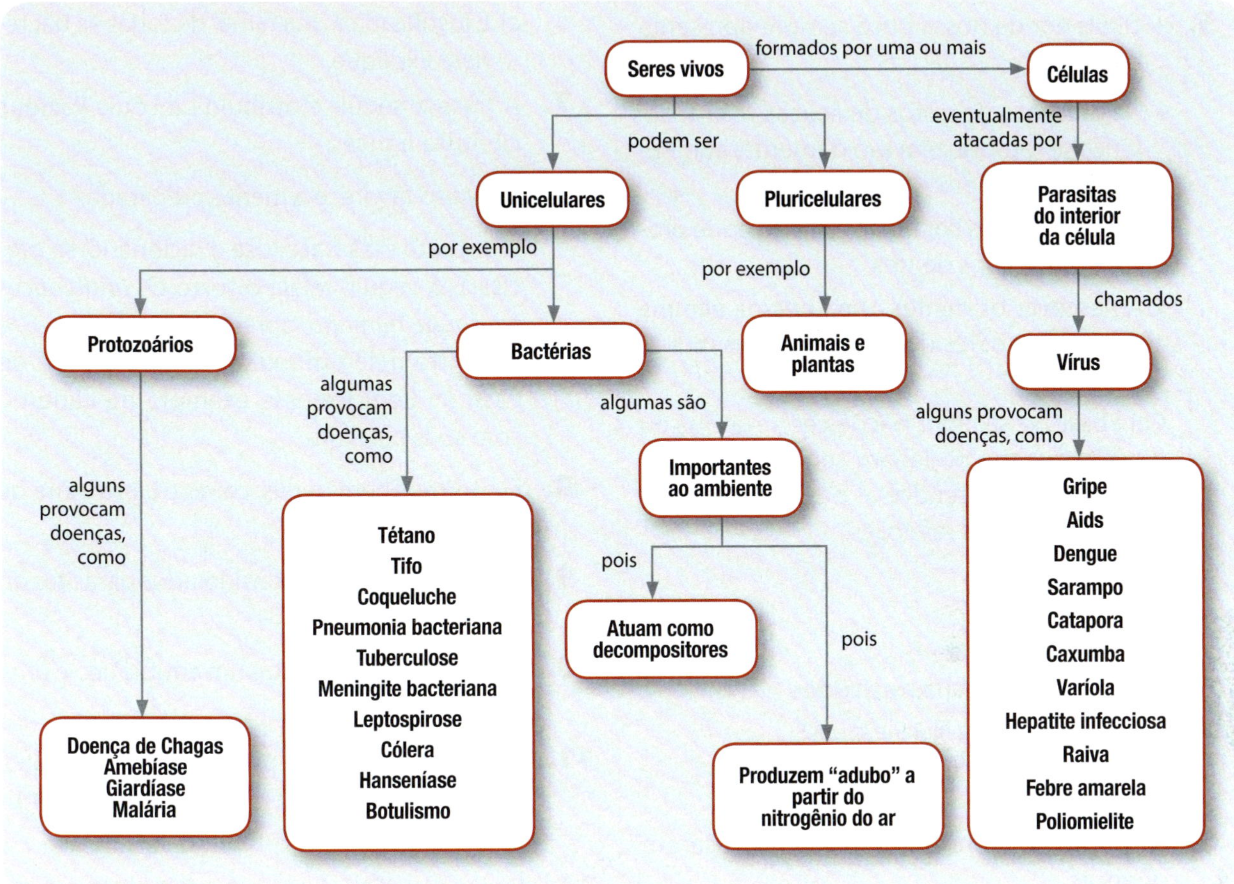

ATIVIDADE

USE O QUE APRENDEU

1. A amebíase e a giardíase são doenças que afetam o intestino humano.

a) Elas são causadas por vírus, bactérias ou protozoários?

b) Explique de que maneira o tratamento da água ajuda a evitá-las.

2. Sobre a doença de Chagas, responda:

a) Qual é o agente causador?

b) Qual é o agente transmissor?

c) Comente dois modos de transmissão da doença.

3. Na década de 1950, o pesticida DDT era usado no combate à malária. Como era muito eficiente, a Organização Mundial de Saúde (OMS) acreditava que, com o DDT, seria possível erradicar a malária do mundo. No entanto, com o passar do tempo, os efeitos nocivos aos seres vivos e ao ambiente foram ficando conhecidos.

No Brasil, o uso do DDT na agricultura está proibido por lei. Existem, entretanto, várias discussões de entidades e grupos (alguns, favoráveis; outros, contrários) sobre o uso do DDT em caso de epidemia de malária.

Se necessário, **consulte um dicionário ou outra fonte de informação** e responda às seguintes perguntas:

a) Para que serve um pesticida?

b) O que significa "erradicar"?

c) O que você entende por "efeitos nocivos aos seres vivos e ao ambiente"?

d) O que é epidemia?

e) Qual é o agente causador da malária?

f) Qual é o agente transmissor da malária?

g) O que é DDT?

h) O DDT pode matar o agente causador ou o agente transmissor da malária?

4. Com relação ao formato, como são classificadas as bactérias?

5. • O interior de nossa boca sempre apresenta bactérias.
   • Na presença de restos de açúcar, essas bactérias se reproduzem rapidamente, aumentando de número.
   • A atividade das bactérias na boca pode provocar cáries nos dentes.
   • Ao escovar os dentes, uma pessoa elimina de sua boca os resíduos alimentares e muitas bactérias.

   Com base nessas informações, escreva uma ou duas frases que poderiam ser colocadas em um cartaz que incentive as pessoas a escovar os dentes após as refeições.

ATIVIDADE

Reflita sobre suas atitudes

Como anda sua higiene bucal?
E como anda sua higiene corporal?

6. As bactérias têm "má fama" por causarem doenças.
   a) Todas as bactérias causam doenças no ser humano?
   b) Há bactérias que podem ser consideradas benéficas para o ser humano? Quais?
   c) É justificada a "má fama" de todas as bactérias? Explique.

7. A frase a seguir é atribuída a Louis Pasteur, cientista francês:

   "O acaso favorece a mente preparada."

   Interprete essa frase (use o dicionário, se precisar). A seguir, releia o texto *Os antibióticos e a saúde humana*, apresentado no item 5, e encontre nele um **exemplo** para a frase de Pasteur. Registre esse exemplo no caderno com suas palavras.

8. Em termos bem gerais, como é a estrutura de um vírus?

9. Por que os vírus são considerados parasitas do interior das células?

10. Qual é a diferença entre um antibiótico e uma vacina?

11. Para combater uma pneumonia bacteriana, um médico prescreverá ao paciente um antibiótico ou uma vacina? Por quê?

12. O que significa dizer que um indivíduo está *imunizado* contra o sarampo? Em que situações pode ocorrer tal imunização?

ATIVIDADE

EXPLORE DIFERENTES LINGUAGENS

A critério do professor, as atividades a seguir poderão ser feitas em grupos.

TEXTO DA INTERNET

1. Releia o texto *Doenças negligenciadas*, apresentado na abertura deste capítulo, até ter certeza de que o compreendeu. As grandes empresas produtoras de medicamentos investem quase todo o dinheiro de pesquisa na busca de medicamentos para doenças que afetam parte relativamente pequena da população, enquanto doenças como dengue, malária e tuberculose, que afetam muito mais gente, praticamente não recebem sua atenção.
   a) Na sua opinião, por que isso acontece?
   b) Você acha isso certo?
   c) Qual deveria ser o papel dos órgãos públicos de pesquisa (por exemplo, universidades) nesse assunto?

2. No texto, a equipe do Ministério da Saúde afirma que as doenças negligenciadas "prevalecem em condições de pobreza" e que contribuem para a "manutenção do quadro de desigualdade". Explique cada uma dessas duas afirmações.

TEXTO DE DIVULGAÇÃO CIENTÍFICA

As atividades 3 a 5 referem-se ao seguinte texto.

Tuberculose

"A tuberculose (TB) é uma das doenças infecciosas mais mortais do mundo. A cada ano, 1,4 milhão de pessoas morrem, enquanto outros nove milhões sofrem com a doença, principalmente em países em desenvolvimento.

[...]

A TB é frequentemente vista como uma doença do passado, mas um recente ressurgimento e a proliferação de formas resistentes a medicamentos fazem dela um grande problema da atualidade. Hoje, a TB é uma das três doenças infecciosas que mais mata, junto com a malária e o HIV/AIDS.

[...]

A doença afeta com mais frequência os pulmões, mas pode infectar qualquer parte do corpo, incluindo os ossos e o sistema nervoso.

[...]

Sintomas de TB — Os sintomas incluem tosse persistente, febre, perda de peso, dores no peito e falta de ar que pode levar à morte. Entre as pessoas que vivem com HIV, a incidência de TB é muito maior e a doença é a principal causa de morte.

Diagnosticando a TB — Pesquisa e Desenvolvimento (P&D) voltados para novas e mais eficientes ferramentas para diagnóstico e medicamentos para TB estão em falta há décadas. Em países onde a doença é mais prevalente, diagnósticos dependem, em sua maioria, do mesmo teste arcaico utilizado nos últimos 120 anos: a microscopia do esfregaço, exame microscópico do catarro, ou fluido do pulmão, para identificar os bacilos da TB. O teste só é exato na metade das vezes e a efetividade é ainda menor se os pacientes testados viverem com o vírus HIV. Isso significa que muitos pacientes iniciam o tratamento tardiamente, se é que um dia conseguem começar.

[...]"

Fonte: Médicos Sem Fronteiras (MSF). Acessado em: http://www.msf.org.br

3. Que tipo de ser vivo causa a doença a que se refere o texto?

4. Considerando sua resposta anterior, os medicamentos receitados por médicos para alguém que contraiu essa doença devem ser antibióticos ou vacinas?

5. A tuberculose é uma enfermidade que a Organização Mundial de Saúde (OMS) classifica no grupo das **doenças negligenciadas**.

a) Explique o que é uma doença negligenciada.

b) Transcreva no caderno alguns trechos do texto que justifiquem tal classificação.

TABELA E GRÁFICO

6. A tabela a seguir mostra o número de casos de poliomielite (paralisia infantil) no Brasil de 1986 a 2016.

Ano	Número de casos
1986	601
1987	194
1988	108
1989	26
1990 a 2016	0

Fonte: Ministério da Saúde.

a) Faça um gráfico de barras verticais do número de casos registrados de 1986 a 2016.

b) Que tipo de agente causa a poliomielite?

c) Pela sua resposta à pergunta anterior, você acha que um antibiótico pode curar a poliomielite? E uma vacina pode preveni-la?

d) Você acha que há alguma relação entre as campanhas nacionais de vacinação contra a poliomielite e o que aparece no gráfico que você fez? Explique.

TRECHO DE PROGRAMA

7. Num certo programa infantil de televisão foi dito que "alguns vírus e bactérias são **malvados** e causam doenças no ser humano". Você acha que a palavra **malvados** foi bem empregada nessa frase? Justifique.

TIRINHA

CALVIN & HOBBES, BILL WATTERSON © 1993 WATTERSON/ DIST. BY ANDREWS MCMEEL SYNDICATION

O nome **salmonela** designa seres vivos do gênero *Salmonella*. A intoxicação a que a mãe do garoto se refere é conhecida como **salmonelose**. Pesquise sobre essa doença e, a seguir, faça as atividades 8 a 10.

8. A doença é causada por protozoário, bactéria, vírus ou por algum outro tipo de ser vivo?

9. Quais são os sintomas da salmonelose?

10. Quais são os procedimentos que você deve adotar para evitar essa enfermidade?

MANCHETE DE JORNAL

Leia a seguinte manchete (fictícia) de jornal e, a seguir, realize as atividades 11 e 12.

> **Quadrilha invade fábrica de computadores**
>
> *Após invasão, usa equipamento e instalações para fabricar* videogames

11. Que semelhança há entre esse acontecimento e o ataque de um vírus a uma célula?

12. Cite uma diferença entre esse acontecimento e o ataque de um vírus a uma célula.

Seu aprendizado não termina aqui

Nas próximas vezes em que você for ao médico por causa de virose ou de infecção bacteriana, preste atenção aos termos científicos que ele usar e peça esclarecimento sobre o que não entender.

Você provavelmente estará acompanhado de um adulto, mas, mesmo assim, é importante já ir se habituando a ler a receita na frente do médico e verificar se você entende a letra, o nome do medicamento, a dosagem recomendada e o modo de administração.

Não saia da consulta enquanto não tiver certeza de que compreendeu para que serve cada um dos remédios receitados.

CAPÍTULO 6

FUNGOS

FABIO COLOMBINI

Entre as diversas espécies de fungos, existem aquelas que são comestíveis, as que são tóxicas e as que causam doenças aos seres humanos e a outros seres vivos. (Na foto, cogumelos com até 10 cm de altura.)

MOTIVAÇÃO

A critério do professor, esta atividade poderá ser realizada em grupos.

Objetivo

- Observar evidência da atuação de leveduras sobre uma mistura de água com açúcar.

Você vai precisar de:

- um tablete de 15 gramas de fermento **biológico** (pode ser comprado em padaria ou supermercado)
- açúcar
- garrafa plástica pequena
- colher de sopa
- copo vazio (do tamanho daqueles de requeijão)
- água morna, obtida do chuveiro
- pedaço de barbante
- funil
- balão de borracha

Figura A

Procedimento

1. Misture bem uma colher de açúcar em um copo de água morna.
2. Adicione o tablete de fermento e mexa com uma colher a fim de desfazer os pedaços dentro do líquido.
3. Com o auxílio do funil, despeje esse líquido dentro da garrafa. Adicione mais um copo de água morna, como mostra a figura A.
4. Prenda o balão de borracha vazio na boca da garrafa e amarre-o com barbante. Veja a figura B.
5. Mantenha a garrafa em um local que não seja frio por uns dois dias, observando diariamente o balão. Procure explicar o que aconteceu.

Figura B

ILUSTRAÇÕES: AMANDA DUARTE

DESENVOLVIMENTO DO TEMA

1 O fermento biológico é constituído por fungos

O fermento biológico, usado para fazer a massa de pães e pizzas, é constituído por muitos pequenos organismos denominados leveduras. Os fermentos empregados na fabricação de álcool, destinado, por exemplo, ao uso como combustível em automóveis, também são leveduras.

As leveduras pertencem ao grupo de seres vivos denominados **fungos**, que incluem ainda os cogumelos, os bolores e as orelhas-de-pau. Neste capítulo, vamos aprender alguns aspectos interessantes dos fungos.

REINHARD, H./CALAMY/GLOW IMAGES

Cogumelos venenosos.
altura da haste: 5-15 cm

STEVE GSCHMEISSNER/SCIENCE PHOTO LIBRARY/LATINSTOCK

Leveduras usadas pelos padeiros como fermento. Elas não são visíveis a olho nu e aparecem aqui ampliadas ao microscópio eletrônico cerca de 1.460 vezes, com colorido artificial.

HAROLDO PALO JR./KINO.COM.BR

Orelhas-de-pau.
diâmetro: 10 cm

TIM GAINEY/ALAMY/GLOW IMAGES

Bolor crescendo sobre uma pera.
tamanho do fruto: 7 cm

2 Fungos

O que cogumelos, bolores, orelhas-de-pau e leveduras têm em comum?

Em primeiro lugar, todos são seres vivos. Em segundo, nenhum deles apresenta clorofila nem realiza fotossíntese. Por esse motivo, não produzem o próprio alimento, como as plantas. Os fungos são, portanto, organismos **heterotróficos**, já que dependem de alimento proveniente de outros seres vivos.

Os fungos não se alimentam da mesma maneira que um gato ou um cachorro. Ao contrário, para se alimentar, os fungos soltam substâncias capazes de decompor o alimento presente ao seu redor. Essas substâncias **digerem o alimento** fora do organismo do fungo, produzindo um líquido que contém nutrientes, que são **absorvidos** pelo fungo.

Ao atuarem dessa maneira, os fungos podem provocar a decomposição de restos de animais e plantas. Por isso, eles agem como decompositores nos diversos ambientes. Ao degradarem restos de organismos, deixam no solo muitos nutrientes importantes para o crescimento das plantas.

FABIO COLOMBINI

Cogumelos crescendo junto a restos orgânicos em decomposição no solo.
diâmetro do maior: 4 cm

RACORN/SHUTTERSTOCK

Massa de pão feita com farinha, água, sal e fermento biológico. Depois de amassada, ela é deixada em repouso por alguns minutos. Enquanto isso, as leveduras realizam a fermentação de uma pequena parte dos açúcares presentes.

SILENTGUNMAN/SHUTTERSTOCK

Os furinhos que vemos dentro do pão assado se devem ao gás produzido na fermentação.

3 As leveduras

O **fermento biológico**, vendido em padarias e supermercados e utilizado para fazer pães, é constituído por fungos microscópicos: as **leveduras**.

Quando se faz pão, essas leveduras são misturadas à massa, que fica em repouso por vários minutos. Durante esse período, sob a ação das leveduras, ocorre a transformação de uma pequena parte dos açúcares presentes na massa em gás carbônico e álcool. É por meio dessa transformação, a **fermentação alcoólica**, que as leveduras obtêm energia para sobreviver.

O gás carbônico liberado no processo forma muitas pequenas bolhas dentro da massa. Quando ela vai ao forno, essas bolhas se expandem (isto é, aumentam de volume) e fazem o pão inchar e ficar fofo. Enquanto o pão assa, o álcool evapora, portanto não há álcool no pão pronto.

Depois de assado, podemos ver dentro do pão muitos buraquinhos que o deixam fofo. Esses pequenos buracos se devem justamente às bolhas de gás liberadas pela levedura dentro da massa do pão.

No experimento descrito no início deste capítulo, você pôde observar uma evidência de que as leveduras atuam sobre o açúcar, liberando gás. É justamente o gás que faz o balão encher.

O processo de fermentação alcoólica é usado em escala industrial na produção de uma substância denominada **etanol**, que é o álcool comum.

No Brasil, a matéria-prima para a fabricação de etanol é o caldo de cana-de-açúcar. Leveduras transformam o açúcar do caldo de cana em gás carbônico e etanol (fermentação alcoólica).

Tanque com caldo de cana onde está ocorrendo a fermentação alcoólica.

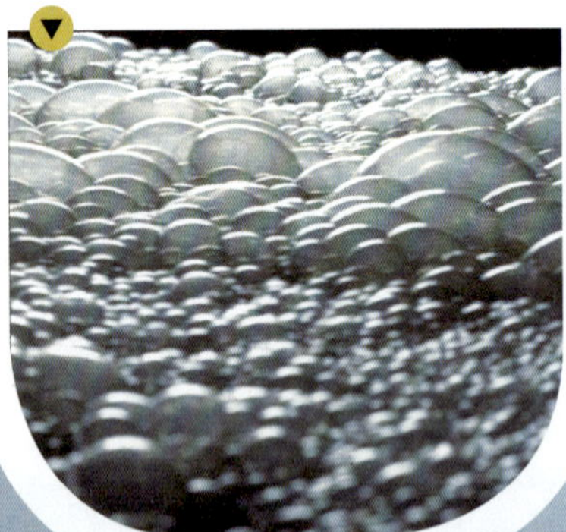
DANIEL AUGUSTO JR/PULSAR IMAGENS

Usina de álcool e canaviais. (Sertãozinho, SP.)

DELFIM MARTINS/PULSAR IMAGENS

O etanol é o álcool usado como combustível em automóveis e comercializado em postos de gasolina. Também é o álcool que algumas pessoas empregam em limpeza doméstica. É um produto **extremamente inflamável**, isto é, que pega fogo com muita facilidade, podendo causar graves queimaduras e incêndios. Esse produto **só deve ser armazenado e utilizado longe de chamas ou de faíscas elétricas**.

O etanol faz parte da composição das chamadas *bebidas alcoólicas*. Embora a lei brasileira permita o consumo dessas bebidas por maiores de 18 anos, **o etanol é uma droga que pode causar muitos problemas para quem consome bebidas alcoólicas**, incluindo, entre outros, envolvimento em brigas e acidentes, desmaios, problemas no estômago, no sistema nervoso e no fígado, ou até mesmo a morte.

A-Z

ATIVIDADE

Amplie o vocabulário!

Hora de debater o significado de cada conceito, redigi-lo com nossas palavras e incluí-lo no nosso blog.

- levedura
- fermentação alcoólica

4 Os bolores

Bolores podem crescer sobre praticamente qualquer material orgânico, por exemplo, pão velho, frutas, tecidos de algodão, couro, madeira e papel. Costumam também ser chamados de mofos. Eles são fungos que aproveitam esses materiais como alimentos.

E como o bolor aparece nesses materiais?

Os bolores podem se reproduzir por meio de pequeninas estruturas, os **esporos**, que, por serem muito leves, são facilmente levadas pelo ar.

Ao atingir um material que lhe sirva de alimento, em temperatura e umidade adequadas, um esporo se desenvolve e dá origem ao bolor, que rapidamente se torna visível. Há bolores de várias cores. Os mais comuns são verdes, brancos ou pretos.

GRIGOR IVANOV/SHUTTERSTOCK

Pão embolorado.

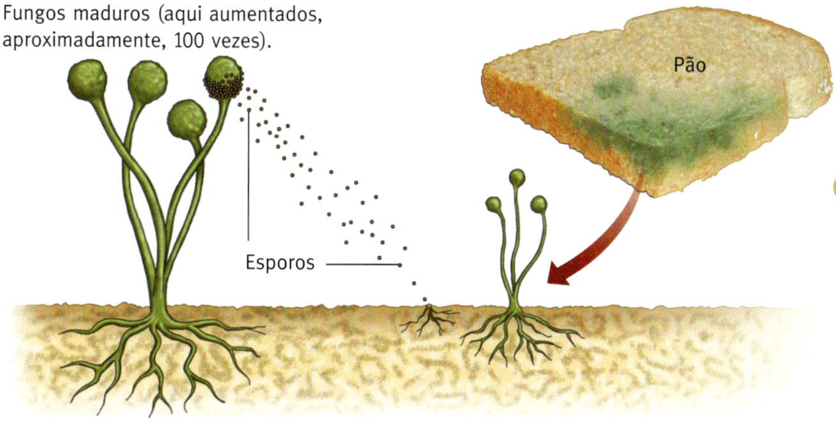

PAULO CÉSAR PEREIRA

Esquema ampliado da reprodução do bolor por meio de esporos. (Representações sem proporção. Cores fantasiosas.)

Podemos comer um alimento que esteja mofado?

Não, pois os fungos que atacam alimentos eliminam substâncias que podem ser tóxicas para o ser humano. Após ingerir um alimento embolorado, uma pessoa pode ter uma séria intoxicação alimentar. No entanto, alguns alimentos são produzidos com alguns poucos tipos de fungos que não são tóxicos para o ser humano e conferem sabor diferenciado ao produto — é o caso do queijo tipo gorgonzola.

Use a internet

Dê uma busca de imagens com a palavra **fungos** e você poderá ver fotos da grande diversidade encontrada no **Reino *Fungi***.

Em destaque

Aflatoxinas

Quando amendoim, algodão, milho, noz, castanha, arroz e ração animal são armazenados inadequadamente — em ambientes sem ventilação, úmidos e não previamente limpos —, isso pode favorecer o desenvolvimento de fungos das espécies *Aspergillus flavus* e *A. parasiticus* sobre o alimento (entenda que a abreviatura *A.*, nesse caso, indica *Aspergillus*). Esses fungos produzem substâncias denominadas **aflatoxinas**, que têm efeito tóxico sobre o fígado do ser humano e de outros animais.

Essas substâncias foram descobertas em 1960, quando farelo de amendoim exportado pelo Brasil provocou a morte de pelo menos 100 mil perus na Inglaterra. Verificou-se, na época, que os farelos estavam contaminados com toxinas (substâncias tóxicas) produzidas pelo ***A. flavus***, de onde veio o nome ***afla**toxinas*.

A possibilidade da presença das aflatoxinas é um bom exemplo de por que é necessário muito rigor no armazenamento de alimentos e na análise de sua qualidade antes da comercialização.

FABIO COLOMBINI

Cultivo comercial de cogumelos *shitake*, usados na alimentação.
altura: até 8 cm

OTTFRIED SCHREITER/ALAMY/GLOW IMAGES

Cogumelo venenoso.
diâmetro do chapéu: até: 4 cm

5 Os cogumelos e as orelhas-de-pau

Os cogumelos são exemplos bastante conhecidos de fungos.

Apesar de diferentes no aspecto, todos os tipos de cogumelos são constituídos por filamentos, chamados **hifas**. Um aglomerado de hifas é denominado **micélio**. Um emaranhado de maior número de hifas também forma toda a estrutura do cogumelo que se desenvolve para fora da superfície na qual ele está estabelecido.

Como no caso dos bolores, a reprodução de cogumelos também pode acontecer por meio de **esporos**, pequenas estruturas produzidas na parte de baixo do "chapéu". Uma vez liberados, os esporos são espalhados pelas correntes de ar. Ao atingirem um local adequado, com alimento, umidade e temperatura apropriados, eles se desenvolvem e originam um novo cogumelo.

Assim como os cogumelos, as orelhas-de-pau são um emaranhado de hifas. Elas receberam o nome "orelha-de-pau" porque costumam crescer sobre troncos de árvores, vivas ou mortas, e têm o aspecto de orelhas grudadas à madeira.

Objeto educacional digital
Características dos fungos

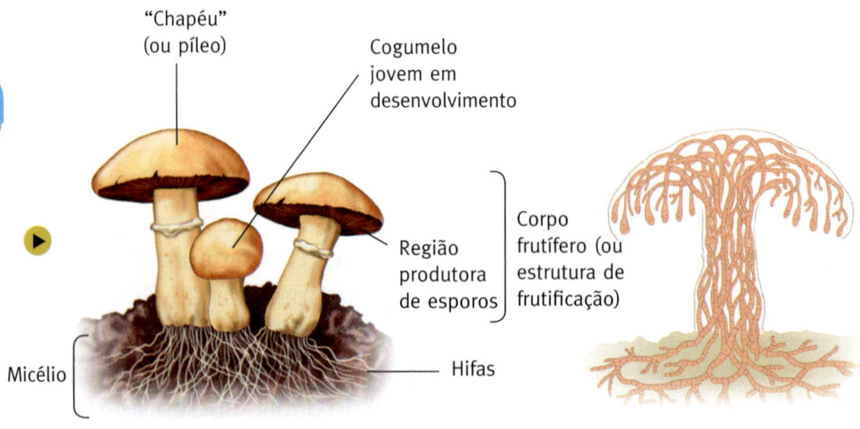

As hifas formam não só o micélio, mas também todo o fungo, incluindo o "chapéu" sob o qual são produzidos os esporos. (Representação esquemática fora de proporção. Cores fantasiosas.)

ILUSTRAÇÕES: PAULO CÉSAR PEREIRA

Em destaque

Os fungos, o ambiente e o ser humano

Os fungos são organismos muito importantes para o ambiente. Atuando como **decompositores** da matéria presente em organismos mortos, eles liberam no solo muitos nutrientes, que são aproveitados pelas plantas.

Para o ser humano, alguns fungos oferecem vantagens e outros se mostram como problemas. Os fungos podem ser aproveitados na produção de pães e álcool. Até medicamentos podem ser produzidos por alguns deles, como é o caso da *penicilina*, produzida pelo bolor *Penicillium notatum*.

Alguns fungos estão presentes na alimentação humana. O exemplo mais conhecido é o champinhom. Certos queijos, como o *camembert*, o *roquefort* e o gorgonzola, são produzidos com o auxílio de fungos, que dão a eles sabor característico e não liberam substâncias tóxicas.

A maioria das espécies de cogumelos é venenosa e, por esse motivo, você **NUNCA** deve colocar na boca um cogumelo que encontrar crescendo por aí. Há casos em que um único cogumelo ingerido pode causar a morte.

Nem todos os fungos obtêm alimento de animais e plantas mortos. Alguns conseguem alimento de organismos **vivos**. Entre eles, estão alguns que podem provocar doenças em plantas e animais.

A ferrugem é uma doença das plantas que ataca as folhas e é causada por fungos que nelas buscam alimento.

Fungos também são os causadores das doenças de pele chamadas **micoses**. Uma das mais comuns, o pé de atleta, pode atacar os espaços entre os dedos dos pés.

A-Z ATIVIDADE

Amplie o vocabulário!

Hora de debater o significado de cada conceito, redigi-lo com nossas palavras e incluí-lo no nosso blog.

- hifa
- micose

ATIVIDADE

Para discussão em grupo

O que aconteceria com a humanidade se os fungos deixassem de existir?

THOMAS TRUTSCHEL/PHOTOTHEK/GETTY IMAGES

O chapéu-de-sapo (*Amanita muscaria*) é um dos muitos cogumelos venenosos.
altura: 15 cm

FABIO COLOMBINI

Os champinhons são cogumelos comestíveis.
altura: até 6 cm

FERNANDO FAVORETTO

NIGEL CATTLIN/ALAMY/GLOW IMAGES

Folha de pé de café atacada pela ferrugem.
comprimento da folha: até 20 cm

6 Liquens

Um **líquen** é formado pela associação de um fungo com uma alga ou outro ser unicelular fotossintetizante como uma cianobactéria.

Na figura esquemática a seguir, você pode notar que as células do ser unicelular fotossintetizante (no caso do esquema é uma alga) permanecem distribuídas entre as hifas do fungo. As algas fazem fotossíntese, e parte do açúcar produzido é usada pelo fungo para sua alimentação. Já os fungos fornecem proteção às algas entre suas hifas, e absorvem água e sais minerais, que as algas podem também usar.

A **associação** que existe entre o fungo e a alga (ou a cianobactéria) em um líquen é denominada **mutualismo**: uma associação entre organismos de espécies diferentes na qual há benefícios para ambos e, frequentemente, dependência mútua.

Esquema da estrutura de um líquen

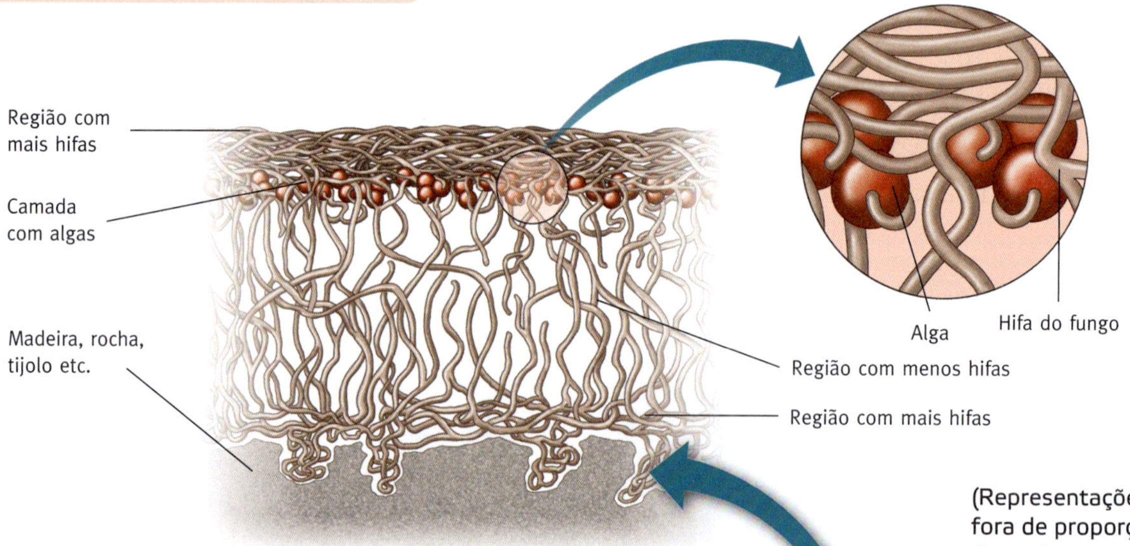

ILUSTRAÇÕES: PAULO CÉSAR PEREIRA

(Representações fora de proporção. Cores fantasiosas.)

WILLIAM H. MULLINS/SCIENCE SOURCE/LATINSTOCK

Liquens de diferentes tipos sobre rocha, fotografados a cerca de 40 cm de distância.

GUSTOIMAGES/SCIENCE PHOTO LIBRARY/LATINSTOCK

Liquens sobre tronco de árvore, fotografados a cerca de 30 cm de distância.

FABIO COLOMBINI

Líquen sobre tronco, fotografado a cerca de 15 cm de distância.

ORGANIZAÇÃO DE IDEIAS

MAPA CONCEITUAL

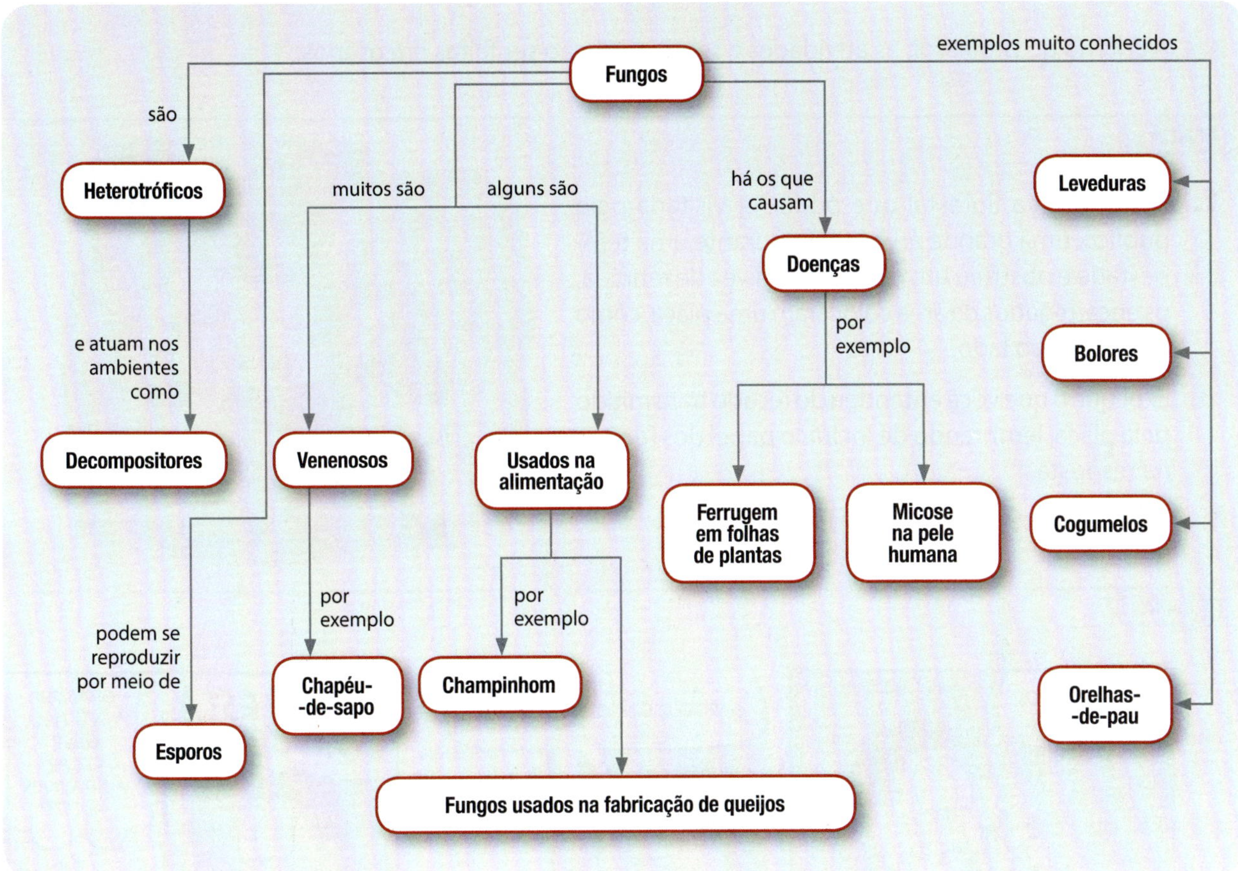

ATIVIDADE

USE O QUE APRENDEU

1. De modo geral, qual é a importância dos fungos na natureza?

2. Por que se usa fermento biológico na produção do pão?

3. Além da produção do pão, para que outra finalidade o ser humano utiliza o fermento biológico?

4. Além do pão, dê outros exemplos de produtos alimentícios que sejam produzidos com auxílio de fungos.

5. Todos os fungos podem ser ingeridos com segurança?

6. Os cogumelos tipo champinhom e o bolor que cresce sobre o pão são fungos. Cite duas semelhanças e duas diferenças entre eles.

7. Uma pessoa comeu cogumelos comprados no supermercado, passou mal e teve de ser hospitalizada. Depois de tomar os devidos cuidados para com a saúde dessa pessoa, você acha que a família dela deve tomar alguma providência com relação ao que aconteceu? Qual? Por quê? Explique.

8. O que são **aflatoxinas**?

Cite alimentos em que elas podem estar presentes caso não haja rigor na produção e armazenagem.

9. Um **líquen** não é um único organismo, mas organismos de duas espécies vivendo em associação.

a) Que organismos formam um líquen?

b) Qual é a vantagem para cada um deles?

c) Algum deles se prejudica com essa associação?

d) Como se chama esse tipo de associação entre dois seres vivos?

ATIVIDADE

EXPLORE DIFERENTES LINGUAGENS

A critério do professor, as atividades a seguir poderão ser feitas em grupos.

PLACA

1. Em uma área florestal que pode ser visitada pelo público, uma grande árvore caiu durante uma tempestade e obstruiu um caminho. Em vez de retirá-la, os encarregados da área colocaram uma placa, como a ilustrada ao lado.

Explique o que você entendeu do recado transmitido pela placa, lembrando de incluir o papel dos fungos na resposta.

AMANDA DUARTE

TIRINHA

GARFIELD, JIM DAVIS © 2000 PAWS, INC. ALL RIGHTS RESERVED/DIST. BY ANDREWS MCMEEL SYNDICATION

2. a) O dono avisa ao seu gato o que ele tem. Dê um exemplo de problema no animal que possa ser causado por fungos.

b) A **ficção** da tirinha dá ao gato características humanas. **Nesse contexto**, por que o personagem reclama de seu dono ter falado alto?

RESULTADO DE EXPERIMENTO

3. Bolores podem se estabelecer sobre caldo de carne da mesma maneira que o fazem sobre pães e frutas. Em um experimento, caldo de carne foi obtido fervendo carne em água.
O líquido quente foi colocado em quatro frascos de vidro totalmente limpos:
O **frasco 1** foi tampado imediatamente.
O **frasco 2** foi tampado só depois que o líquido esfriou.
O **frasco 3** foi coberto, depois de frio, com uma tela de pano.
O **frasco 4** foi deixado destampado e descoberto.

a) Todos foram deixados no mesmo local. Em qual deles se espera a formação de maior quantidade de bolor nos dias seguintes?

b) Justifique sua resposta, deixando claro o que vem a ser o bolor e de onde ele veio.

TEXTO

As atividades 4 a 9 referem-se ao seguinte texto.

Micorrizas

"Micorrizas (do grego *myketos*, fungo, e *rhiza*, raiz) são associações das hifas de certos fungos com raízes de plantas. Graças ao fungo, a planta consegue absorver melhor minerais escassos no solo; por sua vez, o fungo também se beneficia da associação, obtendo da planta açúcares [...] e outras substâncias orgânicas das quais se nutre.

As micorrizas são importantes para plantas que vivem em solos pobres em nutrientes; os fungos das raízes aumentam a capacidade de absorção de nutrientes como fosfatos, nitratos, cobre, zinco e magnésio, entre outros. Sementes de orquídeas, por exemplo, necessitam da presença de fungos para germinar."

Fonte: J. M. Amabis e G. R. Martho. *Biologia em contexto*. São Paulo: Moderna. v. 3, p. 65.

4. Segundo o texto, o que são **micorrizas**?

5. Segundo o texto, qual é a vantagem na formação de micorrizas?

6. As micorrizas são um exemplo de **mutualismo**. Explique esse conceito.

7. Dê outro exemplo de associação entre um fungo e outros seres vivos que, além das micorrizas, se encaixe na definição de mutualismo.

8. Considere os seguintes fungos:

a) Fungos que crescem sobre animais mortos.

b) Fungos que crescem sobre fezes de animais.

c) Mofo de pão.

d) Bolor de frutas.

e) Orelhas-de-pau que crescem sobre troncos de árvores.

f) Fungo que causa a micose entre os dedos dos pés.

g) Fungos que vivem em associação com raízes (as micorrizas).

Em cada um dos casos mencionados, escreva em seu caderno qual é o alimento usado pelo fungo.

9. Em quais dos sete casos mencionados na atividade anterior o fungo prejudica o ser vivo do qual obtém alimento?

ATIVIDADE

Reflita sobre suas atitudes

A micose encontra condições bastante favoráveis para atacar os pés humanos quando eles não são bem lavados com sabão ou sabonete durante o banho diário e, a seguir, bem secos.

Como anda a higiene de seus pés?

A-Z

ATIVIDADE

Amplie o vocabulário!

Hora de debater o significado de cada conceito, redigi-lo com nossas palavras e incluí-lo no nosso blog.

- micorriza
- mutualismo

Seu aprendizado não termina aqui

Os seres vivos são classificados em categorias.

Por que isso é mais útil do que simplesmente dar um nome (ou um número) a cada ser vivo?

Preste atenção à presença da classificação na sua vida diária. Faça uma lista das situações em que você encontra coisas agrupadas em categorias.

Qual é a utilidade da classificação nos casos que aparecem na sua lista?

CAPÍTULO 7

ANIMAIS INVERTEBRADOS: PRINCIPAIS GRUPOS

FABIO COLOMBINI

De cada 100 espécies animais conhecidas, mais de 95 são de **invertebrados**. Entre essas, mais de 80 são do grupo dos **artrópodes** e, delas, a maioria pertence ao subgrupo dos **insetos**. Mais de um terço das espécies conhecidas de insetos são de besouros.
(Na foto, besouro de comprimento 18 mm, Parque Nacional da Chapada Diamantina, BA.)

MOTIVAÇÃO

Em destaque

Invertebrados são muito diversos

"[...] Se houver 10 milhões de espécies animais (uma estimativa muito conservadora), e se cerca de 1,5 milhão de espécies já foram descritas, isso significa que cerca de 15% das espécies são conhecidas. Se, no entanto, o número de espécies for 30 milhões (uma estimativa também legítima), apenas 5% são conhecidos.

Além do mais, o grau de conhecimento que temos sobre os diferentes grupos é muito desigual. [...] O número de novas espécies de ave descobertas nos últimos dez anos é menos de 1% do total. Em outras palavras, pelo menos 99% das espécies de ave já foram descobertas e descritas. Por outro lado, em muitos grupos de insetos, aracnídeos e invertebrados inferiores o número de espécies conhecidas pode ser menor que 10% do de espécies existentes. [...]."

Fonte: E. Mayr. *Isto é Biologia: a ciência do mundo vivo.* São Paulo: Companhia das Letras. p. 392-393.

Em destaque

Há mais espécies de insetos que dos demais animais

"Atualmente, os insetos constituem o grupo dominante de animais na Terra. De longe, seu número supera o de todos os outros animais terrestres e estão presentes em praticamente todos os locais. Várias centenas de milhares de diferentes tipos foram descritos — o triplo da quantidade que existe no resto do reino animal [...]. Mais de mil tipos podem habitar um quintal de tamanho razoável e suas populações frequentemente totalizam muitos milhões por acre [cerca de 4.047 metros quadrados]."

Fonte: C. A. Triplehorn e N. F. Jonnson. *Estudo dos insetos.* São Paulo: Cengage. p. 1.

Os animais **invertebrados** são aqueles que **não** têm um esqueleto interno ao corpo contendo coluna vertebral e crânio. (Conheceremos essas estruturas – coluna vertebral e crânio – ao estudar, na unidade C, os animais vertebrados.) Há muitos tipos de invertebrados, desde organismos que vivem em ambiente exclusivamente aquático e permanecem fixos no fundo do mar até as mais variadas formas de insetos que habitam o planeta. Neste capítulo, estudaremos os principais grupos de invertebrados.

ATIVIDADE

Certifique-se de ter lido direito

Qual é a ideia principal de cada texto apresentado? Você consegue sintetizá-las em um parágrafo?

DESENVOLVIMENTO DO TEMA

1 Poríferos

O grupo dos **poríferos** reúne as esponjas, animais aquáticos, na sua maioria de ambientes marinhos.

O corpo das esponjas apresenta muitos poros e canais. Dentro dos canais encontramos células que apresentam flagelo, uma estrutura semelhante a um chicote. O movimento incessante dos flagelos faz a água dos arredores penetrar nos poros da esponja e sair por uma abertura maior que existe na parte superior do seu corpo.

> **Saiba de onde vêm as palavras**
>
> A palavra "porífero" vem do grego *póros*, poro, e do latim *féró*, o que possui, o portador. Significa animais que apresentam poros.

As partículas de alimento presentes nessa água que passa por dentro do organismo do animal são retidas por ele, que, dessa maneira, atua como um filtro. Por dentro de uma pequena esponja, com um palmo de altura, circulam vários litros de água por dia.

São conhecidas cerca de 8 mil espécies diferentes de esponjas. Algumas delas foram usadas como esponjas para banho e limpeza. Para tais usos elas foram substituídas, já há muitos anos, pelas esponjas artificiais (ou espumas sintéticas), produzidas pelas indústrias químicas a partir do petróleo.

Exemplos de esponjas

ANDREW J. MARTINEZ/SCIENCE SOURCE/LATINSTOCK

Esponja-barril. (Ilhas Cayman.)
diâmetro: 60 cm

J. W. ALKER/ALAMY/GLOW IMAGES

Esponja-tubular. (Filipinas.)
comprimento: 50 cm

Noção da anatomia de uma esponja

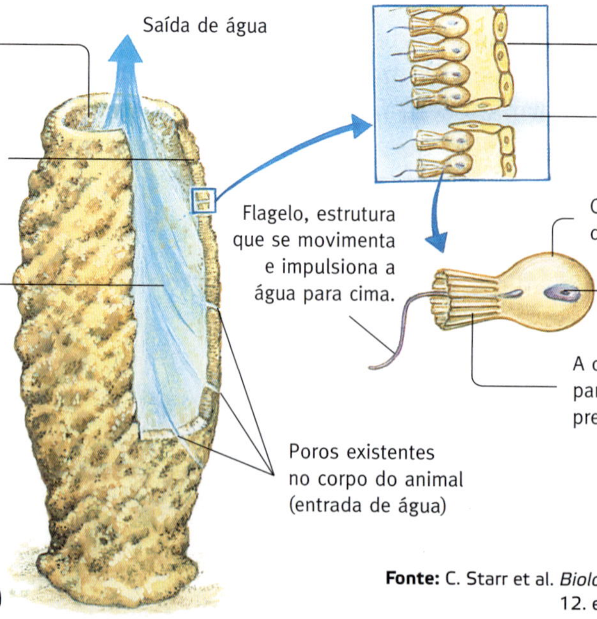

(Representações fora de proporção. Cores fantasiosas.)

Fonte: C. Starr et al. *Biology: the unity and diversity of life.* 12. ed. Belmont: Brooks/Cole. p. 409.

ILUSTRAÇÕES: CECÍLIA IWASHITA

2 Cnidários

Cnidários também são animais de ambiente aquático, principalmente marinho. São dotados de tentáculos que contêm estruturas com um líquido tóxico, utilizados para imobilizar suas presas, que são larvas, peixes e outros animais marinhos.

São conhecidas cerca de 11 mil espécies de cnidários. Alguns permanecem fixos no fundo dos oceanos, como os corais; outros, como as anêmonas-do-mar, podem movimentar-se, embora não o façam frequentemente. Cnidários como as anêmonas-do-mar e os corais são denominados **sésseis**. Há, ainda, os que flutuam na água, como a caravela-portuguesa, e os que conseguem se movimentar impulsionados por jatos de água que eles lançam, como a água-viva.

!

Saiba de onde vêm as palavras

- "Cnidário" vem do grego *knide*, urtiga. Seus tentáculos têm pequenas estruturas com toxina paralisante que penetra na pele de animais que servem de alimento, paralisando a presa.
- "Sésseis" vem do latim *sessilis*, fixados.

Exemplos de cnidários

DOUG SOKELL/VISUALS UNLIMITED, INC./GLOW IMAGES

Anêmona-do-mar. (Oregon, EUA.)
largura: 20 cm

SCOTT CAMAZINE/ SCIENCE SOURCE/LATINSTOCK

Água-viva. (Aquário de New Orleans, EUA.)
diâmetro do corpo: 30 cm

STEPHEN FRINK/CORBIS DOCUMENTARY/GETTY IMAGES

Caravela-portuguesa. Os filamentos podem se estender por alguns metros. (Flórida, EUA.)
comprimento do flutuador: até 30 cm

Noção da anatomia de uma anêmona

ILUSTRAÇÕES: CECÍLIA IWASHITA

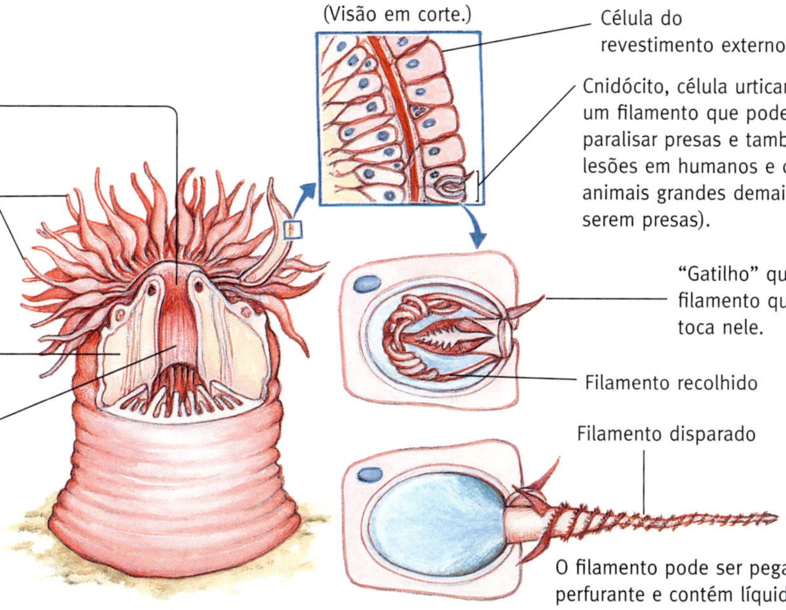

(Representações fora de proporção. Cores fantasiosas.)

Fonte: S. A. Miller e J. B. Harley. *Zoology*. 4. ed. Boston: McGraw-Hill. p. 269, 276.

3 Platelmintos

A palavra "verme" é usada de modo popular para indicar animais que têm o corpo mole, fino, comprido e sem pernas. Há alguns vermes de corpo achatado, outros de corpo cilíndrico e outros que têm o corpo segmentado, ou seja, formado por segmentos (pedacinhos) facilmente perceptíveis.

Os vermes de corpo achatado são chamados pelos cientistas de **platelmintos**. Nesse grupo estão a tênia, que parasita o intestino humano e provoca a teníase, e o esquistossomo, que também é parasita humano e causa a esquistossomose. Mas nem todos os platelmintos são parasitas. A planária, por exemplo, é de vida livre. Os cientistas conhecem cerca de 15 mil espécies de platelmintos.

! **Saiba de onde vêm as palavras**

O nome "platelminto" vem do grego *platýs*, achatado, e *hélmins*, verme.

Exemplos de platelmintos

FABIO COLOMBINI

Planária.
comprimento: 6 cm

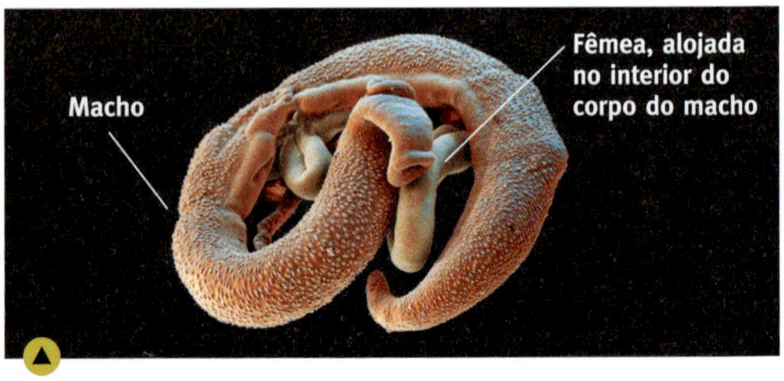

EYE OF SCIENCE/SCIENCE PHOTO LIBRARY/LATINSTOCK

Esquistossomos (macho e fêmea), vistos ao microscópio eletrônico, com colorido artificial.
comprimento do macho: 1 cm; comprimento da fêmea: 1,5 cm

Noção da anatomia de uma planária

comprimento: 4 cm

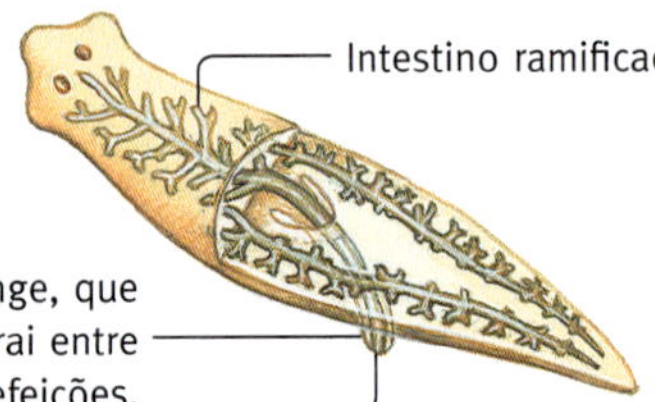

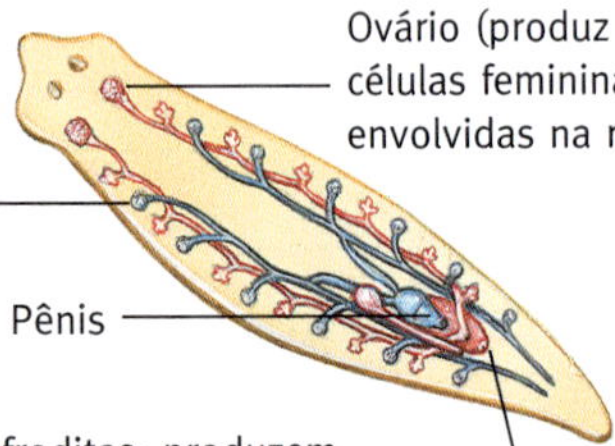

(As planárias são hermafroditas; produzem espermatozoides e óvulos.)

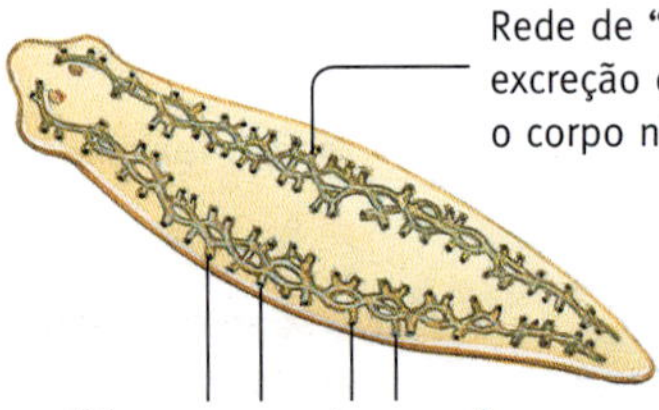

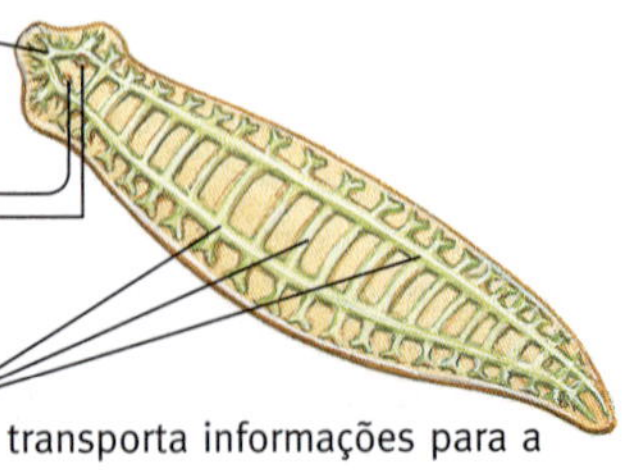

(Representações fora de proporção. Cores fantasiosas.)

Fonte: S. S. Mader. *Biology*. 10. ed. Nova York: McGraw-Hill. p. 520.

ILUSTRAÇÕES: CECÍLIA IWASHITA

4 Nematódeos

Os vermes de corpo cilíndrico, ou **nematódeos**, podem ser de vida livre ou parasitas. Numa única colher de terra de jardim podem ser encontrados mais de 10 mil desses organismos, que se alimentam de matéria orgânica presente no solo. Como exemplos de parasitas desse tipo temos o bicho-geográfico, a lombriga e o ancilóstomo, causador do amarelão. Já foram descobertas aproximadamente 20 mil espécies de nematódeos.

> **!**
> **Saiba de onde vêm as palavras**
>
> A palavra "nematódeo" deriva do grego *nêma*, que quer dizer fio.

Exemplos de nematódeos

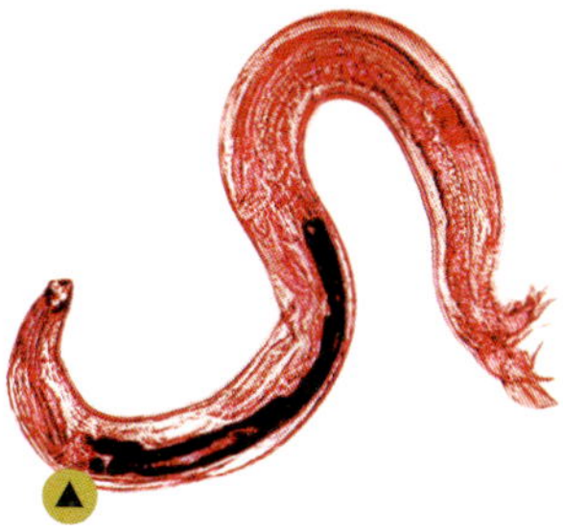

CATH WADFORTH/SCIENCE PHOTO LIBRARY/LATINSTOCK

Ancilóstomo visto ao microscópio de luz.
comprimento: 1 cm

CNRI/SCIENCE PHOTO LIBRARY/LATINSTOCK

Lombriga (fêmea).
comprimento: 16 cm

NIGEL CATTLIN/ALAMY/GLOW IMAGES

Nematódeo sobre madeira em decomposição.
comprimento: 2 mm

Noção da anatomia de uma lombriga (macho)

CECÍLIA IWASHITA

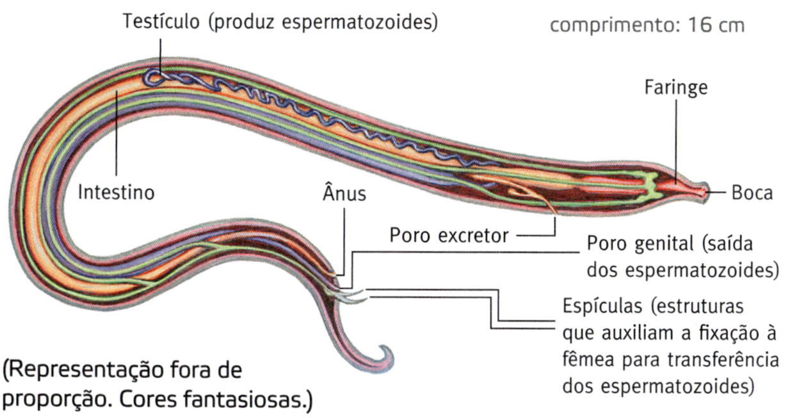

(Representação fora de proporção. Cores fantasiosas.)

Fonte: P. H. Raven et al. *Biology*. 9. ed. Nova York: McGraw-Hill. p. 662.

5 Anelídeos

A minhoca é um exemplo de verme segmentado. Ao observar uma delas, é fácil perceber que anéis se repetem em todo o corpo. Cada um desses anéis recebe o nome de segmento e, por isso, a minhoca é chamada de verme segmentado, ou **anelídeo**. Outro exemplo desse tipo de verme é a sanguessuga, que vive em ambiente aquático e obtém alimento sugando sangue de animais, geralmente vertebrados, por meio da pele. Já são conhecidas cerca de 15 mil espécies de anelídeos.

> **!**
> **Saiba de onde vêm as palavras**
>
> "Anelídeo" vem do latim *annellus*, que significa anel, numa alusão aos segmentos anelares que podem ser vistos nesse tipo de animal.

Exemplos de anelídeos

FABIO COLOMBINI

Minhoca, anelídeo comum em todo o Brasil.
comprimento: 12 cm

FABIO COLOMBINI

Minhocoçu.
comprimento: até 60 cm

MARTIN DOHRN/SCIENCE PHOTO LIBRARY/LATINSTOCK

Outro exemplo de anelídeo é a sanguessuga, que se alimenta de sangue.
comprimento: 6 cm

JOSE B. RUIZ/NATURE PICTURE LIBRARY/ISUZU IMAGENS

Poliqueta marinho tubícola. Quando esse anelídeo se sente ameaçado, recolhe o penacho para dentro do tubo. O penacho desempenha funções relacionadas à obtenção de alimento.
comprimento do tubo: 10 cm

Noção da anatomia de uma minhoca

Minhocas são hermafroditas: produzem espermatozoides e óvulos.

Quando duas minhocas acasalam, cada uma transfere seus espermatozoides para a outra. O clitelo libera muco (líquido "grudento"), que as mantém unidas durante a transferência. Depois da separação, o clitelo produzirá um casulo de muco no qual serão depositados os óvulos da minhoca e os espermatozoides que ela recebe da outra. O encontro de espermatozoides e óvulos ocorrerá no casulo.

(Representação fora de proporção. Cores fantasiosas.)

comprimento: 12 cm

CECÍLIA IWASHITA

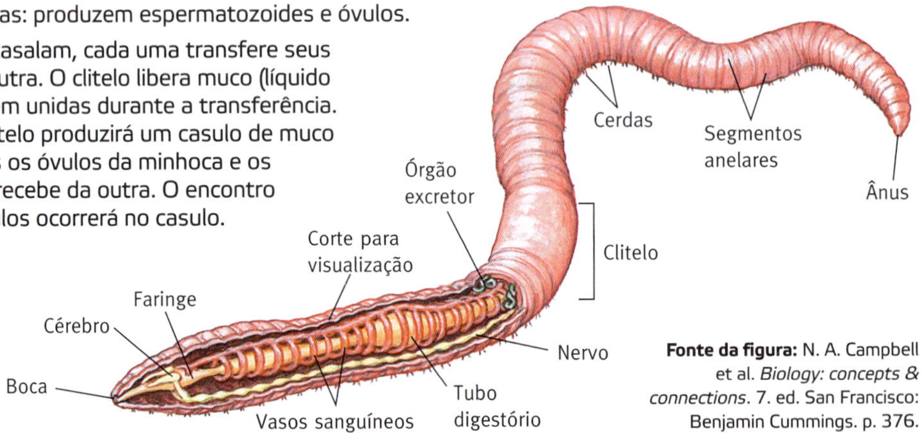

Fonte da figura: N. A. Campbell et al. *Biology: concepts & connections*. 7. ed. San Francisco: Benjamin Cummings. p. 376.

A-Z

ATIVIDADE

Amplie o vocabulário!

Hora de debater o significado de cada conceito, redigi-lo com nossas palavras e incluí-lo no nosso blog.

- poríferos
- cnidários
- vermes
- platelmintos
- nematódeos
- anelídeos

6 Moluscos

Polvos, lulas, lesmas, caramujos, ostras e mariscos são animais que têm o corpo mole e, por isso, são conhecidos como **moluscos**. Alguns deles apresentam uma concha externa protetora, como caramujos, ostras e mariscos. Outros, como as lesmas e os polvos, não apresentam tal proteção. Já as lulas possuem uma concha interna.

Os moluscos não possuem esqueleto rígido que dê sustentação a seus corpos e se locomovem graças a movimentos musculares. São conhecidas cerca de 110 mil espécies. A maioria delas vive no mar; porém há espécies que são terrestres, e outras, de água doce.

Exemplos de moluscos

FABIO COLOMBINI

Caracol-de-jardim. (São Paulo, SP.)
comprimento: 3 cm

FABIO COLOMBINI

Mexilhões. (Cananeia, SP).
comprimento: 6 cm

FRED BAVENDAM/MINDEN PICTURES/FOTOARENA

Lesma-do-mar. (Indonésia.)
comprimento: 10 cm

WOLFGANG POLZER/ALAMY/GLOW IMAGES

Lula.
comprimento: 25 cm

HAL BERAL/CORBIS DOCUMENTARY/GETTY IMAGES

Polvo-do-coco. (Indonésia.)
comprimento do corpo e tentáculos: 23 cm

!

Saiba de onde vêm as palavras

A palavra "molusco" deriva do latim *mollis*, mole. Os moluscos se deslocam por meio de movimentos musculares, o que facilmente podemos observar numa lesma se locomovendo. Alguns moluscos estão presentes na dieta humana, como os mexilhões, mais frequentes na dieta de populações costeiras, as lulas, bastante comuns na culinária chinesa, e os *escargots*, apreciados na culinária francesa.

Noção da anatomia de um caracol

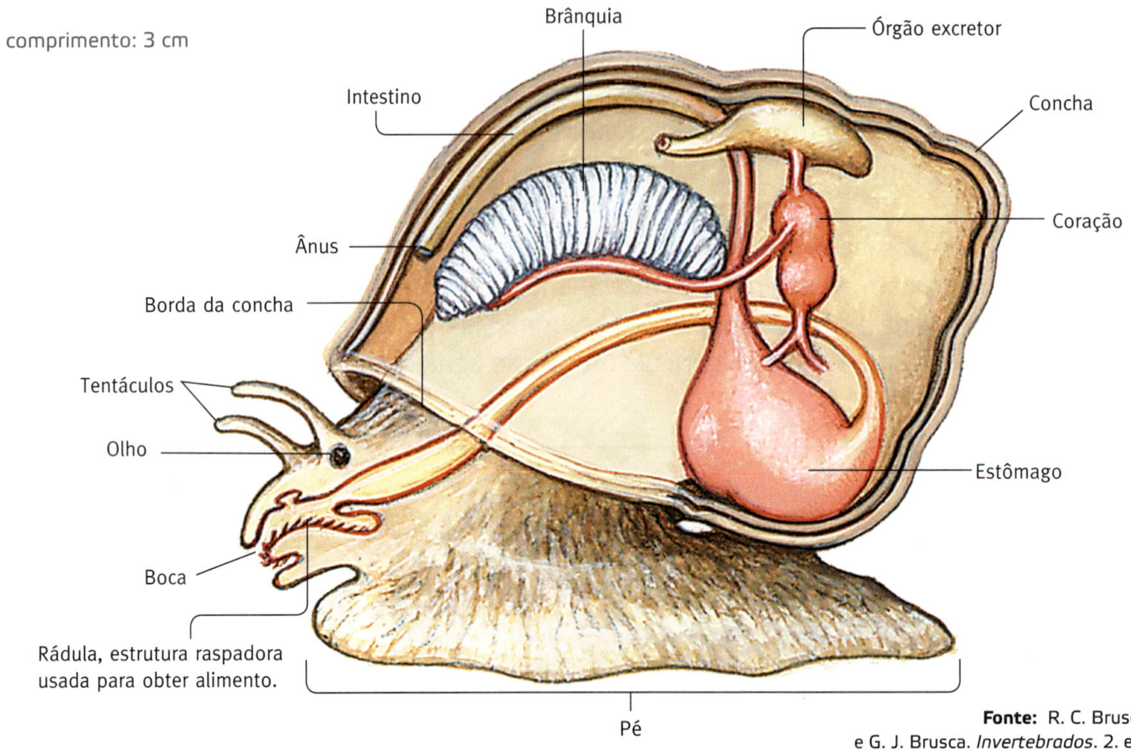

(Representação fora de proporção. Cores fantasiosas. Visão em corte.)

Fonte: R. C. Brusca e G. J. Brusca. *Invertebrados*. 2. ed. Rio de Janeiro: Guanabara Koogan. p. 740, 749.

Saiba de onde vêm as palavras

O termo "artrópode" vem do grego *árthron*, articulação, e *pódos*, pés ou pernas. O exoesqueleto dos artrópodes é rígido, feito de uma substância chamada quitina, e tem articulações nas pernas que lhes permitem andar.

"Ecdise" vem do grego *ékdusis*, despir-se, tirar a roupa.

7 Artrópodes

Camarões, caranguejos, moscas, baratas, gafanhotos, escorpiões e aranhas são animais que possuem um **exoesqueleto**, feito de uma substância chamada **quitina**, com articulações nas pernas. Ao mesmo tempo que esse esqueleto serve para proteção e sustentação, as articulações permitem que as pernas executem movimentos como o de andar.

Esses animais são **artrópodes**. Trata-se do grupo animal com o maior número de espécies conhecidas. São mais de um milhão até o momento. O exoesqueleto é rígido e, por isso, não permite o crescimento do animal. Para crescer, os artrópodes trocam o exoesqueleto de tempos em tempos. Essa troca, que pode ocorrer várias vezes durante a vida, é chamada de **ecdise** ou **muda**.

Na época da ecdise, o novo exoesqueleto já está se formando abaixo do antigo, mas ainda é flexível. O antigo esqueleto se rompe, o animal sai de dentro dele e cresce durante certo período de tempo (que pode ser de horas ou dias, dependendo da espécie) até que o novo exoesqueleto fique rígido.

Os artrópodes mais conhecidos são os crustáceos, os aracnídeos e os insetos.

Cigarra, um artrópode, deixando o antigo exoesqueleto (à esquerda) durante a ecdise.
envergadura: 10 cm

- Os **crustáceos** têm antenas e possuem um número variável de pernas locomotoras. Têm vida livre, sendo a maioria aquática. Camarões, lagostas, lagostins, caranguejos e siris são exemplos de crustáceos. Um dos poucos exemplos de crustáceos terrestres é o tatuzinho-de-jardim.

Exemplos de crustáceos

FLIP NICKLIN/MINDEN PICTURES/FOTOARENA

Krill antártico.
comprimento: até 6 cm

HAL BERAL/CORBIS DOCUMENTARY/GETTY IMAGES

Lagosta.
comprimento: 30 cm

BLICKWINKEL/ALAMY/GLOW IMAGES

Tatuzinho-de-jardim.
comprimento: 1,5 cm

Noção da anatomia de um lagostim (macho)

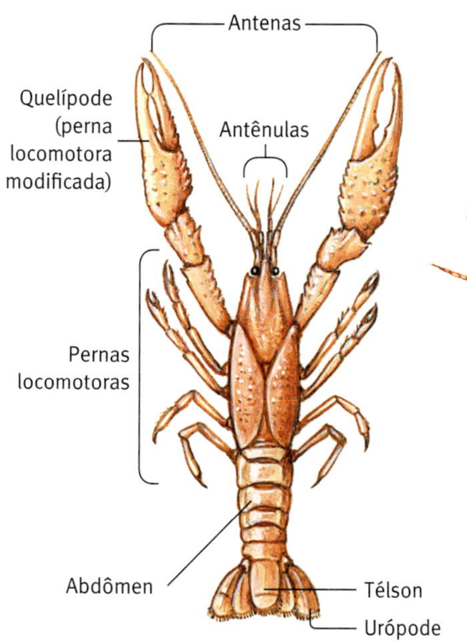

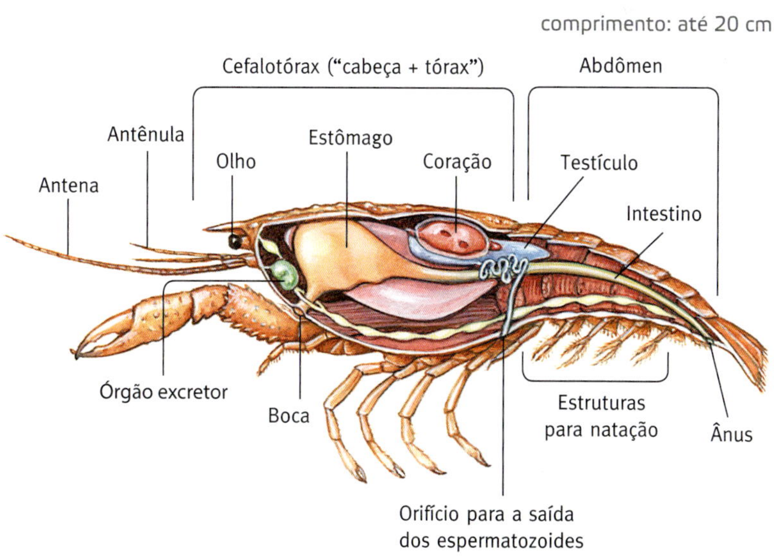

ILUSTRAÇÕES: CECÍLIA IWASHITA

(Representações fora de proporção. Cores fantasiosas. Imagem da direita em corte.)

Fonte: C. P. Hickman Jr. et al. *Integrated principles of Zoology*. 14. ed. Nova York: McGraw-Hill. p. 423, 426.

- Os **aracnídeos** não têm antenas e apresentam quatro pares de pernas locomotoras e um par de quelíceras. A maioria vive em ambientes terrestres. Exemplos desse tipo de artrópode são os carrapatos, as aranhas, os escorpiões e os ácaros.

Exemplos de aracnídeos

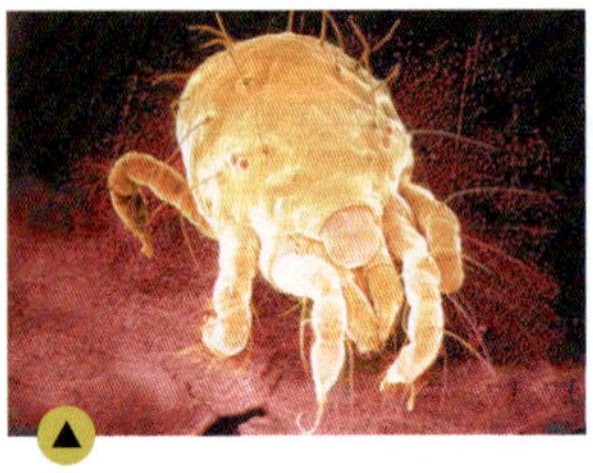
RALPH C EAGLE JR./SCIENCE SOURCE/LATINSTOCK

Ácaro da poeira doméstica (ao microscópio eletrônico, com colorido artificial).
comprimento: 0,25 mm

FABIO COLOMBINI

Escorpião.
comprimento: 7 cm

FABIO COLOMBINI

Aranha-caranguejeira. (Poços de Caldas, MG.)
comprimento: 15 cm

BLICKWINKEL/ALAMY/GLOW IMAGES

Argyroneta aquatica, aranha que vive permanentemente na água.
comprimento: 15 mm

FABIO COLOMBINI

Opilião. (Itatiaia, RJ.)
comprimento: 7 cm

Noção da anatomia de uma aranha-caranguejeira (fêmea)

comprimento: 15 cm

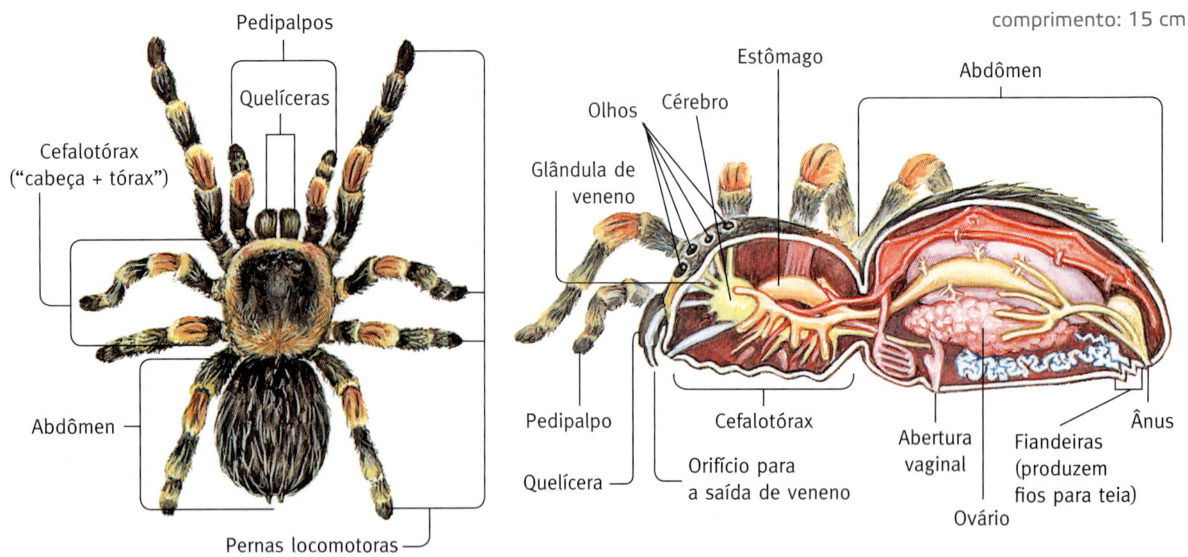

ILUSTRAÇÕES: CECÍLIA IWASHITA

(Representações fora de proporção. Cores fantasiosas. Imagem da direita em corte.)

Fonte: E. Ruppert et al. *Zoologia dos invertebrados*. 7. ed. São Paulo: Roca. p. 665, 666.

- Os **insetos** têm um par de antenas e três pares de pernas locomotoras. Além das antenas e pernas, podem ter um ou dois pares de asas. Há, também, insetos sem asas. Os insetos que têm asas são os únicos animais invertebrados capazes de voar.
  O grupo dos insetos inclui, entre outros, mariposas, borboletas, baratas, grilos, gafanhotos, louva-a-deus, abelhas, vespas, formigas, cupins, pulgas, piolhos, besouros, joaninhas (tipos de besouro), pulgões, libélulas, cigarras, moscas, mosquitos, pernilongos, traças, tesourinhas, percevejos, bichos-pau e bichos-folha.

ATIVIDADE

Tema para pesquisa

O comportamento social das formigas, das abelhas e dos cupins: uma adaptação.

Exemplos de insetos

FABIO COLOMBINI

Formiga-tocandira. (Pantanal, MS.)
comprimento: 2,2 cm

CISCA CASTELINS/FOTO NATURA/MINDEN PICTURES/FOTOARENA

Libélula. (Provença, França.)
comprimento: 7 cm

DAVID AUBREY/SCIENCE PHOTO LIBRARY/LATINSTOCK

Gafanhoto.
comprimento: 6 cm

MARK SMITH/SCIENCE SOURCE/LATINSTOCK

Traça.
comprimento: 1 cm

FABIO COLOMBINI

Percevejo.
comprimento: 1,5 cm

FABIO COLOMBINI

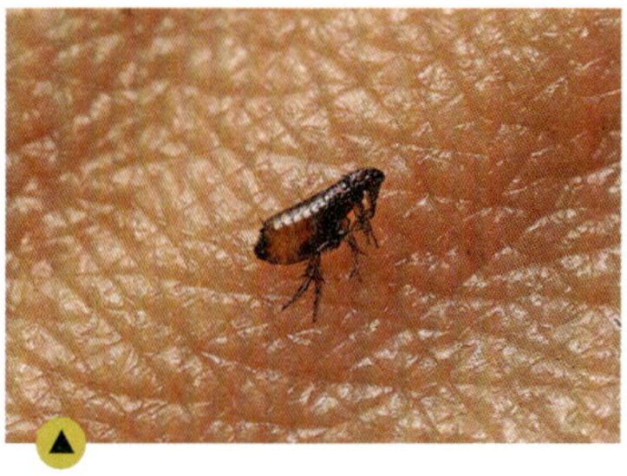

Pulga.
comprimento: 2 mm

MARK MOFFETT/MINDEN PICTURES/FOTOARENA

Besouro.
comprimento: 2 cm

PETER REIJNERS/SHUTTERSTOCK

Louva-a-deus.
comprimento: 7 cm

STEPHEN DALTON/MINDEN PICTURES/FOTOARENA

Tesourinha.
comprimento: 2,5 cm

STEVEN RUSSELL SMITH PHOTOS/SHUTTERSTOCK

Mariposa.
envergadura: 10 cm

Noção da anatomia de um gafanhoto (fêmea)

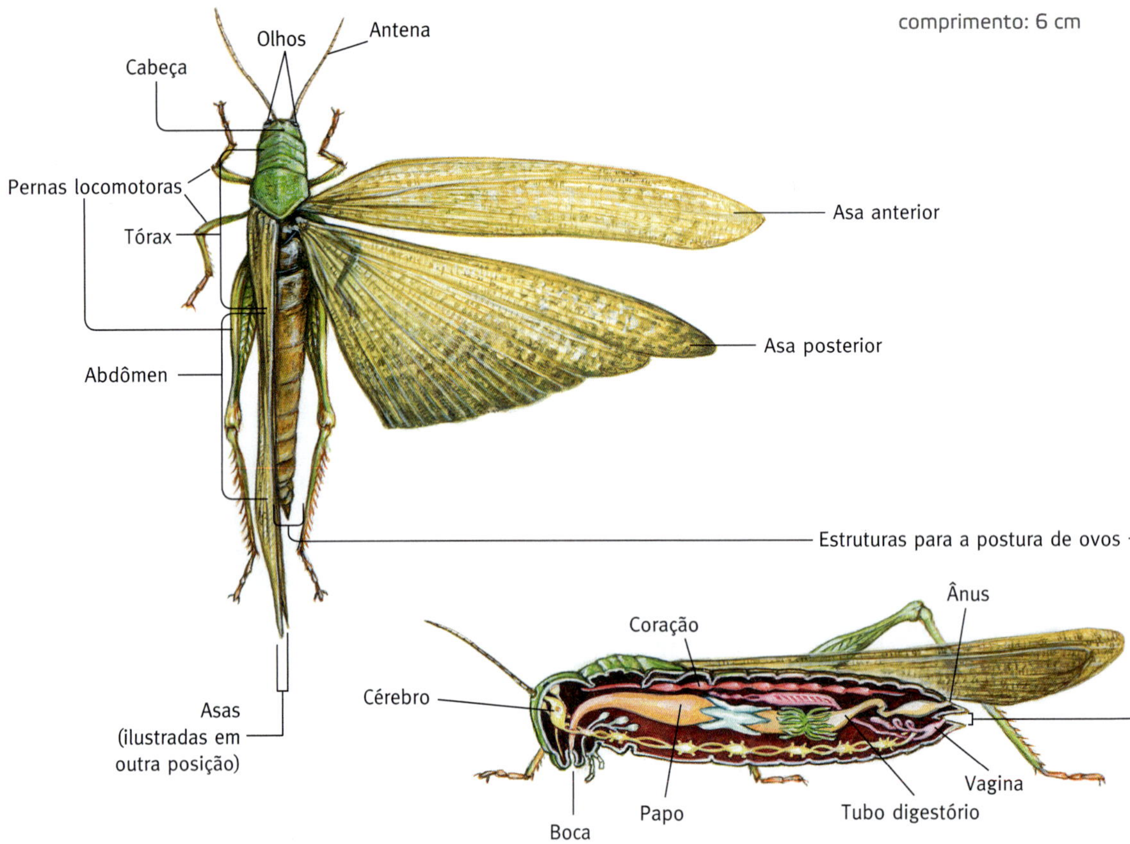

(Representações fora de proporção. Cores fantasiosas. Imagem da direita em corte.)

Fontes: T. I. Storer et al. *Zoologia geral*. 6. ed. São Paulo: Companhia Editora Nacional. p. 506, 508, 509; L. Mound. *Insetos*. Rio de Janeiro: Globo. p. 19.

A reprodução dos insetos envolve fecundação interna. As fêmeas da maioria das espécies põem ovos. Em algumas, porém, elas retêm os ovos no corpo até o nascimento.

Durante a vida de um inseto, dependendo da espécie à qual ele pertence, pode acontecer **metamorfose** ou não. A maioria das espécies exibe metamorfose, que pode ser **incompleta** ou **completa**.

- Em algumas espécies, o descendente eclode do ovo (nasce) já com forma semelhante à do adulto, e o crescimento envolve apenas modificação do tamanho, por meio de ecdises, até chegar ao tamanho adulto. Nessas espécies **não há metamorfose**. É o caso das traças-dos-livros.
- Nas espécies com **metamorfose incompleta**, o inseto que sai do ovo, chamado **ninfa**, é uma forma imatura (não madura) do adulto. Durante o crescimento, aumenta de tamanho e sofre modificações no corpo, até chegar ao estágio adulto. Isso acontece com percevejos, gafanhotos, grilos, cupins, cigarras, baratas, louva-a-deus, piolhos e libélulas (neste último caso, as ninfas são aquáticas).

Objeto educacional digital
Insetos interessantes

Metamorfose incompleta do percevejo

comprimento do adulto: aproximadamente 3 cm

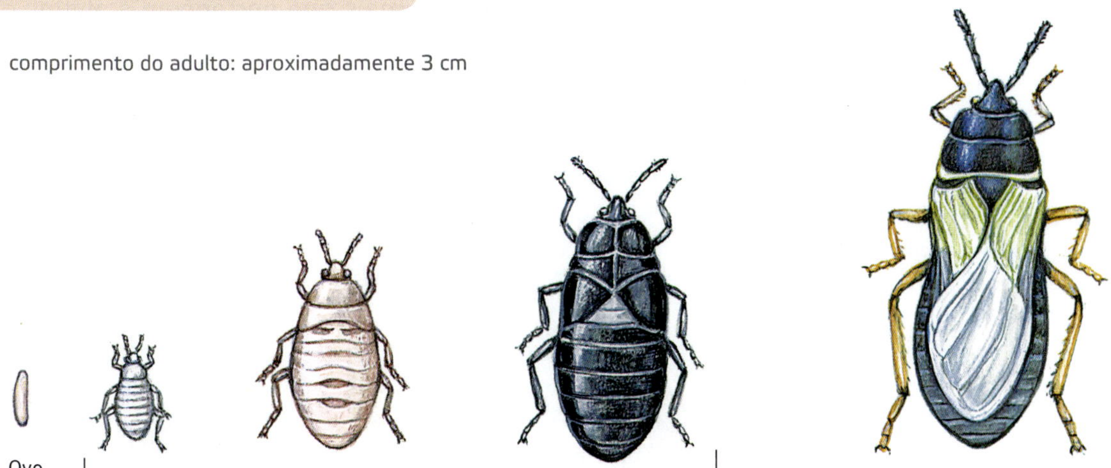

ILUSTRAÇÕES: CECÍLIA IWASHITA

(Representações fora de proporção. Cores fantasiosas.)

Fonte: C. P. Hickman Jr. et al. *Integrated principles of Zoology*. 14. ed. Nova York: McGraw-Hill. p. 455.

- Nas espécies com **metamorfose completa**, o que sai do ovo é uma **larva**, que não se parece com o adulto. Depois de algumas ecdises, a larva está bem maior e entra em um estágio de aparente inatividade, chamado **pupa**. De dentro da pupa eclode o adulto, chamado de **imago**. É isso o que acontece nas espécies de borboletas, mariposas, vespas, abelhas, formigas, besouros, joaninhas, moscas, mosquitos, pernilongos e pulgas. A larva das borboletas e de algumas mariposas é conhecida como *lagarta*; a larva de outras mariposas recebe nomes como *taturana* e *marandová* (ou *mandarová* ou *mandruvá*).

Metamorfose completa da borboleta

comprimento da lagarta antes de empupar: 5 cm
envergadura da borboleta adulta: 10 cm

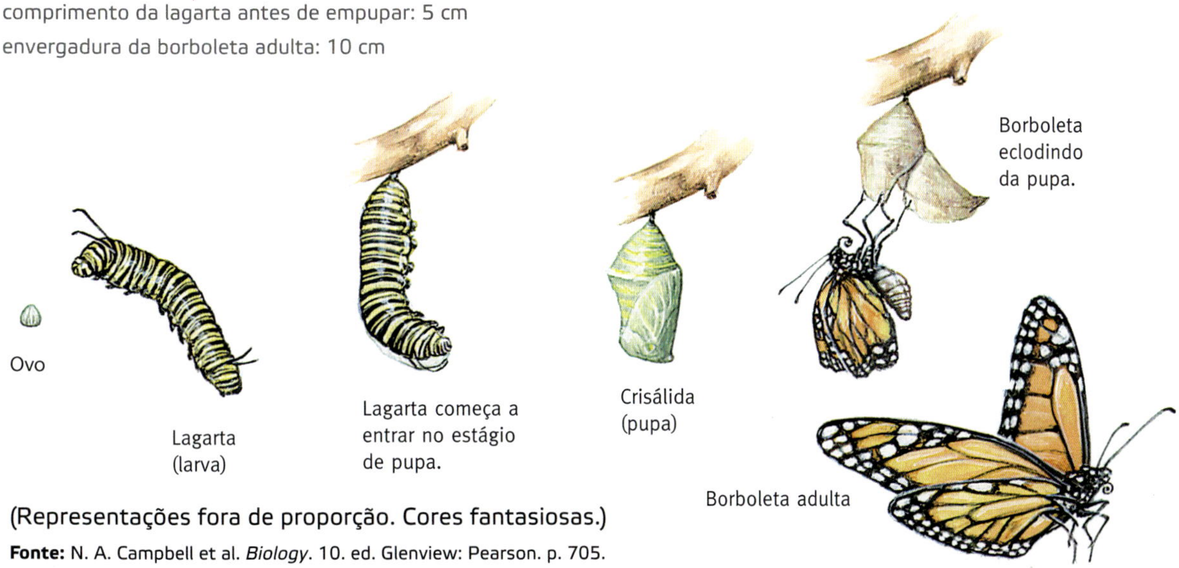

ILUSTRAÇÕES: CECÍLIA IWASHITA

(Representações fora de proporção. Cores fantasiosas.)

Fonte: N. A. Campbell et al. *Biology*. 10. ed. Glenview: Pearson. p. 705.

Além dos crustáceos, aracnídeos e insetos, há outros grupos de artrópodes. Exemplos de animais que pertencem a alguns desses outros grupos de artrópodes são os piolhos-de-cobra, as lacraias e as centopeias.

Artrópodes de outros subgrupos

DAVE STAMBOULIS/AGE FOTOSTOCK/KEYSTONE BRASIL

Centopeia. (Malásia.)
comprimento: 7 cm

MEUL, J./DPA/LATINSTOCK

Piolho-de-cobra.
comprimento: 6 cm

FABIO COLOMBINI

Lacraia.
comprimento: 16 cm

Use a internet

- Livro *Insetos: uma aventura pela biodiversidade*, disponibilizado pela Fundação Oswaldo Cruz: http://www.ioc.fiocruz.br/livroinsetos/
- WebBee/CNPq: http://www.webbee.org.br/didatico/index.html
- Entomologistas do Brasil: http://www.ebras.bio.br

Caso algum desses endereços eletrônicos tenha mudado, busque pelo título aqui mencionado.

8 Equinodermos

As estrelas-do-mar são às vezes encontradas nas praias. São animais que vivem em ambiente marinho e que se movimentam lentamente debaixo da água com o auxílio de muitos pequeninos pés espalhados pela parte inferior de seus corpos.

Também na parte inferior do corpo está a boca da estrela-do-mar, usada para capturar ostras e mariscos, que lhe servem de alimento. A estrela-do-mar possui um endoesqueleto de um material chamado carbonato de cálcio, porém não se trata de um vertebrado, pois não tem coluna vertebral.

As estrelas-do-mar são exemplos de **equinodermos**, palavra que significa "espinhos na pele". São conhecidas aproximadamente 6 mil espécies de equinodermos, todas de vida em ambiente marinho. Além das estrelas-do-mar, outros exemplos de equinodermos são os ouriços-do-mar, os pepinos-do-mar e as bolachas-da-praia.

Saiba de onde vêm as palavras

A denominação "equinodermo" é derivada do grego *echínos*, espinho, e *dérma*, pele.
Os equinodermos costumam ter espinhos na pele. Em algumas regiões do litoral brasileiro, os ouriços-do-mar são conhecidos com o nome de **pindás**, e as bolachas-da-praia, com o nome de **corrupios**.

Exemplos de equinodermos

Estrelas-do-mar parecem ter esqueleto externo, mas há uma fina epiderme ("pele") que o reveste.

MAREVISION/AGE FOTOSTOCK/KEYSTONE BRASIL

(Noruega.)
diâmetro: 20 a 40 cm

HEMIS/ALAMY/GLOW IMAGES

(Indonésia.)
diâmetro: 30 cm

LUCIANO CANDISANI/MINDEN PICTURES/FOTOARENA

(Angra dos Reis, RJ.)
diâmetro: 24 cm

SÔNIA ODDI/OLHAR IMAGEM

Bolacha-da-praia. (Alagoas.)
diâmetro: 12 cm

ANDRÉ SEALE/PULSAR IMAGENS

Ouriço-do-mar. (Estados Unidos.)
diâmetro: 8 cm

NORBERT WU/MINDEN PICTURES/FOTOARENA

Pepino-do-mar.
(Ilhas Salomão.)
comprimento: 50 cm

Noção da anatomia de equinodermos

diâmetro da estrela-do-mar: 20 cm
diâmetro do ouriço: 8 cm

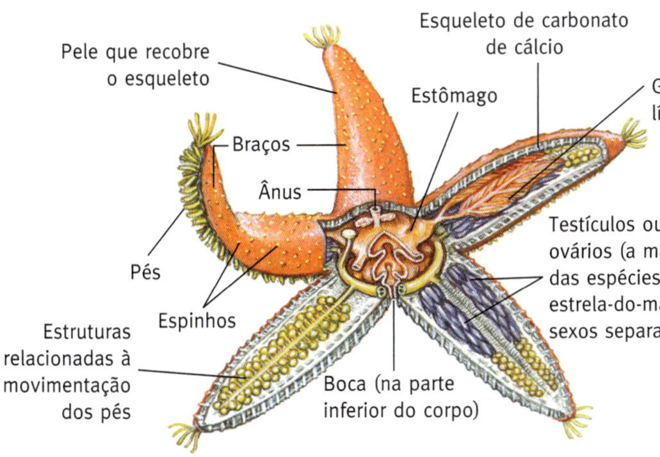

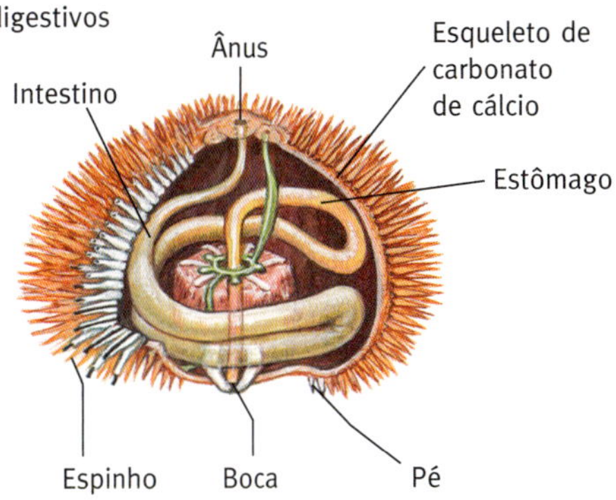

ILUSTRAÇÕES: CECÍLIA IWASHITA

(Representações fora de proporção. Cores fantasiosas. Imagens em corte.)

Fonte: R. A. Boolootian. *Zoology: an introduction to the study of animals*. Nova York: MacMillan. p. 206, 209.

A-Z

ATIVIDADE

Amplie o vocabulário!

Hora de debater o significado de cada conceito, redigi-lo com nossas palavras e incluí-lo no nosso blog.

- moluscos
- artrópodes
- crustáceos
- aracnídeos
- insetos
- equinodermos

ORGANIZAÇÃO DE IDEIAS

MAPA CONCEITUAL

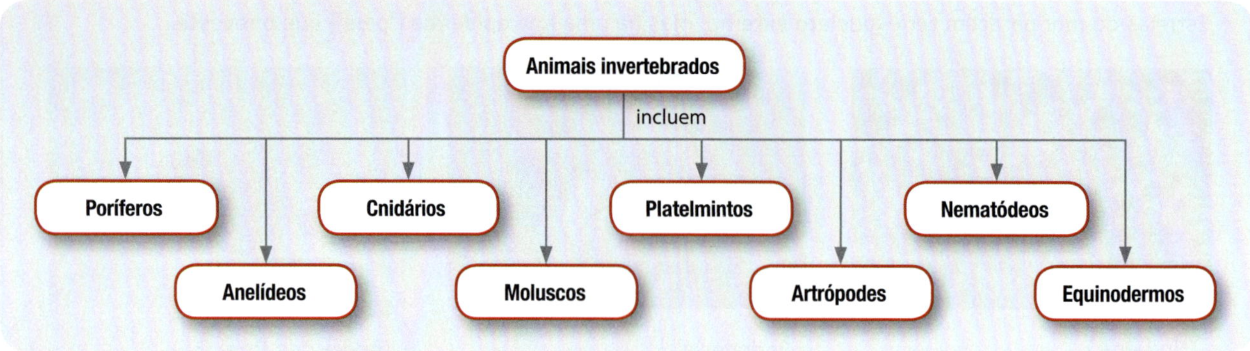

ATIVIDADE

EXPLORE DIFERENTES LINGUAGENS

A critério do professor, as atividades a seguir poderão ser feitas em grupos.

GRÁFICO

1. Nesta questão, vamos exercitar a análise de um gráfico de setores. Trata-se do gráfico abaixo, que mostra a variedade de espécies de cada tipo de animal estudado neste livro. Fundamentado na análise do gráfico, responda no caderno:

a) Qual é o grupo de animais com maior variedade de espécies?

b) Qual é o grupo que vem em segundo lugar?

c) Qual é o grupo com menor número de espécies?

d) Some o número de espécies de todos os grupos, exceto o do grupo do item **a**, e compare com o número de espécies do grupo do item **a**.

e) Em qual desses grupos está o ser humano?

f) Quais são as três principais subdivisões do grupo que é resposta do item **a**?

Número aproximado de espécies em grupos de animais

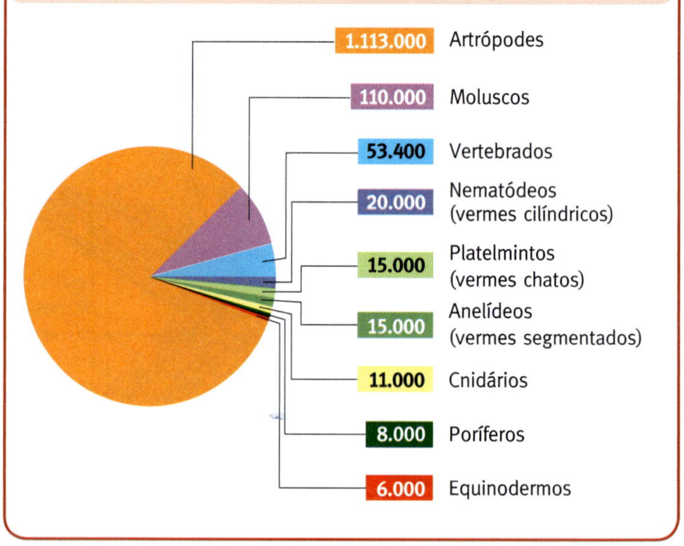

ADILSON SECCO

Fonte: Gráfico elaborado a partir de dados de C. Starr et al. *Biology: the unity and diversity of life*. 12. ed. Belmont: Brooks/Cole. p. 404, 434.

FRASE POPULAR

2. O balconista de uma loja de aquários marinhos disse a seguinte frase:

"Esponjas são animais filtradores."

a) Explique o que ele quis dizer com isso.

b) Esponjas são animais *sésseis*. O que isso quer dizer?

AMANDA DUARTE

QUADRINHA

A barata diz que tem
Um anel de formatura
É mentira da barata
Ela tem é casca dura

RODRIGO ARRAYA

3. a) A que grupo de invertebrados pertence a barata?

b) O grupo que você citou no item **a** tem subdivisões. A que subdivisão pertence a barata?

c) Qual é a denominação científica da "casca dura"? De que substância é feita?

TIRINHAS

Veja a tirinha e realize as atividades 4 e 5.

FRANK & ERNEST, BOB THAVES © 2000 THAVES/DIST. BY ANDREWS MCMEEL SYNDICATION

4. Os seres vivos retratados na tirinha pertencem a que grupo de invertebrados?

5. Cite outros três animais pertencentes ao mesmo grupo.

As atividades 6 a 9 se referem à seguinte tirinha:

FERNANDO GONSALES

6. Como se chama o tipo de esqueleto dos insetos?

7. Só os insetos têm esse tipo de esqueleto?

8. Cite uma vantagem desse tipo de esqueleto.

9. O que é **ecdise**? O que ela permite que aconteça com o corpo do animal?

CHARGE

ZIGGY, TOM WILSON & TOM II © 1998 ZIGGY AND FRIENDS, INC. / DIST. BY ANDREWS MCMEEL SYNDICATION

Nosso amigo está preocupado com o tempo de vida do **imago**. No entanto, essa é apenas uma etapa do ciclo de vida da borboleta.

10. O que significa a palavra **imago**?

11. Que outras etapas há na vida desse inseto?

QUADRINHA POPULAR E TEXTO INFORMATIVO

ILUSTRAÇÕES: RODRIGO ARRAYA

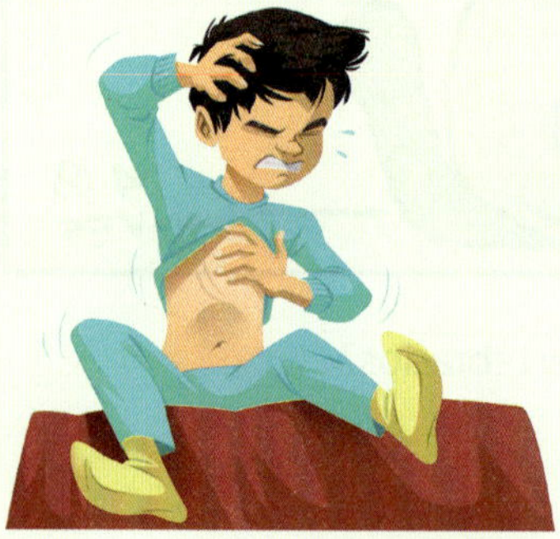

"Torce, retorce,
Procuro, mas não vejo,
Não sei se era a pulga,
Ou se era o percevejo.

Ontem à noite
Sonhei com pão de queijo;
Mas quando acordei
Mastigava percevejo"

Quadrinhas populares brasileiras

Os percevejos

"Encontram-se no Brasil duas espécies de percevejos, ambas de distribuição cosmopolita: *Cimex lectularius* e *Cimex hemipterus*. Ambas têm hábitos noturnos; encontram-se durante o dia em fendas [...] dos móveis, principalmente nas camas, nos muros etc. À noite saem dos esconderijos para sugar o sangue das pessoas em repouso. Os ovos são postos nesses esconderijos e medem cerca de 1 mm de comprimento. Cada percevejo põe durante toda a vida de 100 a 200 ovos [...]. O período de incubação é de 5 a 6 dias. Em seguida sai a ninfa, que após 5 ecdises (trocas de pele) e em 30 a 40 dias, dá o adulto. Os percevejos adultos vivem de 23 a 127 dias (fêmeas) e fazem de 78 a 168 repastos sanguíneos. [...] Ocasionalmente podem alimentar-se do sangue de animais diferentes, como ratos, morcegos e outros mamíferos, e assim prolongam sua vida, quando não têm oportunidade de picar o homem."

Fonte: K. Lenko e N. Papavero. *Insetos no folclore*. 2. ed. São Paulo: Plêiade/Fapesp. p. 141.

comprimento: 5 mm

7TH SON STUDIO/SHUTTERSTOCK

▲ Percevejo comum (*Cimex lectularius*), que se instala em camas.

12. Que tipo de invertebrado é o percevejo?

13. O que é uma ninfa?

14. Baseado na explicação sobre o ciclo de vida do percevejo, ele apresenta metamorfose **incompleta** ou **completa**?

15. O texto explica, entre parênteses, que **ecdises** são "trocas de pele", o que está **incorreto**. Reescreva esse trecho para que ele fique cientificamente correto.

16. Com o auxílio de um dicionário, se julgar necessário, explique o que são "repastos sanguíneos".

GRÁFICOS

Um dos gráficos representa o crescimento de um inseto até chegar a adulto e o outro representa o crescimento de um invertebrado que não é um artrópode, também até chegar a adulto.

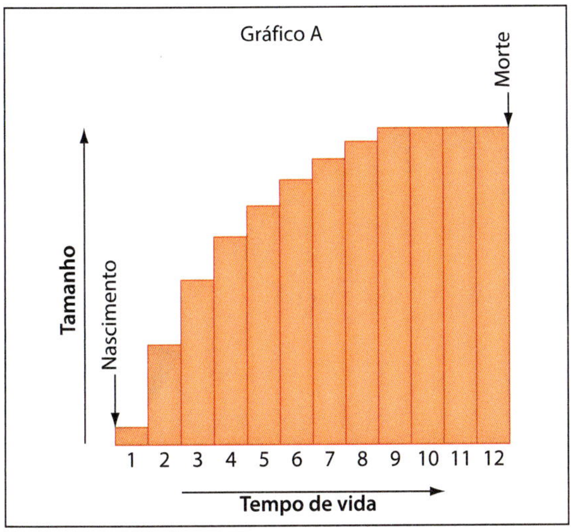

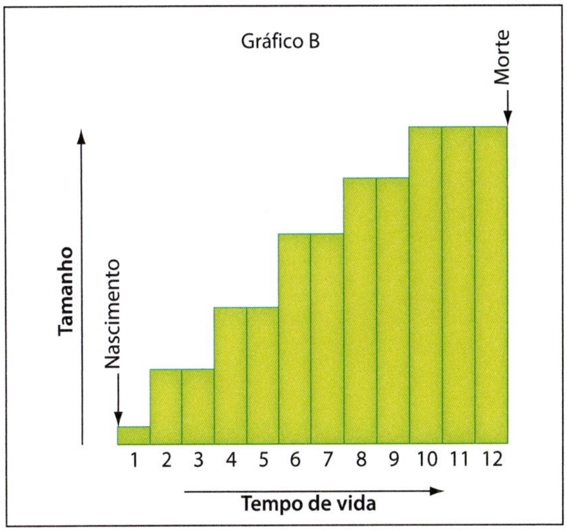

ILUSTRAÇÕES: ADILSON SECCO

17. Qual é o gráfico que representa o crescimento do inseto? Como você concluiu?

18. Quantas vezes aconteceram ecdises na vida desse inseto?

19. Em qual das indicações de tempo (1, 2, 3, 4 etc.) o inseto atingiu o tamanho adulto?

CINEMA

O personagem de ficção Homem-Aranha lança teias a grandes distâncias a partir de seus pulsos.

20. A que grupo de seres vivos pertencem as aranhas?

21. Pesquise, no esquema do livro, a localização dos órgãos chamados **fiandeiras**, que secretam (liberam) os fios para fazer a teia: Em que região do corpo da aranha ficam esses órgãos? A seguir, pesquise e responda: A aranha consegue lançar esses fios a grandes distâncias?

22. Fundamentado em sua pesquisa, conclua: ao lançar as teias a grandes distâncias, o Homem-Aranha está agindo como as aranhas?

HOMEM-ARANHA: COLUMBIA PICTURES/PHOTO 12/GLOW IMAGES; IMAGEM DE FUNDO: MACIEJ BLEDOWSKI/SHUTTERSTOCK

ÁRVORE FILOGENÉTICA

Possível árvore filogenética dos animais

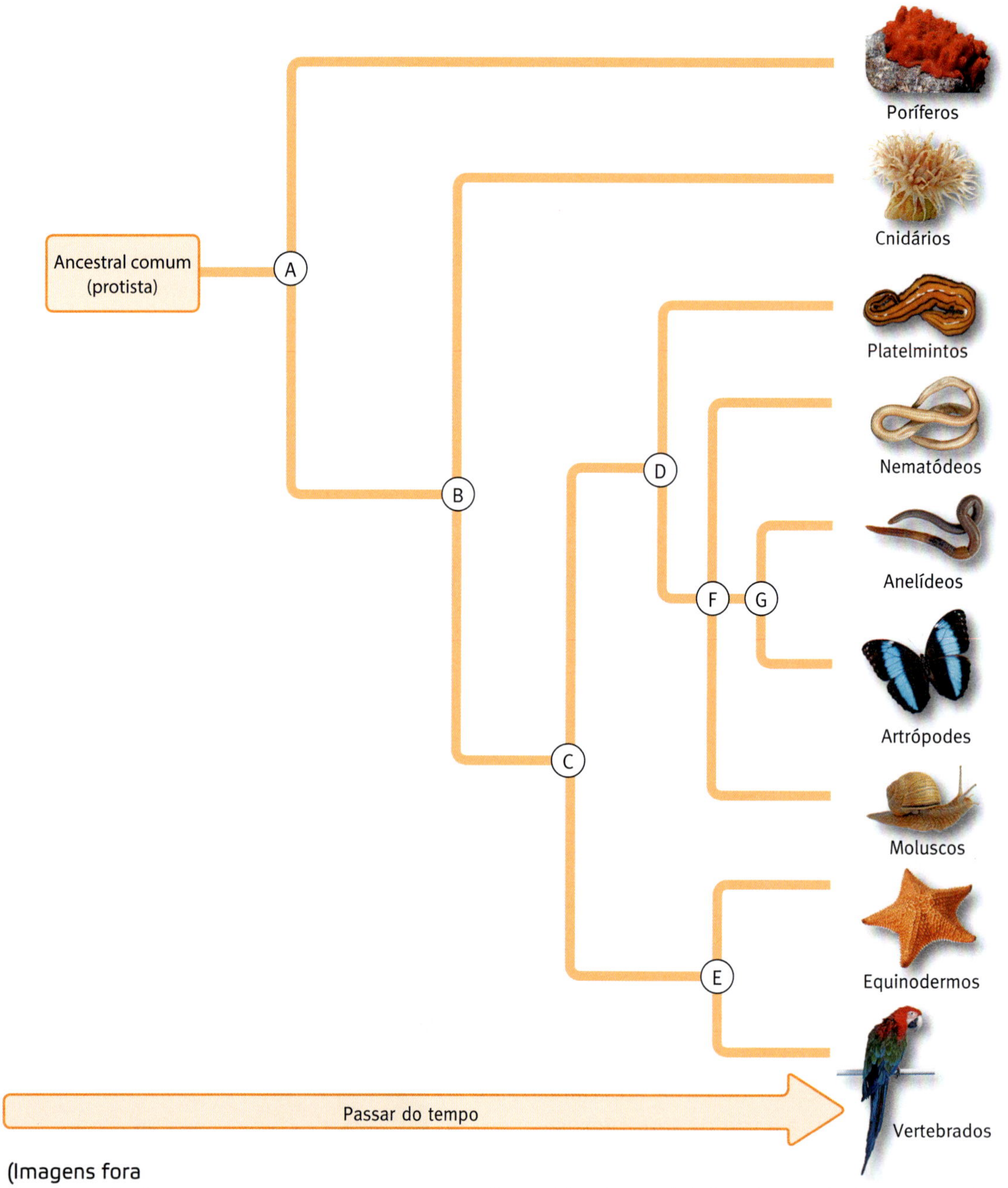

(Imagens fora de proporção.)

PAULO MANZI

ARARA: JERRY YOUNG/DORLING KINDERSLEY/GETTY IMAGES; ESTRELA-DO-MAR: FABIO COLOMBINI; CARACOL: SIMON BELCHER/ALAMY/GLOW IMAGES; BORBOLETA: BOB JENSEN/ALAMY/GLOW IMAGES; MINHOCA: KIM TAYLOR/DORLING KINDERSLEY/GETTY IMAGES; LOMBRIGA: PHOTOTAKE INC./ALAMY/GLOW IMAGES; PLANÁRIA: NATURE'S IMAGES, INC./SCIENCE SOURCE/LATINSTOCK; ANÊMONA: INGO ARNDT/MINDEN PICTURES/FOTOARENA; ESPONJA-DO-MAR: FABIO COLOMBINI

Fonte: Elaborado a partir de R. C. Brusca e G. J. Brusca. *Invertebrados*. 2. ed. Rio de Janeiro: Guanabara Koogan. p. 912.

Analise a árvore filogenética acima e, a seguir, realize as atividades no seu caderno.

23. Qual dos grupos mostrados se separou evolutivamente dos outros há mais tempo? Qual das indicações — Ⓐ, Ⓑ, Ⓒ etc. — representa essa separação evolutiva?

24. Qual grupo de invertebrados pode ser considerado evolutivamente mais próximo dos vertebrados? Como você concluiu?

25. Qual grupo de invertebrados pode ser considerado evolutivamente mais próximo dos artrópodes? Como você concluiu?

TIRINHA

26. A tirinha se refere a uma narrativa lendária envolvendo a cidade de Troia. Pesquise e explique que lenda é essa. (Na lenda, não há cupins. Eles entraram na tirinha por conta do cartunista.)

27. Que risco os cupins oferecem a objetos de madeira?

28. Os cupins são artrópodes de que tipo?

29. Dê mais cinco exemplos de animais pertencentes ao mesmo grupo que você citou na resposta da atividade anterior.

TRECHO DE DOCUMENTÁRIO

Durante um documentário sobre produção de tecidos, o locutor disse: "O bicho-da-seda é a lagarta da mariposa *Bombix mori*. Ela produz fios de seda para tecer seu casulo, antes da metamorfose. Esse material é aproveitado para a produção do tecido conhecido como seda natural".

30. É correto dizer que o bicho-da-seda é uma larva?

31. Completada a metamorfose, o que sairá de dentro do casulo?

32. A que grupo de invertebrados pertence o bicho-da-seda?

Bicho-da-seda tecendo casulo.
comprimento: 4 cm

Seu aprendizado não termina aqui

Ninguém consegue aprender tudo sobre um tema. Por isso, é fundamental aprender a aprender, ou seja, aprender a procurar informações e interpretá-las para adquirir conhecimento. Várias das atividades propostas neste livro pretendem ajudá-lo nessa tarefa.

Então, toda vez que você tiver curiosidade — sobre os animais ou sobre qualquer outro assunto —, mãos à obra! Pesquise, leia, interprete, aprenda. Você não precisa esperar nenhuma orientação para dar asas à sua vontade de saber!

CAPÍTULO 8

ANIMAIS INVERTEBRADOS: PARASITISMO

O que é parasitose? E verminose? Quais delas podemos adquirir quando consumimos vegetais crus e mal lavados?

MONTICELLO/SHUTTERSTOCK

MOTIVAÇÃO

Em destaque

O piolho

"Parasitando os seres humanos, existem basicamente três tipos de piolhos:

1 – Uma espécie que vive nos pelos pubianos, o 'chato' (nome científico: *Phthirus pubis*).
2 – Uma espécie que vive nos cabelos, o piolho capilar (nome científico: *Pediculus capitis*) e
3 – Uma espécie que vive no corpo, o piolho corporal (nome científico: *Pediculus humanus*).

EYE OF SCIENCE/SCIENCE PHOTO LIBRARY/LATINSTOCK

Piolho que vive em cabelos humanos, que mede entre 2 e 3,5 milímetros. Imagem obtida ao microscópio eletrônico, com cores fantasiosas.

Observação:
Existe ainda uma discussão entre os cientistas se na verdade esses dois últimos tipos de piolhos não seriam subespécies de uma mesma espécie, e então teríamos *Pediculus humanus capitis* na cabeça e *Pediculus humanus humanus* no corpo.

O *Pediculus capitis* vive agarrado aos fios de cabelos e ataca o couro cabeludo, passando principalmente de uma cabeça para outra pelo contato direto. É o mais comum. Podem também infestar as pessoas pelo uso compartilhado de tiaras de cabelo, escovas e pentes, capacetes, bonés etc.

O *Pediculus humanus* infesta o corpo. Vive agarrado à roupa e é mais comum nos países frios. É mais frequente nos casos em que os hábitos de higiene são precários.

Já o *Phthirus pubis* vive agarrado aos pelos da região genital, atingindo portanto homens e mulheres a partir da puberdade. Podem ainda viver nos pelos da parte inferior do abdome, coxas e nádegas."

Fonte: Portal do Piolho. Acessado em: http://www.piolho.org.br/piolho.html

Use a internet

Quais são os hábitos de higiene necessários para evitar ser infestado por piolhos?

Pesquise esses cuidados e, principalmente, reflita sobre quais deles você precisa adquirir ou aprimorar.

Como sugestão para sua pesquisa, visite o **Portal do Piolho**, coordenado pelo Prof. Dr. Carlos F. S. Andrade (Zoologia – Unicamp), que contém informações sobre sintomas, prevenção e tratamento:

http://www.piolho.org.br

Veja também esse tema na página da **Fundação Oswaldo Cruz**:

http://www.piolho.fiocruz.br

Caso esses endereços tenham mudado, busque-os por *Portal do Piolho* e *piolho Fundação Oswaldo Cruz*.

DESENVOLVIMENTO DO TEMA

1 Parasitismo: uma estratégia de vida

Cada espécie de ser vivo está adaptada a um ambiente e a um modo de vida. Os **parasitas** são organismos que se juntam a outros seres vivos, os **hospedeiros**, dos quais passam a se alimentar. Diferentemente dos predadores, que em geral se alimentam de uma grande variedade de espécies de plantas e animais, os parasitas se alimentam de um número relativamente pequeno de espécies hospedeiras.

FABIO COLOMBINI

Um carrapato, que mede cerca de 2 milímetros, fixado à pele humana.

O **parasitismo** é uma estratégia de vida na qual o parasita se beneficia ao conseguir alimento de um hospedeiro e, embora o prejudique, normalmente não causa sua morte. Os piolhos (que são insetos) e os carrapatos (que são aracnídeos) são exemplos de seres que atuam como parasitas do ser humano. Ambos apresentam aparelho bucal capaz de perfurar a pele e de sugar o sangue do hospedeiro; o corpo mais achatado dificulta sua remoção pelo ato de coçar (ou por meio da passagem de pente fino); suas garras permitem maior fixação nos pelos de mamíferos; essas são algumas das características consideradas adaptações a esse modo de vida.

Piolhos e carrapatos são exemplos de parasitas que vivem fora do corpo do hospedeiro. São **parasitas externos**, ou **ectoparasitas**.

Existem, por sua vez, parasitas que vivem dentro do organismo do hospedeiro; são chamados **parasitas internos**, ou **endoparasitas**. Eles frequentemente se nutrem do alimento ingerido pelo indivíduo contaminado ou do sangue desse indivíduo. Esses parasitas podem causar anemia e desnutrição.

As doenças causadas por parasitas são chamadas **parasitoses**. Neste capítulo, vamos destacar quatro delas: a esquistossomose, a teníase, o amarelão e a ascaridíase, todas causadas por vermes. As parasitoses causadas por vermes são denominadas **verminoses**. Conheceremos, também, a cisticercose, que é uma doença relacionada ao ciclo de vida do verme causador da teníase.

A-Z ATIVIDADE

Amplie o vocabulário!

Hora de debater o significado de cada conceito, redigi-lo com nossas palavras e incluí-lo no nosso blog.

- parasita
- hospedeiro
- parasitose
- verminose

2 Esquistossomose

A **esquistossomose**, ou "barriga-d'água", é uma verminose causada pelo platelminto *Schistosoma mansoni*, ou **esquistossomo**. Há dois hospedeiros para esse verme: o ser humano, que é o **hospedeiro definitivo**, e o caramujo de **certas** espécies (do gênero *Biomphalaria*) que vivem em água doce e não poluída, que atua como **hospedeiro intermediário**.

Uma pessoa pode adquirir a doença ao entrar em água que contenha pequenas larvas de *Schistosoma mansoni*, as **cercárias**, pois elas conseguem atravessar a pele humana. A pessoa sente uma intensa coceira no local por onde as cercárias penetraram. Beber água contaminada também pode provocar a doença.

Dentro do corpo, a cercária se instala no fígado. Lá ela cresce e se desenvolve, transformando-se num verme adulto. Uma fêmea adulta desse verme pode produzir centenas de **ovos** por dia, que são eliminados nas fezes do doente.

Se as fezes contaminadas chegarem aos lagos e lagoas onde há caramujos, os ovos que estão nas fezes liberam um segundo tipo de larva, os **miracídios**, que contaminam mais caramujos. Instalados no interior do corpo dos caramujos, os miracídios se reproduzem, gerando centenas de novas cercárias, que são liberadas na água e podem contaminar outras pessoas. A doença pode causar sérios problemas envolvendo fígado, pulmões, intestino, rins e sistema nervoso.

FABIO COLOMBINI

Caramujo (*Biomphalaria glabrata*) que atua como hospedeiro intermediário do verme causador da esquistossomose. Sua concha é mais escura que a do caracol comum de jardim, que não é transmissor dessa doença.
diâmetro da concha: 12 mm

Esquema da transmissão da esquistossomose

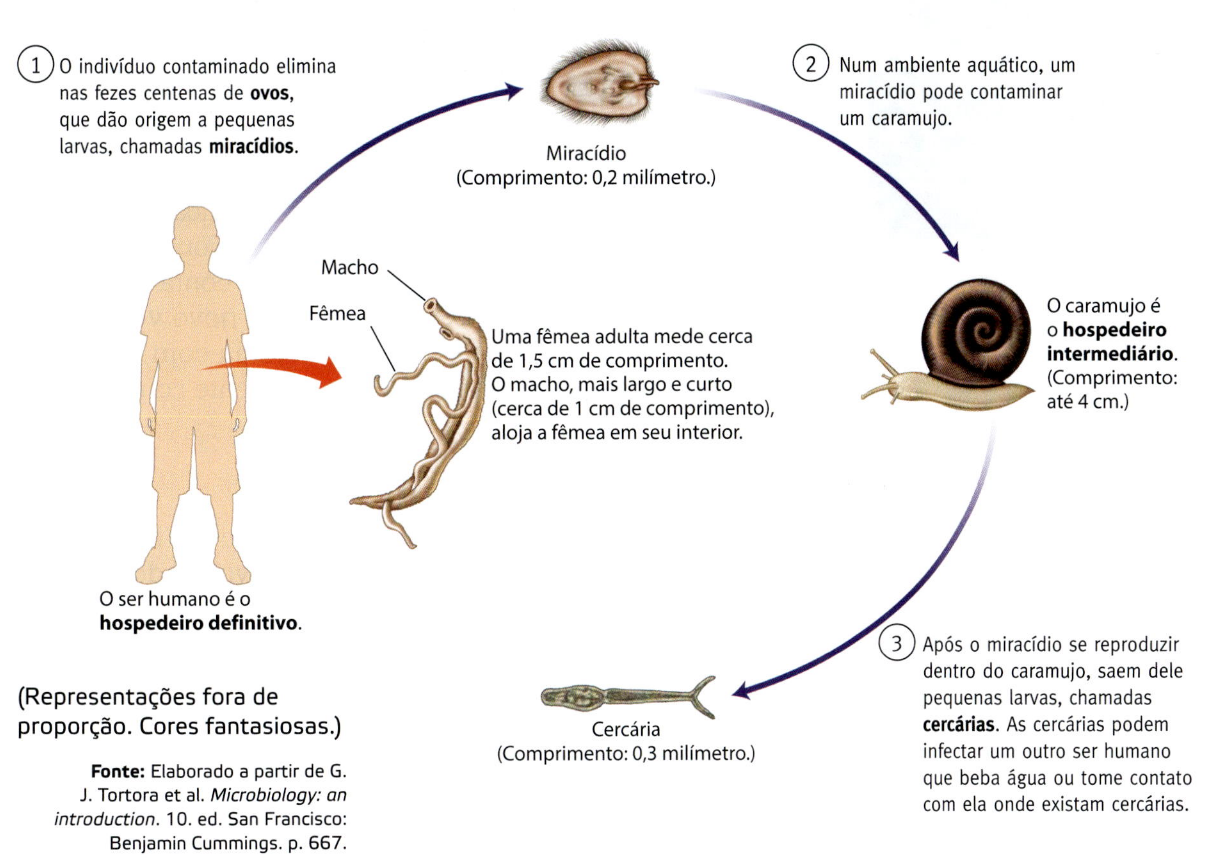

ILUSTRAÇÕES: PAULO CÉSAR PEREIRA

Schistosoma mansoni é o causador da **esquistossomose**. Siga o esquema pelos números. As setas roxas indicam a sequência dos eventos ao longo do tempo.

3 Teníase

Tênias, platelmintos parasitas, são as causadoras da verminose denominada **teníase**. Duas espécies de **tênias** que parasitam o intestino humano são a *Taenia solium* e a *Taenia saginata*.

Vermes em forma de fita com crescimento contínuo, os adultos podem chegar a alguns metros de comprimento. Prendem-se ao intestino humano por uma de suas extremidades, chamada escólex, por onde absorvem parte do alimento que o indivíduo ingere, podendo causar anemia e desnutrição.

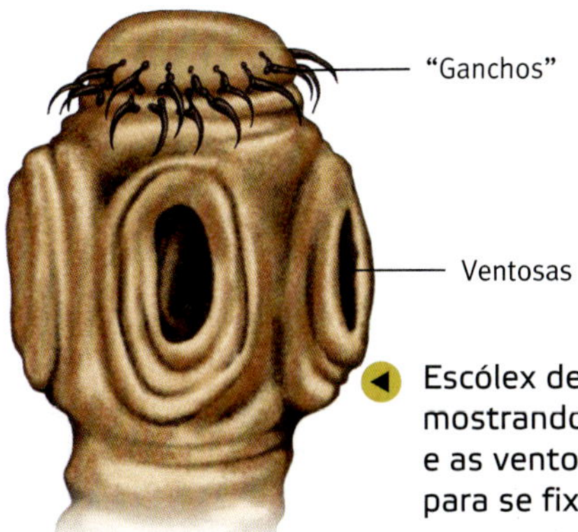

Escólex de *Taenia solium*, mostrando os "ganchos" e as ventosas que ela usa para se fixar ao intestino.

Escólex de *Taenia saginata*, mostrando as ventosas que ela usa para se fixar ao intestino. Em ambos os casos, a largura do escólex é de aproximadamente 1 milímetro.

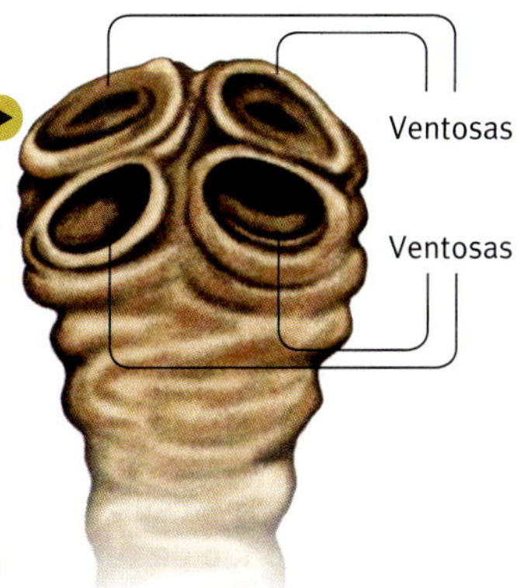

(Representações fora de proporção. Cores fantasiosas.)

ILUSTRAÇÕES: PAULO CÉSAR PEREIRA

Fonte: D. P. Neves et al. *Parasitologia dinâmica*. 3. ed. São Paulo: Atheneu. p. 305.

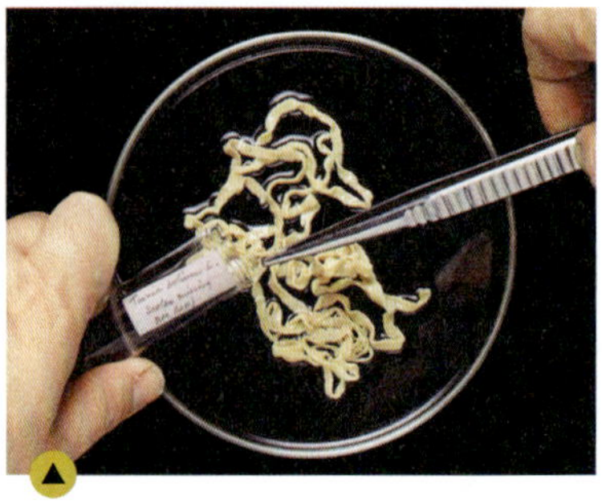

Tênia.
comprimento: 1 m

O corpo da tênia é formado por vários segmentos, que, quanto mais distantes do escólex, mais maduros estão. Quando um desses segmentos está maduro e repleto de centenas de **ovos**, se desprende e sai com as fezes do hospedeiro.

Os hospedeiros intermediários, o porco (no caso da *Taenia solium*) ou o boi (no caso da *Taenia saginata*), podem se contaminar com os ovos. Uma vez instalados no corpo do hospedeiro, os ovos se transformam em larvas, os **cisticercos**, que ficam alojadas nos músculos ou no cérebro. Ao comer carne crua ou malcozida que contenha cisticercos, o ser humano pode se contaminar. No ser humano, o cisticerco se desenvolve em um novo verme adulto. Como, normalmente, a pessoa se contamina com apenas uma tênia, esse verme ficou conhecido popularmente como **solitária**.

ATIVIDADE

Reflita sobre suas atitudes

Você toma cuidado com os alimentos que ingere ou nem se preocupa com isso?

4 Cisticercose

Quando ingere os ovos de *Taenia solium*, o ser humano pode atuar como hospedeiro intermediário, desenvolvendo cisticercos. A contaminação pode ocorrer pela ingestão de alimentos mal lavados (verduras, frutas etc.) que contenham ovos de tênia.

A presença de cisticercos no ser humano configura a doença denominada **cisticercose**. Quando eles se alojam em regiões vitais, como o cérebro, as consequências da doença podem ser muito sérias.

Esquema da transmissão da teníase

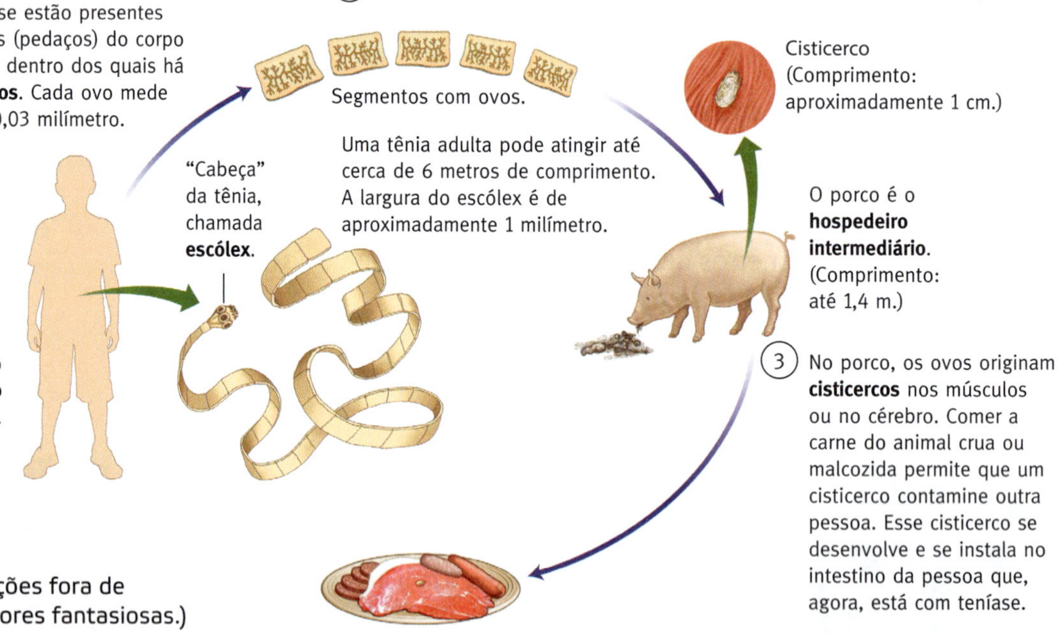

Fonte: Elaborado a partir de D. P. Neves et al. *Parasitologia dinâmica*. 3. ed. São Paulo: Atheneu. p. 303, 305, 308.

Taenia solium é a causadora da **teníase**. Siga o esquema pelos números. As setas roxas indicam a sequência dos eventos ao longo do tempo.
Caso um ser humano faça o papel de hospedeiro intermediário, no lugar do porco, diz-se que ele está com **cisticercose**. No caso da *Taenia saginata*, o hospedeiro intermediário, em vez do porco, é o boi.

5 Amarelão

A **ancilostomose**, **ancilostomíase**, **opilação** ou **amarelão** é uma doença frequente no nosso país.

Um nematódeo que pode causar essa doença é o *Ancylostoma duodenale*, ou **ancilóstomo**. Ele se desenvolve no corpo humano, que atua como hospedeiro único.

Seus **ovos** são eliminados com as fezes do doente e, no solo úmido, dão origem a **larvas** em um ou dois dias. Após saírem dos ovos, elas se alimentam de materiais encontrados no solo e, após três ou quatro dias, já conseguem penetrar na pele humana, infectando outra pessoa.

A doença tem como sintomas tosse, falta de ar, febre, náuseas, vômitos, dor no abdômen e diarreia. Os indivíduos que possuem os vermes causadores do amarelão têm uma pele pálida e com a cor amarelada.

O parasita tem pequeninos "dentes" pontiagudos com os quais fura a parede do intestino para se alimentar do sangue humano. A perda de sangue causa a anemia, responsável pela fraqueza, pela palidez e pelo tom amarelado do doente. É por causa desse tom amarelado que a doença ganhou o nome de amarelão.

> **!**
> O **bicho-geográfico** é o *Ancylostoma brasiliensis*, cujas larvas são transmitidas por meio das fezes de cães ou gatos portadores do verme. Tais larvas podem penetrar pela pele do ser humano e causar irritação e coceira, acompanhadas de manchas correspondentes ao rastro da migração da larva pela pele. Para evitar a contaminação, deve-se usar calçado e também não permitir que cães e gatos evacuem em praias, assim como recolher as fezes deles durante os passeios.

Esquema da transmissão da ancilostomose

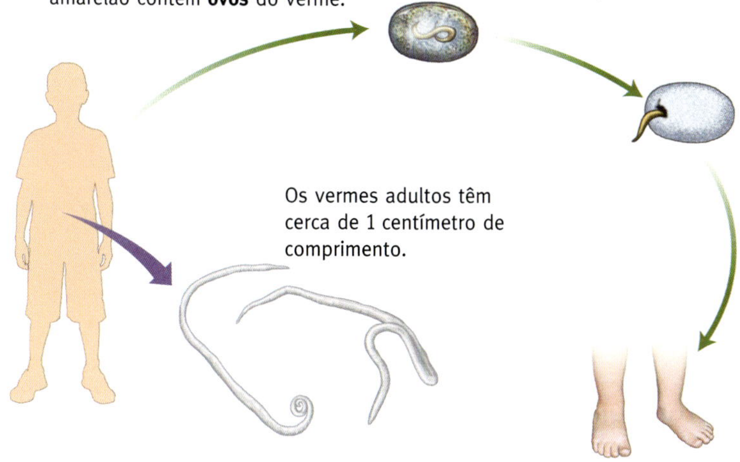

Fonte: Elaborado a partir de L. S. Roberts e J. Janovy Jr. *Foundations of Parasitology*. 6. ed. Boston: McGraw-Hill. p. 407.

ILUSTRAÇÕES: PAULO CÉSAR PEREIRA

▲ *Ancylostoma duodenale* é o causador da **ancilostomose** ou **amarelão**. Siga o esquema pelos números. As setas verdes indicam a sequência dos eventos ao longo do tempo. (Representações fora de proporção. Cores fantasiosas.)

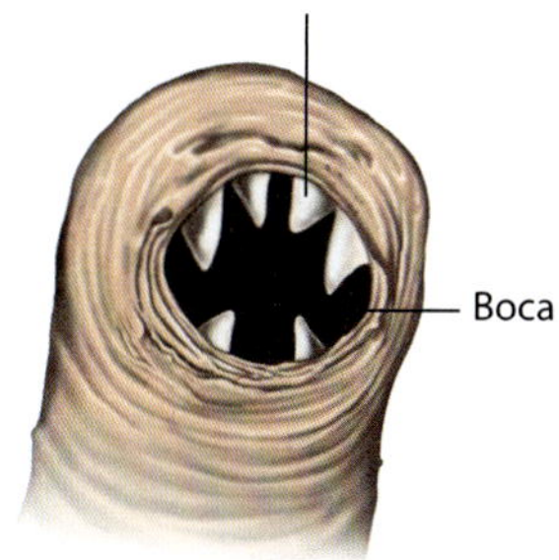

A largura da "cabeça" do ancilóstomo é de cerca de 0,5 milímetro. (Cores fantasiosas.)

Fonte: D. P. Neves et al. *Parasitologia dinâmica*. 3. ed. São Paulo: Atheneu. p. 365.

ATIVIDADE

Para fazer no seu caderno

Analise detalhadamente os quatro esquemas de transmissão de verminoses mostrados neste capítulo. A seguir, pense e escreva: Que **medidas** evitariam que essas verminoses se espalhassem?

6 Ascaridíase

O *Ascaris lumbricoides*, conhecido popularmente como **lombriga**, ou **bicha**, é o nematódeo causador da **ascaridíase**.

O parasita se aloja no intestino humano, onde se utiliza dos alimentos ingeridos pela pessoa. As fêmeas põem **ovos** que saem com as fezes do doente. Uma nova pessoa pode se infectar ao beber água não tratada contendo esses ovos ou comer alimentos regados com ela.

Os sintomas iniciais da doença são falta de ar, tosse, febre e catarro acompanhado de sangue. Esses sintomas aparecem quando as **larvas** que saem dos ovos passam pelos pulmões durante sua viagem pelo interior do organismo. Esses sintomas podem até ser confundidos com os de bronquite ou de pneumonia, principalmente em crianças.

Quando o verme chega ao intestino, onde vai se tornar adulto e se reproduzir, usa para si parte do alimento que está em digestão. Nessa etapa, a doença pode provocar, além de desnutrição e fraqueza, reações alérgicas, náuseas, vômitos, manchas na pele e convulsões.

Esquema da transmissão da ascaridíase

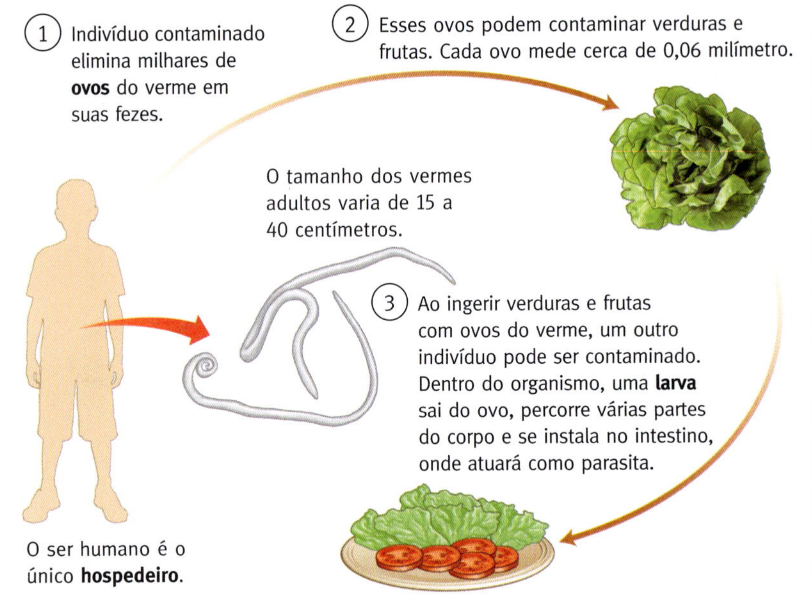

Fonte: Elaborado a partir de L. Rey. *Parasitologia*. 4. ed. Rio de Janeiro: Guanabara Koogan. p. 586-589.

Ascaris lumbricoides, ou **lombriga**, é o causador da **ascaridíase**. Siga o esquema pelos números. As setas marrons indicam a sequência dos eventos ao longo do tempo. (Representações fora de proporção. Cores fantasiosas.)

Objeto educacional digital
Verminoses

A-Z ATIVIDADE

Amplie o vocabulário!

Hora de debater o significado de cada conceito, redigi-lo com nossas palavras e incluí-lo no nosso blog.

- esquistossomose
- teníase
- cisticercose
- amarelão
- ascaridíase

ORGANIZAÇÃO DE IDEIAS

MAPA CONCEITUAL

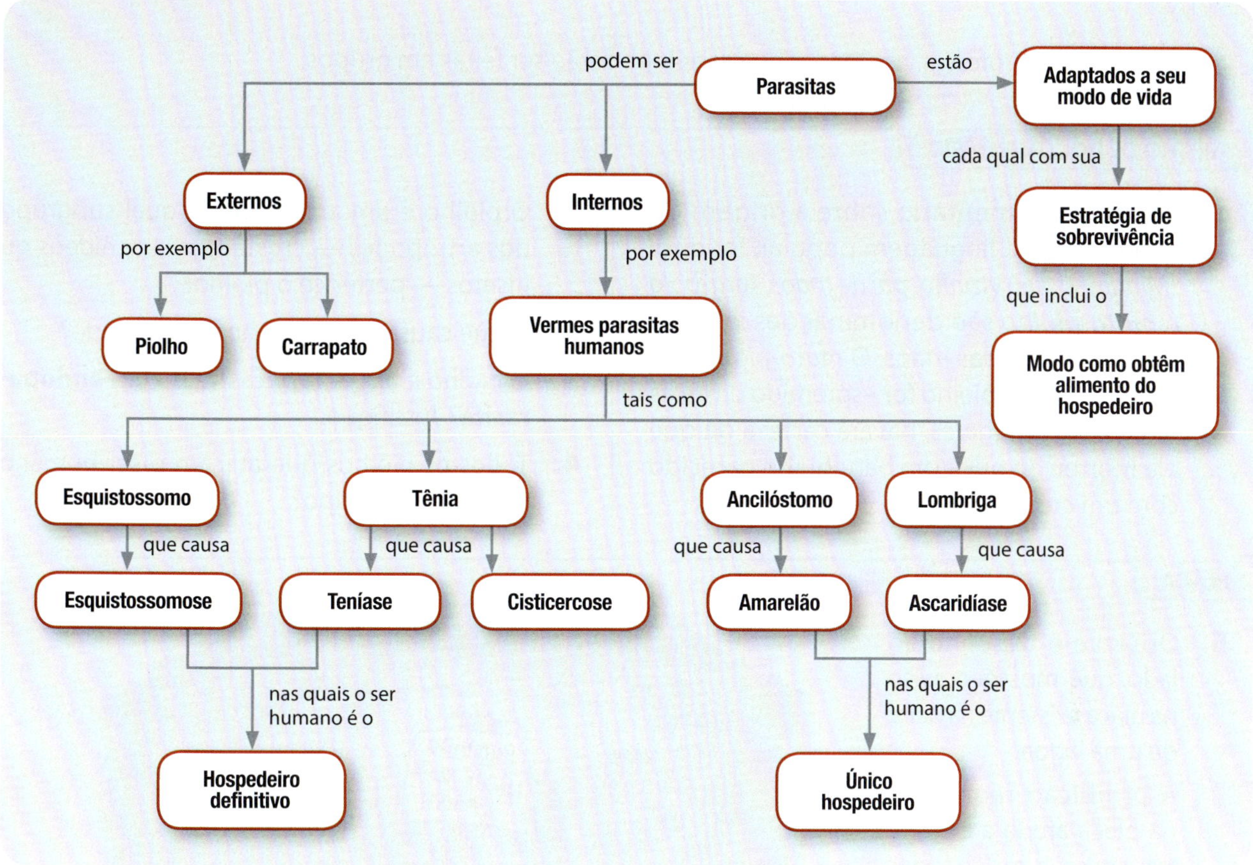

ATIVIDADE

USE O QUE APRENDEU

1. Um gavião, ave de rapina, tem nas garras um rato que acabou de predar. Dentro do estômago do roedor, há sementes de cereais que tinha acabado de comer. Sob as penas da ave, há piolhos e carrapatos e, nos pelos do rato, há pulgas. Indique três relações de parasitismo, entre os seres vivos citados, deixando claro, em cada caso, qual é o **parasita** e qual é o **hospedeiro**.

MARK SMITH/ALAMY/GLOW IMAGES

comprimento da ave: 70 cm

2. Em certa região do país há muitos caramujos de uma espécie que atua como hospedeiro intermediário do esquistossomo.

No entanto, nessa região, não existem pessoas doentes de esquistossomose.

Que explicação você propõe para esse fato?

3. Explique por que a tênia é popularmente chamada solitária.

4. Normalmente, qual é o hospedeiro intermediário da *Taenia solium*? O ser humano pode exercer o papel comparável ao de hospedeiro intermediário? Caso isso aconteça, que doença afeta o indivíduo?

5. "O porco é o causador da teníase."

Após ter estudado este capítulo, você concorda com essa frase? Justifique.

6. Explique por que a ancilostomose é popularmente chamada amarelão.

7. Sobre o *Ancylostoma duodenale*, causador do amarelão, e o *Ancylostoma brasiliensis*, conhecido como bicho-geográfico, responda:

a) Pertencem à mesma espécie?

b) Pertencem ao mesmo gênero?

c) Pertencem ao mesmo grupo de invertebrados?

ATIVIDADE

EXPLORE DIFERENTES LINGUAGENS

A critério do professor, as atividades a seguir poderão ser feitas em grupos.

TRECHO DE DOCUMENTÁRIO

Em um documentário sobre a origem de expressões da linguagem popular, foi dito: "*Mindinho, seu vizinho, pai de todos, fura-bolo* e *mata-piolho* são denominações infantis para os dedos das mãos. O *mata-piolho* é o polegar. Se um piolho for espremido entre as unhas dos polegares, haverá certeza de que ele morreu ao ouvir um barulhinho parecido com um *créc*".

1. O piolho é um artrópode. A qual subgrupo dos artrópodes — crustáceos, aracnídeos ou insetos — pertence o piolho?

2. O que causa o barulhinho mencionado?

3. O piolho é um **ectoparasita** ou um **endoparasita**? Justifique.

4. Todos os piolhos que atacam o ser humano são do mesmo tipo?

PLACA

5. Observe o desenho ao lado, que mostra o aviso na placa existente na beira de uma lagoa.

A proibição registrada na placa ajuda a evitar a transmissão de qual das verminoses estudadas neste capítulo?

AMANDA DUARTE

MANCHETE DE JORNAL

6. Leia a seguinte manchete de jornal:

Aumenta a fiscalização federal sobre os abatedouros de suínos

a) Procure no dicionário os significados das palavras **abatedouro** e **suíno** e registre-os no caderno.

b) A providência sobre a qual fala a manchete ajuda a reduzir a ocorrência de quais doenças estudadas neste capítulo? Explique por quê.

TRECHO DE ENTREVISTA

7. Durante uma entrevista à televisão, um médico disse: "As pessoas que andam descalças em locais contaminados são vítimas comuns do amarelão. A transmissão de verminoses está frequentemente relacionada à falta de infraestrutura de saneamento, que facilita a propagação de tais doenças."

a) Consulte o esquema de transmissão do amarelão, apresentado no capítulo, e responda: que parte desse esquema justifica o que foi dito pelo médico?

b) Procure em um dicionário as palavras **infraestrutura** e **saneamento** e escreva o significado delas em seu caderno.

c) Conhecido o significado dessas palavras, diga o que você entendeu do trecho do discurso.

d) Baseando-se naquilo que você já viu e estudou, dê exemplos do que vem a ser a "falta de infraestrutura de saneamento".

e) Na sua opinião, qual é a situação da sua cidade quanto às condições de saneamento?

EXPRESSÃO POPULAR

8. As lagoas onde existe a possibilidade de adquirir esquistossomose são conhecidas, em algumas regiões do país, como "lagoas de coceira". Levando em conta as características dessa parasitose estudadas neste capítulo, proponha uma explicação para esse nome.

DEFINIÇÃO POPULAR

9. Procure em um dicionário o significado da palavra **profilaxia** e escreva-o em seu caderno.

Em seguida, reflita sobre esse significado e responda se essa palavra tem algo a ver com o que você aprendeu neste capítulo. Em caso afirmativo, explique.

ATIVIDADE

Trabalho em equipe

Redijam um texto para um comercial de rádio que explique à população a importância de **medidas profiláticas** relacionadas às verminoses. O comercial deve ter duração de 30 segundos.

CHARGE

Na **ficção** da charge, o humorista explora o duplo sentido da expressão "temos vermes".

10. Qual é o verme frequentemente usado como isca em varas de pesca? A que grupo de invertebrados ele pertence?

11. Qual é o significado pretendido para a frase "temos vermes" usada na placa?

12. No **contexto ficcional** proposto, a fala do personagem canino remete a qual outro significado para "temos vermes"?

13. Dê exemplo de uma parasitose que as fezes de cães ou de gatos podem transmitir ao ser humano.

THE FLYING MCCOYS, GARY & GLENN MCCOY © 2008 GARY & GLENN MCCOY/ DIST. BY ANDREWS MCMEEL SYNDICATION

TIRINHA

Analise a tirinha para realizar as atividades 14 a 16.

GARFIELD, JIM DAVIS © 2000 PAWS, INC. ALL RIGHTS RESERVED/DIST. ANDREWS MCMEEL SYNDICATION

14. O dono do gato está pronto para inspecionar visualmente que tipo de parasitas?

15. Parasitas de qual tipo não serão verificados?

16. Que exame feito em laboratório permitiria verificar se o gato tem o tipo de parasitas da resposta anterior?

MAPA CONCEITUAL

17. O mapa conceitual abaixo relaciona conceitos estudados em diferentes capítulos. Analise-os e, a seguir, escreva em seu caderno as palavras que poderiam substituir corretamente os números 1 a 13 a fim de completar corretamente o mapa.

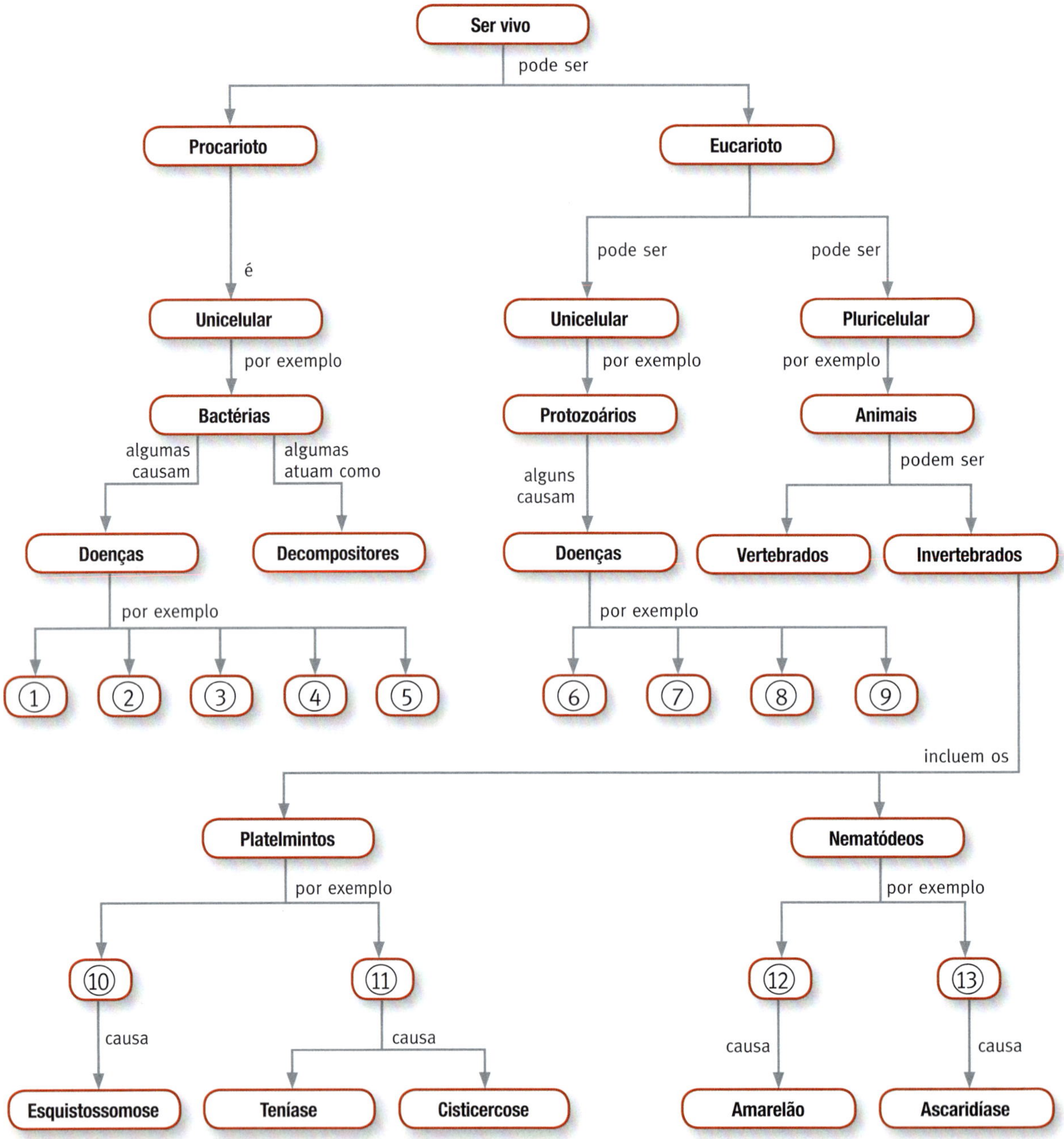

Seu aprendizado não termina aqui

Observe, na localidade em que você vive, as condições que favorecem a transmissão de verminoses. Coloque em prática o que aprendeu neste capítulo para se proteger e para ajudar a comunidade a evitar essas doenças.

Procure, também, saber se **você** já teve alguma verminose e precisou tomar vermífugo.

Se você tem **cão** ou **gato** em sua casa, converse com um **veterinário** sobre o que se deve fazer para evitar que o animal venha a ter vermes.

FECHAMENTO DA UNIDADE

Isso vai para o nosso *blog*!

Doenças contagiosas em nossa região

A critério do professor, a classe será dividida em grupos e cada um deles criará e manterá um *blog* na internet sobre a importância do que se aprende na disciplina de Ciências Naturais. Na presente atividade, a meta é selecionar informações (acessar, reunir, ler, analisar, debater e escolher as mais relevantes e confiáveis) relacionadas aos tópicos abaixo para incluir no *blog*.

DANIEL ZEPPO

Reunir notícias sobre doenças comuns em nossa localidade causadas por vírus, bactérias, protozoários e fungos.

Relacionar os motivos que contribuem para a transmissão de cada uma dessas enfermidades.

Reunir notícias sobre parasitoses que ocorrem com frequência em nossa região.

Indicar as providências que as autoridades e a população devem tomar para evitá-las.

Estabelecer uma lista das principais atitudes individuais que cada um de nós precisa ter para se precaver da contaminação pelos agentes causadores.

UNIDADE C

ANIMAIS VERTEBRADOS

BILL KENNEDY/SHUTTERSTOCK

KUTTELVASEROVA STUCHELOVA/SHUTTERSTOCK

O cavalo-marinho (comprimento: 4 cm) e o camaleão (comprimento: 35 cm) são exemplos de animais vertebrados. Na sua opinião, o cavalo-marinho é evolutivamente mais próximo dos cavalos, dos sapos, das lagartixas ou das sardinhas? E o camaleão? Por quê?

CAPÍTULO 9

REPRODUÇÃO SEXUADA E REPRODUÇÃO ASSEXUADA EM ANIMAIS

As zebras parecem iguais.
Mas serão mesmo todas iguais?

ULRICH KRELLNER/ALAMY/GLOW IMAGES

MOTIVAÇÃO

Cada uma das zebras mostradas na página anterior é um indivíduo único, apesar de pertencerem a uma mesma espécie. São as diferenças individuais entre as zebras que podem tornar algumas delas mais adaptadas ao ambiente, favorecendo-as no processo de seleção natural.

Apesar de a reprodução dos seres vivos poder variar bastante de uma espécie para outra, os biólogos reconhecem dois modos básicos de gerar descendentes: a **reprodução sexuada** e a **reprodução assexuada**. Este capítulo aborda ambos os modos e mostra, por meio de alguns exemplos referentes a animais, como os descendentes gerados em cada um deles podem se apresentar, ou não, diferentes entre si e diferentes do(s) organismo(s) do(s) qual(is) descendem.

DESENVOLVIMENTO DO TEMA

1 Genes

Características hereditárias

Desde a Antiguidade, sabe-se que características (como cor dos olhos, formato dos lábios, cor dos cabelos, formato das orelhas, tamanho do nariz etc.) são transmitidas de pais para filhos, ou seja, são **características hereditárias**. Pensava-se, porém, que essas características eram simplesmente "misturadas" de geração em geração.

Somente no século XIX é que o conhecimento humano sobre a hereditariedade sofreu considerável avanço. O responsável por esse avanço foi Gregor Mendel (1822-1884), que realizou uma série de experimentos cujas conclusões revelaram os fundamentos da transmissão das características hereditárias.

AMBLE DESIGN/SHUTTERSTOCK

Cada uma das células de um ser humano contém cerca de 30 mil genes herdados dos pais.

O que é herdado pelos descendentes são genes

Os trabalhos de Mendel levaram à conclusão de que as características hereditárias dos pais não são simplesmente "misturadas" pela natureza para originar filhos com características intermediárias. A hereditariedade está relacionada a "unidades" fornecidas por **ambos** os pais a cada um de seus descendentes.

Essas "unidades" transferidas dos pais para os filhos são atualmente denominadas **genes**. Os genes compõem o **material genético** existente nas células, relacionado às chamadas **características hereditárias**, ou **genéticas**. Os genes são responsáveis por condições necessárias para o funcionamento do metabolismo celular (conjunto de todos os processos que ocorrem em uma célula) e para o desenvolvimento das características de um organismo. **Fatores ambientais também intervêm nesse desenvolvimento** e muitas vezes podem até mesmo modificar características de um organismo.

A Genética é o estudo dos genes

Os genes e a maneira como eles são transferidos para os descendentes é objeto de estudo da ciência denominada **Genética**.

É importante que você perceba, desde já, que, mesmo entre os descendentes de um mesmo par de indivíduos, a diversidade **pode** ser muito grande.

ATIVIDADE

Para discussão em grupo

Você é a favor ou contra o uso de animais em pesquisas, como aquelas que buscam a cura para o câncer? Por quê?

Mutações gênicas são fontes de novos genes

Os cientistas descobriram que existem fatores capazes de provocar alterações nos genes. Alguns desses fatores são a radiação solar ultravioleta, a radiação nuclear e algumas substâncias químicas, como certos componentes da fumaça do cigarro. Quando ocorre uma alteração num gene, dizemos que houve uma **mutação gênica**, ou, simplesmente, uma **mutação**.

As mutações, quando acontecem, podem modificar a informação registrada no gene. Se uma mutação ocorrer numa célula reprodutiva (espermatozoide ou óvulo) o gene alterado pode ser transmitido para um descendente. Os genes alterados contêm, em alguns casos, **mutações prejudiciais** que podem inviabilizar o funcionamento saudável do corpo e levá-lo à morte. A maioria das mutações, no entanto, não acarreta nenhuma mudança significativa, seja ela vantajosa ou prejudicial ao organismo.

Contudo, **uma mutação pode eventualmente ser benéfica para o indivíduo**. Suponha, por exemplo, que, em razão de uma mutação gênica, um pernilongo de uma determinada espécie nasça resistente a certo inseticida. Essa característica favorece sua sobrevivência até chegar à vida adulta, reproduzir-se e transmitir a nova versão do gene a seus descendentes, que também poderão ser resistentes ao inseticida. Estes, por sua vez, também serão favorecidos, e a característica vantajosa tende a ser passada para grande número dos descendentes, ampliando sua ocorrência nos membros da espécie.

A-Z ATIVIDADE

Amplie o vocabulário!

Hora de debater o significado de cada conceito, redigi-lo com nossas palavras e incluí-lo no nosso blog.

- característica hereditária
- Genética
- mutação gênica

ERIC ISSELEE/SHUTTERSTOCK

Humanos e chimpanzés, evolutivamente muito próximos, têm entre si maior semelhança em seu material genético do que em relação a seres evolutivamente mais distantes deles, como plantas e fungos.

Como a vida na Terra existe há bilhões de anos, houve muito tempo para que mutações produzissem genes com efeitos vantajosos aos seus possuidores. As mutações são as fontes de novos genes que serão submetidos à seleção natural e poderão, caso tornem a espécie mais apta a enfrentar o ambiente, incorporar-se à bagagem genética daquela espécie.

Os progressos no estudo da Genética esclareceram a **importância dos genes na hereditariedade e o papel das mutações no aparecimento de variações genéticas** responsáveis por novas características em uma espécie.

2 Divisão celular

O crescimento de um ser vivo pluricelular até o tamanho adulto é decorrência do aumento do número de células no organismo. Esse aumento deve-se à capacidade que as células têm para sofrer **divisão celular**, processo em que duplicam suas estruturas internas e dividem-se, originando novas células.

A divisão celular também torna possível substituir as células que morreram ou foram lesadas. A reposição das células mortas da pele humana e a cicatrização de um corte, por exemplo, ocorrem graças às divisões celulares.

Além de ser responsável pelo crescimento e pelos reparos no organismo, o processo de divisão celular ocupa posição de destaque na reprodução dos seres vivos, como você perceberá nas próximas páginas. Essa posição de destaque é consequência de um fato importante: **uma nova célula se origina de uma célula anteriormente existente**.

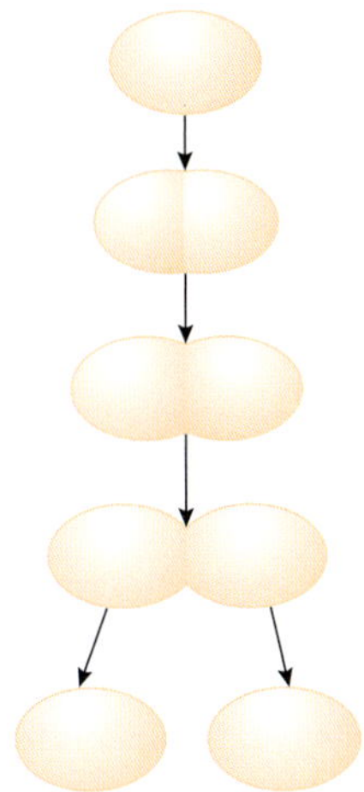

ADILSON SECCO

Representação esquemática de uma célula animal dividindo-se em duas no processo de crescimento ou de regeneração dos tecidos. (Cor e forma fantasiosas.)

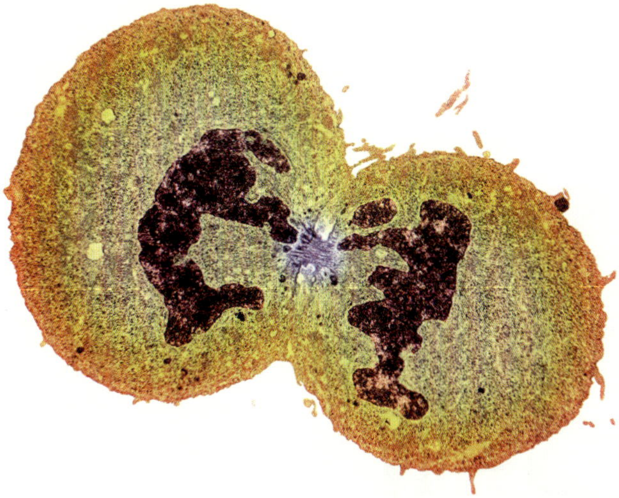

GOPA MURTI/SCIENCE PHOTO LIBRARY/LATINSTOCK

Imagem (ao microscópio eletrônico de transmissão) de célula de rim humano em processo de divisão. O material genético (colorido em tom mais escuro) foi duplicado e está acabando de se separar em duas porções idênticas. Cada porção ficará para uma das células resultantes da divisão. (Colorido artificial. Ampliação de aproximadamente 3.500 vezes.)

3 Material genético e reprodução humana

O zigoto forma-se na fertilização

A reprodução humana necessita de células especiais, os **gametas**. Os gametas masculinos são os **espermatozoides** e os gametas femininos são os **óvulos**.

As células do corpo humano, exceto os gametas, são células que contêm o **conjunto completo** de genes do indivíduo. Já os gametas são células que contêm **uma parte** do conjunto de genes.

Na geração de um novo ser humano, o pai contribui com o material genético contido no espermatozoide, e a mãe, com o material genético contido no óvulo. A **fertilização**, ou **fecundação**, é a união do espermatozoide com o óvulo com a respectiva reunião dos materiais genéticos de ambos. A fertilização forma uma nova célula, o **zigoto**, cujo material genético é proveniente do espermatozoide e do óvulo que participaram da fertilização.

O zigoto se desenvolve por divisões celulares

O desenvolvimento do zigoto ocorre por meio de sucessivas divisões celulares. Em cada uma dessas divisões, é feita uma cópia fiel do material genético. Assim, todas as células resultantes dessas divisões celulares possuirão um conjunto de genes idêntico ao do zigoto.

Durante a gestação do novo ser, as células sofrem diferenciação, ou seja, modificações em sua forma e em sua função. São produzidas as células do sangue, as células musculares, as células ósseas e todas as demais que formam o corpo humano. Toda essa diferenciação faz parte da atividade celular e é influenciada pelos genes herdados dos pais. O resultado de tudo isso é um indivíduo que não é exatamente igual ao seu pai nem à sua mãe, mas que herdou características de ambos por meio dos genes.

A divisão celular permite o crescimento e o reparo do organismo humano. Alguns tipos de células humanas podem se dividir uma vez por dia. Outras o fazem com menos frequência. Outras, ainda, nunca se dividem. As células provenientes das divisões celulares possuem uma cópia completa dos genes presentes na célula original, exceto no caso dos gametas, que apresentam **parte** do material genético.

VGAJIC/GETTY IMAGES

Apesar da diferenciação das células e de sua multiplicação (responsável pelo crescimento do corpo e pela reposição das células), todas elas mantêm uma cópia fiel da bagagem genética originalmente presente no zigoto. Somente as células envolvidas na reprodução é que não apresentam o material genético completo, apenas parte dele. **Os gametas são produzidos por um tipo especial de divisão celular por meio da qual apenas parte do material genético é transmitida a eles.**

Esquema (simplificado) da reprodução humana

ILUSTRAÇÕES: ADILSON SECCO

(1) Cada célula do organismo masculino contém um conjunto de genes (material genético, ou bagagem genética) idêntico ao que existia no zigoto.

(2) Divisões celulares produzem novas células para reparar lesões e para substituir células mortas. Essas novas células têm um conjunto de genes igual ao das células que as originaram.

(3) Os **espermatozoides,** gametas masculinos, são células produzidas por divisões celulares, nas quais recebem apenas **parte** do material genético das demais células do organismo do homem.

(1) Cada célula do organismo feminino contém um conjunto de genes (material genético, ou bagagem genética) idêntico ao que existia no zigoto.

(2) Divisões celulares produzem novas células para reparar lesões e para substituir células mortas. Essas novas células têm um conjunto de genes igual ao das células que as originaram.

(3) O **óvulo**, gameta feminino, é uma célula produzida por um tipo de divisão celular, na qual recebe apenas **parte** do material genético das demais células do organismo da mulher. O ovócito é a célula precursora do óvulo.

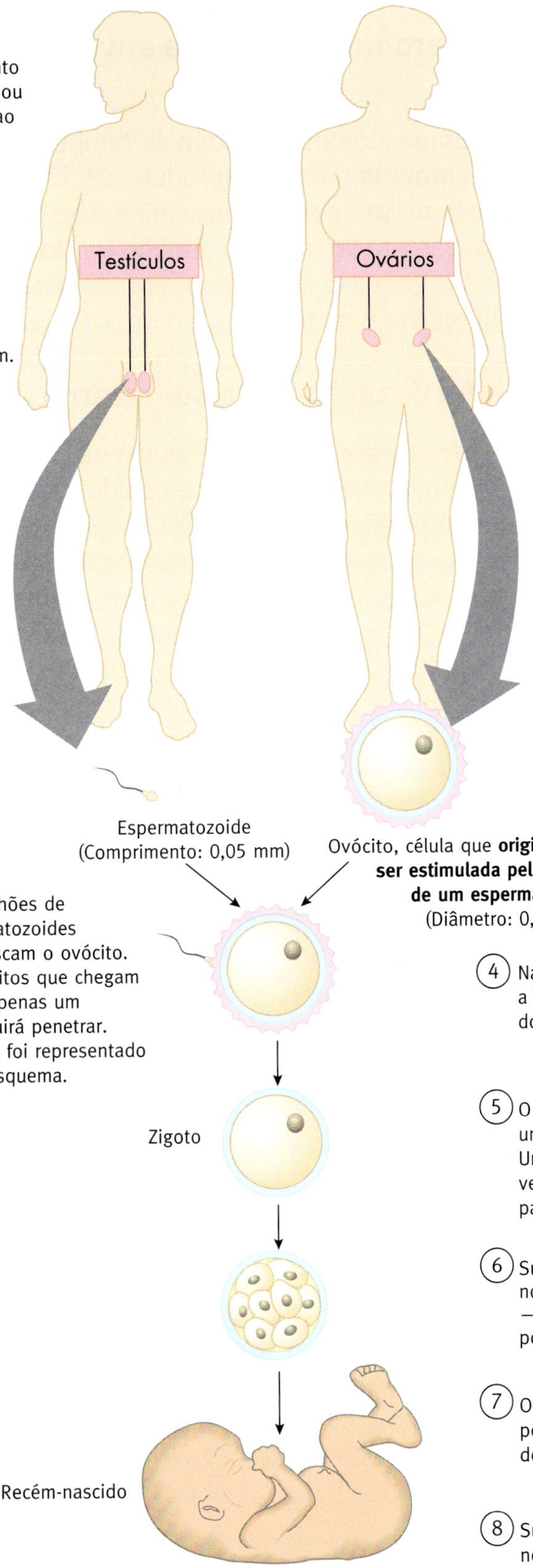

(4) Na fertilização, ou fecundação, ocorre a junção do material genético do espermatozoide e do óvulo.

(5) O zigoto é uma célula que contém um **conjunto completo** de genes. Uma parte desse material genético veio do espermatozoide e a outra parte, do óvulo.

(6) Sucessivas divisões celulares produzem novas células a partir do zigoto — que passa a se chamar embrião e, posteriormente, feto — até o nascimento.

(7) O recém-nascido é formado por células que contêm uma cópia do material genético do zigoto.

(8) Sucessivas divisões celulares produzem novas células, propiciando o crescimento do recém-nascido até atingir o tamanho adulto.

(Representação esquemática fora de proporção. Cores fantasiosas.)

4 Reprodução sexuada em animais

A reprodução sexuada envolve gametas

Assim como ocorre no caso do ser humano, a **reprodução sexuada** dos outros animais também envolve células especiais, os **gametas** (células reprodutivas). Um novo indivíduo é gerado a partir de um gameta masculino, chamado **espermatozoide**, e de um gameta feminino, chamado **óvulo**.

Os gametas se formam em órgãos apropriados do organismo do macho e da fêmea.

!

Saiba de onde vêm as palavras

- "Gameta" vem do grego *gametê*, esposa, *gamétés*, esposo, e *gaméō*, casar-se.
- "Espermatozoide" vem do grego *spérma*, que significa semente, germe, grão.
- "Óvulo" vem do latim *ovùlum*, pequeno ovo.
- "Zigoto" vem do grego *zugótós*, que indica unido, que está junto.
- "Fertilização" vem do latim *fertìlis*, fértil, que produz muito, que é abundante.
- "Fecundação" tem significado semelhante; do latim *fécundus*, fecundo, fértil.

A fertilização pode ser interna ou externa

Um **zigoto**, a primeira célula de um novo indivíduo, é formado pela união de um espermatozoide e de um óvulo*. Essa união é a **fecundação** ou **fertilização**.

Os comportamentos animais de acasalamento são muito variados. Há espécies em que os espermatozoides são depositados pelo macho no interior do corpo da fêmea. Nesse caso acontece a **fertilização interna**. Em outras espécies, macho e fêmea se aproximam um do outro e depositam seus gametas no ambiente, onde ocorre a **fertilização externa**. Como espermatozoide e óvulo são células muito delicadas que podem se desidratar (perder água) rapidamente e morrer, a fertilização externa ocorre dentro da água ou em ambientes extremamente úmidos.

FABIO COLOMBINI

Nas tartarugas (répteis), a **fecundação** é **interna**. Os ovos, já fecundados, são enterrados pela fêmea na areia para que se desenvolvam. Na foto, tartaruga-cabeçuda pondo ovos. (Linhares, ES.)
comprimento da tartaruga: 1,1 m

DEREK MIDDLETON/FLPA/MINDEN PICTURES/FOTOARENA

Rãs (anfíbios) macho e fêmea durante acasalamento. Nessa espécie, ambos liberam gametas na água, na qual ocorre a **fecundação externa**.
comprimento: 6-9 cm

* Em muitas espécies, entre elas a humana, o espermatozoide penetra em um **ovócito**, que é uma célula que originará o óvulo após ser estimulada pela entrada de um espermatozoide nela. O óvulo que é formado e o espermatozoide que já está em seu interior participam da **fertilização**. Nesse processo, os materiais genéticos do núcleo do óvulo e do núcleo do espermatozoide se reúnem em um núcleo celular único, que é o núcleo do **zigoto** formado nessa fertilização.

O desenvolvimento do zigoto

Após a fertilização, o zigoto passa por um período de desenvolvimento, em que o número de células se multiplica. Nessa fase ele recebe o nome de **embrião**.

Nas espécies que põem ovos, o embrião desenvolve-se dentro do ovo até o nascimento e, nesse período, utiliza substâncias nutritivas que existem no próprio ovo.

Há outras espécies de seres vivos em que o embrião permanece dentro do corpo da mãe e é nutrido por substâncias que provêm do organismo materno. É o que acontece na maioria dos mamíferos (grupo de animais que têm pelos na superfície do corpo e cujas fêmeas produzem leite para alimentar os filhotes).

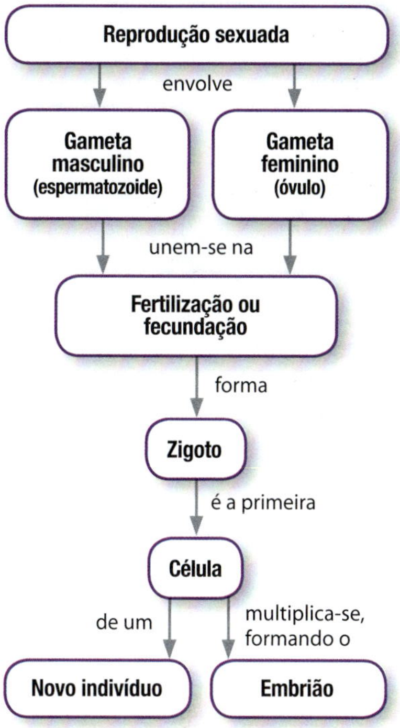

KATHERINE FENG/MINDEN PICTURES/FOTOARENA

Panda com filhote recém-nascido. Durante a fase embrionária, o panda desenvolve-se dentro do organismo materno, nutrindo-se de substâncias que recebe dele. (Reserva Natural de Wolong, China).
comprimento: 18 cm (recém-nascido)

CLAUS MEYER/MINDEN PICTURES/FOTOARENA

Nascimento de filhote de tartaruga-da-amazônia (réptil). Enquanto embrião, ele se desenvolveu dentro do ovo, nutrindo-se de substâncias armazenadas no próprio ovo.
comprimento: 5 cm

Há espécies que produzem ovos, mas eles não são postos. Ao contrário, ficam protegidos dentro do corpo da mãe até o nascimento. Nesse caso, o embrião também se nutre de substâncias armazenadas no ovo.

A reprodução sexuada produz descendentes que apresentam material genético em parte igual ao do pai e em parte igual ao da mãe.

A-Z

ATIVIDADE

Amplie o vocabulário!

Hora de debater o significado de cada conceito, redigi-lo com nossas palavras e incluí-lo no nosso blog.

- gameta
- espermatozoide
- óvulo
- fertilização ou fecundação
- fertilização externa
- fertilização interna
- zigoto
- embrião animal

Aves, de modo geral, são ovíparas. (Na foto, o nascimento de um pintinho.) comprimento: 8 cm

Animais ovíparos

Insetos, répteis e aves, por exemplo, costumam pôr ovos após a fecundação. Em cada ovo há um pequeno embrião e uma reserva de material nutritivo que garantirá o fornecimento de nutrientes ao novo ser que se desenvolve, até que esteja pronto para nascer, saindo do ovo. As espécies de animais que põem ovos são denominadas **ovíparas**.

Os ovos das espécies terrestres atualmente viventes têm paredes impermeáveis à água, o que impede a desidratação e a morte do embrião.

A casca dos ovos de répteis e de aves, constituída de carbonato de cálcio, é um interessante exemplo desse tipo de adaptação. Essa casca impede a passagem de água, mas permite que passem gases através dela, o que possibilita a entrada de gás oxigênio, necessário à respiração celular do ser em desenvolvimento, e a saída de gás carbônico, excretado por ele. A casca desses ovos é bastante resistente e, caso se formasse antes da fertilização, impediria a passagem dos espermatozoides. A casca dos ovos de répteis e aves forma-se, portanto, em uma época posterior àquela em que pode ocorrer fecundação.

Animais vivíparos

O ser humano, como a maioria dos demais mamíferos, é vivíparo.

Diferentemente do que acontece com as fêmeas ovíparas, a maioria das fêmeas de mamíferos retêm os embriões no interior de seu corpo. Seu organismo é dotado de um órgão, o **útero**, no qual um ou mais embriões se desenvolvem até estarem prontos para nascer. Durante esse período de desenvolvimento, a gestação, os novos indivíduos são nutridos pelo corpo materno por meio de um órgão chamado **placenta**.

Espécies animais que possuem essas características são denominadas **vivíparas**.

Animais ovovivíparos

No que diz respeito ao desenvolvimento do embrião, há um terceiro caso que pode ser encontrado, por exemplo, em algumas espécies de peixes e de répteis. Após a fertilização interna, as fêmeas produzem ovos, mas os retêm em seu interior até o nascimento dos filhotes.

Diversamente do que ocorre no caso dos vivíparos, a nutrição do embrião presente nesses ovos não vem diretamente da mãe, mas sim das reservas nutritivas existentes nos próprios ovos no momento em que foram formados. Nessas espécies animais, denominadas **ovovivíparas**, o corpo materno apenas protege os ovos de fatores ambientais que possam destruí-los, tais como o calor excessivo e os predadores.

5 Reprodução assexuada em animais

Várias espécies, principalmente de animais menos complexos, conseguem também reproduzir-se assexuadamente.

Na **reprodução assexuada**, um ou mais novos indivíduos são gerados por uma série de divisões celulares a partir de um único "ancestral". Nesse tipo de reprodução não ocorre a união de gametas, e os descendentes são geneticamente idênticos ao ser que os originou.

Brotamento

Um modo de reprodução assexuada é o **brotamento**, que ocorre, por exemplo, na hidra (foto ao lado). O broto surge por meio de sucessivas divisões celulares que produzem novas células cuja bagagem genética é idêntica à da hidra original. O broto cresce à medida que seu número de células aumenta, por divisões celulares. Atingido um certo tamanho, o broto pode se destacar e passar a ter vida independente.

Nas anêmonas-do-mar também pode ocorrer brotamento. As colônias de anêmonas-do-mar formam-se quando os novos indivíduos produzidos assexuadamente permanecem unidos aos "ancestrais" (foto **A**, abaixo).

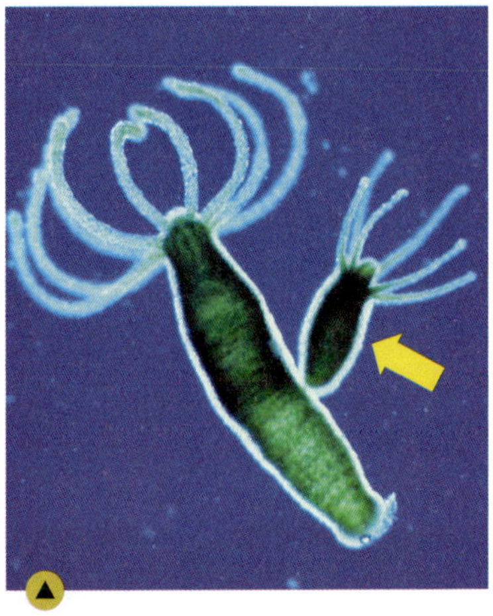

BIOPHOTO ASSOCIATES/SCIENCE SOURCE/LATINSTOCK

A hidra (um tipo de cnidário) dessa foto, pequeno animal aquático, está se reproduzindo por brotamento. A seta indica o broto, uma nova hidra em formação.
(Foto ao microscópio de luz.)
comprimento: 4 mm

Regeneração de fragmentos

Outro modo de reprodução assexuada ocorre com alguns animais quando há **fragmentação** seguida de **regeneração** das partes. Nesse processo, um ou mais pedaços do corpo do animal destacam-se dele por ação de uma força externa e, a seguir, sofrem regeneração, ou seja, reconstroem as partes que faltam. Isso acontece, por exemplo, em certas espécies de esponjas, anêmonas-do-mar, vermes e estrelas-do-mar.

Dependendo da espécie e dos fragmentos, pode haver regeneração de todos os pedaços ou de apenas alguns deles. Se uma estrela-do-mar perder um de seus braços, por exemplo, haverá regeneração e um novo braço será formado (foto **B**). Se o braço perdido tiver uma porção do disco central do animal, também terá a capacidade de regeneração e originará um novo indivíduo.

REINHARD DIRSCHERL/ULLSTEIN BILD/GETTY IMAGES

Colônia de anêmonas-do-mar.
diâmetro de cada indivíduo: até 8 mm

DANIEL GOTSHALL/VISUALS UNLIMITED, INC./SCIENCE PHOTO LIBRARY/LATINSTOCK

As estrelas-do-mar têm a capacidade de regenerar braços perdidos. Note o braço em regeneração (o menor, à esquerda) na estrela-do-mar dessa foto.
diâmetro: 17 cm

6 Reprodução sexuada e variabilidade genética dos descendentes

Qual o modo mais vantajoso de reprodução: sexuada ou assexuada? Se ambos são observados na natureza, é porque ambos têm suas vantagens. Em termos evolutivos, podemos dizer que, se determinada espécie se reproduz de um e/ou de outro modo, é porque isso é uma característica para sobreviver no ambiente ao qual está adaptada.

A **reprodução assexuada** permite que um indivíduo gere vários descendentes geneticamente iguais a ele, denominados **clones**. Se o ser original está bem adaptado ao ambiente, e se esse ambiente fornece condições adequadas para a vida de novos indivíduos, então os descendentes terão grandes chances de sobreviver e de se desenvolver. A reprodução assexuada permite a uma espécie, portanto, ter sucesso em determinado ambiente, povoando-o rapidamente.

Na reprodução assexuada, os indivíduos não precisam investir suas energias na produção de gametas e, no caso de animais, também na procura de parceiro para acasalar e em rituais de acasalamento.

Por outro lado, a grande desvantagem da reprodução assexuada é o fato de **os descendentes não apresentarem variabilidade genética**. Como todos os descendentes são geneticamente semelhantes, eles estão muito mais sujeitos ao desaparecimento no caso de alguma alteração ambiental à qual eles não tenham resistência. Assim, por exemplo, as mudanças climáticas, o aparecimento de novas doenças ou de novas pragas e as modificações na composição do ar, do solo ou da água podem provocar a morte de grande parte dos indivíduos da espécie e até mesmo extingui-la.

Aí entra em cena a grande vantagem evolutiva da **reprodução sexuada**: **os descendentes não são geneticamente idênticos a nenhum dos pais**, pois herdam apenas parte do material genético de cada um deles. Assim, numa população de indivíduos que se reproduzem sexuadamente, encontramos uma variabilidade muito maior de características, na forma e no funcionamento do organismo, que confere à espécie uma maior chance de adaptação a possíveis mudanças do ambiente.

Uma nova doença pode eliminar alguns indivíduos, mas outros podem sobreviver a ela. Um novo predador pode eliminar alguns indivíduos, mas não outros que, por exemplo, graças à variabilidade de características, confundam-se visualmente com o ambiente.

Assim, a reprodução sexuada aumenta a variabilidade dos indivíduos de uma população, aumentando as chances de surgirem indivíduos com características que os ajudem a sobreviver e se desenvolver no ambiente. Isso proporcionou, ao longo de muitos milhões de anos, a evolução das espécies que constituem a enorme biodiversidade atual.

A-Z

ATIVIDADE

Amplie o vocabulário!

Hora de debater o significado de cada conceito, redigi-lo com nossas palavras e incluí-lo no nosso blog.

- reprodução sexuada
- reprodução assexuada
- clone

comprimento: 2 cm

MICHAEL PATRICK O'NEILL/SCIENCE SOURCE/LATINSTOCK

comprimento: 4 cm

MITSUHIKO IMAMORI/MINDEN PICTURES/FOTOARENA

A reprodução sexuada é fonte de variabilidade de descendentes, sobre os quais a seleção natural atua. A semelhança visual com o ambiente no qual se vive, aqui ilustrada pelo cavalo-marinho-pigmeu **(A)** (Oceano Pacífico, Indonésia) e por uma mariposa **(B)** (Floresta Amazônica, Colômbia), é um exemplo de adaptação que fornece proteção contra os predadores, favorecendo a sobrevivência desses indivíduos.

ORGANIZAÇÃO DE IDEIAS

MAPA CONCEITUAL

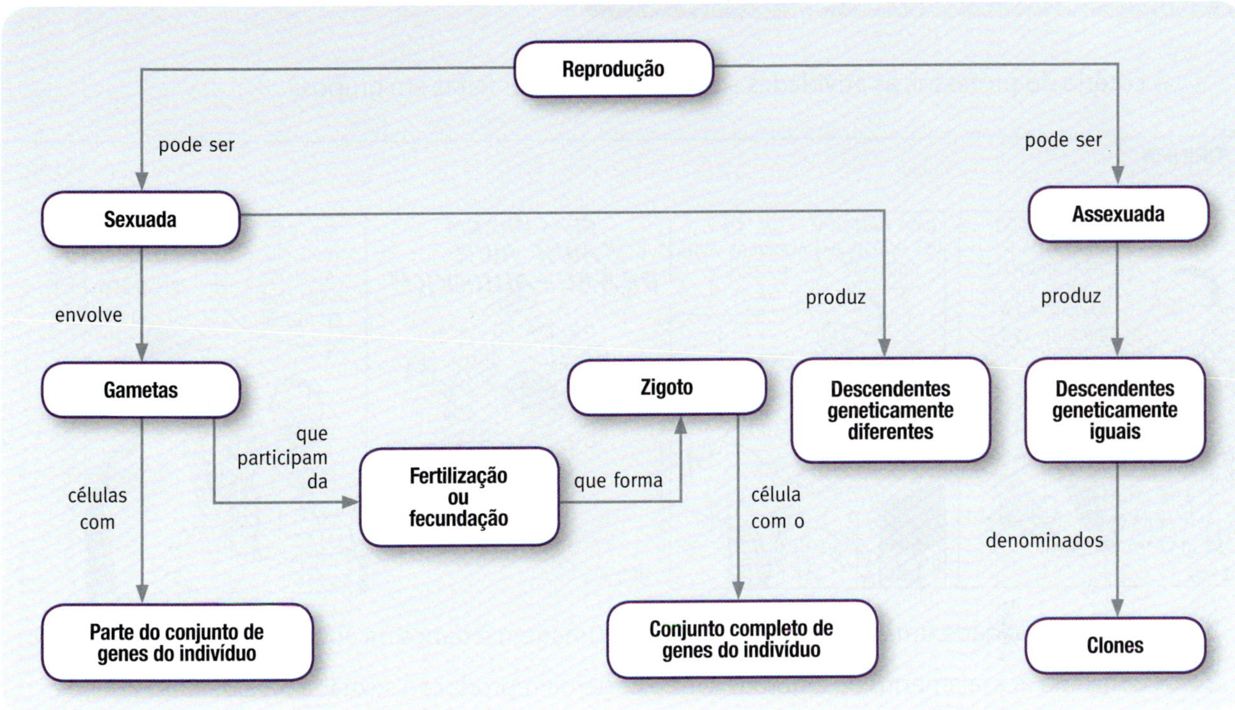

ATIVIDADE

USE O QUE APRENDEU

1. A reprodução sexuada envolve gametas.

a) O que são gametas?

b) Como é chamado o gameta masculino?

c) Como é chamado o gameta feminino?

2. Na espécie humana, assim como em muitas outras, há células com o **conjunto completo** de genes que o indivíduo possui e células com apenas **parte** desse material genético.

a) Quais são as células com apenas parte do material genétco?

b) Quais são as células que têm o conjunto completo de genes?

c) Qual desses dois tipos de células tem participação direta no processo de fertilização?

3. De onde vem o material genético presente em um **zigoto**?

4. No seu corpo há centenas de trilhões de células que contêm o conjunto completo dos genes que você possui. Explique como é possível que todas elas possuam cópias desse material genético que você herdou de seus pais se, nos gametas deles que participaram da fecundação, havia material suficiente apenas para a formação do zigoto.

5. A fertilização externa requer um número muito maior de gametas do que a interna. (Uma ostra, por exemplo, produz 100 milhões de gametas femininos por ano; já uma mulher libera anualmente apenas cerca de 12 ovócitos.) Levando em conta as características da fertilização externa e da fertilização interna, explique por que, evolutivamente, as espécies com fertilização externa produzem mais gametas.

6. A espécie humana é classificada como **vivípara**, ao passo que as araras são consideradas **ovíparas**.

a) Por que essas espécies diferem nessa classificação?

b) Cachorros, gatos, porcos e cavalos são incluídos em qual dos dois grupos? Por quê?

7. Enumere as vantagens e as desvantagens das duas formas de reprodução, sexuada e assexuada.

ATIVIDADE

EXPLORE DIFERENTES LINGUAGENS

A critério do professor, as atividades a seguir poderão ser feitas em grupos.

TIRINHA

CALVIN & HOBBES, BILL WATTERSON © 1987 WATTERSON / DIST. BY ANDREWS MCMEEL SYNDICATION

1. Com que finalidade uma ave macho exibe sua plumagem e dança na época do acasalamento?

2. A dança do acasalamento de algumas aves é parte da reprodução sexuada ou assexuada?

TRECHO DE DOCUMENTÁRIO

3. Um documentário de televisão informou que, numa certa localidade à beira-mar, nativos sobrevivem da coleta e da venda de pérolas que se formam dentro de certas ostras. Sabendo que as estrelas-do-mar se alimentam de ostras, esses nativos criaram o hábito de mergulhar à procura de estrelas-do-mar e, sempre que as encontravam, cortavam-nas ao meio e jogavam os pedaços de volta ao mar. Após alguns anos, perceberam que a população de estrelas-do-mar tinha aumentado em vez de diminuir.

Proponha uma explicação para o aumento da população de estrelas-do-mar relatado.

CHARGE

CLOSE TO HOME, JOHN MCPHERSON © 2002 JOHN MCPHERSON/DIST. BY ANDREWS MCMEEL SYNDICATION

A charge satiriza a clonagem humana, que, hoje em dia, não é eticamente aceita.

4. O que é um clone?

5. Quando uma hidra (cnidário) se reproduz por brotamento, a formação do novo indivíduo requer encontro de espermatozoide e óvulo? Explique.

6. A formação de um clone de anêmona-do-mar é um modo de reprodução sexuada ou assexuada?

Seu aprendizado não termina aqui

A caça e a pesca predatórias – aquelas em que são mortos mais animais do que a velocidade natural de reprodução consegue repor – colocam várias espécies em risco de extinção. Esteja atento a esses graves problemas, acompanhe as notícias sobre o tema em fontes informativas de credibilidade e **jamais** adote atitudes que possam estimular a matança indiscriminada de animais.

CAPÍTULO 10

PEIXES

VLADIMIR WRANGEL/SHUTTERSTOCK

Você sabe que características os peixes têm para que sejam considerados vertebrados? (Na foto, o peixe borboleta-bicuda, *Chelmon rostratus*; comprimento: até 25 cm.)

MOTIVAÇÃO

Objetivo

▶ Verificar, pelo tato, a existência da coluna vertebral no ser humano.

Procedimento

1. Incline um pouco o seu corpo, levando o peito para a frente e deixando suas costas arqueadas.
2. Passe o dedo pelas suas costas, bem no centro, de cima a baixo.
3. Procure perceber a existência de uma fileira de pequenos ossos que formam uma sequência que vai desde o pescoço até abaixo da cintura.

FERNANDO FAVORETTO/CRIAR IMAGEM

Pelo tato, é possível perceber a presença da coluna vertebral.

PATRICK PLEUL/DPA/DPA/LATINSTOCK

A lesma é um animal que não possui esqueleto.
comprimento: 8 cm

BAILEY RICHERT/ALAMY/GLOW IMAGES

O elefante é um animal com esqueleto interno.
altura: 3 m

BENNYARTIST/SHUTTERSTOCK

O camarão apresenta um esqueleto externo com articulações nas pernas.
comprimento: 5 cm

DESENVOLVIMENTO DO TEMA

1 Endoesqueleto e exoesqueleto

Algumas espécies de animais apresentam esqueleto. Outras não.

Você já observou uma lesma? A lesma é um animal que não possui esqueleto. Outros exemplos são o polvo e a minhoca.

Já pensou se um elefante não tivesse esqueleto? Com todo aquele tamanho, seria impossível ele se manter em pé. Seu corpo não teria sustentação. É esse um dos papéis desempenhados pelo esqueleto: dar sustentação ao corpo. Existem alguns animais que possuem esqueleto na parte externa do corpo, como se fosse uma armadura. É o caso dos camarões. Esse esqueleto apresenta articulações que permitem ao camarão andar. O caranguejo, a barata, o escorpião e o gafanhoto são outros exemplos de animais com esqueleto externo, o **exoesqueleto**.

O ser humano também tem esqueleto. Mas ele fica na parte interna do corpo, como no caso do elefante. É o **endoesqueleto**. Outros exemplos de animais que possuem endoesqueleto são macacos, cachorros, gatos, sapos, jacarés, aves e peixes.

2 A coluna vertebral

Ao seguir o procedimento descrito na abertura deste capítulo, você percebeu a existência, no seu corpo, da **coluna vertebral**. Ela é uma fileira de ossos que está presente em alguns animais, como elefantes, bois, porcos, macacos, cachorros, gatos, ratos, sapos, serpentes, jacarés, passarinhos e peixes. Os animais que apresentam coluna vertebral são os **vertebrados**.

Esquema do esqueleto com coluna vertebral de alguns animais

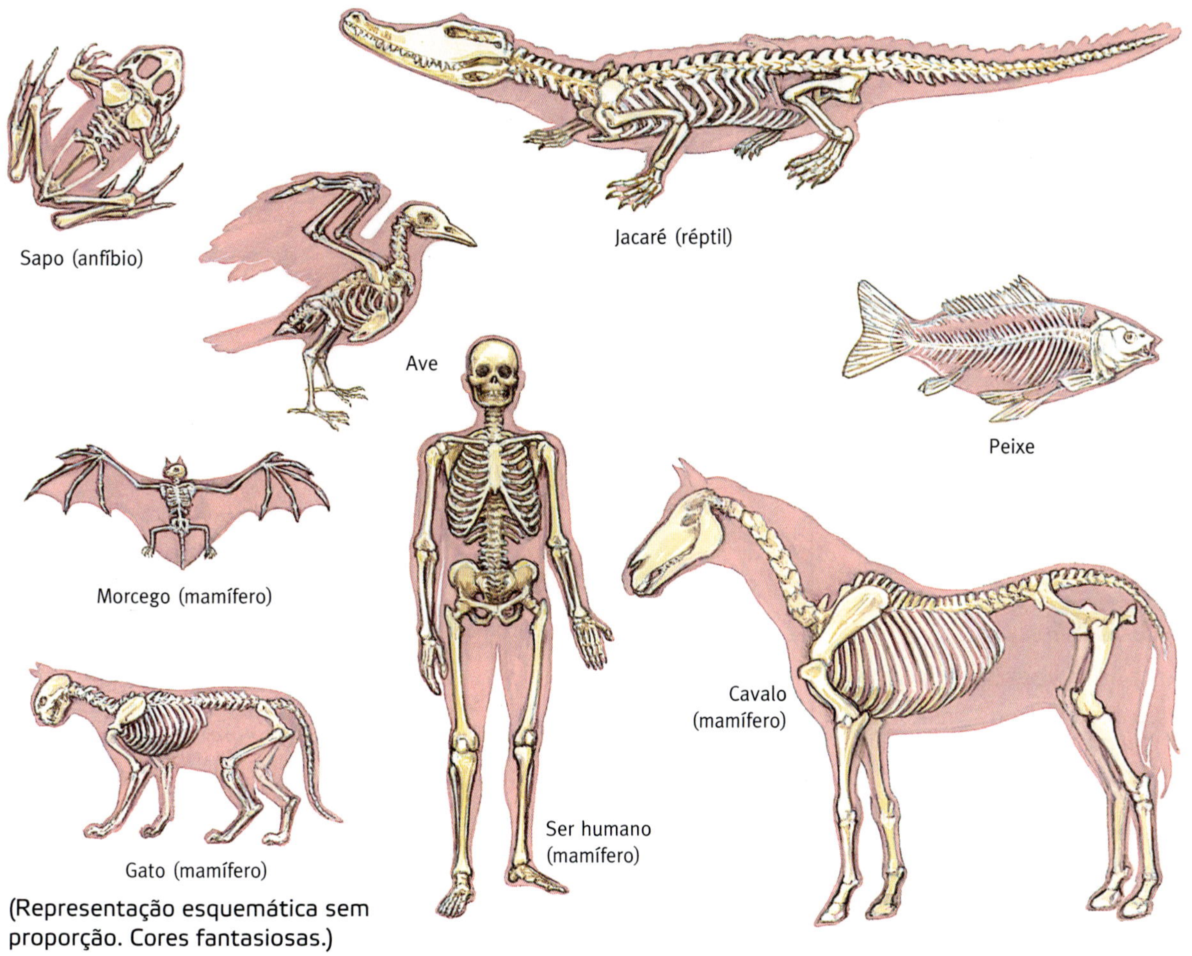

Fontes: S. Parker. *Esqueleto*. Rio de Janeiro: Globo. p. 16-21, 46-47; J.-C. Corbeil e A. Archambault (Ed.). *The Macmillan visual dictionary*. Nova York: Macmillan. p. 102-103, 122-123.

Por outro lado, os animais que **não** possuem coluna vertebral são os **invertebrados**. Alguns deles são os polvos, os caramujos e os vermes.

É importante perceber que nem todo animal que possui esqueleto é considerado vertebrado. A estrela-do-mar, por exemplo, tem um esqueleto, mas sem coluna vertebral. O caranguejo, o camarão, a barata, o escorpião e o gafanhoto possuem esqueleto — que é um exoesqueleto —, mas sem coluna vertebral. São, portanto, invertebrados.

3 A diversidade dos vertebrados

Os peixes, os anfíbios, os répteis, as aves e os mamíferos são animais **vertebrados**. Todos eles apresentam **endoesqueleto** e, além da **coluna vertebral**, possuem um **crânio**. O crânio, estrutura rígida localizada na cabeça e que envolve o cérebro, é constituído por material ósseo ou cartilaginoso.

Os cientistas descreveram (ou seja, catalogaram) mais de 53 mil espécies de vertebrados.

Gráfico da diversidade dos vertebrados
(número aproximado de espécies viventes conhecidas)

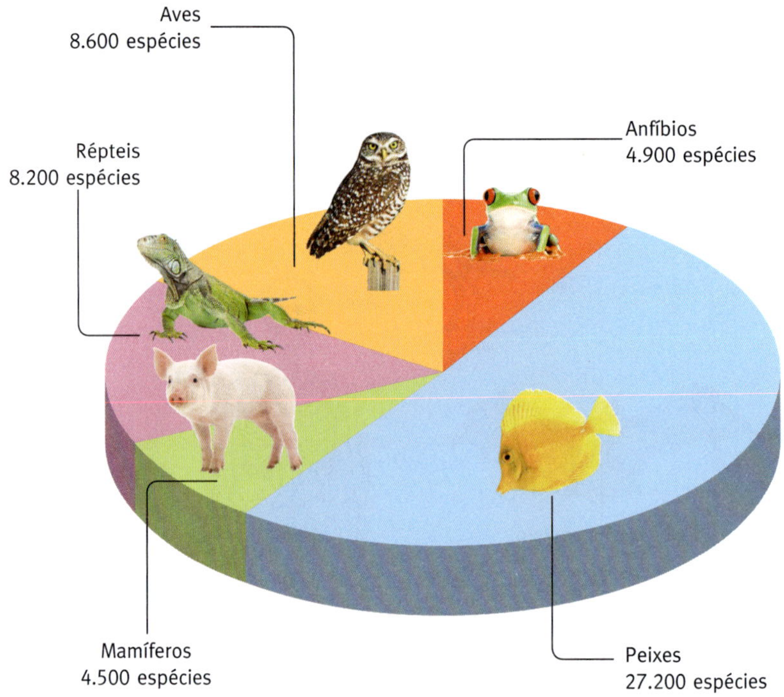

(Imagens sem proporção entre si.)

Fonte dos dados numéricos: C. Starr et al. *Biology: the unity and diversity of life*. 12. ed. Belmont: Brooks/Cole. p. 434.

A-Z ATIVIDADE

Amplie o vocabulário!

Hora de debater o significado de cada conceito, redigi-lo com nossas palavras e incluí-lo no nosso blog.

- vertebrado
- invertebrado

4 Peixes

Peixes são animais de ambiente aquático. Alguns vivem em ambientes marinhos e outros vivem em ambientes de água doce, isto é, rios e lagos.

Quando você come um peixe e encontra espinhas, você está encontrando pedacinhos do esqueleto do peixe. As espinhas estão conectadas à **coluna vertebral**, que é também chamada de **espinha dorsal** do peixe.

A maioria dos peixes apresenta escamas revestindo o corpo. Uma das funções das escamas é a proteção da pele.

Objeto educacional digital
Criaturas das profundezas do oceano

Peixes são vertebrados. Nessa imagem do esqueleto de um peixe podemos observar sua coluna vertebral.

Os peixes se locomovem na água por meio do movimento de seus músculos. Além disso, eles possuem nadadeiras (veja a ilustração ao lado), que ajudam a controlar a direção dos movimentos.

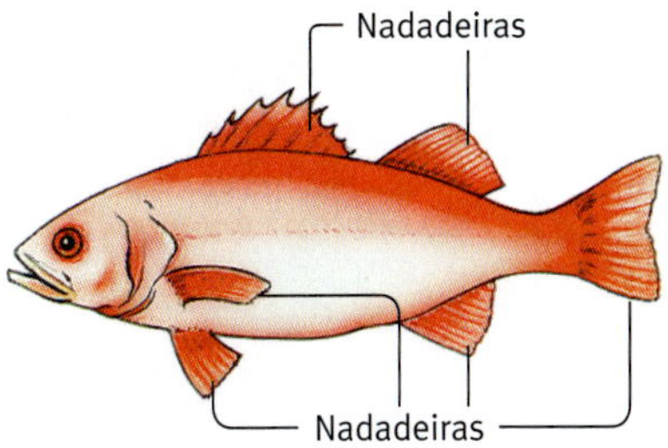

Representação sem proporção. Cores fantasiosas.

Peixes respiram por brânquias

Assim como nós, os peixes usam gás oxigênio na sua respiração. Porém, ao contrário do ser humano, os peixes utilizam o gás oxigênio do ar que está dissolvido na água. Esse gás dissolvido está disperso na água sob a forma de partículas tão pequenas que não as conseguimos ver.

Os peixes aproveitam esse oxigênio presente na água. Ela entra pela boca do peixe, passa pelas suas **brânquias** e sai por uma abertura lateral logo após a cabeça. É nas brânquias que o gás oxigênio dissolvido na água passa para o sangue do peixe e o gás carbônico dissolvido no sangue passa para a água.

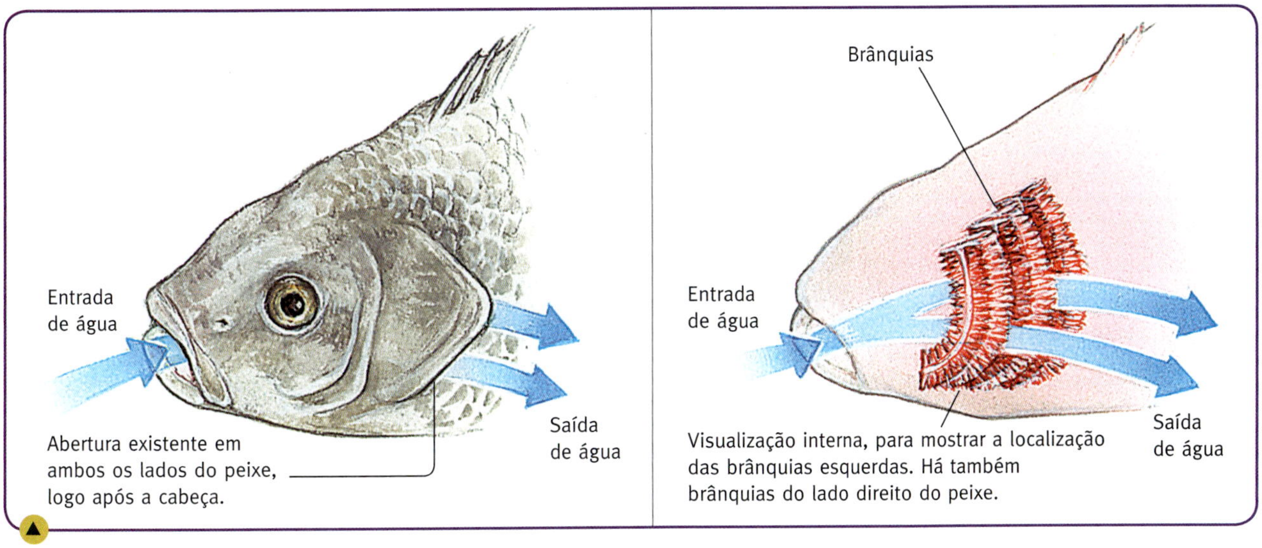

Esquema da passagem de água pelas brânquias, nas quais é retirado gás oxigênio que está dissolvido no líquido. (Cores fantasiosas.)

Fonte: F. H. Pough et al. *A vida dos vertebrados*. 4. ed. (tradução da 7. ed.). São Paulo: Atheneu. p. 75.

Peixes, em geral, se reproduzem por ovos

A reprodução dos peixes envolve, de modo geral, a postura de ovos. Em certas espécies, sai um pequeno peixe de cada ovo, chamado **alevino**, já com forma semelhante à do adulto. Em outras espécies, o que sai é uma **larva**, estágio jovem do desenvolvimento com aspecto bem diferente do adulto. Com o passar do tempo, a larva cresce, desenvolve-se, sofre notável alteração no aspecto — a **metamorfose**, que significa "transformação" — e transforma-se em adulto.

Há espécies em que os ovos são mantidos no interior do organismo materno até o nascimento dos filhotes. E, em algumas poucas espécies, o embrião desenvolve-se dentro do organismo materno e é nutrido por substâncias que recebe dele.

DAVID FLEETHAM/VISUALS UNLIMITED, INC./SCIENCE PHOTO LIBRARY/LATINSTOCK

IMAGEBROKER/ALAMY/GLOW IMAGES

Os tubarões (**A**) e as arraias (**B**) são peixes cartilaginosos.
comprimento do tubarão: até 7,5 m
envergadura da arraia: até 1,8 m

Peixes cartilaginosos

Os tubarões e as raias (ou arraias) são representantes de um grupo conhecido como **peixes cartilaginosos**. São assim chamados porque, em vez de material ósseo, eles têm o esqueleto constituído por cartilagem, semelhante àquela que você possui nas partes flexíveis das suas orelhas e da ponta do seu nariz. São conhecidas mais de mil espécies de peixes cartilaginosos.

Peixes ósseos

A maioria dos peixes tem o esqueleto constituído de material ósseo; são denominados **peixes ósseos**. Foram descritas aproximadamente 26 mil espécies. Nesse grupo, que apresenta enorme diversidade de formas e cores, incluem-se as sardinhas, os cavalos-marinhos, as garoupas, as moreias, as carpas, os bagres, os salmões e as trutas.

REINHARD DIRSCHERL/VISUALS UNLIMITED, INC./GLOW IMAGES

Truta.
comprimento: 50 cm

FABIO COLOMBINI

Bagre.
comprimento: 30 cm

Peixes sem mandíbulas

Existem algumas espécies de peixes, que possuem características muito basais (ancestrais), que **não** se enquadram em nenhum dos dois grupos, cartilaginosos ou ósseos. Entre elas estão as **lampreias** e as **feiticeiras** (também denominadas peixes-bruxa), que têm a pele lisa e sem escamas, não apresentam mandíbula e possuem uma única nadadeira próxima à cauda. Há cerca de 40 espécies conhecidas de lampreias e 50 de feiticeiras.

JELGER HERDER/BUITEN-BEELD/MINDEN PICTURES/FOTOARENA

Lampreia.
comprimento: 60 cm

TOM MCHUGH/SCIENCE SOURCE/LATINSTOCK

Feiticeira.
comprimento: 30 cm

Breve noção da anatomia interna dos peixes

Os dois esquemas a seguir dão uma noção de alguns órgãos presentes nos peixes cartilaginosos e nos peixes ósseos. As **cores** utilizadas nos desenhos são **fantasiosas**, ou seja, não representam necessariamente a coloração real dos órgãos. Esse recurso de **cores fantasiosas** é didático, pois facilita a visualização de diferentes partes que, na realidade, podem apresentar colorações muito parecidas.

Noção da anatomia de um peixe cartilaginoso

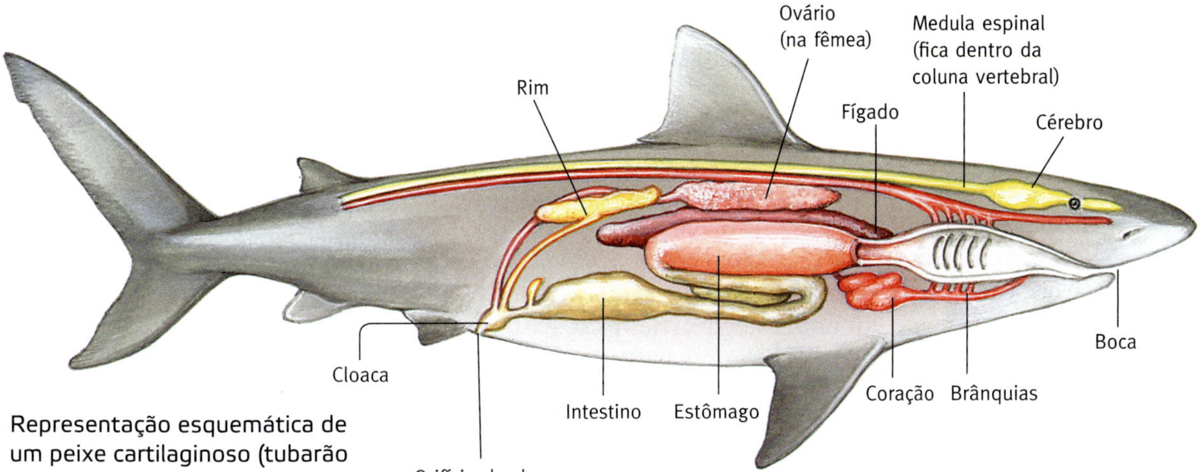

Representação esquemática de um peixe cartilaginoso (tubarão fêmea, com comprimento de, aproximadamente, 2,5 metros), mostrando a localização (interna) de alguns órgãos, ilustrados em cores fantasiosas.

Fonte: M. MacQuitty. *Tubarões*. Rio de Janeiro: Globo. p. 10-11.

CECÍLIA IWASHITA

Noção da anatomia de um peixe ósseo

Representação esquemática de um peixe ósseo típico (fêmea, no caso, com comprimento de, aproximadamente, 30 centímetros), mostrando a localização (interna) de alguns órgãos, ilustrados em cores fantasiosas.

A **bexiga natatória** é uma bolsa de gases que se enche ou se esvazia, permitindo ao animal alterar sua capacidade de flutuação e facilitando movimentos de subida e descida dentro da água. Os gases para enchê-la vêm do sangue, no qual estão dissolvidos. Quando ela se esvazia, os gases voltam para o sangue, no qual se dissolvem.

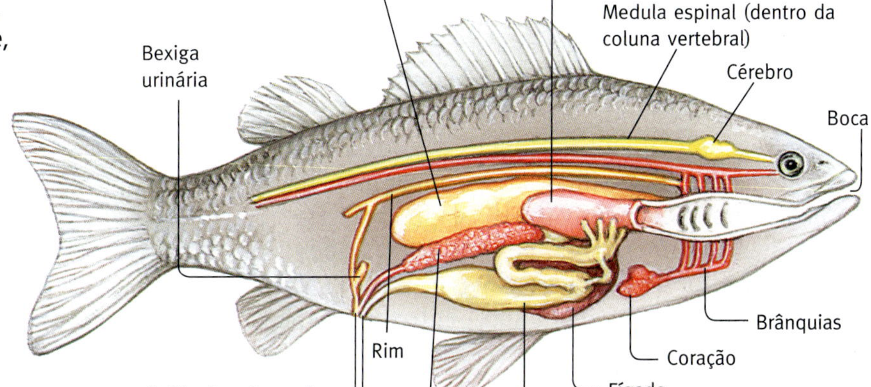

Fonte: T. I. Storer et al. *Zoologia geral*. 6. ed. São Paulo: Companhia Editora Nacional. p. 596.

CECÍLIA IWASHITA

Em destaque

Lista vermelha: situação mundial de tubarões e arraias é ruim

!

A **Lista Vermelha** da União Internacional para a Conservação da Natureza (IUCN) é uma relação das espécies extintas e ameaçadas em todo o planeta.

"Entre as [...] espécies de tubarões e seus familiares (classe Chondrichthyes), uma alta proporção (47%) está listada na categoria de 'dados insuficientes' [...]. Como muitos tubarões e arraias são espécies de regiões de águas profundas, são difíceis de estudar em ambiente natural e pouco se sabe sobre sua ecologia e a situação de sua população, inclusive sobre o impacto das principais ameaças, sejam elas conhecidas ou desconhecidas. Aproximadamente 17% das espécies de tubarões e arraias estão em categorias ameaçadas ('criticamente em perigo', 'em perigo' e 'vulneráveis'), e 13% são consideradas 'quase ameaçadas' e podem entrar brevemente em uma categoria de risco, caso as atuais ameaças não sejam reduzidas.

Muito do que atualmente se conhece sobre tubarões e arraias vem de sua captura em redes, seja ela intencional ou acidental, que é a principal ameaça às espécies desse grupo. Tubarões crescem lentamente, levam tempo para amadurecer, produzem poucos descendentes e têm baixas taxas de aumento populacional, o que faz com que tenham baixa capacidade de recuperação da exploração excessiva e os torna altamente vulneráveis ao desaparecimento. [...] Milhões de tubarões são capturados a cada ano por causa de suas barbatanas, que são usadas para fazer a iguaria asiática sopa de barbatana de tubarão. Tubarões são cada vez mais caçados com essa finalidade. [...]

Algumas espécies são afetadas por uma combinação de todos esses fatores. Por exemplo, todas as sete espécies de peixe-serra (família Pristidae) estão listadas como 'criticamente em perigo'. Essas grandes e incomuns arraias (às vezes com mais de 7 m de comprimento) são de crescimento lento, e as populações vivem frequentemente isoladas, com pouca migração entre áreas. Elas têm 'focinhos' longos e achatados (ou 'serras'), com dentes como serrilhas nas extremidades. Essa 'serra' as torna extremamente suscetíveis à captura acidental em quase todos os equipamentos de pesca e elas também são mortas devido ao valor de suas barbatanas e 'serras'. As 22 espécies de tubarões-anjo (*Squatina* spp.) enfrentam ameaças semelhantes e estão entre as famílias de tubarões que mais correm risco. Das espécies de tubarões-anjo sobre as quais há dados suficientes para fazer uma avaliação, 80% estão 'em perigo' e 20% estão 'criticamente em perigo'."

Fonte: International Union for Conservation of Nature (IUCN). Acessado em https://portals.iucn.org/library/sites/library/files/documents/RL-2009-001.pdf (Tradução dos autores.)

ATIVIDADE

Certifique-se de ter lido direito

A abreviatura "sp." é empregada quando não é possível determinar ou não é preciso mencionar o nome da espécie.

A abreviatura "spp." (plural) indica "várias espécies". Assim, por exemplo, *Squatina* spp. indica várias espécies do gênero *Squatina*.

!

Na época em que as raias e os tubarões foram incluídos na Lista Vermelha, o jornalista Herton Escobar escreveu um artigo sobre isso, intitulado *Raias e tubarões, novidades entre as espécies ameaçadas*. Leia esse interessante artigo. Para acessá-lo, digite, em um mecanismo de busca, o nome do autor seguido do título do artigo.

F. SCHNEIDER/ALAMY/GLOW IMAGES

Tubarão-anjo (*Squatina* sp.).
comprimento: 2 m

ORGANIZAÇÃO DE IDEIAS

MAPA CONCEITUAL

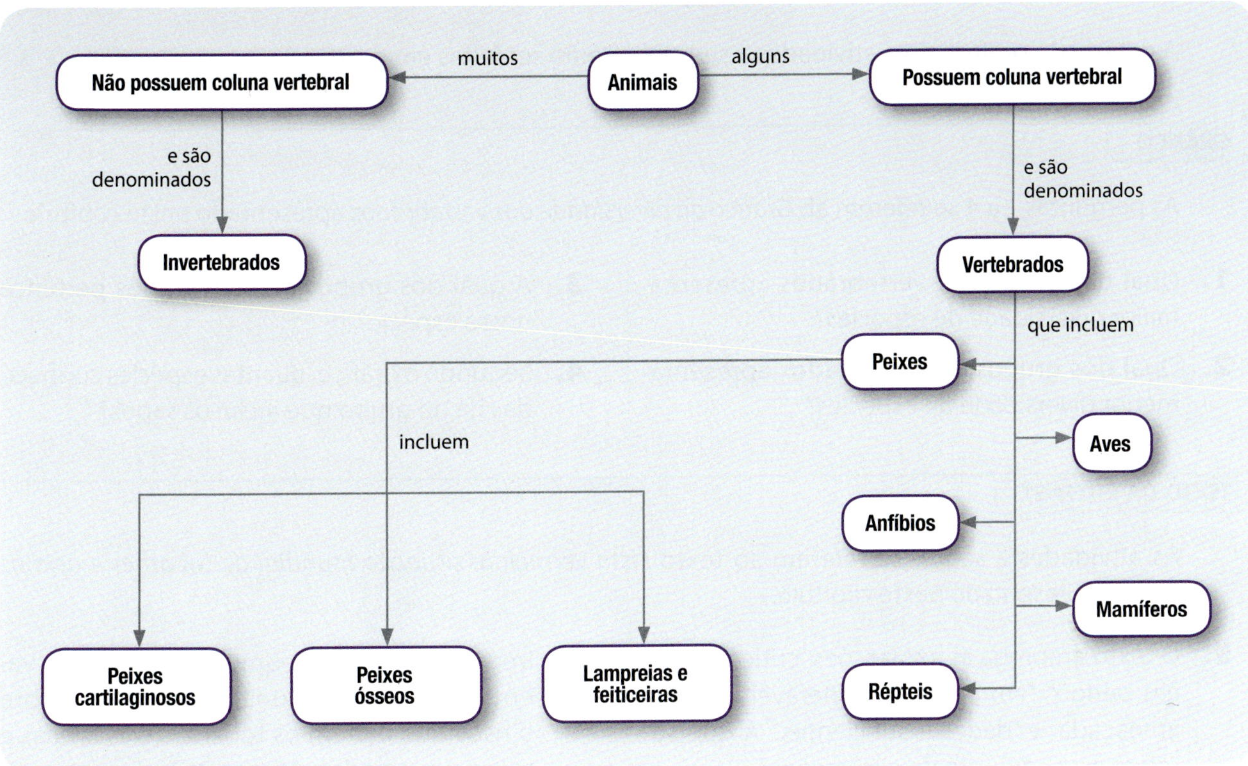

ATIVIDADE

USE O QUE APRENDEU

1. Qual é a principal diferença entre o esqueleto de um gato e o esqueleto de um caranguejo?

2. Qual característica faz um gato e um peixe serem considerados vertebrados e um caranguejo e uma barata, invertebrados, apesar de todos eles terem esqueleto?

3. A maioria dos peixes é do tipo **ósseo**, mas também existem os peixes **cartilaginosos**. Qual é a diferença entre o esqueleto deles? Cite exemplos de espécies de cada um dos tipos.

4. A maioria dos peixes apresenta fertilização externa.

a) O que é fertilização (ou fecundação)?

b) Qual é a diferença entre fertilização externa e fertilização interna?

5. Pesquise em um dicionário ou em outra fonte de informação o que é **piracema** e responda: Qual é a importância da piracema na reprodução dos peixes?

6. As fotos mostram peixes muito conhecidos no país. Pesquise na internet ou em outra fonte de informação se eles são cartilaginosos ou ósseos.

FABIO COLOMBINI

Piranha.
comprimento: 20 cm

Tucunaré.
comprimento: 60 cm

FABIO COLOMBINI

RONALDO NINA/TYBA

Pintado.
comprimento: 1 m

MICHAEL PATRICK O'NEILL/ALAMY/GLOW IMAGES

Dourado.
comprimento: 55 cm

ATIVIDADE

EXPLORE DIFERENTES LINGUAGENS

A critério do professor, as atividades a seguir poderão ser feitas em grupos.

GRÁFICO

As perguntas 1 a 4 se referem ao *Gráfico da diversidade dos vertebrados* apresentado neste capítulo.

1. Qual dos grupos de vertebrados apresenta maior diversidade de espécies?

2. Qual dos grupos de vertebrados apresenta menor diversidade de espécies?

3. A qual dos grupos de vertebrados pertence nossa espécie?

4. Segundo o gráfico, quantas espécies conhecidas há no grupo que inclui os sapos?

TEXTO DA INTERNET

As atividades a seguir se referem ao texto *Lista vermelha: situação mundial de tubarões e arraias é ruim*, apresentado neste capítulo.

5. O texto emprega as expressões "criticamente em perigo", "em perigo", "vulnerável", "quase ameaçada" e "dados insuficientes". A que se refere esse conjunto de expressões?

6. Pesquise o que é designado pelo termo científico *elasmobrânquios* e explique que relação esse termo tem com o texto.

7. O texto explica a dificuldade para obter dados sobre tubarões e raias na natureza. Que dificuldade é essa?

8. Cite fatores que colocam em risco diversas espécies de tubarão.

9. Ao falar sobre tubarão-anjo, o texto utiliza a expressão "*Squatina* spp." para se referir às várias espécies desse tubarão.

a) O que é nomeado pela palavra *Squatina*?

b) E o que indica a sigla "spp."?

c) Qual é a diferença de significado entre a expressão "*Squatina* sp." e a expressão "*Squatina* spp."?

10. Imagine que uma equipe de televisão vai entrevistar um(a) aluno(a) de 7º ano sobre o risco que correm os tubarões e as arraias e sobre o que pode e deve ser feito para garantir sua sobrevivência. Imagine, também, que o(a) entrevistado(a) será você.

Para se preparar para a entrevista, selecione as informações do texto que julgar essenciais e faça uma breve redação, com aproximadamente 10 linhas, que resuma aquilo que você falaria diante das câmeras.

MICHAEL PATRICK O'NEILL/ALAMY/GLOW IMAGES

O tubarão-mangona (*Carcharias taurus*) é uma das espécies que estão ameaçadas.
comprimento: 2,5 m

Seu aprendizado não termina aqui

Há desenhos animados e filmes de animação computadorizada que envolvem animais. Sempre que você assistir a um desses filmes, reflita: Que propriedades e comportamentos naturais dos animais são corretamente reproduzidos? E que aspectos da natureza animal são distorcidos pela ficção?

CAPÍTULO 11

ANFÍBIOS E RÉPTEIS

Anfíbios (como pererecas, rãs e sapos) e répteis (como lagartos, jacarés, cobras e tartarugas) são dois grupos de vertebrados. Quais as principais diferenças entre anfíbios e répteis? (Na foto, rã-de-leite-da-amazônia, um anfíbio com cerca de 8 cm de comprimento, Amazônia.)

DANITA DELIMONT/GALLO IMAGES/GETTY IMAGES

ATIVIDADE

Certifique-se de ter lido direito

Vamos aprender um pouco mais sobre os vertebrados neste capítulo.

Aqui está o significado de algumas palavras, **conforme empregadas** no texto:

conspícuo – facilmente visível, notado claramente.
plenamente – inteiramente.
bizarro – esquisito, extravagante.
migratória – que faz migração (viagem periódica de um local para outro).

Lembre-se sempre de procurar no dicionário qualquer palavra que não conheça.

MOTIVAÇÃO

Em destaque

"[...]

Mencione 'animal' e a maioria das pessoas pensará em um vertebrado. Vertebrados são, frequentemente, componentes numerosos e conspícuos da experiência das pessoas no mundo natural. Vertebrados também são muito diversificados: as mais de 56.000 espécies atuais (atualmente viventes) variam, em tamanho, desde peixes pesando somente 0,1 grama, quando plenamente adultos, até baleias que pesam cerca de 100.000 quilogramas. Os vertebrados vivem em praticamente todos os hábitats da Terra. Peixes bizarros, alguns com bocas tão grandes que podem engolir presas maiores que eles próprios, percorrem as profundidades marinhas, às vezes atraindo presas através de luzes brilhantes. Quinze quilômetros acima desses peixes, aves migratórias voam sobre os picos da cordilheira dos Himalaias, as mais altas montanhas da Terra.

[...]"

Fonte: F. H. Pough et al. *A vida dos vertebrados*. 4. ed. (tradução da 7. ed.). São Paulo: Atheneu. p. 2.

DESENVOLVIMENTO DO TEMA

1 Anfíbios

Sapos, rãs, pererecas e salamandras são exemplos de **anfíbios**. Outro exemplo de anfíbio é a cobra-cega, que, apesar do nome, não é um réptil como as serpentes.

Em algumas espécies, os indivíduos passam parte de sua existência dentro da água — enquanto larvas — e outra parte fora dela — na fase adulta. Há espécies que não têm a fase larval e há espécies que não se reproduzem na água, mas em ambientes terrestres úmidos. Há espécies com fecundação externa e outras com fecundação interna. Em certas espécies, os ovos se desenvolvem no ambiente e, em outras, no corpo materno.

Os anfíbios são subdivididos em três grupos:

- **anuros**, que apresentam quatro pernas e não têm cauda — sapos, rãs e pererecas.
- **urodelos**, que têm quatro pernas e cauda relativamente longa — salamandras.
- **ápodes**, que não apresentam pernas nem cauda — é o caso das cobras-cegas (ou cecílias).

De modo geral, os sapos, as rãs e as pererecas se locomovem por meio de saltos. Suas pernas traseiras são compridas e fortes. O esqueleto dá sustentação a esses animais, e a força dos músculos permite que eles saltem. As salamandras caminham usando as quatro pernas. As cobras-cegas rastejam.

Saiba de onde vêm as palavras

"Anfíbio" vem do grego *anfi*, dupla, e *bios*, vida. A palavra faz referência ao ciclo de vida de muitos anfíbios, que envolve uma fase na água e outra fora dela.

MICHAEL DURHAM/MINDEN PICTURES/FOTOARENA

Sapos, rãs e pererecas são anfíbios que se locomovem por meio de saltos.
comprimento com as pernas estendidas: 12 cm

Exemplos de anfíbios

ARTUR KEUNECKE/PULSAR IMAGENS

Sapo, um anuro.
comprimento: 18 cm

JOE MCDONALD/CORBIS DOCUMENTARY/GETTY IMAGES

Rã, um anuro.
comprimento: 4 cm

FABIO COLOMBINI

Perereca, um anuro.
comprimento: 5 cm

IMAGEBROKER/ALAMY/GLOW IMAGES

Salamandra, um urodelo.
comprimento: 20 cm

FABIO COLOMBINI

Cobra-cega, um ápode.
comprimento: até 45 cm

!

Saiba de onde vêm as palavras

- "Anuros" vem do grego *an*, prefixo que indica negação, e *ourá*, cauda. Assim, "anuro" é o que não tem cauda.
- "Urodelo" também vem do grego *ourá*, cauda.
- "Ápode" vem do grego *an*, não, e *podós*, pés. Indica ausência de pernas.

Respiração dos anfíbios

Na fase larval, quando há, a respiração ocorre por meio de **brânquias.** Há algumas espécies que são aquáticas durante toda a vida e nas quais os adultos também têm **brânquias**.

Na fase adulta, muitas espécies realizam a troca de gases (entrada de gás oxigênio e saída de gás carbônico) com o ambiente de dois modos. Um deles é a **respiração pulmonar**. Contudo, os pulmões dos anfíbios em geral não são muito eficientes (em algumas espécies não há pulmões) e a respiração pulmonar é suplementada pela troca de gases através da pele, que é muito úmida e repleta de vasos sanguíneos. O processo de troca gasosa através da pele é denominado **respiração cutânea.** Os adultos anfíbios normalmente vivem em ambientes muito úmidos, pois o ressecamento de sua pele prejudicaria a respiração cutânea e poderia matar o animal.

Há espécies em que ocorre metamorfose

A figura a seguir representa, esquematicamente, a reprodução de uma espécie de rã que acasala em ambiente aquático, com fecundação externa, e em cujo desenvolvimento há estágio larval. Durante o acasalamento, o macho e a fêmea liberam seus gametas na água. Cada zigoto se desenvolve dentro de um ovo, do qual nasce uma larva. (As larvas de rãs, sapos e pererecas são conhecidas como **girinos.**)

Use a internet

Você pode ver grande quantidade de fotos de sapos, rãs e pererecas que existem no Brasil acessando a página da internet do **Instituto Rã-bugio para Conservação da Biodiversidade** (após entrar no portal, clique em anfíbios):

http://www.ra-bugio.org.br

Informações mais detalhadas sobre alguns **anfíbios brasileiros** são disponibilizadas pela **FioCruz** (Ministério da Saúde) em:

http://www.fiocruz.br/biosseguranca/Bis/infantil/anfibio.htm

Caso esses endereços tenham mudado, busque pelas palavras destacadas em negrito.

A larva vive na água e respira por brânquias. Ao longo de seu desenvolvimento, ela sofre uma notável modificação, a **metamorfose**, transformando-se em um adulto sem cauda, com quatro extremidades (pernas), com a pele bastante úmida e que realiza respiração pulmonar e cutânea.

Esquema da reprodução de rã que acasala na água e tem estágio larval

Representação esquemática fora de proporção e em cores fantasiosas.

Fonte: D. Sadava et al. *Life: the science of Biology*. 10. ed. Sunderland: Sinauer. p. 691.

Breve noção da anatomia interna de um anfíbio

O esquema a seguir dá uma ideia da localização de alguns órgãos de um sapo.

Noção da anatomia de um sapo

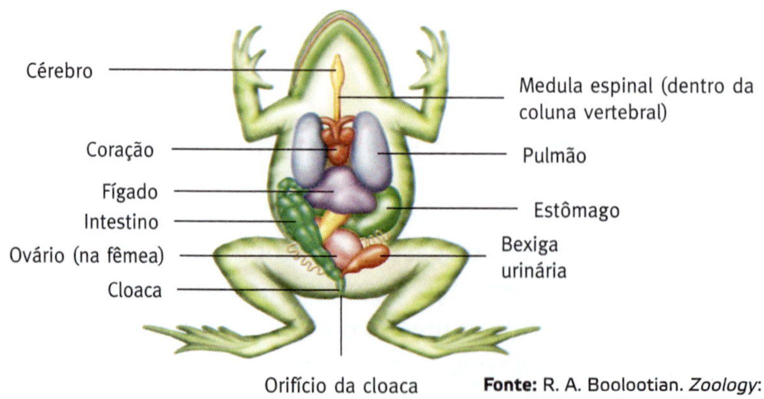

Representação esquemática de um sapo (fêmea, no caso, com comprimento de, aproximadamente, 15 cm), mostrando a localização (interna) de alguns órgãos, ilustrados em cores fantasiosas. Visão ventral (isto é, pelo lado do abdômen — "barriga" — do sapo).

Fonte: R. A. Boolootian. *Zoology: an introduction to the study of animals*. Nova York: Macmillan. p. 252.

2 Répteis

Jacarés, lagartos, lagartixas, tartarugas, jabutis e serpentes são exemplos de **répteis**.

Muitos répteis exibem várias características que lhes possibilitam ocupar ambientes terrestres relativamente secos. Respiram por pulmões, que são mais desenvolvidos que os dos anfíbios, não ocorrendo a respiração cutânea. A pele é grossa e impermeável, pois é recoberta por uma camada de queratina (um tipo de proteína) que pode formar escamas ou placas (placas córneas). Essas características da pele reduzem a perda de água do organismo por evaporação.

Os principais grupos de répteis que vivem atualmente são:

- **crocodilianos**, que são grandes répteis aquáticos com quatro membros e o corpo coberto por placas córneas – crocodilos e jacarés.
- **escamados**, que têm o corpo revestido por escamas ou placas córneas — incluem o grupo das **serpentes** (ou **ofídios**) e o dos **lacertílios**, que são os lagartos, lagartixas e camaleões. As serpentes não têm pernas e os lacertílios têm corpo alongado, quatro membros e cauda.
- **quelônios**, que têm o corpo revestido por uma carapaça na parte superior do corpo e um *plastrão*, na parte inferior (veja a figura a seguir) — tartarugas, jabutis e cágados.

Os répteis como jacarés, lagartos, lagartixas, tartarugas e jabutis andam com auxílio de suas quatro pernas. Já as serpentes, que não apresentam pernas, se locomovem por meio de movimentos musculares, rastejando.

!

Saiba de onde vêm as palavras

- "Quelônio" vem do grego *khelônê*, tartaruga.
- "Crocodilo", adaptado do grego *krokódeilos*, tem origem egípcia e significa verme de pedra (devido ao hábito de esses animais ficarem sobre as pedras para se aquecerem ao sol).
- "Escamado" vem do latim *squamátus*, que significa o que tem escamas.
- "Serpente" vem do latim *serpère*, que significa arrastar-se, rastejar.
- "Lacertílio" vem do latim *lacèrta*, lagarto.

Esqueleto, carapaça e plastrão de tartaruga

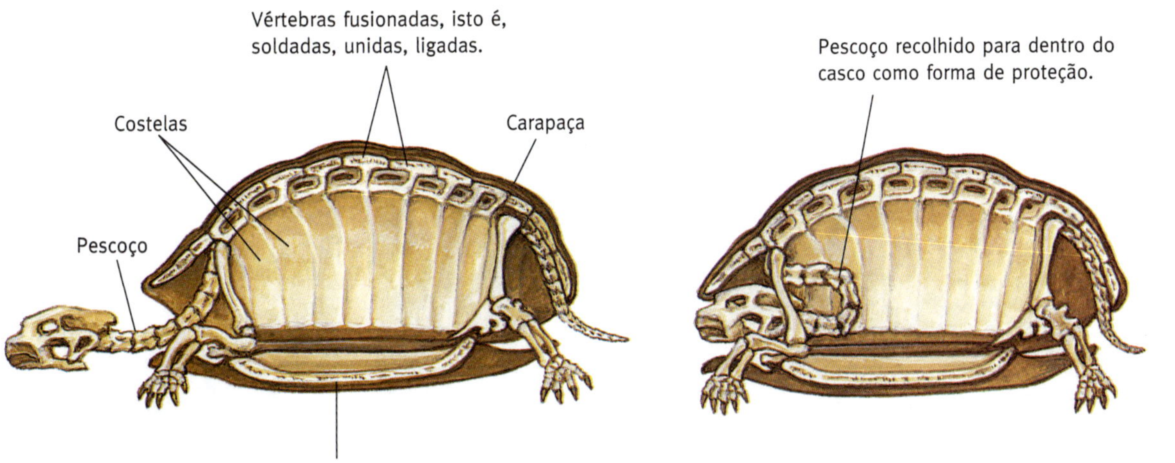

Fonte: C. P. Hickman Jr. et al. *Integrated principles of Zoology*. 14. ed. Nova York: McGraw-Hill. p. 570.

ILUSTRAÇÕES: CECÍLIA IWASHITA

Esquema do esqueleto, carapaça e plastrão de uma tartaruga. Tanto a carapaça quanto o plastrão têm uma camada mais interna que é óssea e outra, mais externa, formada por uma substância chamada **queratina,** a mesma que está presente em nossos cabelos, pelos e unhas. (Cores fantasiosas. Visão em corte.)

Exemplos de répteis

FABIO COLOMBINI

Cágado, um quelônio que vive em água doce.
comprimento: 35 cm

FABIO COLOMBINI

Teiú, um lacertílio.
comprimento da cabeça à cauda: 1,2 m

MARIO FRIEDLANDER/PULSAR IMAGENS

Jabuti, um quelônio terrestre.
comprimento: 50 cm

NIGEL PAVITT/AWL IMAGES/GETTY IMAGES

Camaleão, um lacertílio.
comprimento: 24 cm

JAY FLEMING/CORBIS DOCUMENTARY/GETTY IMAGES

Tartaruga, um quelônio aquático que vive em água salgada ou doce. Suas pernas têm forma de nadadeira.
comprimento: 1 m

FABIO COLOMBINI

Lagartixa, um lacertílio.
comprimento: 15 cm

HAROLDO PALO JR./KINO.COM.BR

Jacaré-de-papo-amarelo, um crocodiliano.
comprimento: 2,5 m

FABIO COLOMBINI

Jiboia, um ofídio.
comprimento: até 4,5 m

Os ovos dos répteis são uma importante adaptação

De modo geral, a fertilização nas espécies de répteis é interna. A reprodução envolve ovos que são postos pela fêmea em ambiente terrestre e não são cuidados por ela após a postura. Depois de algum tempo, de cada ovo nasce um pequeno filhote, que, ainda na fase infantil, já se parece com o adulto, ou seja, não há um estágio larval em seu desenvolvimento.

Os répteis apresentam uma adaptação reprodutiva não encontrada nos peixes e anfíbios. Trata-se do **ovo amniótico**, dentro do qual há uma bolsa cheia de líquido (cujo principal componente é a água). No interior dessa bolsa o embrião se desenvolve. Dentro do ovo também existe uma reserva de material nutritivo, da qual o embrião se alimenta até o nascimento.

Além disso, a casca do ovo dos répteis, feita de um material sólido branco chamado carbonato de cálcio (o mesmo encontrado no mineral calcário), é muito pouco permeável à água, impedindo que o embrião se desseque (perca água) e morra. Assim, o embrião consegue desenvolver-se ainda que a fêmea tenha colocado o ovo em local seco.

A casca do ovo permite a entrada de gás oxigênio, necessário à respiração do embrião, e a saída de gás carbônico, produzido na sua respiração.

FABIO COLOMBINI

Filhote de jacaré-de-papo-amarelo nascendo. Ele já é razoavelmente semelhante ao adulto, não passando, em seu desenvolvimento, por uma fase larval. Os ovos são uma notável adaptação que permitiu aos répteis ocupar ambientes secos e a não depender dos meios aquáticos para a reprodução.
comprimento: 16 cm

Esquema de um ovo amniótico

CECÍLIA IWASHITA

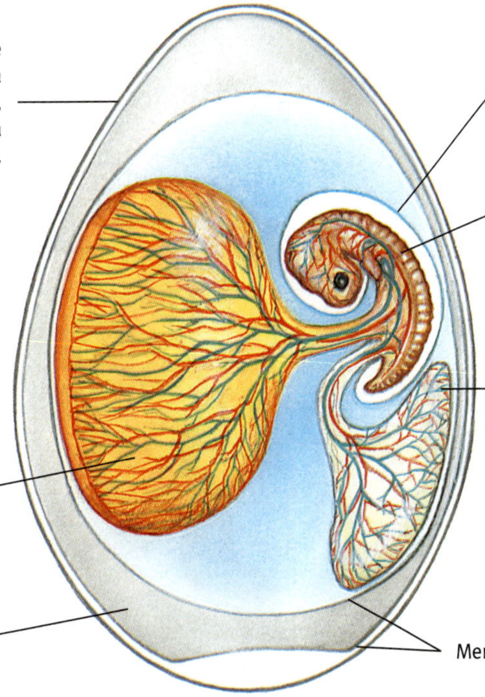

Esquema, em corte, de um ovo de réptil, representado em cores fantasiosas.

Fonte: D. Sadava et al. *Life: the science of Biology*. 10. ed. Sunderland: Sinauer. p. 692.

Breve noção da anatomia interna de répteis

Os esquemas a seguir dão uma ideia da localização de alguns órgãos de um lagarto e de uma tartaruga.

Noção da anatomia de um lagarto

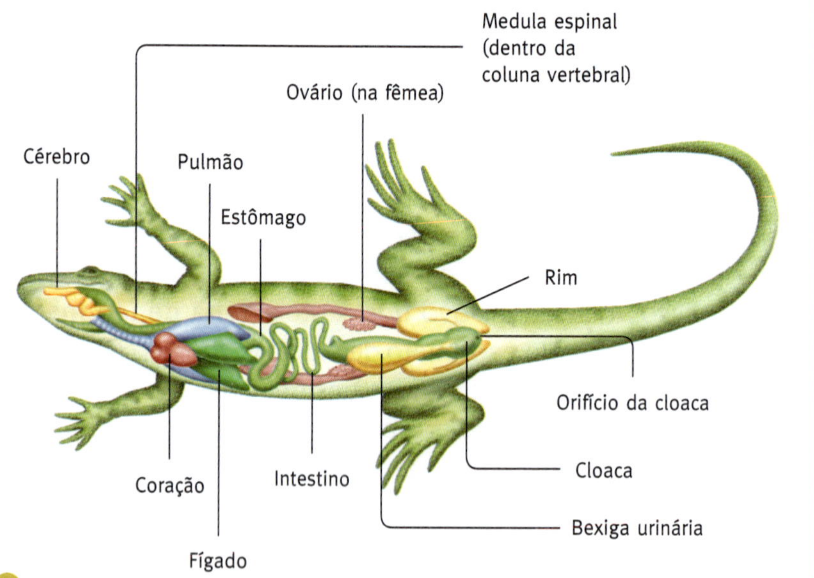

PAULO MANZI

Representação esquemática de um lagarto (fêmea), mostrando a localização (interna) de alguns órgãos, ilustrados em cores fantasiosas. (Comprimento: 90 cm.)

Noção da anatomia de uma tartaruga

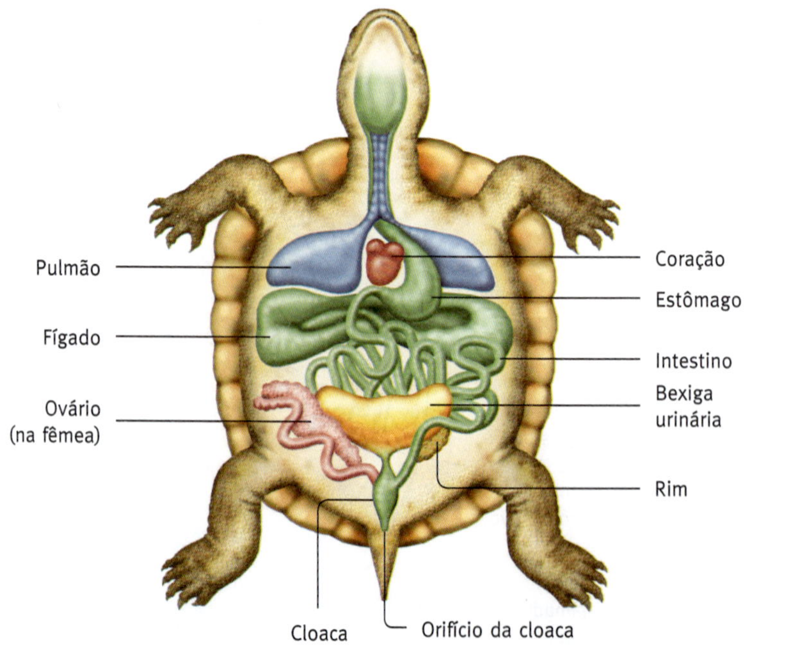

PAULO MANZI

Representação esquemática de uma tartaruga (fêmea), mostrando a localização (interna) de alguns órgãos, ilustrados em cores fantasiosas. Visão ventral. (Comprimento: 50 cm.)

Fonte das figuras: *Dorling Kindersley ultimate visual dictionary*. Londres: Dorling Kindersley. p. 185, 187.

Em destaque

Ofídios peçonhentos: um caso de adaptação

Os **ofídios**, ou **serpentes**, exibem interessantes adaptações. Uma delas é a capacidade de engolir animais bem maiores que seu próprio diâmetro.

Para conseguir alimento, algumas serpentes, como a jiboia, se enrolam ao redor do corpo de sua presa e apertam-na. A vítima é então morta por asfixia ou por parada cardíaca.

Serpentes como a coral, a cascavel, a jararaca, a urutu e a surucucu são conhecidas como **ofídios peçonhentos**. Elas possuem glândulas produtoras de **peçonha**, um líquido tóxico que pode matar ou paralisar outros animais, e inoculam (injetam) esse líquido nas vítimas por meio de dentes pontiagudos e dotados de canais, que agem como se fossem agulhas de injeção.

Os dentes inoculadores de peçonha são uma adaptação que favorece a obtenção de alimentos e, também, a defesa. É o que acontece em muitos casos de pessoas picadas por serpentes. Em geral, esses animais fogem do ser humano. No entanto, em algumas situações, podem se sentir ameaçados e atacar.

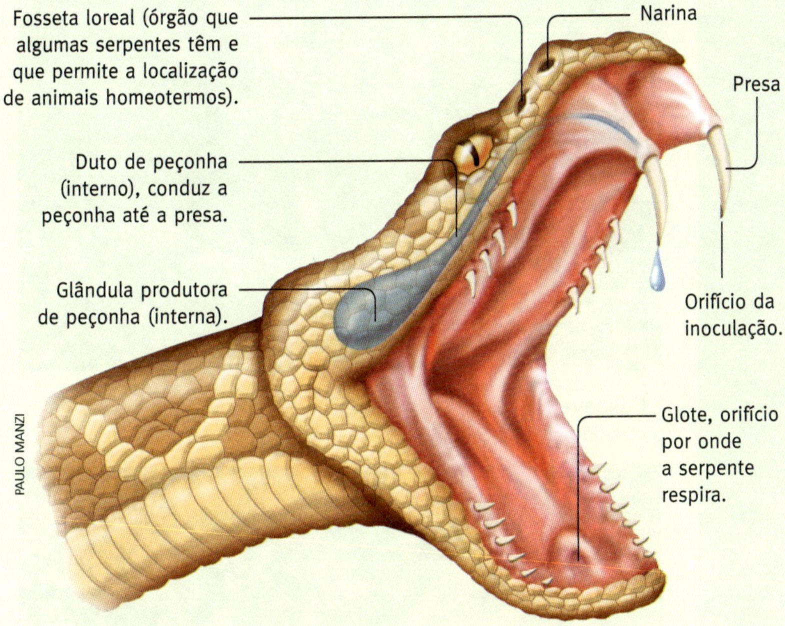

Ilustração da cabeça de uma cascavel, mostrando adaptações que permitem a inoculação de peçonha. (Glândula produtora de peçonha e duto de peçonha em cores fantasiosas.)

Fonte: C. P. Hickman Jr. et al. *Integrated principles of Zoology*. 14. ed. Nova York: McGraw-Hill. p. 580.

Nem todas as serpentes são peçonhentas.

Entre todas as espécies conhecidas, apenas cerca de um décimo pode oferecer algum risco real ao ser humano.

A seguir alguns cuidados a serem tomados para evitar acidentes com serpentes venenosas.

A peçonha da jararaca ajudou a inventar um medicamento

A peçonha da jararaca provoca uma queda muito grande da pressão arterial e, por causa disso, a pessoa pode morrer.

O professor Sérgio Henrique Ferreira, da Faculdade de Medicina de Ribeirão Preto (USP), identificou as substâncias responsáveis por isso.

Pesquisas feitas em laboratórios internacionais com uma dessas substâncias levaram à invenção de um medicamento que hoje é usado no mundo todo para reduzir a pressão arterial de hipertensos, indivíduos que têm pressão alta.

- Não ande descalço pelo mato ou pelo campo. De preferência, use botas. A maioria dos acidentes com serpentes envolve picadas nas pernas e nos pés.
- Nunca enfie a mão em buracos ou em tocas de animais, mesmo que pareçam abandonados. Pode ser que haja uma serpente vivendo nesse local.
- Ao andar pelo mato ou pelo campo, olhe sempre com muita atenção o caminho por onde vai. Use um bastão comprido para abrir caminho.
- Se for capinar um terreno com enxada, faça-o sempre com botas e com o corpo ereto, nunca abaixado.
- Ao encontrar uma serpente, afaste-se dela, sem pânico nem estardalhaço. Não tente capturá-la.

No caso de acidente, providências importantes são: acalmar a vítima, não deixar que ela se movimente muito e providenciar rápido atendimento médico a fim de que ela receba o **soro antiofídico**, uma substância capaz de neutralizar o efeito do veneno.

Identificar a espécie de serpente que picou também ajuda, pois torna possível administrar o soro específico para o veneno daquela espécie.

Use a internet

Conheça um pouco da história e da atuação do Instituto Butantan:

http://www.butantan.gov.br

ou localize o portal (mediante uma busca por *Instituto Butantan*) e clique nos *links* "o butantan" e "nossa história".

JOÃO MARCOS ROSA/NITRO

Jararaca-ilhoa.
comprimento: 1,2 m

FABIO COLOMBINI

Cascavel.
comprimento: 1,5 m

FABIO COLOMBINI

Cobra-coral.
comprimento: 1 m

ORGANIZAÇÃO DE IDEIAS MAPA CONCEITUAL

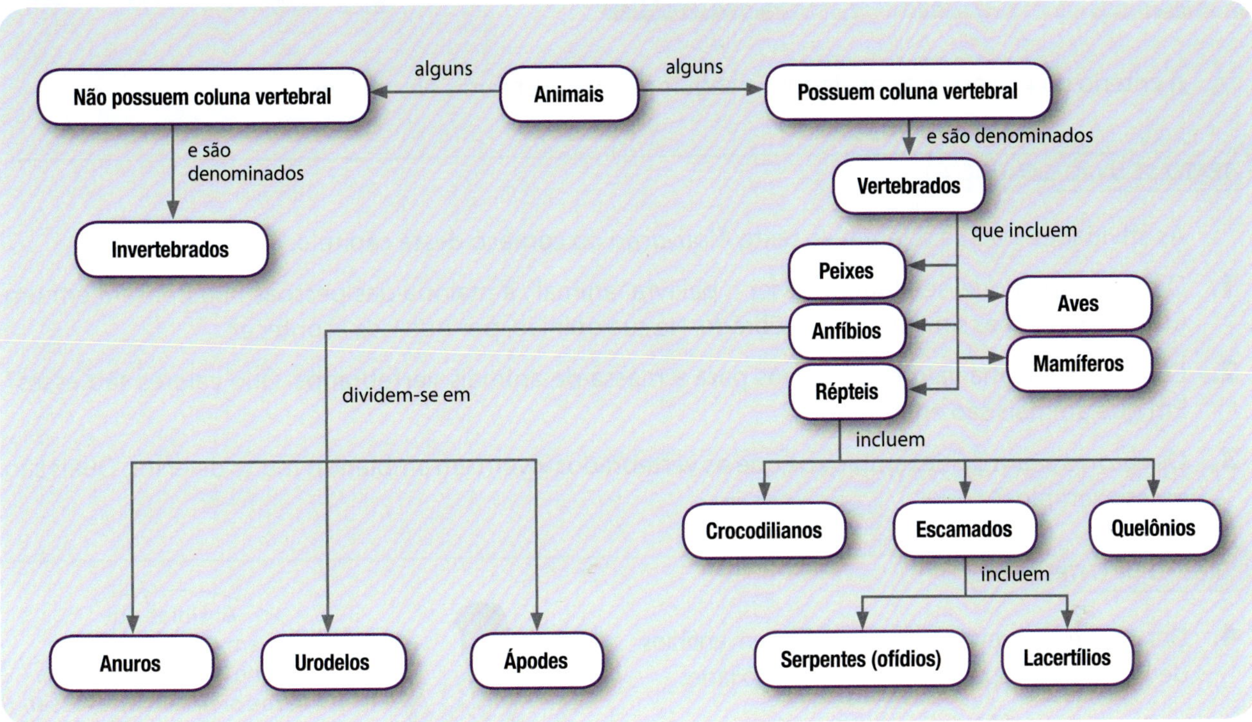

ATIVIDADE

USE O QUE APRENDEU

1. Sapos e rãs adultos em geral respiram por pulmões. Contudo, como os pulmões desses animais não são muito eficientes, as trocas gasosas com o ambiente também acontecem por um outro processo.

a) Que processo é esse?

b) Por que esse processo obriga esses animais, de modo geral, a viver em ambientes úmidos?

2. No ciclo de vida de uma rã com estágio larval, a **metamorfose** é um acontecimento marcante.

a) Como costuma ser chamada a larva das rãs?

b) O que é a metamorfose?

c) Cite algumas diferenças importantes entre a larva e a rã adulta.

d) Por que a rã depende de um ambiente aquático ou terrestre bastante úmido para reproduzir-se?

3. Os anfíbios são o grupo de vertebrados que está mais ameaçado de extinção. Faça uma pesquisa na internet e busque notícias com dados que expliquem essa situação. Com base em sua pesquisa, aponte o principal fator responsável pela ameaça aos anfíbios. O ser humano tem culpa nisso? Explique.

4. Os répteis apresentam adaptações que os tornaram aptos a habitar ambientes relativamente secos. Cite algumas dessas adaptações, não se esquecendo de incluir a reprodução.

5. Qual é a importância da casca de carbonato de cálcio nos ovos de répteis?

6. Faça um desenho (esboço) que represente o ovo amniótico dos répteis e inclua legendas explicando o papel de cada estrutura desenhada.

7. Às vezes, ouvimos notícias sobre pessoas envolvidas em acidentes com ofídios. Explique o que é um ofídio.

8. Nos acidentes mencionados no exercício anterior, normalmente o ofídio é peçonhento. Explique o que faz com que um ofídio seja considerado peçonhento.

9. Podemos afirmar que todo ofídio é peçonhento?

10. Qual é a utilidade de um **soro antiofídico**?

ATIVIDADE
EXPLORE DIFERENTES LINGUAGENS

A critério do professor, as atividades a seguir poderão ser feitas em grupos.

TEXTO DE LIVRO CIENTÍFICO

As atividades 1 a 3 se referem ao texto *Motivação* do começo deste capítulo.

1. O texto afirma que, se alguém disser a palavra "animal", a maioria das pessoas não pensará em um invertebrado, mas sim em um vertebrado. Na sua opinião, por que isso acontece?

2. O texto menciona valores extremos para a massa de animais vertebrados. Que valores são esses? Em que animais são encontrados?

3. Os autores citam dois exemplos de que os vertebrados vivem em ambientes muito diversos. Quais são esses exemplos?

TRECHO DE ENTREVISTA

4. Durante uma entrevista, um especialista em anfíbios declarou o que aparece na ilustração ao lado.

a) Por que os anfíbios que vivem em um pequeno trecho da mata úmida às vezes precisam chegar até um riacho ou um brejo?

b) Cite três causas prováveis da morte durante a travessia das áreas descobertas mencionadas.

c) Na sua opinião, o que deveria ser feito para impedir a morte dos anfíbios na situação relatada?

AMANDA DUARTE

CHARGE

5. A charge abaixo menciona jacarés e crocodilos, que não são a mesma coisa. Pesquise algumas diferenças entre ambos e escreva-as em seu caderno. Pesquise também qual deles existe no Brasil.

IN THE BLEACHERS, STEVE MOORE © 2001 STEVE MOORE/DIST. BY ANDREWS MCMEEL SYNDICATION

Seu aprendizado não termina aqui

Algumas pessoas sentem repugnância por formas de vida que lhes parecem feias. Anfíbios e répteis estão entre alguns dos que mais sofrem essa injustiça. O risco de extinção que muitos correm se deve, em parte, a isto: não terem sua importância reconhecida.

Esteja atento para aprender sempre mais sobre anfíbios e répteis, por exemplo, nas páginas da internet sobre vida e ambiente. Converse com outras pessoas sobre a importância dos seres vivos: você estará ensinando, e quem ensina também aprende.

CAPÍTULO 12

AVES E MAMÍFEROS

O tatu-bola é um mamífero. Em que um mamífero difere dos outros vertebrados? (Comprimento com o corpo estendido: 30 cm.)

MARK PAYNE-GILL/NATURE PICTURE LIBRARY/ISUZU IMAGENS

MOTIVAÇÃO

Em destaque

O ser humano é a grande ameaça

"Atropelados, eletrocutados, atacados por cães e pessoas, animais silvestres são vítimas do avanço indiscriminado das cidades sobre seu hábitat. Nem na Amazônia os bichos escapam dessa invasão humana.

No coração da Floresta Amazônica, na confluência dos rios Negro e Solimões, Manaus consolidou-se como metrópole. Mais de 1,8 milhão de habitantes continuam substituindo o que antes era mata por ruas, casas e edifícios. No caminho do expansionismo urbano, o pequeno sauim-de-coleira (*Saguinus bicolor*) tenta sobreviver. A distribuição geográfica da espécie endêmica da região está restrita a 7.500 km^2 e coincide com o eixo de crescimento da capital do Amazonas e dos municípios vizinhos Rio Preto da Eva e Itacoatiara.

'Criticamente em perigo.' Esta é a classificação do sauim-de--coleira no Livro Vermelho da Fauna Brasileira Ameaçada de Extinção, de 2008. Pela União Internacional para a Conservação da Natureza (IUCN, na sigla em inglês), o *status* é 'em perigo', mas o especialista na espécie, o biólogo Marcelo Gordo, professor da Universidade Federal do Amazonas (UFAM), adianta que na próxima listagem internacional o animal terá a mesma classificação da lista nacional. O primata é um dos mamíferos mais ameaçados de todo o bioma amazônico.

[...]

'Os sauins-de-coleira são essencialmente arborícolas e dependem das florestas para abrigo, alimentação e reprodução. Qualquer atividade que ocasione a redução de florestas causa a perda de hábitats', explica Leandro Jerusalinsky. O coordenador do Centro Nacional de Pesquisa e Conservação de Primatas Brasileiros (CPB) do ICMBio cita a estimativa do biólogo e pesquisador da Wildlife Conservation Society, Fábio Röhe, que indica estar ocorrendo a perda de 200 km^2 do hábitat da espécie por ano por causa de desmatamento.

Marcelo Gordo calcula haver entre 30 mil e 35 mil sauins-de--coleira na natureza. Embora sejam números imprecisos, o biólogo observa que, se a redução da distribuição geográfica continuar no ritmo das últimas três décadas, os sauins desaparecerão em aproximadamente 80 anos.

Além do empobrecimento genético que pode facilitar extinções locais, uma das consequências do isolamento de grupos de sauins causado pela fragmentação da floresta são os perigos para os animais que buscam outras manchas de mata. Atropelamentos, choques elétricos, conflitos com animais domésticos, risco de capturas por pessoas são ameaças reais.

[...]"

Fonte: D. Marques. Invadimos a "praia" dos bichos. *Terra da Gente*, n. 120, p. 52-55.

Use a internet

Você pode ver a lista completa das espécies animais brasileiras ameaçadas, incluindo várias informações sobre todas elas, no portal do Instituto Chico Mendes de Conservação da Biodiversidade (ICMBio), do Ministério do Meio Ambiente. Busque por *ICMBio espécies ameaçadas*.

Filhote de sauim-de-coleira (*Saguinus bicolor*), mamífero cuja espécie está criticamente em perigo de extinção.
comprimento da cabeça à cauda: até 28 cm

FABIO COLOMBINI

Os vertebrados incluem os peixes, os anfíbios, os répteis, as aves e os mamíferos.

Nos dois capítulos anteriores estudamos os peixes, os anfíbios e os répteis. Finalizando nosso estudo dos vertebrados, este capítulo é dedicado às aves e aos mamíferos, grupos que apresentam uma característica comum: a capacidade de manter a temperatura corporal razoavelmente constante, mesmo que a temperatura do ambiente varie.

DESENVOLVIMENTO DO TEMA

1 Aves

Galinhas, pombos, pardais, beija-flores e patos são exemplos de **aves**, animais vertebrados que respiram por pulmões, têm bico e apresentam o corpo coberto por penas. Assim como os répteis e os anfíbios, as aves são dotadas de quatro membros em seu corpo. No entanto, nas aves, diferentemente dos répteis e anfíbios, os dois membros anteriores se apresentam na forma de asas.

Exemplos de aves

BLICKWINKEL/ALAMY/GLOW IMAGES

Tiê-sangue. (Mata Atlântica).
comprimento: 18 cm

FABIO COLOMBINI

Arara-canindé. (Foz do Iguaçu, PR.)
comprimento: 80 cm

ENRICO MARONE/PULSAR IMAGENS

Fragatas. (Caravelas, BA).
comprimento: 19 cm

ALAN MURPHY/BIA/MINDEN PICTURES/FOTOARENA

Falcão-de-coleira. (EUA.)
comprimento: 36 cm

FABIO COLOMBINI

Ema. (São Carlos, SP.)
altura: até 1,4 m

FABIO COLOMBINI

Garça-real. (Poconé, MT.)
comprimento: até 59 cm

GLENN BARTLEY/VISUALS UNLIMITED, INC./GLOW IMAGES

Japacanim. (Equador.)
comprimento: 22 cm

TUI DE ROY/MINDEN PICTURES/FOTOARENA

Os ovos das aves, assim como os ovos dos répteis, são uma adaptação que permite a não dependência do ambiente aquático para a reprodução. Pelicano-pardo com ovos. (Ilhas Galápagos, Equador.)
comprimento: até 1,4 m

As aves se reproduzem por meio de ovos

Nas aves a fertilização é interna. Assim como os répteis, as aves apresentam **ovos amnióticos**, nos quais há uma reserva nutritiva, uma bolsa preenchida com líquido, dentro da qual o embrião se desenvolve, e uma casca de carbonato de cálcio que protege o ovo da dessecação e permite as trocas gasosas (entrada de gás oxigênio e saída de gás carbônico).

Na maioria das espécies, os ovos são vigiados e mantidos aquecidos pela mãe ou por ambos os pais até o nascimento dos filhotes, que continuam recebendo cuidados, tais como proteção e alimento, nas primeiras fases de seu desenvolvimento.

Muitas aves estão adaptadas ao voo

A locomoção das aves envolve o uso de seus membros posteriores, que lhes permitem andar e, no caso de espécies natatórias, tais como marreco e pato, realizar movimentos de impulsão dentro da água.

Na maioria das espécies de aves, os membros dianteiros, as asas, são utilizados para o voo. Além das asas, as aves apresentam várias adaptações ao voo, entre as quais os potentes músculos que movem as asas, localizados no peito, e o fato de seu esqueleto ser relativamente leve porque os ossos são porosos.

Algumas espécies de aves, ao longo da história evolutiva, perderam a capacidade de voar, como emas, avestruzes e pinguins. No caso dos pinguins, os membros dianteiros funcionam como nadadeiras, garantindo movimentos precisos dentro da água, em seus mergulhos.

ANDRE DIB/PULSAR IMAGENS

Tuiuiú. (Poconé, MT.)
altura: até 1,6 m

FABIO COLOMBINI

Os filhotes de aves geralmente recebem proteção e alimento da mãe ou de ambos os pais durante algum tempo após o nascimento. Juruviara alimentando filhotes. (Juquiá, SP.)
comprimento: 15 cm

Pinguins mergulhando em busca de alimento. (Pinguins-gentoo na Antártida.)
altura: até 90 cm

MICHAEL NOLAN/ALAMY/GLOW IMAGES

Os bicos estão adaptados à alimentação

Os bicos das aves apresentam uma grande diversidade de formas. Cada forma representa uma **adaptação** que permitiu às aves explorar diferentes fontes de alimento. Assim, há bicos especializados em quebrar sementes, em extrair néctar de dentro de flores, em agarrar insetos etc.

Exemplos de diferentes formatos de bicos e o tipo de dieta ao qual a ave está adaptada. (Representação sem escala. Cores fantasiosas.)

Fonte: H. Sick. *Ornitologia brasileira*. Rio de Janeiro: Nova Fronteira. pranchas 5, 8, 16, 21.

As patas estão adaptadas ao modo de vida

As patas das aves também exibem **adaptações a diferentes modos de vida**, como você pode ver pelos exemplos ilustrados a seguir.

Estes exemplos de formatos de patas de aves representam adaptação a diferentes modos de vida. (Representação sem escala. Cores fantasiosas.)

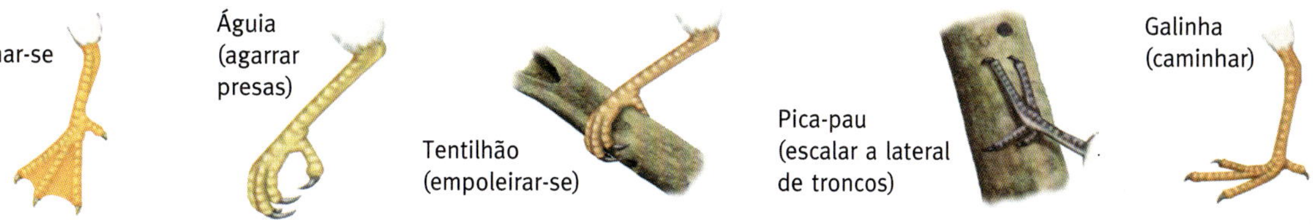

Fonte: T. I. Storer et al. *Zoologia geral*. 6. ed. São Paulo: Companhia Editora Nacional. p. 679.

Breve noção da anatomia interna de uma ave

O esquema a seguir dá uma ideia da localização de alguns órgãos de uma ave.

Noção da anatomia de uma pomba

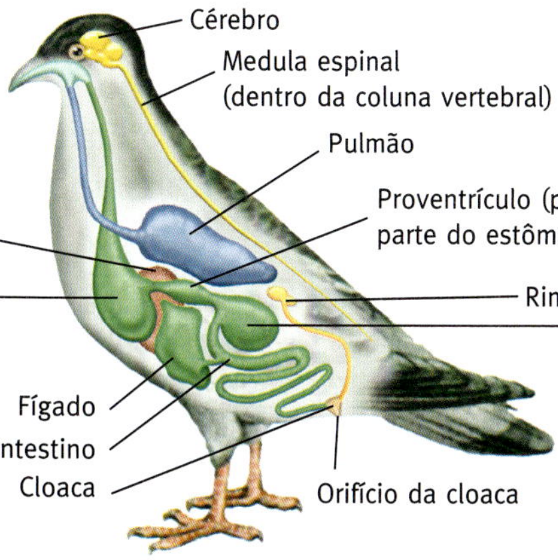

Representação esquemática de um pássaro (pomba, com altura de 20 cm) mostrando a localização (interna) de alguns órgãos, ilustrados em cores fantasiosas.

Fonte: D. Burnie. *Aves*. Rio de Janeiro: Globo. p. 8.

ILUSTRAÇÕES: PAULO MANZI

Use a internet

Para saber mais sobre a **legislação ambiental** e para **denunciar maus-tratos aos animais**, acesse a página do Ibama (Instituto Brasileiro do Meio Ambiente e dos Recursos Naturais Renováveis):

http://www.ibama.gov.br

ou busque por *Ibama*.

PIERRE DUARTE/ESTADÃO CONTEÚDO

Capturar, comprar ou vender animais silvestres é **crime**. Na foto, filhotes de papagaio apreendidos pela Polícia Rodoviária Federal em Catanduva, SP, e levados para o Zoológico de São José do Rio Preto, SP.

2 Mamíferos

Mamíferos têm pelos e glândulas mamárias

Gatos, ratos, cachorros, bois, porcos, morcegos, capivaras, tatus, girafas, cavalos, elefantes, rinocerontes, cangurus, baleias, golfinhos, macacos e seres humanos são exemplos de **mamíferos**.

Os mamíferos são vertebrados que respiram por pulmões e possuem, como características que os distinguem dos demais vertebrados, **pelos na superfície do corpo e glândulas mamárias**. Após nascerem, os filhotes são nutridos, nos estágios iniciais de seu desenvolvimento, pelo **leite** produzido nas glândulas mamárias da mãe.

ATIVIDADE

Tema para pesquisa

Você já quebrou algum osso? E as pessoas de sua família?

Pesquise o nome dos ossos afetados.

Diferentes modos de locomoção dos mamíferos

Os mamíferos apresentam formas variadas de locomoção. Há mamíferos que andam, como o ser humano, que voam, como o morcego, que saltam, como o coelho, e que nadam, como a lontra, os golfinhos e as baleias.

Reprodução dos mamíferos

Nos mamíferos, a **fertilização** é **interna**.

Na grande maioria das espécies de mamíferos, o embrião se desenvolve no interior de uma bolsa de líquido, dentro do organismo materno, do qual recebe gás oxigênio e nutrientes através de um órgão denominado **placenta**, que é formado por células da mãe e células do embrião. O gás carbônico produzido pelo embrião e as substâncias excretadas por ele são transferidos para o sangue materno através da placenta. Os animais dessas espécies são chamados **mamíferos placentários**.

JOE MCDONALD/CORBIS DOCUMENTARY/GETTY IMAGES

Fêmea de gnu dando à luz um filhote. (Tanzânia, África.)
comprimento: 2 m (adulto)

Já nos **mamíferos marsupiais**, como o canguru, os filhotes nascem antes de estarem completamente desenvolvidos. Logo após o nascimento, os filhotes de canguru agarram-se aos pelos da mãe e se locomovem até o interior de uma bolsa de pele que ela tem no abdômen, o **marsúpio**, dentro da qual ficam os mamilos da fêmea. Lá, protegidos, os filhotes completam o desenvolvimento, nutridos pelo leite materno.

Há espécies de marsupiais nas quais a fêmea não possui marsúpio. Nesse caso, o filhote completa seu desenvolvimento sobre o ventre da mãe.

Entre os marsupiais que vivem no nosso país estão a catita, a cuíca e o gambá-comum. Outros exemplos de marsupiais são o coala e o canguru, que vivem na Austrália.

Há algumas pouquíssimas espécies de mamíferos que põem ovos. São os chamados **mamíferos monotremados**. Entre eles está o ornitorrinco, animal dotado de bico e cujo corpo é coberto de pelos. Normalmente, as fêmeas colocam dois ovos, em um ninho revestido de folhas, e os chocam. Após o nascimento, os filhotes se alimentam lambendo o leite que escorre das glândulas mamárias da mãe.

PALÊ ZUPPANI/PULSAR IMAGENS

Gambá-de-orelha-branca, um marsupial. (Bertioga, SP.)
comprimento (corpo): 35 cm
comprimento (cauda): 30 cm

THEO ALLOFS/MINDEN PICTURES/FOTOARENA

O canguru, nativo da Austrália, é um mamífero marsupial. (Austrália.)
comprimento: até 1,6 m (adulto)

DAVID WATTS/VISUALS UNLIMITED, INC./GLOW IMAGES

Ornitorrinco, mamífero monotremado, durante mergulho.
comprimento da cabeça à cauda: 70 cm

Breve noção da anatomia interna de mamíferos

Os esquemas a seguir dão uma ideia da localização de alguns órgãos de um golfinho e de um chimpanzé.

Noção da anatomia de um golfinho

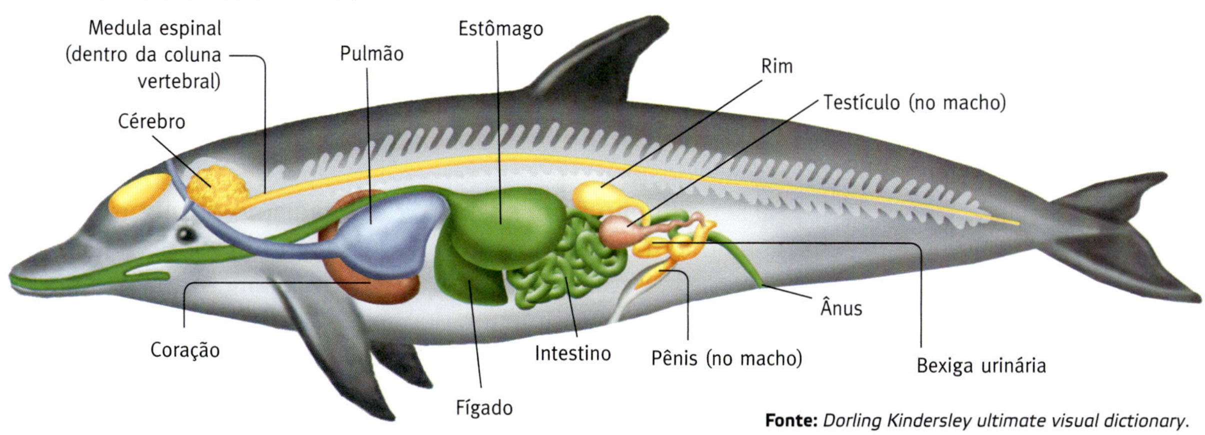

PAULO MANZI

Fonte: *Dorling Kindersley ultimate visual dictionary*. Londres: Dorling Kindersley. p. 205.

Representação esquemática de um golfinho (macho, com comprimento até 2,2 m), mostrando a localização (interna) de alguns órgãos, ilustrados em cores fantasiosas.

Noção da anatomia de um chimpanzé

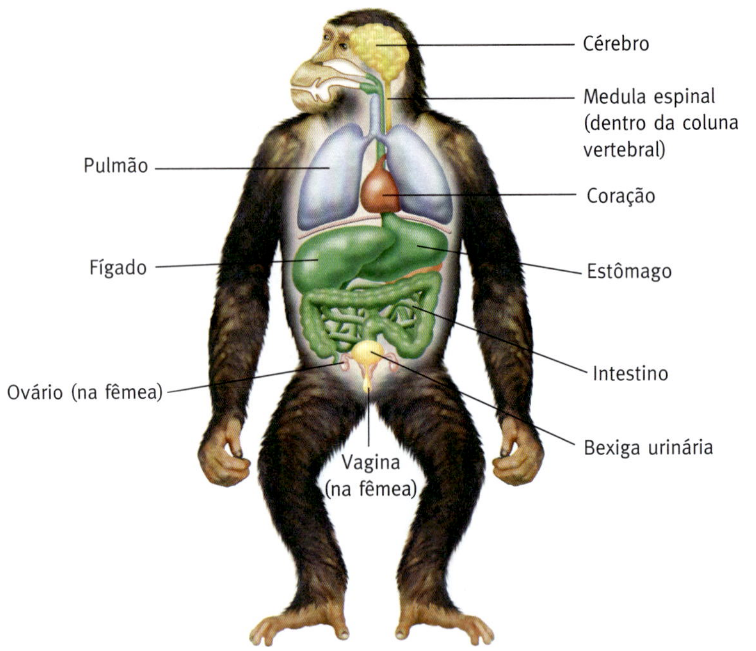

Fonte: *Dorling Kindersley ultimate visual dictionary*. Londres: Dorling Kindersley. p. 202.

Representação esquemática de uma fêmea de chimpanzé (com até 1 metro de altura), mostrando a localização (interna) de alguns órgãos, ilustrados em cores fantasiosas.

A-Z

ATIVIDADE

Amplie o vocabulário!

Hora de debater o significado de cada conceito, redigi-lo com nossas palavras e incluí-lo no nosso blog.

- peixes
- anfíbios
- répteis
- aves
- mamíferos

3 O controle da temperatura corporal

Você já usou um termômetro para verificar se está com febre? No ser humano a temperatura do corpo permanece praticamente constante ao redor de 37 graus Celsius. A febre é uma condição caracterizada por temperatura corporal acima do valor normal. Na maioria dos casos, a febre é o resultado da reação do organismo a alguma doença.

O ser humano é um exemplo de organismo **homeotérmico**, ou seja, que tem sua temperatura regulada pelo próprio corpo.

Já uma lagartixa não possui essa característica. A sua temperatura pode ser maior ou menor, dependendo do local em que ela está. Nas épocas mais frias do ano, a temperatura desse réptil tende a ser menor do que nas épocas mais quentes. Organismos cuja temperatura não permanece constante são denominados **pecilotérmicos**.

As aves e os mamíferos são homeotérmicos. Todos os outros seres vivos — vertebrados e invertebrados — **são pecilotérmicos.**

Que vantagens há em ser homeotérmico? E em ser pecilotérmico?

!

Saiba de onde vêm as palavras

- "Homeotérmico", "homeotermo" e "homotermo" são sinônimos e vêm do grego *homóios*, semelhante, e *thérme*, calor, temperatura.
- "Pecilotérmico", "pecilotermo" e "poiquilotermo" são sinônimos e vêm do grego *poikílos*, variado, e *thérme*, calor, temperatura.

Os homeotérmicos conseguem regular a temperatura corporal, por isso estão menos sujeitos às variações de temperatura do ambiente. Além disso, alguns deles podem suportar a vida em locais bastante frios, como o pinguim-imperador, que vive nas regiões geladas do Polo Sul. No entanto, para manter a temperatura constante, os homeotérmicos precisam de bastante alimento. É a energia dos alimentos que é usada para manter o corpo aquecido. Um homeotérmico pode viver em local frio, desde que encontre alimento em quantidade suficiente. Já os pecilotérmicos precisam de relativamente menos alimento, porém estão mais sujeitos às mudanças da temperatura ambiente.

A-Z ATIVIDADE

Amplie o vocabulário!

Hora de debater o significado de cada conceito, redigi-lo com nossas palavras e incluí-lo no nosso blog.

- homeotérmico
- pecilotérmico

comprimento da cabeça à cauda: 90 cm

FABIO COLOMBINI

comprimento: 20 cm

R. P. FERREIRA/PULSAR IMAGENS

altura: 45 cm

FABIO COLOMBINI

Os répteis — como essa iguana, encontrada em vários estados do Brasil — são exemplos de animais pecilotérmicos.

As aves, como o bem-te-vi (à esquerda), e os mamíferos, como o macaco-prego (à direita), são homeotérmicos. As penas das aves e os pelos dos mamíferos retêm ar, e essa camada de ar dificulta a perda de calor para o ambiente, auxiliando na homeotermia desses animais.

ORGANIZAÇÃO DE IDEIAS

MAPA CONCEITUAL

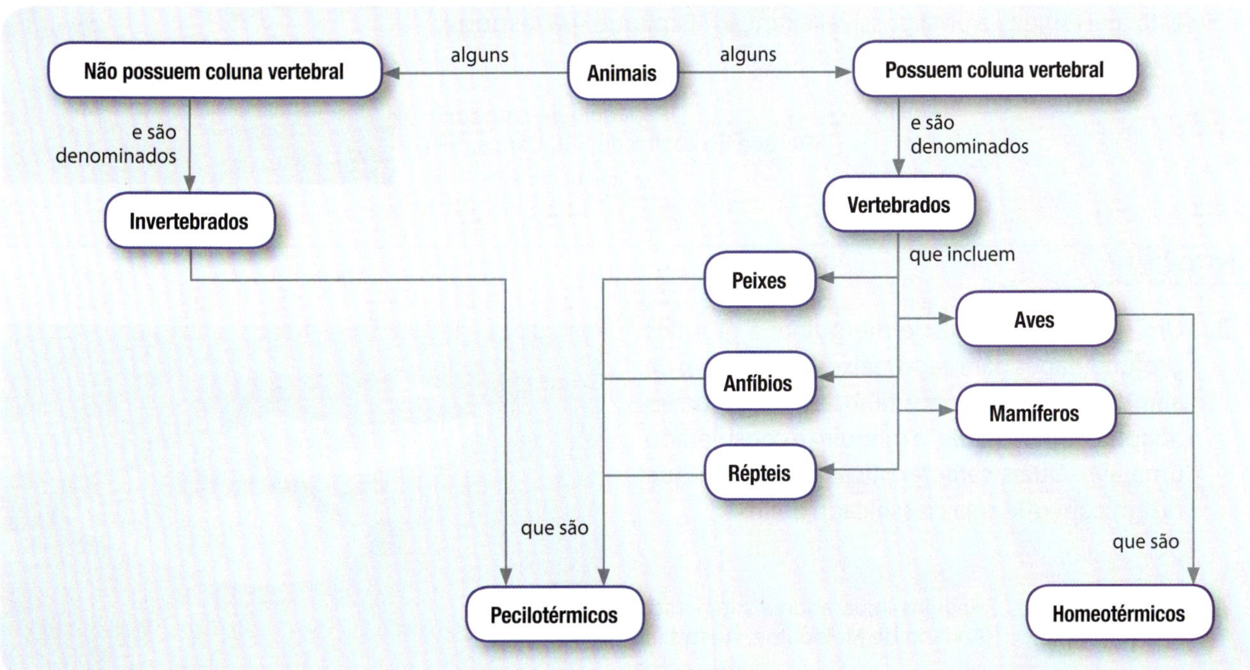

ATIVIDADE

USE O QUE APRENDEU

1. Cite características que, consideradas conjuntamente, distinguem as aves dos outros animais.

2. As aves apresentam algumas características que as tornam adaptadas ao voo. Cite algumas delas.

3. Os bicos das aves não são todos iguais. Nem as patas. Bicos e patas representam adaptações? Explique.

4. Neste capítulo, você teve a oportunidade de conhecer duas características que distinguem os mamíferos dos outros vertebrados. Quais são elas?

5. A maioria dos mamíferos é do tipo placentário.

a) Nos mamíferos, a fertilização é interna ou externa?

b) Qual é a importância do órgão chamado placenta no desenvolvimento do embrião?

6. O canguru é um mamífero marsupial. O que é o marsúpio? Qual é sua função na reprodução dessa espécie?

7. O ornitorrinco é um mamífero um pouco diferente: tem bico e reproduz-se por ovos. Cite duas características da espécie do ornitorrinco que fazem com que, apesar disso, ele seja classificado como mamífero.

ATIVIDADE

EXPLORE DIFERENTES LINGUAGENS

A critério do professor, as atividades a seguir poderão ser feitas em grupos.

INFORMAÇÕES DA INTERNET

1. Uma página da internet informa que o papagaio-de-cara-roxa é encontrado apenas numa pequena área de floresta no sul de São Paulo e no litoral do Paraná. Já o pardal é encontrado em vários locais do mundo.

No que diz respeito a essa característica, qual das duas espécies está mais sujeita a uma possível extinção? Explique sua resposta.

FABIO COLOMBINI

Papagaio-de-cara-roxa. (Parque Ecológico de São Carlos, SP.)
comprimento: 37 cm

FOTOGRAFIA

2. Um pinguim é capaz de mergulhar a grandes profundidades para caçar peixes que servem de alimento para ele e seus filhotes. Apesar dessa adaptação para nadar, o pinguim é considerado uma ave. Quais características ele possui que fazem com que seja classificado assim?

TIM PHILLIPS PHOTOS/MOMENT OPEN/GETTY IMAGES

Pinguins-imperadores submersos. (Aquário de Melbourne, Austrália.)
altura: 90 cm

TIRINHA

THE ARGYLE SWEATER, SCOTT HILBURN © 2009 SCOTT HILBURN/DIST. BY ANDREWS MCMEEL SYNDICATION

3. Do ponto de vista científico, essa tirinha contém pelo menos dois **ERROS**.

Consideremos que ela se refere ao pinguim-imperador, que vive na Antártida. Um erro é atribuir características e atitudes humanas ao animal. O outro diz respeito ao comportamento reprodutivo da espécie.

Faça uma pesquisa sobre a reprodução do pinguim-imperador. Com base nela, relate qual é o segundo **ERRO** da tirinha e explique qual seria a consequência do comportamento adotado pelo personagem.

CHARGE

4. *Moby Dick* é um cachalote (uma das espécies de baleia) personagem de um romance de mesmo nome escrito pelo estadunidense Herman Melville e publicado em 1851. Qual é a diferença entre a baleia e o peixe ósseo do aquário quanto à:

a) forma de respiração?

b) pele?

c) fertilização interna ou externa?

d) manutenção da temperatura corporal?

ZIGGY, TOM WILSON & TOM II © 2005 ZIGGY AND FRIENDS, INC./DIST. BY ANDREWS MCMEEL SYNDICATION

TRECHO DE DOCUMENTÁRIO

5. Um documentário informa que o cavalo-marinho:

- vive em ambiente de água salgada;
- apresenta esqueleto interno, com coluna vertebral;
- tem o corpo revestido por escamas;
- respira o gás oxigênio dissolvido na água por meio de brânquias.

Com base nessas características, é correto classificar o cavalo-marinho como mamífero? Explique.

FABIO COLOMBINI

Cavalo-marinho (em aquário de Ubatuba, SP).
comprimento: 15 cm

ÁRVORE FILOGENÉTICA

Inicialmente, seu professor vai ajudá-lo a compreender o significado da árvore filogenética a seguir, que envolve alguns fatos marcantes na história evolutiva dos vertebrados. Em seu caderno, realize as atividades propostas.

Evolução dos vertebrados

(Imagens fora de proporção.)

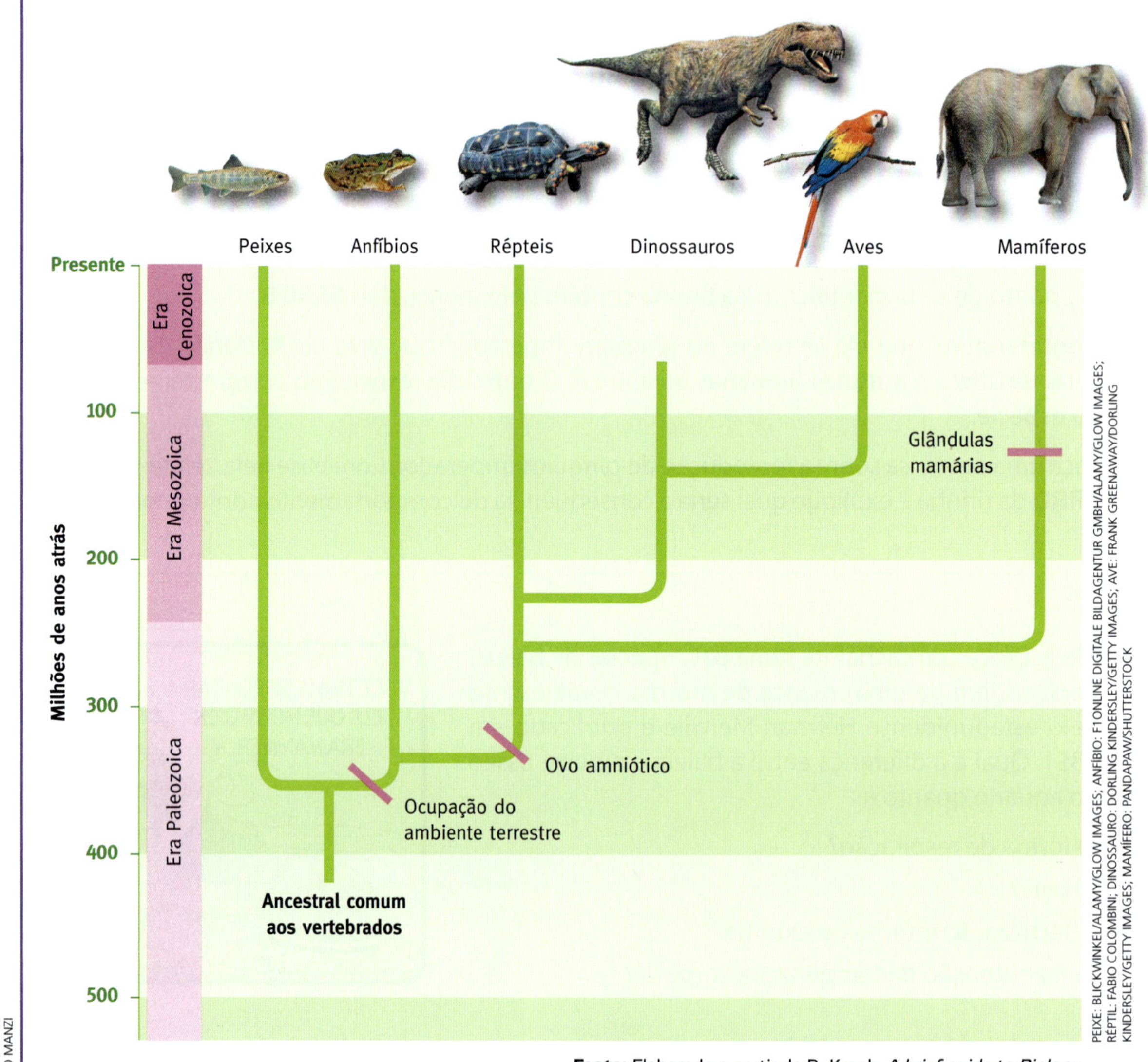

Fonte: Elaborado a partir de D. Krogh. *A brief guide to Biology*. Upper Saddle River: Prentice Hall. p. 319.

6. Dos três eventos evolutivos citados, qual ocorreu há mais tempo? Em que era geológica?

7. Dos três eventos evolutivos citados, qual foi o mais recente? Em que era geológica aconteceu?

8. Procure, na tabela *Resumo da história do nosso planeta*, no item 9 do capítulo 4, a época em que os dinossauros se extinguiram e compare com o término da linha dos dinossauros no esquema acima. Tabela e esquema estão de acordo?

9. É correto dizer que mamíferos descendem de aves? E dizer que aves descendem de mamíferos? Podemos afirmar que mamíferos e aves têm ancestrais comuns?

CHARGES

ZIGGY, TOM WILSON & TOM II © 1999 ZIGGY AND FRIENDS, INC. / DIST. BY ANDREWS MCMEEL SYNDICATION

THE ARGYLE SWEATER, SCOTT HILBURN© 2009 SCOTT HILBURN/DIST. BY ANDREWS MCMEEL SYNDICATION

10. Tanto os mamíferos quanto as aves têm uma semelhança no que diz respeito à temperatura corporal. Que semelhança é essa?

11. Ainda sobre a atividade anterior, os pelos dos mamíferos e as penas das aves têm papel semelhante no que diz respeito à temperatura corporal. Explique que papel é esse.

12. O canguru é um marsupial. Cite outros dois exemplos de marsupiais.

13. Cite duas características presentes no ser humano e nos marsupiais, mas ausentes em peixes, répteis, aves e anfíbios.

TABELA

14. Esta atividade vai ajudá-lo a revisar este capítulo e os anteriores e fixar exemplos dos vários tipos de animais. Em seu caderno elabore uma tabela na qual os animais da lista abaixo sejam separados nos grupos: poríferos, cnidários, platelmintos, nematódeos, anelídeos, moluscos, artrópodes, equinodermos, peixes, anfíbios, répteis, aves e mamíferos.

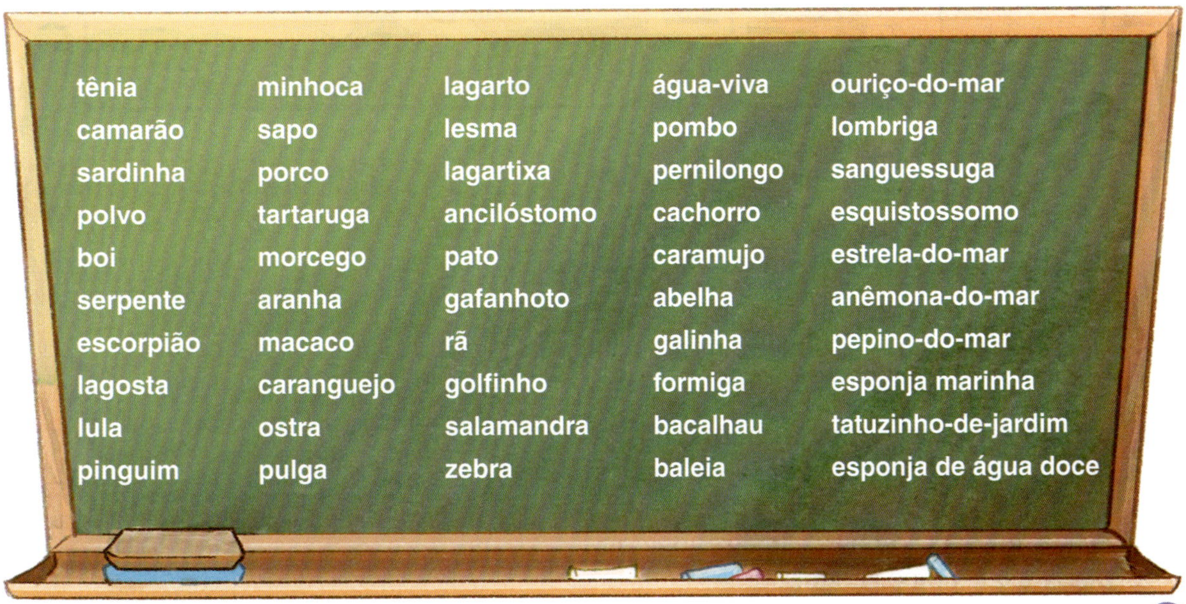

AMANDA DUARTE

TABELA E GRÁFICO

15. Em seu caderno construa um gráfico de barras horizontal com os dados da tabela a seguir. Represente o maior valor em cima e o menor embaixo.

Espécies ameaçadas no mundo	
Grupo de vertebrados	Número de espécies
Anfíbios	2.068
Aves	1.460
Mamíferos	1.194
Peixes	2.359
Répteis	1.079

Fonte: Lista Vermelha 2016 da União Internacional para a Conservação da Natureza (IUCN). Versão 2016.3, tabela 1. Acessado em: http://www.iucnredlist.org

ATIVIDADE

Para discussão em grupo

Se vocês tivessem autoridade para tomar providências a respeito da conservação da biodiversidade animal, mas tivessem que escolher **apenas uma**, qual seria?

FALA INFANTIL

16. O morcego tem o corpo revestido de pelos, e as fêmeas produzem leite para amamentar os filhotes.

Uma criança de 6 anos, após assistir a um filme sobre a vida dos morcegos, disse: "O morcego é uma ave, assim como o pardal".

a) Devido a qual característica do morcego a criança falou que ele é uma ave?

b) Todas as aves apresentam a característica que foi a sua resposta no item *a*?

c) Como os biólogos classificam o morcego? Como ave? Explique.

TIRINHA

FRANK & ERNEST, BOB THAVES © 2007 THAVES/ DIST. BY ANDREWS MCMEEL SYNDICATION
E-mail: ThavesOne@aol.com ©2007 Thaves / Dist. by NEA, Inc.

As atividades 17 a 19 referem-se à tirinha acima.

17. Dos seis animais observados pelos dois humanos, três pertencem a um mesmo grupo biológico. Que grupo é esse?

18. Qual dos seis animais é evolutivamente mais próximo do ser humano? Explique sua escolha.

19. Dois dos seis animais pertencem ao grupo que, do ponto de vista evolutivo, foi o primeiro a se tornar independente do ambiente aquático para a reprodução. Quais são esses dois animais e a que grupo pertencem?

Seu aprendizado não termina aqui

O tráfico de animais e de outros seres vivos é um dos muitos problemas enfrentados para a preservação da biodiversidade.

Fique atento às notícias sobre tráfico de animais. E passe à frente as informações sobre os maus-tratos que eles recebem e como a grande maioria morre antes de chegar ao destino.

Além disso, procure saber mais sobre os possíveis desequilíbrios ambientais provocados por esse tráfico.

FECHAMENTO DA UNIDADE

Isso vai para o nosso *blog*!

Diversidade da vida animal

A critério do professor, a classe será dividida em grupos e cada um deles criará e manterá um *blog* na internet sobre a importância do que se aprende na disciplina de Ciências Naturais. Na presente atividade, a meta é selecionar informações (acessar, reunir, ler, analisar, debater e escolher as mais relevantes e confiáveis) relacionadas aos tópicos abaixo para incluir no *blog*.

De acordo com as orientações do professor, cada equipe deverá publicar textos, ilustrações, fotografias e outros materiais sobre um animal ou um grupo de animais. Aqui estão apenas lembretes de alguns pontos importantes...

Qual é o modo de reprodução (suas características, onde ocorre, comportamentos envolvidos etc.)? Quais aspectos são marcantes no ciclo de vida?

A que ambiente o animal está naturalmente adaptado?

Que interações tem com outros seres vivos e qual é a sua importância para o ambiente?

Está ameaçado pelo ser humano? Como? Por quê?

Quais são as características externas e as internas do organismo?

DANIEL ZEPPO

UNIDADE D

PLANTAS E DESENVOLVIMENTO SUSTENTÁVEL

LLKORDELA/SHUTTERSTOCK

MERLIN D. TUTTLE/SCIENCE SOURCE/LATINSTOCK

Algumas plantas não gerariam descendentes se não fossem as abelhas ou os morcegos. Sabe por quê?

CAPÍTULO 13

PLANTAS: BRIÓFITAS E PTERIDÓFITAS

Existem plantas que não formam flores, frutos nem sementes. Sabe quais são elas?
Na foto, temos um exemplo. É uma cavalinha (*Equisetum arvense*), que pertence ao grupo das pteridófitas. (Altura: até 90 cm.)

STAROVER SIBIRIAK/SHUTTERSTOCK

MOTIVAÇÃO

A critério do professor, esta atividade poderá ser realizada em grupos.

Objetivo

- Observar evidência da existência de estrutura para condução de água no interior de um cravo branco.

Você vai precisar de:

- um cravo branco colhido na hora
- tesoura de pontas arredondadas
- recipiente com água
- corante alimentício

Procedimento

1. Coloque um pouco de corante na água do recipiente.
2. Corte um pedacinho da haste do cravo, **sob a água**, como mostra a figura ao lado. O pedacinho cortado pode ser descartado.
3. Deixe a ponta da haste do cravo mergulhada na água e observe se a flor muda de cor com o passar das horas.
4. O que você observou? Procure explicar o que aconteceu.

A critério do professor, esta atividade poderá ser realizada em grupos.

Objetivo

- Observar as nervuras das folhas.

Você vai precisar de:

- tesoura de pontas arredondadas
- folha de grama
- folha de samambaia
- folha de violeta
- folha de roseira
- outras folhas

Procedimento

1. Observe atentamente as **nervuras** (estrias que parecem "risquinhos") que existem em cada uma dessas folhas. Coloque as folhas também contra a luz para auxiliar a observação.
2. Corte cada uma das folhas como mostra a figura ao lado, observe as nervuras no local cortado e verifique se ali existe umidade. **Faça isso na sombra**. Os líquidos de certas folhas causam manchas e queimaduras na pele quando sob luz solar. **Não coloque na boca as mãos ou as folhas usadas**. Ao final do experimento, **lave bem as mãos com água e sabão**.
3. Proponha uma explicação para o que você observou.

A critério do professor, esta atividade poderá ser realizada em grupos.

Objetivo

- Verificar por qual (quais) das faces de uma folha ocorrem as trocas gasosas. Entende-se por trocas gasosas o processo de entrada e saída de gases na folha.

Você vai precisar de:

- uma planta verde no vaso (escolha oito folhas dessa planta)
- vaselina

Procedimento

1. Passe com os dedos uma grossa camada de vaselina apenas na face superior de duas folhas, cobrindo-a completamente.
2. Em outras duas folhas, passe uma grossa camada de vaselina na face inferior, também cobrindo-a totalmente. Em outras duas folhas, cubra bem ambas as faces com vaselina.
3. Duas outras folhas formarão o grupo de controle, isto é, um padrão com o qual serão comparadas as seis folhas cobertas com a vaselina.
4. Observe todos os dias, por uma semana, as seis folhas cobertas com vaselina e compare-as com as do grupo de controle. Anote suas observações diárias. Explique o que aconteceu.

AMANDA DUARTE

DESENVOLVIMENTO DO TEMA

1 Os órgãos de uma planta

Apesar das diferenças de tamanho e de forma, a maioria das plantas apresenta raiz, caule e folhas. Essas três estruturas são chamadas **órgãos vegetativos** da planta. Cada uma delas possui funções que ajudam a manter a planta viva.

Já as flores são **órgãos reprodutivos**, pois estão envolvidos na reprodução, ou seja, na geração de descendentes. Nem todas as plantas produzem flores, como você perceberá ao estudar este capítulo.

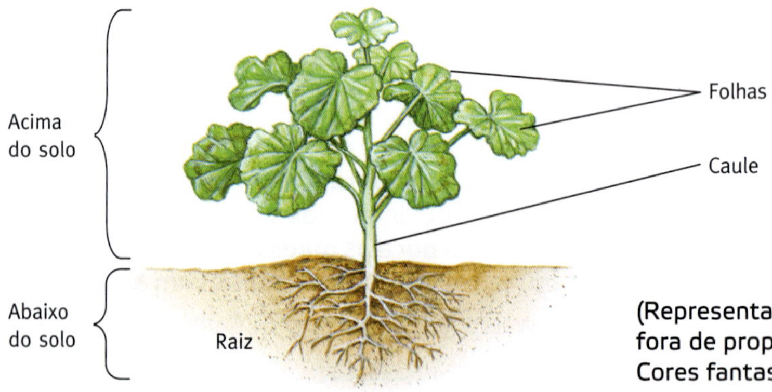

CECÍLIA IWASHITA

Esquema mostrando os órgãos vegetativos raiz, caule e folhas numa planta de gerânio. (Altura típica: 90 cm.)

(Representações fora de proporção. Cores fantasiosas.)

2 Reprodução sexuada de plantas

As plantas apresentam grande variedade de adaptações relacionadas à reprodução, ou seja, à formação de novos indivíduos (os descendentes). Apesar dessa diversidade, a reprodução é fundamentalmente de dois tipos: sexuada e assexuada.

Quando as plantas geram novos indivíduos por meio da produção de **gametas**, que são células reprodutivas, dizemos que estão realizando **reprodução sexuada**. Há casos em que o gameta masculino e o gameta feminino são produzidos por uma mesma planta (mesmo indivíduo) e há casos em que são produzidos por diferentes indivíduos da mesma espécie.

A reprodução sexuada depende de haver **fertilização**, ou **fecundação**, que é o encontro do gameta masculino com o feminino e a reunião dos materiais genéticos dos dois.

A nova célula resultante, o **zigoto**, desenvolve-se por sucessivas divisões celulares, originando um **embrião** de planta.

Em muitas espécies vegetais, o embrião fica dentro de uma semente. Quando ela germina, o embrião cresce, rompe o envoltório da semente e continua seu desenvolvimento como uma planta jovem.

Na maioria das espécies que apresentam sementes, estas ficam protegidas no interior de frutos. Há, contudo, espécies que produzem sementes, mas não frutos. Quer exista fruto ou não, quando uma planta se reproduz por sementes, está se reproduzindo sexuadamente. Cada semente contém um embrião que se originou da união de um gameta feminino e um masculino. Estudaremos a reprodução sexuada com sementes no próximo capítulo.

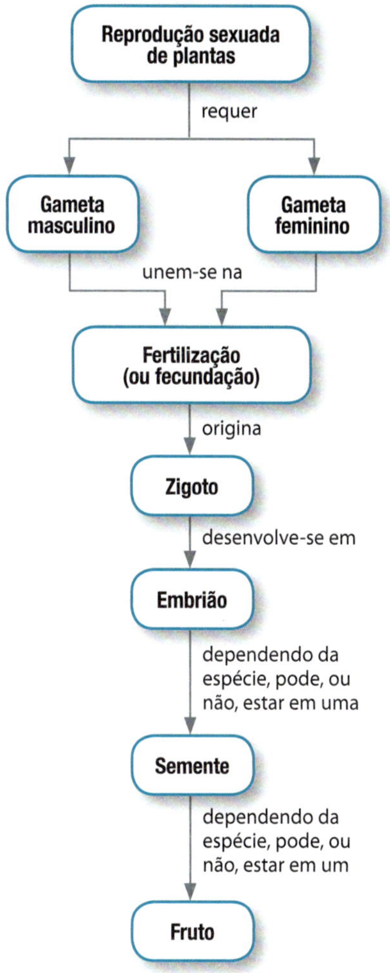

JIANG HONGYAN/ SHUTTERSTOCK

O abacateiro produz embrião alojado em uma semente (o "caroço") no interior de um fruto (o abacate).

CWIS/SHUTTERSTOCK

No melão (fruto do meloeiro), há várias sementes, cada qual contendo um embrião.

3 Reprodução assexuada de plantas

As plantas têm uma incrível capacidade de gerar novos indivíduos também por **reprodução assexuada**, na qual cada descendente tem material genético idêntico ao do indivíduo que o originou.

O bambu ilustra bem a reprodução assexuada. De um mesmo indivíduo podem sair vários brotos que originam vários novos pés de bambu. Cada um deles, mesmo separado dos demais, consegue sobreviver independentemente. Um único pé de bambu pode originar por brotamento vários outros, até mesmo uma floresta inteira, desde que encontre condições favoráveis.

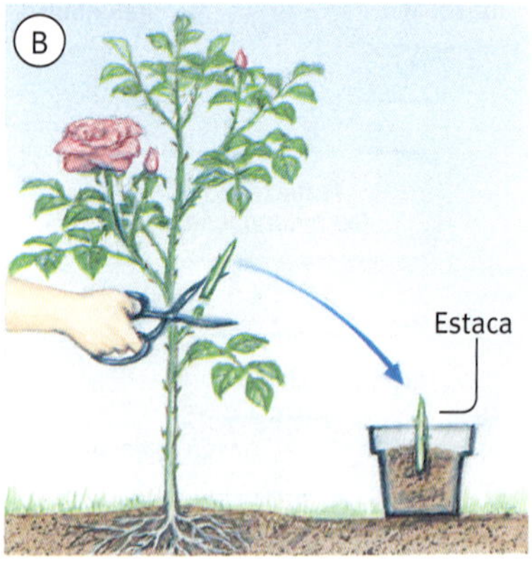

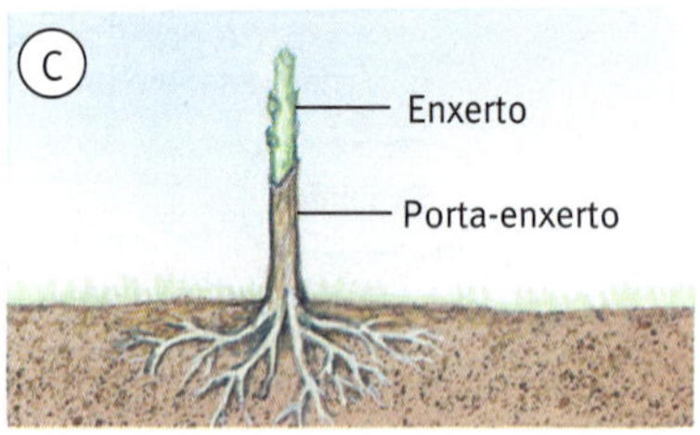

A. Divisão de touceira.
B. Estaquia. (Altura da estaca: 15 cm.)
C. Enxertia. (Altura do enxerto: 20 cm; altura do porta--enxerto: 30 cm.)

Divisão de touceira

A capacidade de reprodução assexuada das plantas é de grande utilidade para a obtenção de mudas para a agricultura e para a jardinagem. Uma das técnicas mais simples para obter novas mudas é a **divisão de touceira** (veja a figura **A**, ao lado), após a qual cada uma das partes pode se desenvolver independentemente.

Estaquia

Outro método simples e bastante usado é o da **estaquia**. Uma estaca é um pedaço cortado do caule e que, plantado, pode originar folhas e raízes, desenvolvendo-se numa nova planta (figura **B**).

Enxertia

Um modo de obter mudas, mais trabalhoso, é a **enxertia**, que consiste em implantar um pedaço de caule da planta sobre outro, dotado de raízes, que lhe servirá de suporte (figura **C**). O caule implantado é denominado enxerto ou "cavaleiro", e o caule com raízes que lhe servirá de suporte é chamado de porta-enxerto ou "cavalo". Após algum tempo, ambos os caules se fundem e resulta uma nova planta, cujas raízes são as do porta-enxerto, mas as características de folhas, flores e frutos são as do enxerto.

A enxertia é bastante empregada para cultivo de espécies frágeis e para encurtar o tempo necessário para florescimento e frutificação, pois a planta torna-se adulta mais rapidamente do que se fosse cultivada a partir do plantio da semente. A probabilidade de sucesso na enxertia é tanto maior quanto mais similares forem as espécies de plantas empregadas.

Você pode obter novas plantas em sua casa, usando algumas técnicas simples para propiciar reprodução assexuada. Alguns exemplos aparecem nas ilustrações abaixo.

Propagação assexuada de vegetais. (Os eventos relatados levam vários dias para acontecer.)

D. Colocando numa tigela com um pouco de água o topo cortado de uma cenoura, desenvolvem-se caule e folhas. (Altura: 12 cm.)

E. Uma batata-doce mergulhada parcialmente em água desenvolve caule, folhas e delicadas ramificações da raiz. (Comprimento da batata: 15 cm.)

F. Do pecíolo ("haste") de uma folha de violeta mergulhado na água, surgem pequenas raízes.

Em destaque

Clonagem em tubo de ensaio

A capacidade de reprodução assexuada das plantas é tão grande que é possível, em laboratório, produzir inúmeras cópias de um vegetal a partir de algumas de suas células. Esses novos indivíduos, geneticamente idênticos àquele do qual provêm, são denominados **clones**.

Isso é feito isolando algumas células das partes jovens da planta e colocando-as em um recipiente com uma solução nutriente adequada. Sob condições controladas de temperatura e luz, essas células desenvolvem-se, originando um novo embrião da planta, que pode ser plantado e originar uma nova planta adulta.

Esse método, conhecido como **cultivo de tecidos**, ou **clonagem em tubo de ensaio**, é extremamente útil para reproduzir espécies raras e/ou ameaçadas de extinção. Serve também para produzir mudas em grande quantidade, a serem usadas em agricultura — árvores frutíferas, por exemplo —, ou, ainda, para plantar em grandes áreas — como nos casos de eucaliptos e pínus que se destinam à exploração de madeira.

MAXIMILIAN STOCK LTD/ FOODSTOCK/LATINSTOCK

Clones vegetais cultivados em tubos de ensaio.

DELFIM MARTINS/PULSAR IMAGENS

A técnica é usada, por exemplo, para obter mudas em grande quantidade.

4 Seiva mineral e seiva orgânica

A raiz geralmente fica dentro do solo e obtém dele a água e os sais minerais de que a planta necessita. Essa mistura de água e sais minerais, chamada **seiva mineral**, flui da raiz até as folhas por finíssimos "tubos" que existem no interior da planta. Nas folhas, a água é necessária para o processo de fotossíntese, que permite à planta produzir o próprio alimento.

O gás carbônico também é necessário para a fotossíntese. Ele vem do ar atmosférico, que entra nas folhas através de minúsculos orifícios, os **estômatos**, existentes numa das faces das folhas, ou em ambas, e que só podem ser vistos ao microscópio.

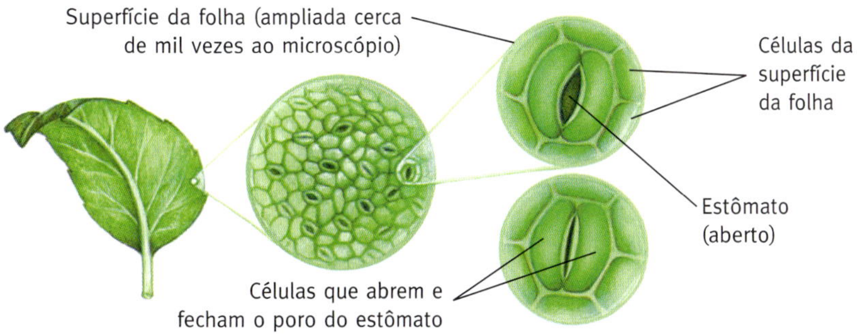

CECÍLIA IWASHITA

(Representações fora de proporção. Cores fantasiosas.)

Uma substância verde chamada **clorofila** é necessária para a ocorrência da fotossíntese. As plantas possuem clorofila e estão adaptadas à execução da fotossíntese. Nesse processo, que exige iluminação adequada, água e gás carbônico são transformados em gás oxigênio e açúcar, sendo este último um alimento necessário à vida da planta.

A **seiva orgânica**, que é a mistura de água, açúcar produzido na fotossíntese e outras substâncias, também flui pela planta, desde as folhas, passando pelo caule, até as raízes. O açúcar é usado por todas as partes da planta como alimento para mantê-la viva.

O caule, além de atuar na condução da seiva mineral e da seiva orgânica, também é importante na sustentação da planta.

Transporte de seiva

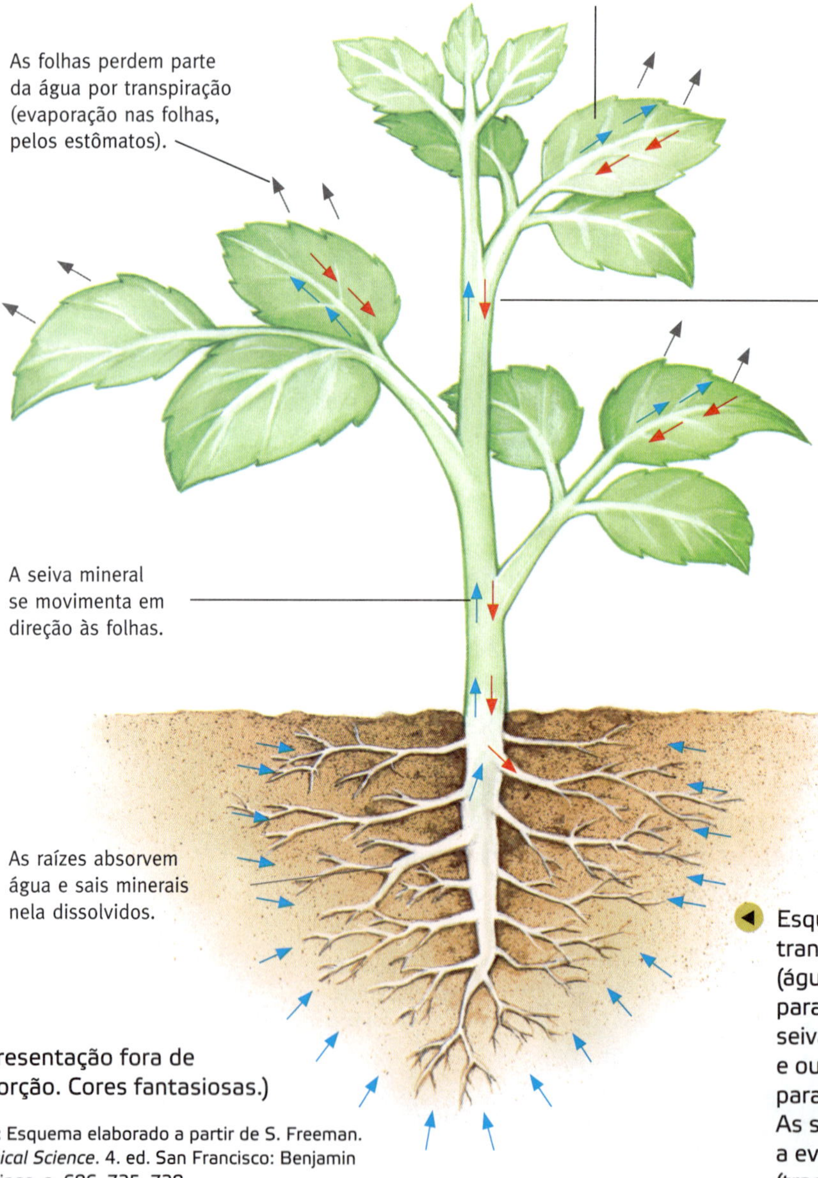

(Representação fora de proporção. Cores fantasiosas.)

Fonte: Esquema elaborado a partir de S. Freeman. *Biological Science*. 4. ed. San Francisco: Benjamin Cummings. p. 696, 725, 729.

Esquema que representa o transporte de seiva mineral (água com sais minerais) da raiz para as folhas (setas azuis) e de seiva orgânica (água com açúcar e outras substâncias) das folhas para a raiz (setas vermelhas). As setas em cinza representam a evaporação de água das folhas (transpiração da planta).

CECÍLIA IWASHITA

5 Sistema vascular

No primeiro experimento (seção *Motivação*, na abertura deste capítulo), é possível perceber que o cravo branco adquire a cor do corante que está na água. Isso evidencia a presença interna de um **sistema condutor de seiva** ou **sistema vascular**, pelo qual a água colorida foi transportada.

No segundo experimento, você observou as nervuras das folhas, que são conjuntos de "tubos" finos que fazem parte do sistema condutor. Por alguns desses "tubos" a seiva mineral chega até a folha, vinda das raízes. Por outros desses "tubos" flui de volta a seiva orgânica, contendo o alimento (açúcar) produzido nas folhas por meio da fotossíntese. Esse alimento será distribuído e usado por toda a planta.

O terceiro experimento está relacionado à presença dos estômatos nas folhas. Eles ficam posicionados em uma das suas faces, geralmente a inferior. Em algumas espécies, ambas as faces têm estômatos. Pelas observações, é possível para você concluir em qual das faces das folhas da planta escolhida ficam os estômatos?

Durante o experimento, algumas das folhas provavelmente tiveram o desenvolvimento prejudicado. São justamente aquelas folhas nas quais a vaselina foi aplicada sobre a face ou as faces em que se encontram os estômatos. A vaselina impede essas folhas de realizar as trocas gasosas e prejudica seu desenvolvimento.

A-Z ATIVIDADE

Amplie o vocabulário!

Hora de debater o significado de cada conceito, redigi-lo com nossas palavras e incluí-lo no nosso blog.

- seiva mineral
- seiva orgânica
- sistema vascular

6 Classificação das plantas

As plantas que se reproduzem por sementes (laranjeira, goiabeira, pessegueiro, macieira, abacateiro, meloeiro, tomateiro, pinheiro-do-paraná, pínus, cedro etc.) possuem os órgãos vegetativos **raiz**, **caule** e **folhas**. As samambaias e as avencas, que não produzem flores nem sementes, também apresentam esses três órgãos.

(Representações fora de proporção.)

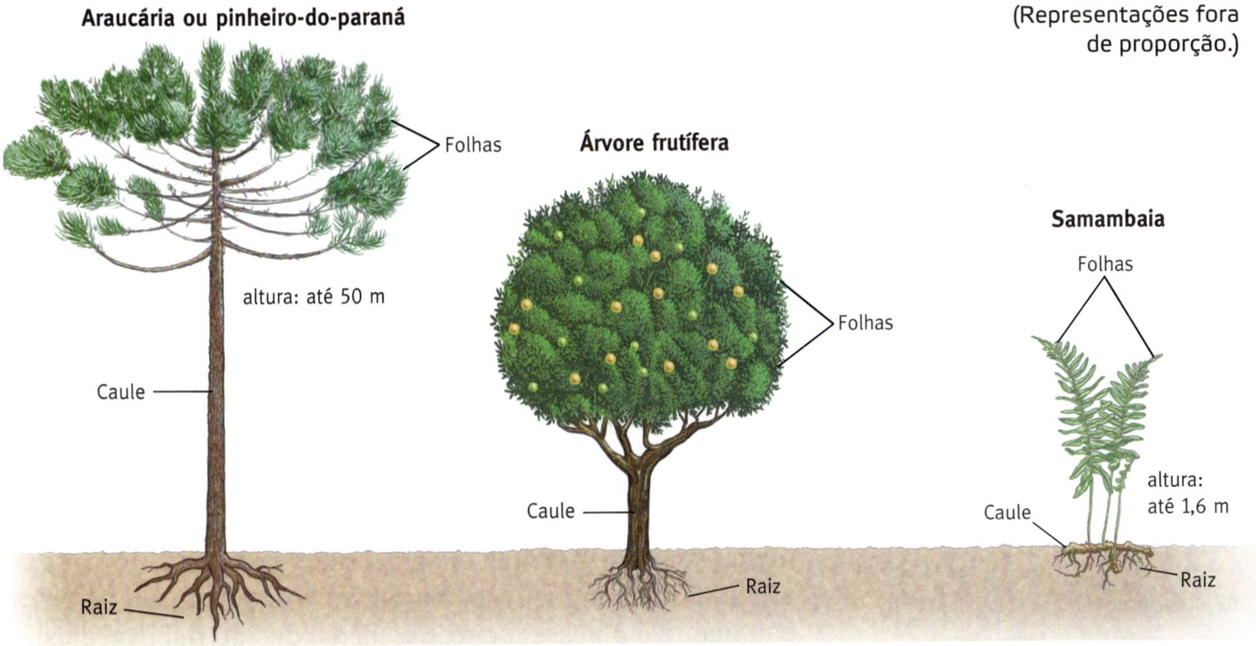

ILUSTRAÇÕES: PAULO CÉSAR PEREIRA

Esquema ampliado de um musgo (briófita), com pouco mais de 1 cm de altura.

Já os musgos, plantas muito simples, não apresentam raiz, caule e folhas. Os pequenos filamentos que ajudam o musgo a se fixar são os **rizoides**, que atuam como se fossem raízes muito primitivas. As pequeninas estruturas verdes que existem nos musgos e que fazem a fotossíntese são os **filoides**.

Nessas plantas não existe um sistema condutor para o transporte de seiva como aquele encontrado numa samambaia, num pinheiro ou numa laranjeira. Os musgos são abundantes em locais úmidos, já que a grande disponibilidade de água no ambiente favorece a chegada da água a todas as partes desses pequenos organismos, possibilitando seu desenvolvimento. Em ambientes ensolarados ou secos, eles podem morrer rapidamente por desidratação, isto é, perda de água.

Critério: presença de sistema vascular

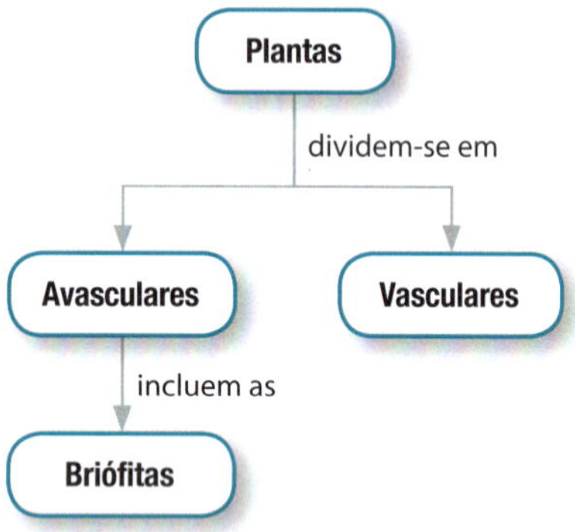

Os biólogos agrupam os seres vivos em categorias, a fim de evidenciar nessa classificação o parentesco evolutivo. Neste momento, você já é capaz de entender como as plantas podem ser agrupadas. Primeiramente, podemos dividi-las em dois grupos:

- Plantas que não têm um elaborado sistema condutor de água, denominadas **plantas avasculares**. São mais de 24 mil espécies. Essa categoria inclui o grupo de plantas denominadas **briófitas**, estudadas no item 7 deste capítulo. Os musgos pertencem ao grupo das briófitas.
- Plantas que têm um elaborado sistema condutor de água, chamadas **plantas vasculares**.

Critério: reprodução por sementes

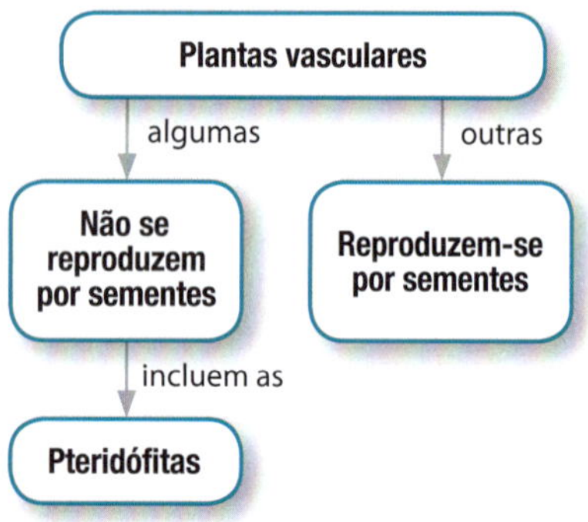

O grupo das plantas vasculares pode ser dividido em dois:

- Plantas vasculares que **não se reproduzem por sementes**, como as samambaias, avencas e demais plantas coletivamente denominadas **pteridófitas**, estudadas no item 8. Os cientistas já identificaram cerca de 11 mil espécies desse grupo.
- Plantas que **se reproduzem por meio de sementes**.

Critério: presença de flores e frutos

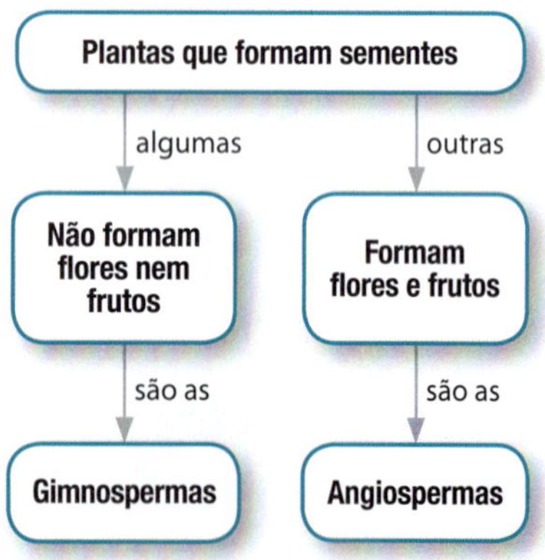

Este último grupo, estudado no capítulo 14, é subdividido em:

- Plantas que **não têm flores e nas quais as sementes não são protegidas por frutos**. São denominadas **gimnospermas**. Há cerca de 870 espécies, das quais são exemplos os pinheiros, as cicas, os ciprestes e as sequoias.
- Plantas que **apresentam flores e nas quais as sementes ficam protegidas dentro de frutos**. Essas plantas são denominadas **angiospermas** e, como exemplos, podemos citar o tomateiro, a mangueira, o abacateiro, a laranjeira, a goiabeira, o coqueiro e o pessegueiro. São cerca de 250 mil espécies!

Briófitas (sem sistema vascular, sem sementes, sem flores, sem frutos)

MYSIKRYSA/SHUTTERSTOCK

Musgos. altura: 1 cm

TODD BOLAND/SHUTTERSTOCK

Hepática (*Marchantia* sp.) altura: 2 cm

Pteridófitas (com sistema vascular, sem sementes, sem flores, sem frutos)

JOLOEI/SHUTTERSTOCK

Samambaias. altura: até 1,6 m

FABIO COLOMBINI

Avencas. altura até: 50 cm

Gimnospermas (com sistema vascular, com sementes, sem flores, sem frutos)

NELSON AKIRA ISHIKAWA/SHUTTERSTOCK

Araucárias. altura: 40 m

JUAN A. SALGADO/SHUTTERSTOCK

Cica. altura: 1 m

Angiospermas (com sistema vascular, com sementes, com flores, com frutos)

TOM.RUETHA/SHUTTERSTOCK

Tomateiros. altura: até 3 m

ASIF WASEEM/SHUTTERSTOCK

Mangueiras. altura: 8 m

!

Saiba de onde vêm as palavras

"Briófita" vem do grego *bryon*, musgo, e *phytón*, planta.

7 Briófitas: plantas avasculares

Musgos são plantas muito pequenas que crescem sobre solos, rochas e troncos de árvores em locais úmidos e sombreados. Embora cada plantinha seja bem pequena, várias delas reunidas apresentam o aspecto de um tapete verde aveludado.

Os musgos não apresentam flores, frutos ou sementes. São plantas muito simples, avasculares (sem sistema vascular), cuja reprodução envolve **esporos**, estruturas aproximadamente esféricas muito pequenas, que podem ser facilmente dispersadas pelo vento. Quando um esporo atinge uma superfície na qual há condições favoráveis, continua seu desenvolvimento e, após uma série de complexos eventos, origina um novo indivíduo.

Os musgos pertencem ao grupo de plantas denominadas **briófitas**, ao qual também pertencem as hepáticas e os antóceros.

ANTON FOLTIN/SHUTTERSTOCK

Musgos, como esses sobre as rochas, crescem em locais úmidos e sem muita luz direta. Vistos de longe têm aspecto aveludado. Cada planta é, no entanto, muito pequena.

TARBELL STUDIO PHOTO/SHUTTERSTOCK

ARNON POLION/SHUTTERSTOCK

CECÍLIA IWASHITA

Musgos que cresceram sobre tijolos, fotografados também de perto. A altura aproximada das plantas é 1 cm e a das hastes superiores, existentes em algumas delas, é 1,5 cm. Na parte superior das hastes, são produzidos os esporos.

Outros exemplos de briófitas

altura: 3 cm

EVANO/SHUTTERSTOCK

Hepática (*Marchantia polymorpha*).

comprimento: 1,7 cm

IANREDDING/SHUTTERSTOCK

Antócero (*Conocephalum cornicum*).

8 Pteridófitas: plantas sem sementes

As samambaias são exemplos de plantas que não têm flores e frutos, nem se reproduzem por sementes.

Se você observar atentamente as folhas dessa planta, verá, se ela estiver no período fértil, que em um de seus lados existem pequenas estruturas marrons, denominadas **soros**.

Os soros produzem pequenos **esporos**, que, se atingirem um local adequado, como o solo, podem gerar uma nova samambaia após uma longa série de complexos acontecimentos.

Saiba de onde vêm as palavras

"Pteridófita" vem do grego *ptéris*, pena, pluma, penacho, leque de plumas, e *phytón*, planta.

FABIO COLOMBINI

As estruturas marrons nesta foto são soros de samambaia.

JTB PHOTO/UIG/GETTY IMAGES

As samambaias se reproduzem por esporos, que são produzidos pelos soros.
altura: até 1,6 m

FABIO COLOMBINI

As estruturas marrons nesta foto são soros de avenca.

ARCO IMAGES GMBH/ALAMY/GLOW IMAGES

As avencas também se reproduzem por esporos, produzidos pelos soros.
altura: até 50 cm

Avencas também são exemplos de plantas que não produzem frutos nem sementes. Elas apresentam soros, que podemos ver facilmente em suas folhas, e se reproduzem por meio de esporos.

Samambaias e avencas pertencem ao grupo de plantas denominadas **pteridófitas**, que se reproduzem por esporos e não apresentam flores, frutos nem sementes.

Outros exemplos de pteridófitas

WASANAJAI/SHUTTERSTOCK

Marsílea, popularmente conhecida como trevo-de-quatro-folhas.
diâmetro da folha: 4 cm

G. EVANGELISTA/OPÇÃO BRASIL IMAGENS

Chifre-de-veado.
comprimento da folha: 25-90 cm

FABIO COLOMBINI

Licopódio.
altura: até 15 cm

A-Z

ATIVIDADE

Amplie o vocabulário!

Hora de debater o significado de cada conceito, redigi-lo com nossas palavras e incluí-lo no nosso blog.

- briófitas
- pteridófitas

Reprodução de uma samambaia

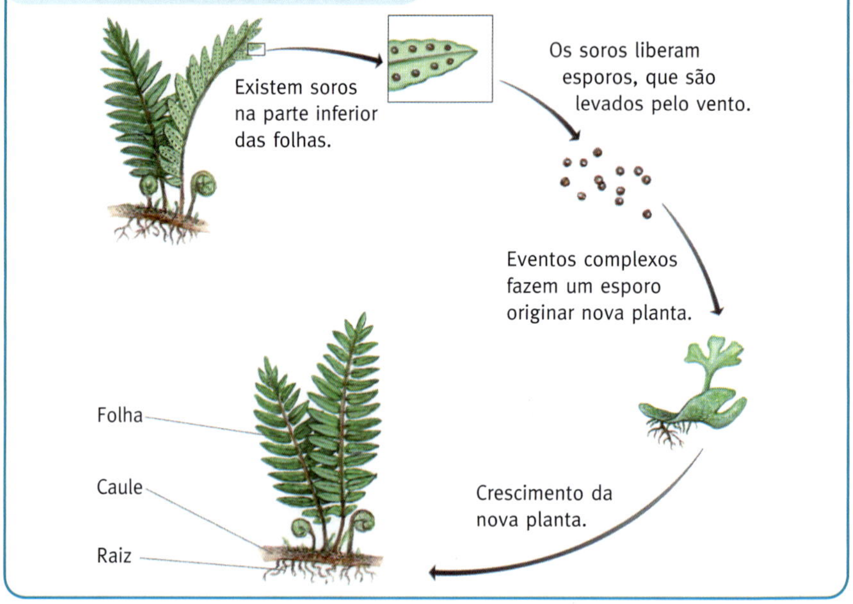

CECÍLIA IWASHITA

ORGANIZAÇÃO DE IDEIAS

MAPA CONCEITUAL

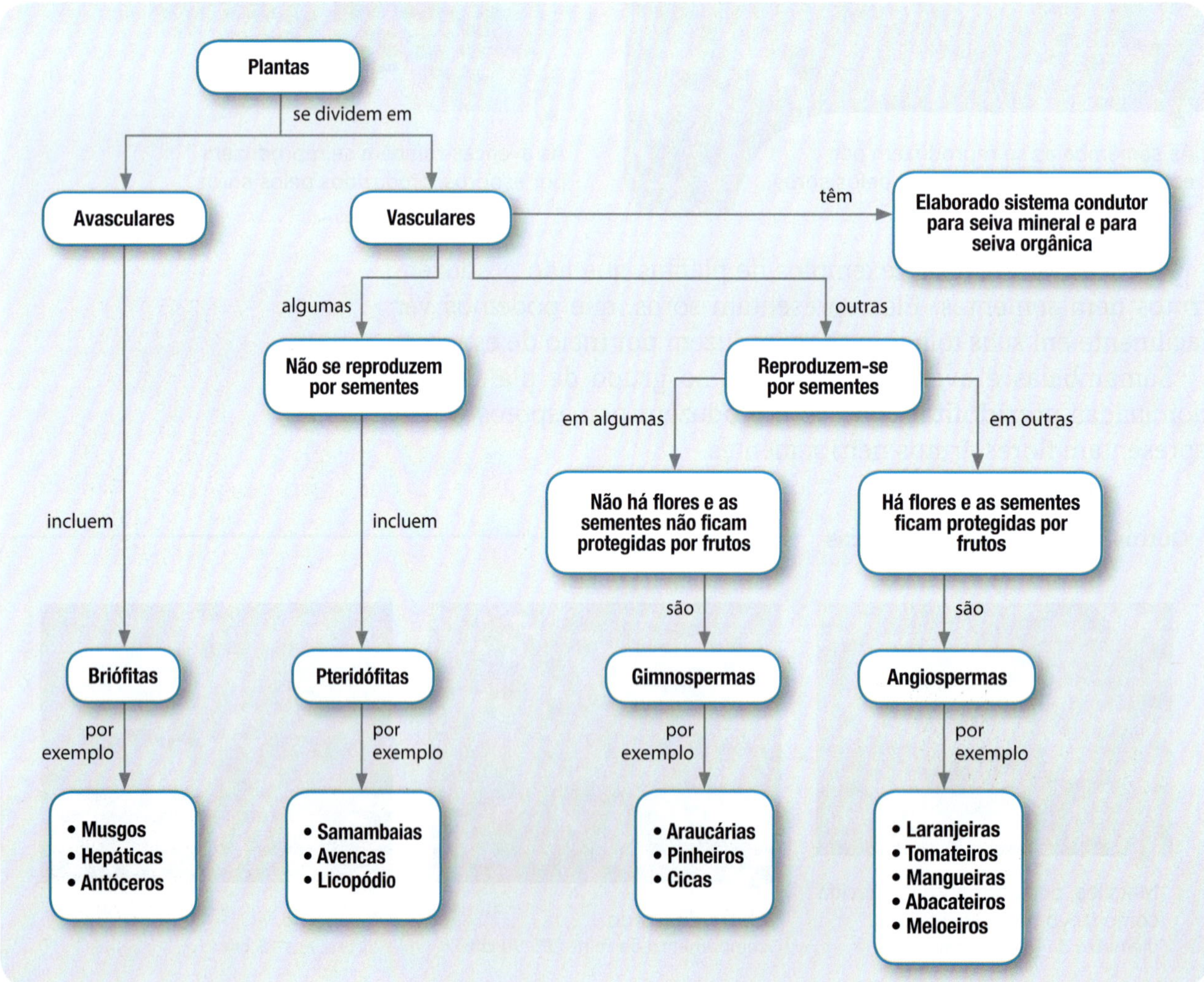

ATIVIDADE

EXPLORE DIFERENTES LINGUAGENS

A critério do professor, as atividades a seguir poderão ser feitas em grupos.

AVISO EM EMBALAGEM

1. Um aviso em embalagem de papel sulfite informa que o produto é proveniente de madeira de reflorestamento.
Suponha que a área de reflorestamento em questão foi plantada usando mudas de árvores obtidas por **clonagem em tubo de ensaio** a partir de células de um único indivíduo vegetal. Compare essa área de plantação com uma floresta natural e responda: qual delas está mais sujeita a ser devastada por pestes ou por mudanças climáticas bruscas na região? Explique como chegou a essa conclusão.

INTERPRETAÇÃO DE EXPERIMENTO

Num experimento escolar, um grupo de alunos utilizou uma batata na qual existiam várias gemas (veja a figura ao lado). Cortaram pedaços dessa batata, cada um deles contendo uma gema, e enterraram cada um deles em terra fértil convenientemente regada. Após algumas semanas, um pé de batata desenvolveu-se a partir de cada um dos pedaços plantados.

CECÍLIA IWASHITA

2. Nesse experimento houve um processo de obtenção de novos indivíduos. A forma de reprodução envolvida é sexuada ou assexuada? Explique.

3. Compare os novos indivíduos entre si no que diz respeito à bagagem genética.

TIRINHA

CALVIN & HOBBES, BILL WATTERSON © 1988 WATTERSON/ DIST. BY ANDREWS MCMEEL SYNDICATION

4. Seres humanos **não** se reproduzem por **esporos**. Porém, existem seres vivos que **utilizam esporos** em sua reprodução. Entre eles, estão:

a) pteridófitas, briófitas e fungos?
b) todos os animais e vegetais?
c) todos os mamíferos?

Seu aprendizado não termina aqui

Que tal experimentar algumas técnicas para reprodução assexuada de plantas? Use o que aprendeu neste capítulo para obter um clone de cenoura, de batata-doce e de violeta. Além disso, converse com pessoas que costumam cultivar plantas em casa e verifique outros procedimentos que você poderia realizar com orquídeas, laranjeiras, cana-de-açúcar, mandioca ou outras plantas.

CAPÍTULO 14

PLANTAS: GIMNOSPERMAS E ANGIOSPERMAS

Muitas espécies de plantas apresentam flores. Qual é exatamente o papel dessa estrutura na vida desses vegetais? (Na foto, flor da planta aquática *Nymphaea caerulea*, cujo diâmetro é de até 15 cm. Belém, PA.)

FABIO COLOMBINI

MOTIVAÇÃO

A critério do professor, esta atividade poderá ser realizada em grupos.

Objetivo

- Observar uma flor.

Você vai precisar de:

- uma ou mais flores, entregues a você pelo professor ou obtidas seguindo recomendações dele.

Procedimento

1. Observe atentamente os detalhes da flor.
2. Desenhe-a em seu caderno. Perceba quais partes têm cor verde e quais não têm.
3. Separe seus componentes para poder examiná-los melhor.
4. Alguma das partes da flor solta um "pozinho"? Qual parte? O que você imagina que seja esse "pozinho"?

DESENVOLVIMENTO DO TEMA

1 Gimnospermas: plantas com sementes, mas sem flores e sem frutos

Existem plantas que se reproduzem por meio de sementes mas não apresentam flores nem formam frutos.

Um exemplo é o pinheiro-do-paraná ou araucária. Suas estruturas reprodutivas, denominadas **estróbilos**, são diferentes nas plantas masculinas e nas femininas. Nos estróbilos das plantas masculinas, forma-se pólen, que é constituído de pequeninas estruturas aproximadamente esféricas (grãos de pólen), que contêm os gametas masculinos. Quando essas plantas liberam o pólen, este é levado pelo vento e atinge os estróbilos das plantas femininas (conhecidos popularmente como **pinhas**). Esse acontecimento é a **polinização**. Em seguida, ocorre a **fertilização**, ou **fecundação**, que é o encontro dos gametas masculinos (que vieram no pólen) com os gametas femininos (que estavam na pinha), formando **zigotos**.

Após a polinização e a fecundação, vão se originar as **sementes** de araucária, costumeiramente chamadas de **pinhões**. Cada semente contém um **embrião** que se originou de um zigoto. Essas sementes, que não ficam abrigadas dentro de frutos, após caírem no chão podem germinar e produzir novas araucárias.

A araucária pertence ao grupo das **gimnospermas**, plantas que se reproduzem por sementes, mas não exibem flores nem produzem frutos. Outros exemplos de gimnospermas são os cedros, os pínus (pinheiros), os ciprestes, as sequoias e as cicas.

Saiba de onde vêm as palavras

"Gimnosperma" vem do grego *gímnós*, nu, e *spérma*, semente. As gimnospermas têm as sementes nuas, isto é, não protegidas por frutos.

Araucárias, cedros, pínus, ciprestes e sequoias são conhecidos como **coníferas**.

A palavra "conífera" vem do latim *conus*, cone ou cimeira do capacete de guerra (forma que lembra a dos estróbilos), e *féró*, possuir.

Reprodução de uma araucária

CECÍLIA IWASHITA

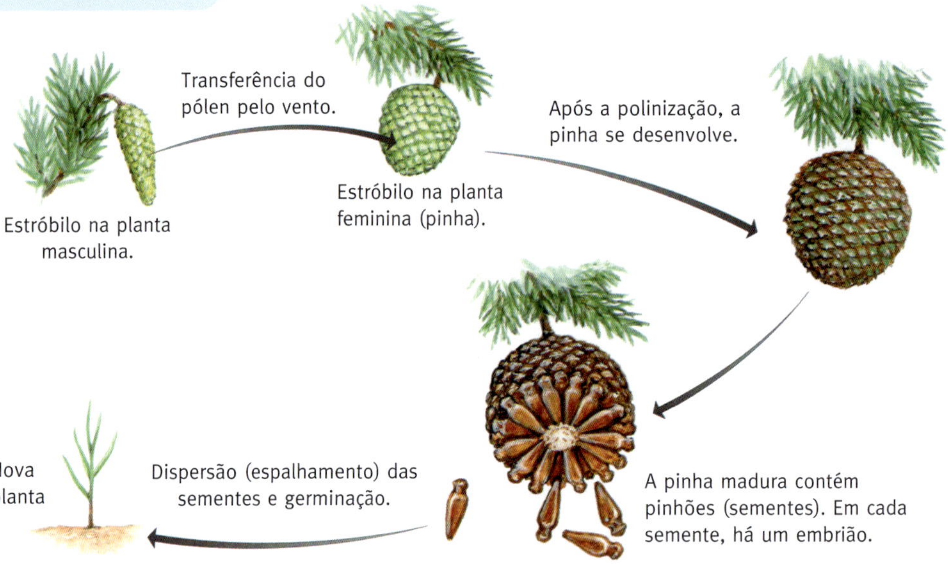

(Representação sem proporção. Cores fantasiosas.)

A araucária é uma gimnosperma

GERSON GERLOFF/PULSAR IMAGENS

Araucária.
altura: 40 m

GERSON SOBREIRA/TERRASTOCK

Estróbilo da planta feminina (pinha).
diâmetro: 20 cm

FABIO COLOMBINI

Estróbilos da planta masculina.
comprimento: 30 cm

CLAUDIO LARANGEIRA/KINO.COM.BR

Sementes de araucária, conhecidas como pinhões.
comprimento de cada semente: 5 cm

FABIO COLOMBINI

Pinhões fotografados de perto, dois deles em corte.

Polinização na araucária

HORST OSSINGER/DPA PICTURE-ALLIANCE/AFP

O estróbilo de uma planta masculina de araucária mede cerca de 30 cm. Ele é verde (como na foto) e, após a dispersão do pólen, adquire cor castanha.

grãos de pólen são levados pelo vento

GERSON SOBREIRA/TERRASTOCK

O estróbilo da planta feminina mede cerca de 20 cm. Após a polinização, essa pinha sofre gradual transformação, passando a ser um conjunto de pinhões, as sementes da araucária. Essa transformação pode levar até três anos!

A-Z

ATIVIDADE

Amplie o vocabulário!

Hora de debater o significado de cada conceito, redigi-lo com nossas palavras e incluí-lo no nosso blog.

- polinização
- semente
- gimnospermas

Outros exemplos de gimnospermas

EDSON GRANDISOLI/PULSAR IMAGENS

Cedro.
altura: 20-40 m

FABIO COLOMBINI

Pínus.
altura: 15-30 m

FABIO COLOMBINI

Cica.
altura: 2 m

2 Angiospermas: plantas com flores, sementes e frutos

Qual é a função de uma flor?

A reprodução sexuada não ocorre apenas em animais. Ela também está presente no ciclo de vida de outros seres vivos, como plantas, fungos e protistas. Até em bactérias há processos que permitem a troca de genes entre dois indivíduos.

Vamos comentar agora alguns aspectos gerais da reprodução sexuada em plantas com flores e frutos, que são denominadas **angiospermas**.

A maioria das espécies de plantas pode apresentar flores em pelo menos um momento de sua existência, ou seja, a maioria das espécies vegetais é de angiospermas.

Flores são estruturas relacionadas à **reprodução** dessas espécies de plantas. Após o florescimento, a flor origina um fruto com uma ou mais sementes. Cada uma delas, ao germinar, poderá originar uma nova planta dessa mesma espécie, isto é, um novo indivíduo.

Observe atentamente o seguinte desenho esquemático de uma flor e leia o que nele está escrito.

Esquema de uma flor com carpelo e estames

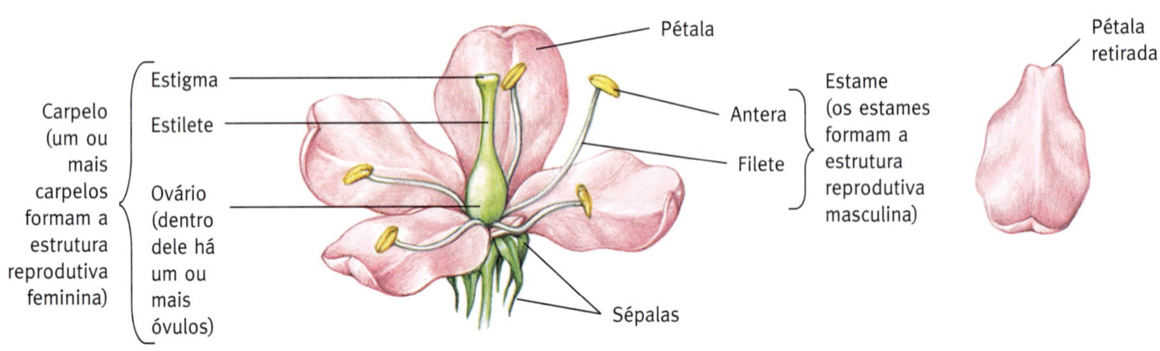

(Representação sem proporção. Cores fantasiosas.)

ILUSTRAÇÕES: CECÍLIA IWASHITA

Estames são as unidades que compõem a estrutura reprodutiva **masculina** de uma flor. Um ou mais carpelos formam a estrutura reprodutiva **feminina**.

Existem espécies de plantas cujas flores apresentam apenas os carpelos e outras que apresentam apenas os estames. As primeiras são flores femininas, e as outras, flores masculinas. Em outras espécies, estames e carpelos aparecem juntos numa mesma flor.

Tais ocorrências vão depender da espécie da planta. Por exemplo, a aboboreira e o chuchu são plantas que possuem flores com o sexo separado. A mamona tem flores com os dois sexos.

Flores produzem gametas

As flores, órgãos envolvidos na reprodução sexuada das angiospermas, produzem gametas:

- os **gametas femininos** são chamados **oosferas**;
- os **gametas masculinos** são os **núcleos espermáticos**.

Os estames compõem a estrutura masculina de uma flor. Nas extremidades dos estames, as **anteras**, formam-se os grãos de **pólen**, dentro dos quais se encontram os núcleos espermáticos.

Um ou mais carpelos formam a estrutura feminina de uma flor. A base dilatada de cada carpelo é o **ovário**, dentro do qual há um ou mais óvulos.

No interior de cada óvulo encontra-se uma oosfera. Nas plantas, o termo *óvulo* não designa o gameta feminino (que é a oosfera), mas uma estrutura que o aloja.

THAILAND PHOTOS FOR SALE/SHUTTERSTOCK

Flor de hibisco. O "pozinho" amarelo que está disperso no ar, acima da flor, é pólen. Existem pessoas que são alérgicas ao pólen. Se for esse o seu caso, você não deve manusear flores nem cheirá-las.

diâmetro da flor: 10 cm

A antera (parte superior do estame) libera pólen. Os gametas masculinos (núcleos espermáticos) estão dentro dos grãos de pólen.

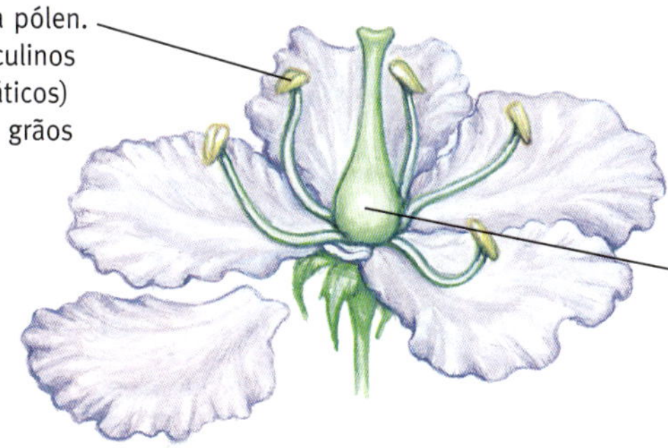

CECÍLIA IWASHITA

Um ou mais óvulos estão presentes no interior do ovário. Cada óvulo contém um gameta feminino (oosfera).

Polinização

Os grãos de **pólen** são o "pozinho" que os estames das flores soltam e que você pôde perceber ao manusear a flor e encostar o dedo nos estames, na atividade de abertura deste capítulo.

Levados pelo vento, pela água, por insetos ou outros animais, os grãos de pólen podem ser depositados no **estigma**, que é a parte superior do carpelo. O estigma atingido pode ser da mesma planta que produziu o pólen ou de outra planta (outro indivíduo) da mesma espécie. Quando o pólen se deposita no estigma, ocorre o que chamamos de **polinização** da flor.

Fertilização

Após a polinização, cresce um fino tubo a partir do grão de pólen, denominado **tubo polínico**, que desce pelo carpelo adentro até atingir o óvulo (veja o esquema na página seguinte).

O tubo polínico permite que o núcleo espermático, que estava dentro do grão de pólen, chegue até o ovário e encontre a oosfera, que está dentro de um óvulo. A junção de ambas as células é a **fertilização**, ou **fecundação**, que forma de um novo indivíduo, o **zigoto**. Por meio de divisões celulares, o zigoto sofre aumento do número de células, transformando-se num **embrião** de planta.

Formação do fruto

Depois da polinização e da fertilização ocorre uma série de eventos que faz, em muitos casos, o ovário se transformar num **fruto**, dentro do qual há uma ou mais sementes.

Cada semente contém um embrião, que veio de uma oosfera fertilizada por um núcleo espermático.

Além do embrião, a semente contém uma reserva nutritiva que será usada pelo embrião durante o início de seu desenvolvimento, que ocorrerá quando a semente germinar.

Esquema (generalizado e simplificado) da reprodução sexuada em plantas com flores e frutos

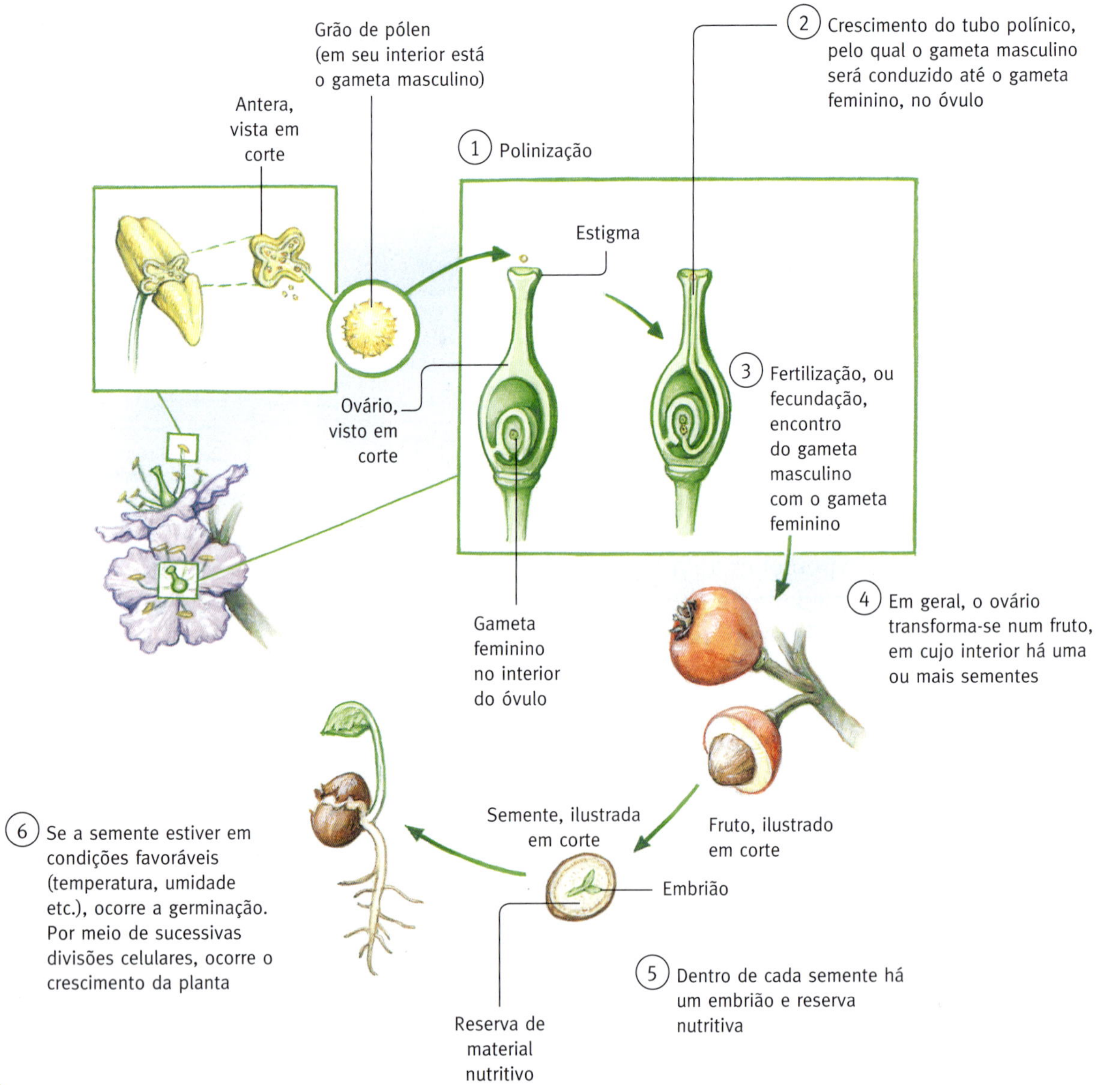

▲ Nessa representação esquemática, algumas estruturas estão mais ampliadas do que outras; portanto, ela não está em proporção. (Cores fantasiosas.)

Fontes: Elaborado a partir de W. S. Judd et al. *Sistemática vegetal: um enfoque filogenético*. 3. ed. Porto Alegre: Artmed. p. 63; N. A. Campbell et al. *Biology*. 10. ed. Glenview: Pearson. p. 819.

Um exemplo: a flor e o fruto da laranjeira

A laranjeira é um exemplo de planta que apresenta flores com diversos estames e um carpelo.

Após a polinização de uma flor de laranjeira, do grão de pólen começa a crescer um pequeno tubo, o tubo polínico, que conduz o gameta masculino (núcleo espermático) até um óvulo, no qual está o gameta feminino (oosfera). O tubo entra no ovário por uma abertura pequena e o gameta masculino se encontra com o gameta feminino, dentro do óvulo. Nesse momento, ocorre a fertilização, ou fecundação.

Pode haver vários óvulos no ovário de uma flor de laranjeira. Cada qual contém um gameta feminino que, após a fecundação por um gameta masculino, originará um embrião dentro de uma semente.

Durante as semanas que se seguem à fecundação, em uma flor de laranjeira, o ovário da flor lentamente vai se transformando num fruto: a laranja. Dentro dela haverá sementes. Cada uma contém um pequenino embrião que se formou após a união do gameta feminino com o gameta masculino.

Perceba, então, que uma flor de laranjeira é uma estrutura reprodutiva, na qual ocorrem vários eventos, que produzem sementes que contêm embriões. Essas sementes estão protegidas dentro de um fruto: a laranja.

!

Saiba de onde vêm as palavras

- "Estame" vem do latim *stámen*, que significa fio usado para tecer.
- "Antera" deriva do grego *anthérós*, florido.
- "Pólen" veio da palavra *pollen*, usada no latim para indicar pó de farinha ou poeira muito fina.
- "Carpelo" deriva do grego *karpós*, fruto.
- "Estilete" veio do italiano *stilleto*, punhal com lâmina muito fina.
- "Estigma" tem origem no grego *stígma*, picada, marca, sinal.
- "Fertilização" deriva do latim *fertìlis*, que significa aquilo que produz muito, que é abundante. E a palavra "fecundação" vem do latim *fécundus*, fértil.

APIGUIDE/SHUTTERSTOCK

NICOLAS FAUQUÉ/CONTRIBUTOR/CORBIS NEWS/GETTY IMAGES

A flor de laranjeira, após a polinização, passa por várias transformações.
diâmetro: 6 cm

TERRY REIMINK/SHUTTERSTOCK

Essas transformações conduzem à formação do fruto da laranjeira.
diâmetro: 8 cm

À esquerda, pomar de laranjeiras.

Agentes polinizadores

O vento tem atuação importante no espalhamento do pólen de diversas espécies de planta, favorecendo a polinização.

Dependendo das circunstâncias, gotas de água da chuva, respingando sobre as flores, também podem atuar na condução do pólen da antera até o estigma.

Além do vento e da água, diversos animais, como insetos, pássaros e morcegos, exercem papel relevante nesse processo. Ao visitarem as flores para obter alimento, levam consigo grãos de pólen (grudados em seus corpos), que vão polinizar outras flores da mesma espécie.

Devido a essa atuação na polinização, dizemos que o vento, a água e esses animais são **agentes polinizadores**.

BLICKWINKEL/ALAMY/GLOW IMAGES

Pólen de aveleira (planta cujo fruto é a avelã) sendo levado pelo vento.
altura da planta: 6 m

Abelha coberta de pólen.
comprimento: 1,3 cm (abelha)

HERBERT ZETTL/BELINDA IMAGES/ SUPERSTOCK/GLOW IMAGES

FABIO COLOMBINI

Beija-flor-rubi alimentando-se em uma flor. (Parque Nacional de Itatiaia, RJ.)
comprimento: 13 cm (beija-flor)

A maioria das plantas é do tipo angiosperma

Além da laranjeira, muitas outras plantas se reproduzem por meio de sementes protegidas por frutos.

Exemplos são o coqueiro, a goiabeira, o meloeiro, a mangueira, o pessegueiro, o tomateiro, o eucalipto, o pequizeiro, o maracujazeiro e os pés de café, feijão, soja, amendoim e ervilha.

As plantas que exibem flores (e se reproduzem por sementes protegidas no interior de frutos) são denominadas **angiospermas**. Elas representam a maior parte das plantas viventes atualmente.

!

Saiba de onde vêm as palavras

"Angiosperma" vem do grego *aggeîon*, vaso, e *spérma*, semente. As angiospermas têm as sementes protegidas por frutos.

A dispersão das sementes

Quando um animal come frutos, como uma laranja, um tomate ou uma goiaba, ele pode deixar cair algumas sementes. Outras, ele pode engolir.

Algumas das sementes engolidas sairão intactas nas fezes e, no momento em que isso ocorrer, pode ser que o animal esteja em locais mais distantes. Dessa maneira, os animais que se alimentam de frutos ajudam a dispersar as sementes, isto é, ajudam a espalhá-las pelo ambiente.

Frutos saborosos são, portanto, uma importante adaptação que algumas plantas exibem e que ajudam na dispersão das sementes e na propagação da espécie, pois atraem os animais.

Então, alguns animais têm importante papel na dispersão (espalhamento) das sementes de plantas e podem, por isso, ser denominados **agentes dispersores de sementes**.

Você não deve confundir a atuação de animais na polinização com a atuação deles na dispersão das sementes.

CHRISTIAN ZIEGLER/MINDEN PICTURES/FOTOARENA

Morcego frutívoro, ou frugívoro, aquele que se alimenta de frutos, atua na dispersão das sementes.
altura do morcego: 12 cm

MAURIZIO GAMBARINI/AFP

Há frutos dispersos pelo vento, como o dente-de-leão. A dispersão dos frutos significa a dispersão das sementes.
diâmetro da estrutura: 5 cm

INÊS CALIXTO/PULSAR IMAGENS

Tucano se alimentando de fruto. Ao fazer isso, atua como dispersor de sementes. (Pantanal, MS.)
comprimento: 56 cm

A-Z ATIVIDADE

Amplie o vocabulário!

Hora de debater o significado de cada conceito, redigi-lo com nossas palavras e incluí-lo no nosso blog.

- flor
- estame
- carpelo
- fruto
- angiospermas

Objeto educacional digital
Plantas aquáticas

ATIVIDADE

Para discussão em grupo

Por que é importante que as sementes sejam dispersas longe da planta que as produziu?

Em destaque

As plantas e o ser humano

O ser humano utiliza muitas plantas em sua alimentação, mas nem todas as partes de cada planta são aproveitadas.

Quando comemos cenoura, beterraba, nabo, rabanete, inhame, mandioca (aipim) e batata-doce, estamos consumindo a **raiz** da planta. A mandioca e a batata-doce são as raízes mais consumidas no mundo. A beterraba é usada em muitos países para fabricar o açúcar. No Brasil, ele é fabricado a partir do **caule** da cana-de-açúcar.

Folhas também são bastante utilizadas na alimentação humana. Alguns exemplos são a alface, o espinafre, a couve, o repolho, o agrião e o almeirão. São fontes naturais de vitaminas e sais minerais. Há também folhas que, devido ao seu sabor acentuado, são usadas como tempero na comida. É o caso das folhas de salsinha, manjericão, manjerona e estragão.

O uso dos **frutos** na alimentação é, certamente, o mais conhecido. Tomates, mangas, pêssegos e abacates são alguns exemplos. Acontece também de o próprio **caule** da planta servir de alimento, como a batata comum.

Outro produto proveniente das plantas e que é bastante usado pela nossa sociedade é a madeira. Ao ser queimada, a lenha permite que o calor seja aproveitado no aquecimento de ambientes, no preparo de comida e em outras atividades. A madeira pode ser usada para fazer móveis, casas, revestimento de pisos e paredes. Serve, também, de matéria-prima para a fabricação das mais variadas formas de papel e papelão.

Algumas plantas fornecem materiais úteis para a confecção de roupas. É o caso do algodão, do linho e da juta. Outras fornecem ceras e óleos que podem ser usados na alimentação e na fabricação de produtos de limpeza e cosméticos. O sabão é um exemplo de material que pode ser fabricado, em indústrias químicas apropriadas ou até de modo caseiro, a partir de óleos como os de soja, milho, girassol, arroz ou amendoim.

Muitos dos perfumes comercializados contêm ingredientes extraídos de plantas de odor agradável.

A indústria farmacêutica também se utiliza frequentemente de recursos vegetais. Cerca de um em cada quatro medicamentos contém ingredientes extraídos de plantas.

Por tudo isso, o que você acha de o ser humano provocar poluição, desmatamentos e queimadas que colocam espécies de plantas em risco de extinção?

ATIVIDADE

Reflita sobre suas atitudes

Você realmente acha importante preservar as plantas?

NATALIIA K/SHUTTERSTOCK

Salsinha.

ANNA KUCHEROVA/SHUTTERSTOCK

Beterrabas.

AN NGUYES/SHUTTERSTOCK

Mandioca (aipim ou macaxeira).

IAN 2010/SHUTTERSTOCK

Mangas.

ZANETA BARANOWSKA/SHUTTERSTOCK

Alface.

TIM UR/SHUTTERSTOCK

Pêssegos.

ORGANIZAÇÃO DE IDEIAS

MAPA CONCEITUAL

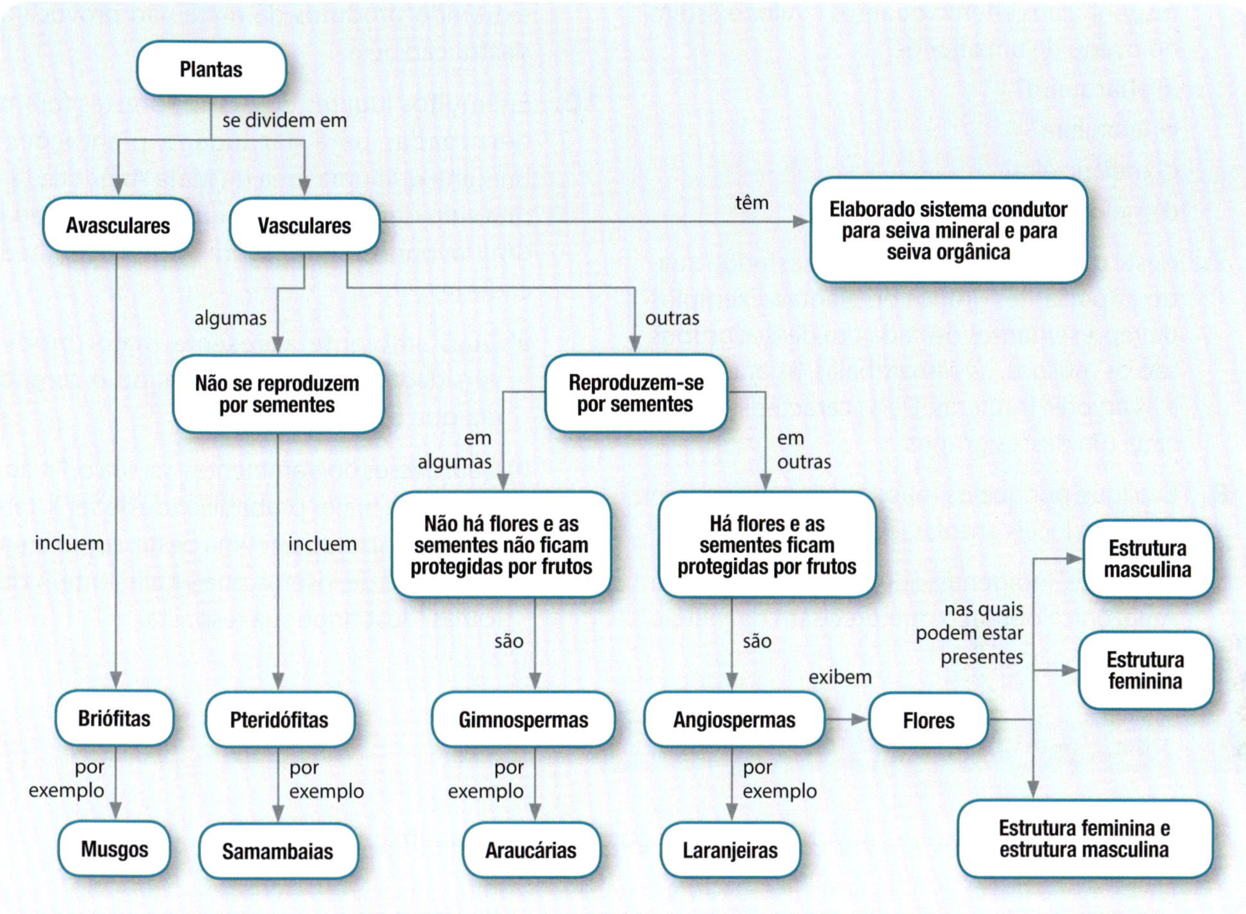

ATIVIDADE

USE O QUE APRENDEU

1. Você acha que o crescimento das cidades põe em risco as formas de vida vegetal? Justifique.

2. Nas plantas com flores, a formação das sementes ocorre após a **polinização** e a **fecundação**. Explique qual é a diferença entre esses dois processos.

3. Em certa espécie de planta, há flores **só** com estrutura masculina e flores **só** com estrutura feminina. Você acha que nas flores masculinas podem se originar sementes? Justifique sua resposta.

4. A beleza ou o perfume de muitas flores é uma adaptação para atrair algumas variedades de insetos, de beija-flores ou de morcegos, que se alimentam de substâncias nutritivas nelas produzidas, o **néctar**. Explique qual é a vantagem para a flor nesse caso.

5. Uma espécie de pássaro se alimenta **exclusivamente** do néctar de uma certa espécie de árvore que existe numa região. Estudos feitos por biólogos mostraram que, nessa espécie de planta, a polinização é feita **exclusivamente** por tais pássaros.
Explique:

a) O que acontecerá à espécie de planta se a caça a esses pássaros causar a extinção da espécie?

b) O que acontecerá aos pássaros dessa espécie se a região sofrer desmatamento?

FABIO COLOMBINI

▲ Beija-flor-de-rabo-branco alimentando-se de néctar. comprimento: 15 cm

6. Cada óvulo contém um gameta feminino que, fecundado, dá origem a uma semente. Então, responda no caderno quantos óvulos existem no ovário de uma flor de:

a) abacateiro?

b) laranjeira?

c) melancieira?

d) meloeiro?

7. Neste capítulo e no anterior, você estudou quatro importantes grupos de plantas. Exemplos de representantes de cada um desses grupos são os musgos, as samambaias, as araucárias e as árvores frutíferas. Dê as características de cada um desses grupos.

8. Explique por que os musgos não conseguem viver em locais ensolarados ou secos.

9. Os povos indígenas que vivem na Floresta Amazônica obtêm o que precisam da mata e essa exploração não causa destruição da floresta. Explique por que a atividade dos índios extraindo produtos da mata não provoca a destruição dela.

10. Em muitos lugares do Brasil, florestas foram derrubadas para dar lugar a plantações. Imagine que uma área de Mata Atlântica tenha sido derrubada para que fosse plantada uma lavoura de café. Agora responda em seu caderno:

a) Qual ambiente apresenta maior biodiversidade: a floresta original ou o campo em que está a lavoura?

b) Qual desses dois ambientes, na sua opinião, apresenta maior probabilidade de ser totalmente destruído por uma peste, como uma variedade de insetos que se alimentem de folhas? Justifique sua resposta.

ATIVIDADE

EXPLORE DIFERENTES LINGUAGENS

A critério do professor, as atividades a seguir poderão ser feitas em grupos.

FOTOGRAFIA

A foto mostra uma flor-de-maio. As três perguntas se referem a ela.

1. Dê o nome das estruturas numeradas.

2. Em qual das estruturas é produzido o pólen?

3. Em qual das estruturas ocorre a polinização?

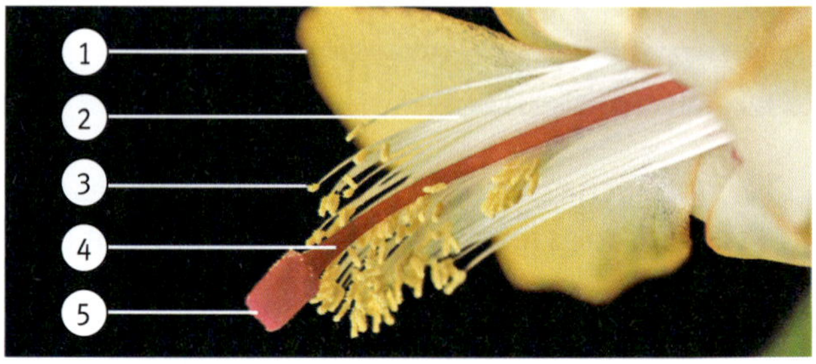

FABIO COLOMBINI

INFORMAÇÕES COLETADAS

4. Imagine que, em visita a um jardim botânico, você ficou conhecendo três espécies de plantas com flores bem diferentes:

Flor 1 – Corola (conjunto das pétalas) muito colorida, grande e vistosa. Perfumada. Pólen pegajoso e em pequena quantidade.

Flor 2 – Corola branca e pouco vistosa. Perfume muito forte, exalado ao anoitecer. Pólen pegajoso e em pequena quantidade.

Flor 3 – Pétalas muito pequenas. Não tem perfume. Os grãos de pólen são pequenos, leves e existem em grande quantidade.

Qual delas é mais provavelmente polinizada:

a) pelo vento?

b) por borboletas e beija-flores, que têm hábito diurno?

c) por mariposas e morcegos, que têm hábito noturno?

Justifique cada resposta.

TEXTO TÉCNICO

5. Imagine que, em um livro de Botânica, você tenha obtido as seguintes informações:

O ciclo de vida da cenoura dura dois anos. Durante o primeiro ano, muito do alimento que a planta produz por meio da fotossíntese é armazenado em sua raiz. Esse alimento é um carboidrato, que se chama amido, bastante empregado na alimentação humana. Durante o segundo ano de vida, a planta gasta esse alimento para que haja um significativo crescimento da parte que fica acima do solo, com produção de flores, frutos e sementes, visando à reprodução.

a) Se você fosse um agricultor que produz cenouras para venda, depois de quanto tempo você colheria as cenouras? Justifique sua resposta.

b) E se você fosse um produtor de sementes de cenoura, explique como procederia para obtê-las.

INFORMAÇÕES DE ENCICLOPÉDIA

6. Seu professor solicitou uma pesquisa sobre cocos. Em uma enciclopédia, você encontrou estas informações:

- Coqueiros crescem próximo às praias.
- O coco é um fruto que cai, quando maduro, e pode ser alcançado pela maré alta.
- Um coco flutua na água.
- Numa praia, a semente presente dentro do coco pode germinar, dando origem a uma nova planta. Veja as fotos ao lado.
- Coqueiros podem ser encontrados em várias praias do litoral brasileiro.

Em seu caderno, elabore um pequeno texto relacionando esses fatos e explicando a maneira pela qual as sementes de coco são dispersas, o que possibilitou que essa espécie se espalhasse por várias praias.

Coco-verde aberto. diâmetro: 16 cm

PONGPHAN RUENGCHAI/ALAMY/GLOW IMAGES

SCENICS AND SCIENCE/OXFORD SCIENTIFIC/GETTY IMAGES

F. STUART WESTMORLAND/SCIENCE SOURCE/LATINSTOCK

Coqueiros em diferentes estágios iniciais de desenvolvimento.

TRECHO DE DOCUMENTÁRIO

7. Durante um filme sobre o ciclo de vida das plantas, foram apresentados os seguintes fatos:

1. A formação dos frutos de maracujá depende da presença de abelhas chamadas mamangavas.
2. Quando passarinhos comem goiabas, eles engolem as sementes e elas saem intactas nas suas fezes.
3. O carrapicho é um fruto que se prende ao pelo dos animais. Em seu interior estão as sementes.
4. Algumas espécies de morcegos visitam flores que se abrem à noite.

Dois desses fatos estão ligados a um importante acontecimento no ciclo de vida das plantas com flores e frutos. Outros dois desses fatos estão relacionados a outro importante evento desse ciclo.

Separe esses quatro fatos em dois grupos, de acordo com o evento a que se referem.

Explique o raciocínio que você usou.

DEPOIMENTO PROFISSIONAL

8. Agricultores de uma certa região brasileira trouxeram do exterior sementes de uma árvore frutífera que não existe no país para ser cultivada em grandes plantações.

De acordo com estudos prévios, o clima e o solo favoreceriam esse cultivo. Entretanto, embora a lavoura tenha florescido, não produziu frutos.

Consultado sobre o assunto, um engenheiro agrônomo disse que a razão desse insucesso é a inexistência, no país, de uma determinada espécie de inseto que é nativa da região de onde as sementes vieram.

Com base nesse depoimento, explique por que a lavoura não produziu frutos.

CARTAZ

9. Veja, ao lado, a placa que um comerciante colocou próximo à sua barraquinha na beira de uma estrada.

Comente, do ponto de vista científico, o **ERRO** presente nesse anúncio.

AMANDA DUARTE

LETRA DE MÚSICA

Guardando o que sobra manobra com arte
E o bico bem forte crava o chão
Da fome futura resguarda-se a gralha
Sozinha amealha seu pinhão

(Trecho da música *Gralha Azul*, de autoria de Fátima Gimenez.)

O trecho é de uma música sobre a gralha--azul (*Cyanocorax caeruleus*), ave que habita as mesmas regiões do país em que existe a araucária e alimenta-se de pinhões. A gralha--azul é considerada uma grande **plantadora de araucárias**.

10. Pesquise o significado do verbo **amealhar** e registre-o no caderno.

FABIO COLOMBINI

Gralha-azul com pinhão no bico.

11. Interprete o trecho da música e explique: que comportamento da gralha-azul é benéfico para as araucárias? Por que ela tem esse comportamento? Por que ele beneficia essa espécie de planta?

comprimento até a cauda: 40 cm

FABIO COLOMBINI

Gralha-azul.

ÁRVORE FILOGENÉTICA

Inicialmente, interprete a árvore filogenética a seguir, que envolve alguns fatos marcantes na história evolutiva das plantas.
Em seguida, no caderno, realize as atividades 12 a 15.

Evolução das plantas

(Fotos fora de proporção.)

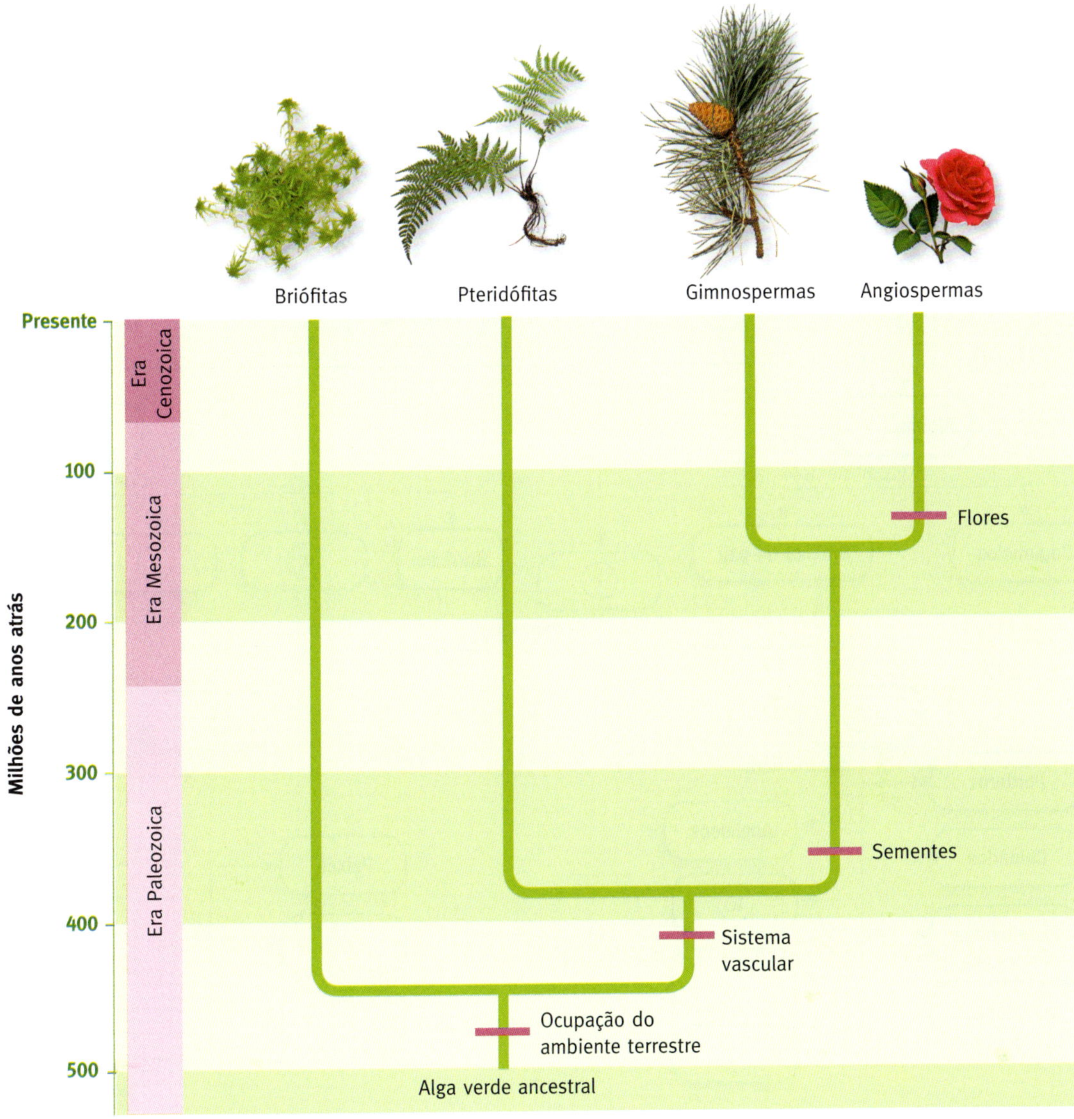

ILUSTRAÇÃO: PAULO MANZI

FOTO: BRIÓFITA: NEIL FLETCHER & MATTHEW WARD/DORLING KINDERSLEY/GETTY IMAGES; PTERIDÓFITA: KEI UESUGI/STONE/GETTY IMAGES; GIMNOSPERMA: DORLING KINDERSLEY/GETTY IMAGES; ANGIOSPERMA: C SQUARED STUDIOS/PHOTODISC/GETTY IMAGES

Fonte: Elaborado a partir de D. Krogh. *A brief guide to Biology*. Upper Saddle River: Prentice Hall. p. 317.

12. Quais dos grupos de plantas mostrados apresentam sistema vascular? Em que era geológica deu-se o surgimento evolutivo dessa característica?

13. Quais dos grupos mostrados apresentam sementes?
Em que era geológica deu-se o surgimento dessa característica?

14. Dos quatro eventos evolutivos citados, qual ocorreu há mais tempo?

15. Dos quatro eventos evolutivos citados, qual é o mais recente? Em que era geológica aconteceu? Procure, na tabela do item 9 do capítulo 4, o tipo de vertebrado que predominou nessa era geológica.

16. O mapa conceitual abaixo relaciona conceitos estudados em diferentes capítulos deste livro. Analise-o e, a seguir, escreva em seu caderno as palavras que substituem os números 1 a 16 de modo a completar adequadamente o mapa.

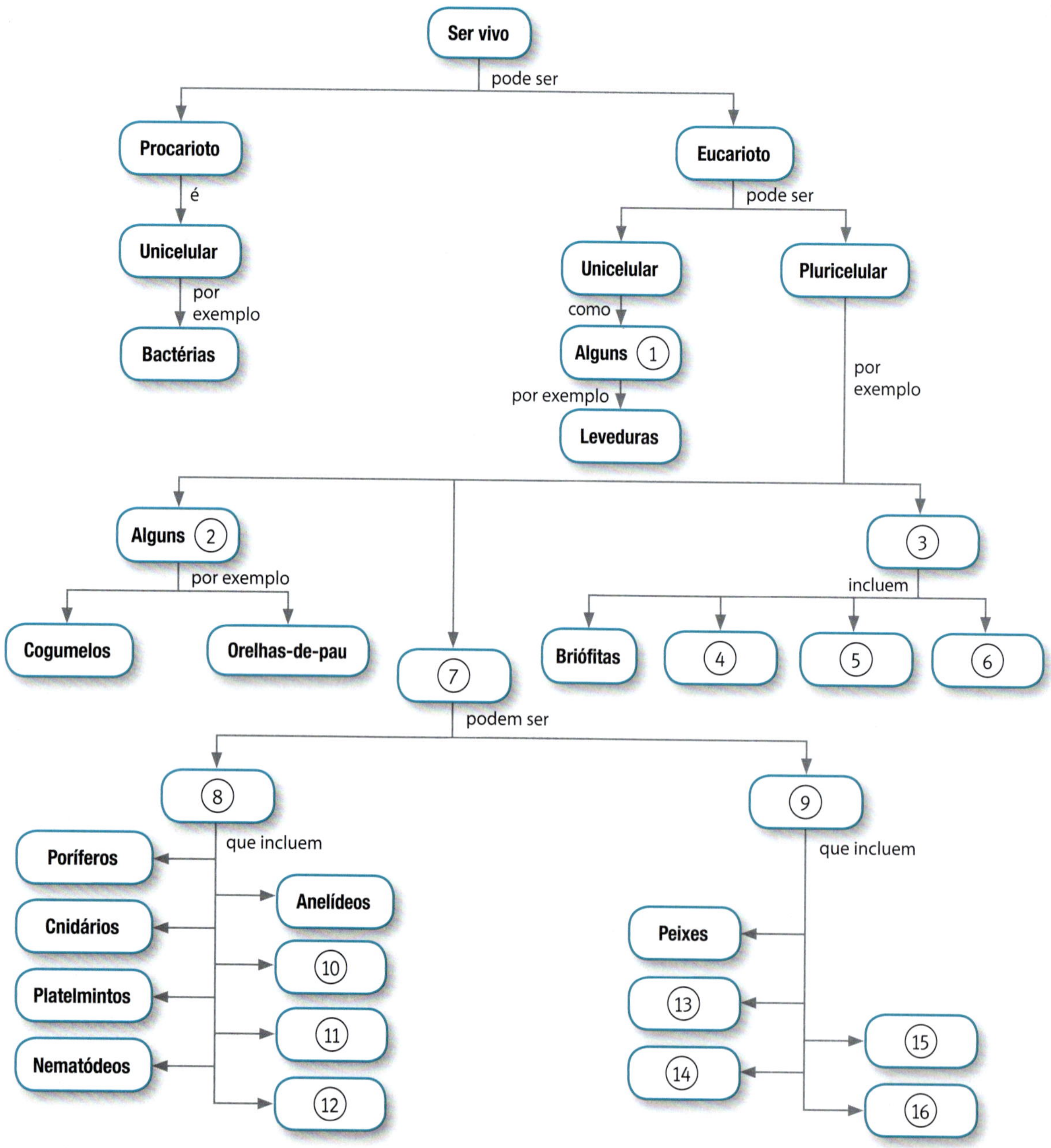

Seu aprendizado não termina aqui

Imagine que uma indústria descobriu determinada substância que, esguichada sobre a lavoura de laranjas, faz os frutos ficarem maiores, mais bonitos, mais doces e levarem mais tempo para apodrecer.

Que aspectos devem ser investigados antes que o governo libere o uso dessa substância nas lavouras?

Constantemente, na vida real, aparecem situações similares a essa. Muitas são divulgadas pela imprensa, e é fundamental que todos os cidadãos, não apenas agricultores ou membros do governo, estejam atentos. Preste atenção a essas notícias.

Um dos assuntos que têm merecido muita atenção é o dos alimentos **transgênicos**. Que tal obter algumas informações sobre esse tema?

CAPÍTULO 15

PRINCIPAIS BIOMAS BRASILEIROS

MARCOS AMEND/PULSAR IMAGENS

SÉRGIO PEDREIRA/PULSAR IMAGENS

A. A Floresta Amazônica tem uma exuberante variedade de formas de vida.
B. A Caatinga do interior do Nordeste apresenta outras espécies.
O que determina essa diferença?

MOTIVAÇÃO

Todos os ecossistemas têm fatores vivos e não vivos, mas diferem nas espécies de seres vivos e nas particularidades dos fatores não vivos. A diversidade de espécies e a quantidade de indivíduos de cada uma delas em um ecossistema dependem das características do ambiente.

O conjunto de ecossistemas vizinhos que formam um ambiente semelhante quanto a vegetação, fauna, clima, relevo e solo é chamado **bioma**. As áreas geográficas em que há um bioma predominante, podendo também haver outros em menor proporção, são chamadas de **domínios de bioma** (ou domínios morfoclimáticos). O Brasil pode ser dividido em seis domínios de bioma: Amazônico, do Cerrado, Atlântico, das Caatingas, das Araucárias e das Pradarias.

Há ainda as faixas de transição, que são áreas que apresentam características dos domínios que as cercam. Como exemplos de faixas de transição, temos a Mata dos Cocais e o Pantanal mato-grossense.

Neste capítulo, trataremos dos biomas predominantes de cada domínio.

Domínios de bioma e faixas de transição brasileiros

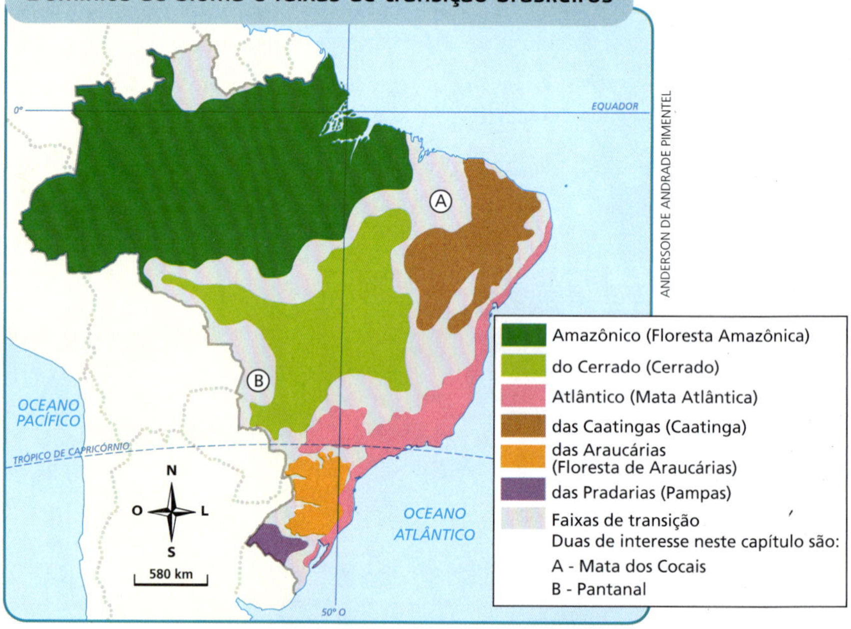

Na legenda do mapa, o nome entre parênteses que acompanha os domínios destaca o bioma predominante em cada um deles.

Fonte: AB'SABER, A. *Os domínios de natureza no Brasil*. São Paulo: Ateliê Editorial, 2003.

DESENVOLVIMENTO DO TEMA

1 Floresta Amazônica

As florestas tropicais são aquelas que se situam na faixa entre as linhas dos trópicos (duas linhas de traçado imaginário sobre o globo terrestre). Essas florestas recebem muita chuva, sendo, portanto, ambientes muito úmidos. A umidade e a temperatura praticamente constante tornam esses ambientes ideais para o desenvolvimento de muitas formas de vida. Nas florestas tropicais encontramos a maior biodiversidade do mundo.

A **Floresta Amazônica** é a maior das florestas tropicais do planeta. Nela existe grande variedade de plantas; estão presentes orquídeas, bromélias, musgos, samambaias, arbustos e árvores altas, algumas com mais de 30 metros. A camada fértil de solo é rasa e as árvores têm raízes pouco profundas.

E como essas raízes podem sustentar árvores tão altas sem deixá-las tombar? A resposta está ligada a uma interessante adaptação apresentada por algumas espécies. Muitas árvores altas da Floresta Amazônica têm raízes tabulares, ou seja, em forma de tábuas. Elas ajudam na sustentação do vegetal.

Há muitas plantas que vivem sobre as árvores. Algumas delas têm raízes que descem até chegar ao solo. Essas raízes são conhecidas como cipós.

Entre as árvores amazônicas estão a castanheira-do-pará — de cujos frutos retiram-se as sementes, as castanhas-do-pará, que são muito apreciadas, além de servirem para extração de óleo — e a seringueira — árvore de cujo tronco provém o látex, que, uma vez endurecido, dá origem à borracha natural.

Sobre os troncos e galhos das árvores, encontram-se muitas espécies de seres vivos. Nesse ambiente, existem animais como preguiças, macacos, pererecas, serpentes, lagartos, tucanos, papagaios e muitos outros. Há uma infinidade de espécies diferentes de insetos, como besouros, mosquitos, borboletas e formigas.

As copas das árvores mais altas reduzem bastante a entrada de luz. Perto delas, a temperatura é alta, mas o interior da mata, abaixo delas, é mais fresco, com temperatura razoavelmente constante durante o ano todo. O vento não passa por essas copas e o ar interno é parado. O solo da floresta está sempre coberto por uma camada de folhas caídas das plantas.

RAFAEL ARAUJO/FOTOARENA

Sementes da castanheira-do-pará.

ISMAR INGBER/PULSAR IMAGENS

Árvore com raiz tabular.

MAURICIO SIMONETTI/TYBA

Cipós.

FABIO COLOMBINI

Do caule sulcado da seringueira escorre o látex.

Em destaque

Desmatamento na Amazônia

A biodiversidade amazônica pode causar a impressão de que o solo da região é rico. Contudo, isso não é verdade. O solo amazônico é uma fina camada relativamente pobre em nutrientes.

Com a alta umidade, as folhas mortas são rapidamente decompostas por fungos e bactérias, que liberam nutrientes para o solo. São esses nutrientes que propiciam o desenvolvimento das árvores. Assim, o que mantém a riqueza das formas de vida no local é a própria presença de seres vivos.

O solo retém pouca água. Quando chove, a água é absorvida pelas raízes e, circulando por dentro da planta, vai até as folhas, de onde sai como vapor (transpiração vegetal) e constitui as nuvens para uma nova chuva.

As copas das árvores protegem o solo da chuva direta e do vento. As raízes seguram o solo, impedindo que seja levado pela enxurrada.

Com o desmatamento, a água da chuva consegue atingir diretamente o solo e escorre para locais mais baixos. Assim, ocorre erosão, que carrega, junto com a água, a parte de cima do solo — a parte fértil — e deixa o local incapaz de sustentar novas plantas. Sem os vegetais, os animais vão embora ou morrem.

O solo desprotegido permite que a terra escorra para os rios. Isso deixa a água barrenta e pode entupir o leito dos rios, causando enchentes.

Muitas atividades que se realizam na região amazônica têm transformado grandes áreas da floresta em deserto, com a terra nua cheia de buracos. O desmatamento vem sendo praticado para dar lugar a terrenos para pastagem e agricultura. A extração de madeira e de minérios, assim como as queimadas, contribui para o desmatamento, quando realizadas sem controle, pois podem destruir enormes áreas de floresta e, como consequência, matar os seres vivos, extinguindo algumas espécies e ameaçando outras de extinção.

Indígenas, seringueiros e ribeirinhos, povos que habitam a floresta, têm muito a nos ensinar. A exploração deve ser feita sem destruir a floresta. Se tirarmos pouco dela, ela terá chances de se recompor.

FABIO COLOMBINI

Sauim-de-coleira.

comprimento da cabeça à cauda: 55 cm

altura: 90 cm

FABIO COLOMBINI

Arara-canga.

altura: até 68 cm

FABIO COLOMBINI

Macaco-barrigudo.

comprimento da cabeça à cauda: 70 cm

FABIO COLOMBINI

Uacari-vermelho.

Em destaque

Manguezal

A fotografia ao lado mostra um tipo de ambiente conhecido como **Manguezal**, que pode ser encontrado em vários pontos do litoral brasileiro, nos locais onde os rios encontram o oceano. O solo do Manguezal é muito úmido, pois, além de receber a água dos rios, é coberto pela água salgada do mar sempre que a maré sobe.

Quem visita o Manguezal pela primeira vez pode pensar que não há animais no seu solo lamacento. Mas basta esperar um pouco e observar que logo se percebe que isso não é verdade. Caranguejos costumam cavar suas tocas na lama, debaixo da sombra das árvores. Saem à procura de alimento e voltam às tocas para se proteger. Mas protegerem-se de quê?

Ao cavarem suas tocas, os caranguejos se abrigam do calor do sol e de um animal chamado guaxinim ou mão-pelada, que é seu predador.

Além de caranguejos e guaxinins, muitos outros animais podem ser encontrados no Manguezal. Lá, vivem aves como as garças, os maguaris, os socós, os urubus e os gaviões. Em meio às águas lamacentas, podem ser encontrados camarões e pequenos peixes.

O jacaré-de-papo-amarelo também pode ser visto em alguns manguezais. Esse grande animal passa um tempão na água e depende dela para obter seu alimento. Ele come, por exemplo, peixes e aves do Manguezal.

Os restos de organismos em decomposição tornam o solo lamacento do Manguezal muito rico em nutrientes. É como se fosse uma sopa nutritiva, que serve de comida para muitos seres vivos. Muitos peixes, camarões, caranguejos e outros animais costumam deixar seus ovos nessa região para que iniciem seu desenvolvimento num local rico em alimento.

Por isso, nas águas do Manguezal, são encontradas larvas de siris, de camarões, de caranguejos e de algumas variedades de peixes. Larva é a forma jovem e imatura de certos animais no início de suas vidas. Algumas dessas larvas vão se transformar em animais adultos. Outras servirão de comida para peixes e aves que frequentam o Manguezal.

VITOR MARIGO/TYBA

Manguezal. (Barra de Guaratiba, Rio de Janeiro.)

ARY BASSOUS/TYBA

Jacaré-de-papo-amarelo.
comprimento: 2,50 m

Você já sentiu o cheiro ruim de comida estragada? Esse cheiro se origina quando um alimento está em decomposição. Da mesma forma, no solo do Manguezal existem muitos restos em decomposição e, por isso, ele cheira mal. Esses restos, apesar de malcheirosos, são alimento para pequenos animais, que, por sua vez, servem de alimento para animais maiores.

altura: 1,20 m

FABIO COLOMBINI

altura: 48 cm

HAROLDO PALO JR/KINO.COM.BR

altura: 36 cm

EDSON SATO/PULSAR IMAGENS

A. Maguari.
B. Garça-branca-pequena.
C. Socozinho.

Pensou-se, no passado, que os manguezais não tinham importância nenhuma e que o ser humano e a natureza não dependiam deles. Em muitos locais do litoral brasileiro eles foram devastados.

Acontece que os manguezais são fundamentais, entre outros fatores, para a reprodução de muitos tipos de peixes, camarões e outros animais. Destruir os manguezais é impedir que muitas espécies de seres vivos consigam se reproduzir.

2 Mata Atlântica

A **Mata Atlântica** é muito úmida, porém não tão quente como a Floresta Amazônica. Nela são encontrados muitos animais e vegetais que não existem em nenhum outro lugar do planeta.

A Mata Atlântica está muito mais ameaçada que a Floresta Amazônica. Estima-se que restem bem menos de 10% da área original que existia quando Cabral aqui chegou em 1500. Boa parte foi derrubada para dar lugar à lavoura de cana-de-açúcar, no Nordeste, e de café, em São Paulo e no Paraná.

A abertura de estradas e loteamentos, a expansão de cidades e a extração ilegal de madeira e palmito vêm sendo as principais causas da redução dessa importante mata nas últimas décadas.

Vários animais da Mata Atlântica correm o risco de desaparecer, como os mamíferos onça-pintada, onça-parda (suçuarana), jaguatirica e as aves papagaio-da-cara-roxa e jacutinga.

ATIVIDADE

Para discussão em grupo

Observando a biodiversidade das florestas brasileiras, é fácil entender por que países estrangeiros têm tanto interesse nelas.

O que estará por trás desse interesse?

Muitos rios correm pela Mata Atlântica. Com o desmatamento nas suas beiradas, os rios recebem muita terra, que é levada por eles até os manguezais. Isso pode soterrar os manguezais, que são importantes berços da vida aquática.

As fotos abaixo mostram alguns dos habitantes da Mata Atlântica.

A. Mico-leão-dourado.
B. Bromélias sobre tronco.
C. Tucano-de-bico-verde.

comprimento da cabeça à cauda: 60 cm

FABIO COLOMBINI

diâmetro: até 1,10 m

FABIO COLOMBINI

altura: 45 cm

AGUSTIN ESMORIS/SHUTTERSTOCK

3 Floresta de Araucárias

A araucária é o pinheiro brasileiro, muito conhecido no Paraná. No passado, praticamente todo esse estado estava coberto pela **Floresta de Araucárias** (ou Mata de Araucárias). Partes de Santa Catarina e do Rio Grande do Sul também.

Trata-se de uma floresta onde predomina o pinheiro-do-paraná, ou araucária, com árvores que podem atingir 50 metros de altura. Vegetação rasteira — grama e capim — também é encontrada, assim como variedades de samambaias e árvores como o cedro e a imbuia. O verão nessa área é quente e o inverno tem temperaturas bem baixas.

Resta, hoje, pequena parte da mata original. Ela foi derrubada para dar lugar a plantações, pastagens, cidades, estradas e para a extração ilegal de madeira. O pouco que ainda existe está sobretudo em áreas de conservação.

Floresta de Araucárias.
altura da araucária: até 50 m

ANDRE DIB/PULSAR IMAGENS

4 Caatinga

O interior da região nordestina é a região do país com menor índice de chuvas. Nessa área só conseguem sobreviver espécies adaptadas à seca.

Essa região do sertão nordestino, a **Caatinga**, cobre cerca de um décimo do território brasileiro. Arbustos e árvores baixas, que geralmente perdem as folhas na época da seca, marcam a paisagem nessa região. Há também os cactos. A Caatinga tem aspecto de deserto, e a seca, às vezes, pode durar anos.

As plantas estão adaptadas à falta de água, com paredes grossas e folhas transformadas em espinhos que reduzem a perda de água e caules capazes de armazenar água.

Os animais que vivem na Caatinga também estão adaptados ao ambiente quente e seco. Alguns, como cascavéis e lagartos, têm pele grossa e impermeável, que reduz a perda de água. Outros, como aranhas e escorpiões, têm exoesqueletos impermeáveis que também desempenham esse papel. De modo geral, os animais da região exibem comportamentos adaptativos que reduzem a perda de água, tais como sair do abrigo só à noite ou abrigar-se do sol nos períodos mais quentes do dia.

comprimento da cabeça à cauda: até 70 cm

FABIO COLOMBINI

Calango: lagarto da Caatinga.

RICARDO AZOURY/PULSAR IMAGENS

Caatinga. (Sobradinho, Bahia.)

RICARDO TELES/PULSAR IMAGENS

Mata dos Cocais. (As carnaúbas, árvores mais altas nesta foto, chegam a 12 metros de altura.)

5 Faixa de transição: Mata dos Cocais

Na faixa de transição entre a Floresta Amazônica, o Cerrado e a Caatinga, existe a **Mata dos Cocais**.

Nela, encontramos as palmeiras babaçu, macaúba, carnaúba e buriti. Essas plantas fornecem muitos produtos de interesse para o ser humano, como ceras, óleos, fibras e madeira.

Algumas populações locais sobrevivem extraindo dessas palmeiras os produtos de importância e vendendo-os para indústrias, que os processam e comercializam.

Na Mata dos Cocais encontramos também a árvore denominada oiticica, de cujas sementes se pode extrair óleo, que pode ser empregado na fabricação de tintas e vernizes.

6 Cerrado

O **Cerrado** ocupa cerca de um quarto do território nacional. Nessa região, costuma chover com certa regularidade no período de outubro a abril, quando o solo fica coberto por bastante grama e capim. No restante do ano, o clima é seco, o que diminui a quantidade de grama e capim e faz a parte superficial do solo ficar seca.

Vista parcial do Cerrado, com árvores típicas. Estas chegam a 5 metros de altura e têm os galhos retorcidos. (Parque Nacional da Serra da Canastra, Minas Gerais.)

G. EVANGELISTA/OPÇÃO BRASIL IMAGENS

TOM ALVES/KINO.COM.BR

Pequizeiro: árvore com galhos tortuosos e casca grossa, típica do Cerrado, que chega a medir 10 metros de altura. (Parque Estadual do Jalapão, Tocantins.)

No Cerrado, há arbustos e certas árvores que não são de grande porte, têm galhos retorcidos, cascas grossas e não crescem muito. Estão espalhadas e não fazem muita sombra. A luz solar chega praticamente a todos os lugares, não existindo locais mais frescos que outros.

O Cerrado não tem a grande quantidade de chuvas das florestas tropicais úmidas, mas não chega a ser tão seco como a Caatinga. As raízes de algumas plantas são muito profundas, algumas com mais de 15 metros. Essa adaptação permite ao vegetal conseguir água nos lençóis freáticos e sobreviver.

Na época da seca, ocorrem queimadas. Umas são naturais; outras, causadas pelo ser humano. Algumas árvores têm a incrível adaptação de resistir às queimadas e brotar na época chuvosa seguinte.

Os animais encontrados no Cerrado são lobos-guará, tamanduás-bandeira, emas, tatus-canastra, pacas, entre outros.

Objeto educacional digital
Biomas brasileiros

A. Lobo-guará.
B. Tamanduá-bandeira.
C. Ema.

altura: 80 cm

FABIO COLOMBINI

comprimento do focinho à cauda: 2,20 m

FABIO COLOMBINI

altura: 1,70 m

FABIO COLOMBINI

ATIVIDADE

Trabalho em equipe

Um *slogan* é uma frase criativa e de impacto, que tem por objetivo transmitir uma ideia.

Você já viu e ouviu muitos *slogans* nos comerciais de tevê, rádio e imprensa.

A tarefa do grupo é elaborar um *slogan* que transmita a ideia de que é importante conservar os biomas brasileiros.

7 Faixa de transição: Pantanal

O **Pantanal**, também chamado Pantanal mato-grossense, ocupa a faixa de transição entre a Floresta Amazônica e o Cerrado, e ocorre em parte dos estados de Mato Grosso e Mato Grosso do Sul. A quantidade de chuvas não é tão grande como numa floresta tropical, mas se concentra no mesmo período. Nesse local existem duas estações: uma seca e outra chuvosa.

A biodiversidade encontrada no Pantanal é espantosa. O terreno na região é plano com suaves ondulações. Na época das chuvas, ocorre a inundação de muitas áreas do Pantanal. Só as partes mais altas escapam do alagamento e servem de abrigo para os animais terrestres que aí vivem.

A cheia periódica é fundamental para a vida na região. Com as chuvas, os rios que chegam ao Pantanal trazem pequenas partículas de alimento para os microrganismos aquáticos. Eles se desenvolvem e se multiplicam. Como servem de alimento aos peixes pequenos, estes também se desenvolvem e se reproduzem, fornecendo alimento aos peixes maiores, que, por sua vez, são devorados pelas aves pescadoras e pelos jacarés. As fezes desses animais servem de alimento aos microrganismos. E o ciclo se repete.

Quando as águas baixam, muitos nutrientes nelas presentes ficam no solo, servindo de adubo para os vegetais. O Pantanal é riquíssimo em formas de vida e, portanto, de muito interesse para a Ciência. Ele vem sendo ameaçado pelo uso de fertilizantes e agrotóxicos, que se acumulam na água e prejudicam os seres vivos. O mercúrio empregado nos garimpos também contaminou seriamente alguns dos rios da região.

altura: 1 m

ZIG KOCH/OPÇÃO BRASIL IMAGENS

O tuiuiú, ou jaburu, é uma das aves mais conhecidas do Pantanal.

HAROLDO PALO JR/KINO.COM.BR

O Pantanal, fotografado durante a cheia.

ANDRE DIB/PULSAR IMAGENS

Vegetação do Pantanal, em área inundada. (Cáceres, Mato Grosso.)

Em destaque

Por que conservar as matas ciliares?

No Pantanal, bem como em outros ambientes brasileiros, muitos rios estão cercados por formações florestais. Elas são chamadas **matas ciliares**, pois, da mesma maneira que os cílios protegem nossos olhos da poeira, elas protegem o rio da entrada de terra proveniente das margens.

A destruição das matas ciliares oferece sério risco aos rios. Sem elas, a chuva arrasta terra para dentro do rio, que fica com as águas escuras e pode ter seu leito entupido, provocando enchentes.

ARY BASSOUS/TYBA

As matas ciliares são proteções para os rios. (Nesta foto, Rio Três Irmãos, no Mato Grosso.)

Em destaque

A importância das unidades de conservação

A ocupação desordenada do espaço nacional pelo ser humano traz consequências por vezes desastrosas, como a degradação do ambiente e a extinção de espécies. Muitas já foram extintas sem sequer terem sido estudadas pelos cientistas.

A fim de diminuir esses problemas, foram elaboradas leis ambientais que regem a ocupação do espaço, visando permitir a ocupação e a exploração do ambiente sem sua destruição. Por meio delas foram criadas as **unidades de conservação ambiental**, que têm por meta a conservação de áreas com grande valor ecológico.

A legislação prevê vários tipos diferentes dessas unidades. Algumas são mantidas pelo governo federal, outras pelos governos estaduais e outras, ainda, por entidades particulares. São estações ecológicas, reservas biológicas, parques nacionais, refúgios da vida silvestre etc. Cada um desses tipos está sujeito a leis específicas que permitem, ou não, certas atividades na sua área.

A mais antiga dessas unidades é o Parque Estadual de Cataguases, em Minas Gerais, que foi criado em 1932. O mais antigo dos parques mantidos pelo governo federal é o Parque Nacional de Itatiaia, criado em 1937, que abrange áreas de Minas Gerais e Rio de Janeiro.

Longe de serem obstáculos ao progresso, as unidades de conservação ambiental tornam possíveis a conservação da biodiversidade e as pesquisas científicas, além de gerar recursos decorrentes do turismo.

ANDERSON DE ANDRADE PIMENTEL

Localização dos Parques Nacionais Federais, um tipo de unidade de conservação ambiental.

Fonte do mapa: Instituto Brasileiro de Geografia e Estatística - IBGE.

8 Pampas

Os **Pampas** são regiões de campos existentes no Rio Grande do Sul. É um bioma com poucas árvores, coberto por grama e capim.

Esse ambiente de clima frio e vegetação rasteira vem sendo empregado, há muito tempo, para a criação de gado. Grandes plantações de trigo e soja também são encontradas. Em alguns locais, o solo já perdeu a fertilidade e se transformou em solo nu e improdutivo, ou seja, sofreu desertificação.

> **!**
> **Saiba de onde vêm as palavras**
>
> "Pampa" vem do quíchua *pampa*, que quer dizer planície. Quíchua é a língua dos quíchuas, povo indígena que habitava extensa região da América Latina. A língua ainda é falada em regiões da Bolívia, da Argentina, do Equador e do Peru.

Ovelhas pastando nos Pampas. (Santana do Livramento, Rio Grande do Sul.)

FABIO COLOMBINI

GERSON GERLOFF/PULSAR IMAGENS

Criação de gado nos Pampas. (Santa Maria, Rio Grande do Sul.)

ORGANIZAÇÃO DE IDEIAS

MAPA CONCEITUAL

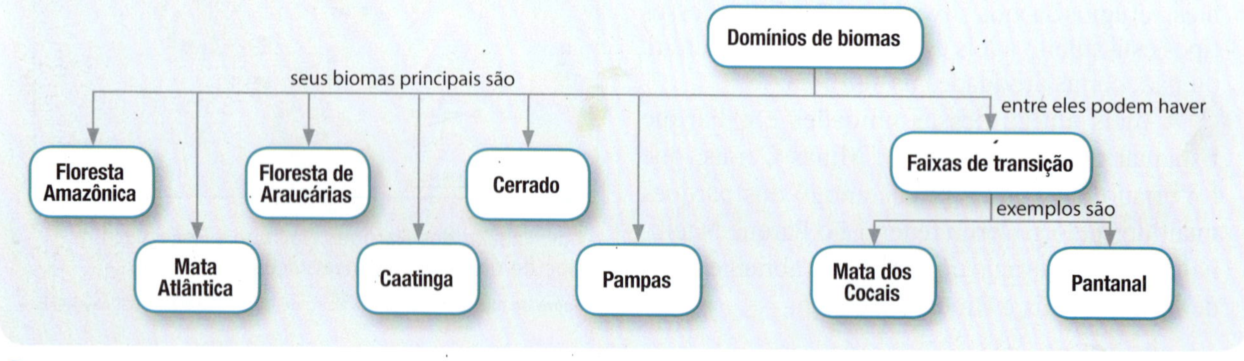

ATIVIDADE

USE O QUE APRENDEU

1. Os cientistas sabem há tempos que o solo amazônico é pobre. Porém, na Floresta Amazônica, como em outros locais, os vegetais obtêm nutrientes por meio de suas raízes. Se o solo amazônico é pobre, de onde vêm esses nutrientes? E por que o desmatamento da região pode, em pouco tempo, transformar o local desmatado em deserto? Explique.

2. Na Mata dos Cocais existem variedades de palmeiras: o babaçu, a carnaúba e o buriti. Lembre-se do tipo de fruto que dão as palmeiras e proponha uma explicação para o nome *Mata dos Cocais*.

3. É possível explorar as florestas sem destruí-las? Conservar as florestas é se opor ao progresso? Explique.

4. Para fazer um novo loteamento de casas, uma área do Manguezal teve todas as suas árvores derrubadas e a região de lama foi aterrada. Nos anos seguintes, a população de pescadores daquela região não conseguiu pescar o suficiente, nem para comer. Sugira uma explicação para isso.

5. Com a destruição da Mata Atlântica, você acha que os manguezais são prejudicados? Explique.

6. Qual é o domínio ou bioma característico da região em que você mora?
Quais são as suas características?

ATIVIDADE

EXPLORE DIFERENTES LINGUAGENS

A critério do professor, as atividades a seguir poderão ser feitas em grupos.

ESQUEMA

1. Uma das cadeias alimentares que existem no Pantanal é:

algas aquáticas → peixes pequenos → → piranha → jacaré

a) Se os caçadores eliminarem os jacarés, o que pode acontecer com a quantidade de piranhas? E de peixes pequenos?

b) Se os peixes forem pescados e acabarem, o que acontecerá com os jacarés?

DIÁLOGO

2. Acompanhe o seguinte trecho de conversa entre dois habitantes de determinada localidade da Região Nordeste:

"— Após meses de seca, aquele mandacaru lá perto de casa florou.

— É sinal que a chuva chega no sertão!"

A respeito desse diálogo, responda às perguntas a seguir.

a) O que significa *florar*?

b) Pesquise o que é o *mandacaru*.

c) O que quer dizer a segunda frase do diálogo?

d) Em que domínio de bioma brasileiro acontece o que está descrito nessa frase?

diâmetro: 15 cm

ARTUR KEUNECKE/PULSAR IMAGENS

Flor de mandacaru.

TEXTO TÉCNICO

O texto abaixo foi extraído de um livro universitário usado por estudantes de Biologia. As questões 3 a 11 se referem a ele.

"Oitenta por cento das espécies usadas em culturas, no mundo todo, incluindo alimentação, medicina e fibras, dependem de animais polinizadores, e quase todos eles são insetos. Os insetos também executam papéis chave na polinização de plantas nativas selvagens."

Fonte: R. C. Brusca e G. J. Brusca. *Invertebrados*. 2. ed. Rio de Janeiro: Guanabara Koogan. p. 615.

3. Que dano imediato aconteceria à agricultura se os animais polinizadores deixassem de existir?
4. Transcreva a parte do texto que justifique sua resposta anterior.
5. O que o texto quer dizer ao se referir ao uso de espécies de plantas em medicina?
6. Dê exemplo de uma espécie de planta usada para obter fibras.
7. O texto afirma que a maioria dos animais que atuam como polinizadores pertence ao grupo dos insetos. Dê dois exemplos de animais, que **não** sejam insetos, que atuem na polinização de plantas.
8. De cada cem espécies usadas em culturas, quantas **não** dependem de animais polinizadores?
9. O que são "plantas nativas selvagens"?
10. O texto afirma que os insetos "também executam papéis chave na polinização de plantas nativas selvagens". O que é ter "papel chave"?
11. Reescreva, com suas palavras, a frase: "Os insetos também executam papéis chave na polinização de plantas nativas selvagens."

FABIO COLOMBINI

Borboletas estão entre os insetos polinizadores. (Campinas, SP.)
envergadura da asa: até 8,5 cm

Seu aprendizado não termina aqui

Diferentes pessoas têm diferentes visões sobre a conservação dos ambientes naturais.

Procure conhecer o que pensam a esse respeito cientistas, industriais, agricultores, políticos, ambientalistas etc. Lembre-se de que o pensamento de um representante de determinada categoria não reflete, necessariamente, o pensamento de todos os membros dessa categoria, ou seja, um industrial pode ter uma visão sobre o tema, enquanto outro industrial pode pensar de outra forma. Isso vale, também, para os agricultores, os políticos, os ambientalistas etc.

CAPÍTULO 16

DESENVOLVIMENTO SUSTENTÁVEL

Gigantescas estátuas de pedra encontradas na Ilha de Páscoa. Quem as construiu? Como a história da Ilha de Páscoa se compara ao que está acontecendo em nosso planeta? (Em primeiro plano, estátua com cerca de 8 metros. Ilha de Páscoa, Chile.)

SHORTNSTOCK/ISTOCK PHOTOS/GETTY IMAGES

Em destaque

Ilha de Páscoa: lição silenciosa

"Sempre presentes na paisagem, os imensos moais *são testemunhas de erros que não podemos repetir: superlotação e superexploração dos recursos naturais, causas do declínio e da autodestruição da civilização* Rapa Nui

Durante muitos anos, os moradores da Ilha de Páscoa acreditaram que estavam sozinhos no mundo. E, de certa forma, estavam mesmo. Durante pelo menos mil anos, a civilização *Rapa Nui* — nome que os moradores davam a si mesmos e à ilha — desenvolveu-se sem contato com os continentes, num pequeno triângulo de 170 km^2 de terra, no Oceano Pacífico, a 3.700 quilômetros da costa da América do Sul. Eles conseguiram criar um mundo particular, com religião, tecnologia e escrita próprias, uma civilização que floresceu e ruiu rapidamente. Os *rapa nui* só não imaginavam que suas façanhas e seus erros seriam tomados como exemplo da capacidade de autodestruição do homem exatamente por quem eles pensavam não existir: nós.

Quando o navegador holandês Jacob Roggeveen avistou uma ilha não assinalada no mapa, em 5 de abril de 1722 — um domingo de Páscoa, origem do nome ocidental —, encontrou 2 a 3 mil moradores malnutridos e uma paisagem devastada. [...]

Como o declínio teve início, ninguém sabe ao certo. É um mistério testemunhado apenas pelos *moais*, as gigantescas estátuas que fazem da ilha um dos lugares mais fascinantes do mundo. Mas estas estão condenadas ao silêncio da pedra.

Juntar pistas para a reconstituição dessa história exige muita paciência. E persistência. Em 200 anos de pesquisa, os arqueólogos costuraram algumas constatações científicas com o fio tênue da tradição oral, único canal de transmissão de conhecimento ao longo dos anos, de geração em geração. As teses cientificamente mais aceitas apontam para uma sequência de problemas ambientais, alguns naturais, outros provocados ou agravados pelo homem. Os escassos recursos da ilha teriam sido consumidos por excesso de população. Os bosques foram devastados e as nascentes se esgotaram. A fome trouxe doenças e guerras. Há indícios até de canibalismo, resultante da falta de comida.

[...]

Segundo os cálculos dos arqueólogos, a história *rapa nui* começa por volta do século IV com a chegada dos primeiros homens, vindos das ilhas Marquesas (Polinésia Francesa). Essa colonização é o primeiro de uma série de acontecimentos fantásticos que emprestam à Ilha de Páscoa uma vocação para o mistério: além de navegar por milhares de quilômetros em canoas pequenas e precárias, os pioneiros fizeram um caminho improvável, pois as correntes marinhas do Oceano Pacífico, naquela região, seguem na direção contrária, de leste para oeste. [...]

CHRISTIAN WILKINSON/SHUTTERSTOCK

▲ Não se sabe ao certo a época em que as estátuas da Ilha de Páscoa, os *moais*, foram esculpidas, mas estima-se que tenham sido na mesma época em que a Europa vivia a Idade Média. (Ilha de Páscoa, Chile.)

A ilha tem 23 km de comprimento e 11 km de largura. A forma de triângulo é marcada por 3 vulcões principais, todos eles acessíveis, cada um com uma característica especial. [...] Ranu Raraku, a leste, forneceu a matéria-prima para a 'marca registrada' da ilha: a rocha usada na construção das estátuas. [...]

[...] No total, são quase mil estátuas, de 4 a 8 metros de altura, pesando entre 8 e 15 toneladas. A maioria está disposta em linhas de 3 a 15 monolitos sobre altares ao ar livre, de costas para o oceano, de queixo alto e olhos voltados para cima.

[...]

As estátuas não representam deuses; designam pessoas. Talvez por isso sejam a imagem mais dramática de uma civilização que fez maravilhas e pagou com a própria existência pelos crimes contra o meio ambiente. Eretos sobre os altares ou caídos de nariz ao chão, os *moais* não falam. Mas, para quem quer entender a lição, dizem o bastante."

Fonte do texto: D. Martins, *Terra da Gente*, n. 41, p. 55-59.

MOMENT OPEN/GETTY IMAGES

Cerca de 200 *moais* estão ou estiveram em pé na linha costeira ou ao redor da cratera de um antigo vulcão inativo. Pelo menos 700 foram abandonados nas pedreiras ou no caminho entre as pedreiras e a costa. São lembranças de uma sociedade que não explorou corretamente o ambiente e sofreu as consequências disso. (Ilha de Páscoa, Chile.)

ANDERSON DE ANDRADE PIMENTEL

A Ilha de Páscoa situa-se no Pacífico Sul, a leste da Polinésia e a oeste da América do Sul. Desde 1888, a ilha pertence ao Chile.

Fontes do mapa: G. M. L. Ferreira. *Atlas Geográfico: espaço mundial*. 3. ed. São Paulo: Moderna. p. 65; D. B. Botkin e E. A. Keller. *Environmental Science: Earth as a living planet*. 8. ed. Hoboken: John Wiley. p. 18.

DESENVOLVIMENTO DO TEMA

ATIVIDADE

Para discussão em grupo

Os recursos naturais da Ilha de Páscoa foram explorados exaustivamente pela população. Que lições podemos aprender com o ocorrido nessa ilha? Se os habitantes estivessem conscientes do que iria acontecer no futuro, a tragédia poderia ter sido evitada?

O que aconteceu com a Ilha de Páscoa pode acontecer com o planeta Terra?

Objeto educacional digital
O desenvolvimento sustentável e a agenda 21

1 Desenvolvimento sustentável

Há inúmeras evidências de que os seres humanos continuam cometendo, no mundo todo, os mesmos erros dos nativos da Ilha de Páscoa. No passado, houve exploração abusiva dos recursos naturais — tais como petróleo, carvão mineral, minérios, madeira —, porque eles eram relativamente abundantes e baratos. Essa exploração ainda acontece, e suas consequências já aparecem com muita clareza. O desmatamento acentuado, a extinção de espécies, a perda da fertilidade do solo, a poluição do ar e da água são apenas alguns exemplos. Colocando a questão em outras palavras, a atual sociedade humana **não** apresenta um **desenvolvimento sustentável**.

A expressão "desenvolvimento sustentável" pode ser entendida como desenvolvimento econômico e material que leve em conta as consequências das atividades humanas sobre o ambiente e utilize de recursos naturais que possam ser renovados, para que não haja degradação do ambiente ou esgotamento desses recursos. Para que uma sociedade se desenvolva de modo sustentável, ela deve praticar atitudes que atendam não apenas às suas necessidades, mas também às necessidades das futuras gerações.

Desafios para estabelecer o desenvolvimento sustentável da sociedade humana

estão relacionados, entre outros fatores, a

Qualidade do ar — exemplos
- Poluição do ar
- Chuva ácida
- Destruição da camada de ozônio
- Aquecimento global e alterações climáticas dele decorrentes

Qualidade da água — exemplos
- Quantidade insuficiente de água
- Descarte inadequado das águas servidas
- Poluição dos mananciais
- Propagação de doenças transmitidas pela água
- Falta de acesso à água tratada

Obtenção de alimento — exemplos
- Extração de recursos animais e vegetais acima da capacidade natural de renovação
- Perda da fertilidade do solo
- Fome
- Desnutrição
- Desperdício de alimentos

Seres vivos e biodiversidade — exemplos
- Caça e pesca predatórias
- Desmatamento
- Introdução de espécies estranhas aos ambientes
- Destruição ou alteração de *habitats*
- Extinção de espécies

Produção de bens e geração de energia — exemplos
- Exploração de recursos renováveis em velocidade maior do que a capacidade natural de renovação
- Intensa exploração de recursos que não são renovados naturalmente

De modo bem geral, podemos dizer que na época atual o desenvolvimento da humanidade **não é sustentável**. Isso acontece porque a população mundial retira da natureza uma quantidade de recursos maior do que a ela é capaz de repor. E também porque lança no ambiente uma quantidade de resíduos maior do que a natureza é capaz de decompor e reintegrar ao ciclo natural de matéria existente nos ecossistemas.

Elaborar estratégias para que a sociedade se desenvolva de modo sustentável é o grande desafio, provavelmente o maior, do século XXI. Não estar atento a esse fato é submeter a humanidade a um futuro que repetirá, em escala global, o que ocorreu na Ilha de Páscoa.

ATIVIDADE

Trabalho em equipe

Cada equipe deve escolher um dos cinco desafios apresentados na página anterior e reunir reportagens e fotografias sobre esse desafio. Em seguida o grupo deve elaborar um texto em que constem aspectos e questões da região onde mora.

2 Ação humana e desequilíbrios ambientais

Nos ecossistemas existe uma complexa relação de dependência dos seres vivos entre si e destes com os fatores não vivos do ambiente. A atividade humana pode interferir nessas relações e impedir o ecossistema de se recompor.

Redução do solo fértil

Para exemplificar, vamos considerar o desmatamento da Floresta Amazônica. A atuação dos decompositores sobre resíduos — que na sua maioria são restos de plantas — deixa no solo nutrientes necessários às plantas. Com o desmatamento, várias plantas de uma área deixarão de existir. Consequentemente, os decompositores deixarão de obter alimento, pois não haverá resíduos para utilizarem em sua nutrição, e morrerão. Enquanto o solo estiver desprotegido pela ausência de vegetação, a chuva e o vento podem facilmente carregar para longe a camada superior do solo, que contém nutrientes necessários às plantas. Sem nutrientes no solo e sem decompositores, a mata das regiões vizinhas não se expande em direção ao terreno desflorestado, pois o solo perdeu sua fertilidade.

Ainda que o ser humano introduza novas plantas nesse local, pode ser que não existam nutrientes em quantidade suficiente no solo para que elas se desenvolvam. Essa sequência de eventos frequentemente acontece quando se derruba uma floresta para transformá-la em campo agrícola. Pior ainda é o que ocorre em muitos terrenos agrícolas já existentes, que, manejados inadequadamente, sofrem erosão e perdem a fertilidade.

A **redução da quantidade de solo fértil** em vários locais do mundo é um dos claros indicadores de que o desenvolvimento de nossa sociedade **não** é sustentável.

Objeto educacional digital
Agropecuária e sustentabilidade

Desmatamento na Amazônia, exemplo de intervenção humana que produz tristes resultados.
(Na foto, um oficial de polícia inspeciona uma árvore derrubada ilegalmente na Floresta Amazônica. Novo Progresso, PA.)

NACHO DOCE/REUTERS/LATINSTOCK

O javali é nativo da Ásia, Europa e norte da África. Animais da espécie foram trazidos ao Brasil por criadores. Alguns escaparam e, no ambiente natural, transformaram-se em praga. Essa espécie invasora devasta plantações, compete com outros animais e pode até atacar pessoas.
comprimento: 2 m

Introdução de uma espécie onde ela não existe

Outro caso de intervenção do ser humano no ambiente que pode ser problemático é a introdução de uma espécie onde ela não existe naturalmente. Um exemplo aconteceu na Austrália, onde não havia lebres até meados do século XIX. Nessa época, colonizadores ingleses resolveram levar para lá alguns poucos casais de uma espécie conhecida como lebre europeia. Há quem diga que a intenção era ter um animal ágil e rápido que pudesse ser usado nas caçadas esportivas em lugar da raposa, que não existia naquele país.

Na Austrália, não havia carnívoros suficientemente ágeis e rápidos para caçar essas lebres. Por isso, em pouco tempo a população desses animais aumentou assustadoramente e eles passaram a devorar a vegetação nativa e a invadir as plantações, devastando-as. Mesmo após várias tentativas para eliminar as lebres da Austrália, ainda hoje elas representam um problema ambiental naquele país.

As espécies introduzidas em um ecossistema de forma intencional ou acidental são chamadas **espécies invasoras** ou **espécies exóticas** e oferecem riscos a esse ecossistema.

Substituição da vegetação nativa

Outro exemplo de intervenção humana no ambiente é observado em locais do Brasil onde a vegetação do Cerrado foi substituída por plantações de eucalipto destinadas à produção de madeira e de papel. Nessas novas florestas — que, de fato, são apenas plantações cultivadas pelo ser humano —, as formigas saúvas continuam encontrando condições favoráveis para o seu desenvolvimento. Porém, alguns de seus predadores naturais, como tamanduás e algumas espécies de aves, não conseguem sobreviver nos eucaliptais e acabam morrendo ou fugindo para outras regiões onde há vegetação de Cerrado. Sem predadores, o resultado é a multiplicação descontrolada de saúvas, que se transformam em praga.

À nossa volta podemos encontrar inúmeros exemplos de intervenções humanas no ambiente. (Na foto, lixo descartado no ambiente, em Careiro da Várzea, AM.)

Outros exemplos

Ainda no Brasil, podemos citar vários outros casos de intervenções humanas no ambiente que se mostraram desastrosas. A destruição dos manguezais em vários pontos do litoral vem interferindo na procriação de muitas espécies marinhas. A derrubada da Mata Atlântica, reduzida a menos de 10% do que existia em 1500, vem alterando o regime de chuvas em vários pontos do litoral, o que já provocou a extinção de inúmeras espécies. O despejo de esgotos e de resíduos industriais em rios vez ou outra provoca a mortalidade de grandes quantidades de peixes, como você provavelmente já pôde acompanhar nos noticiários.

A **ação agressiva do ser humano** pode causar sérios problemas ambientais, a ponto de os ecossistemas não mais recuperarem o equilíbrio.

3 Recursos renováveis e recursos não renováveis

Recurso natural é tudo aquilo que existe na natureza e que pode ser utilizado pelo ser humano para suprir suas necessidades. A madeira das florestas, a água doce, a luz solar, as quedas-d'água, os minerais, os combustíveis fósseis e os peixes de lagos, rios e oceanos são exemplos de recursos naturais.

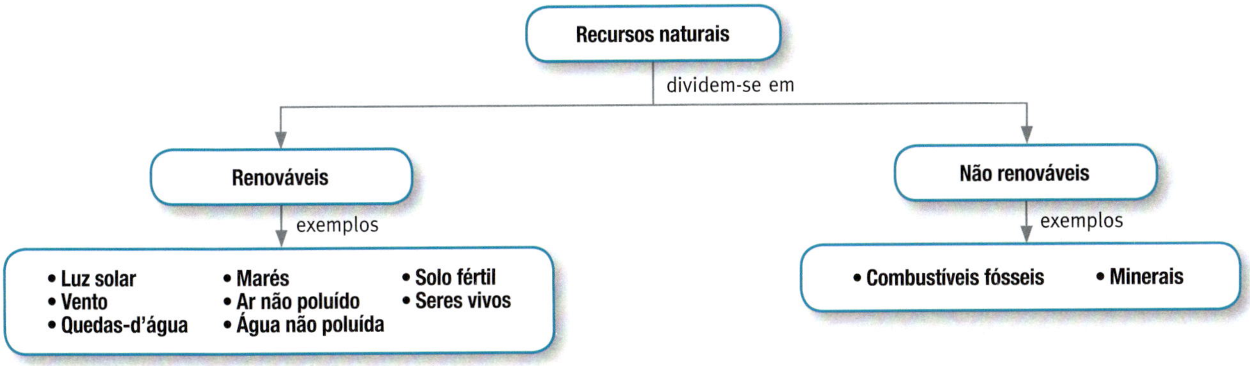

Alguns desses recursos são **renováveis**, isto é, são produzidos por mecanismos naturais e, portanto, repostos naturalmente. Exemplos de recursos naturais renováveis são a luz solar, o vento e as quedas-d'água, entre outros.

Muitos dos recursos naturais renováveis só podem ser adequadamente renovados se forem explorados pela humanidade em uma velocidade suficientemente baixa para que permita a reposição natural. Esse é o caso do solo fértil, das reservas de água potável, do ar isento de poluição, da madeira e dos peixes.

Já os recursos naturais **não renováveis**, ou **esgotáveis**, são aqueles que existem na natureza em quantidade finita e que a natureza demora muitos milhões de anos para produzir. É o caso do petróleo, do carvão mineral e dos minérios. Se o ser humano explorar a jazida de um desses recursos até a exaustão, ela não será renovada pela natureza para nosso uso.

A madeira é um recurso natural renovável. Na foto, caminhão com toras de madeira certificada. (Rio Branco, AC.)

RICARDO AZOURY/PULSAR IMAGENS

Os minerais são recursos não renováveis. (Na foto, jazida de minério de ferro em Itabira, MG.)

JOÃO PRUDENTE/PULSAR IMAGENS

AYRTON VIGNOLA/FOLHAPRESS

FABIO COLOMBINI

FABIO COLOMBINI

Exemplos de combustíveis fósseis:

A. Petróleo (no frasco da esquerda) e dois de seus derivados: gasolina (ao centro) e querosene (à direita).

B. Extração de carvão mineral. (Candiota, RS.)

C. Bomba para abastecimento de veículos com gás natural. (São Paulo, SP.)

4 Recursos energéticos

Estamos rodeados de equipamentos que consomem energia. São lâmpadas, eletrodomésticos, aparelhos de som e imagem, computadores, automóveis e ônibus, apenas para citar alguns exemplos. Nossa sociedade é ávida por energia.

Uso de combustíveis

Os veículos motorizados em geral queimam combustíveis, que são fontes de energia para sua movimentação. Vários tipos de indústrias também obtêm energia para realizar atividades, como aquecimento de fornos, fervura da água, derretimento de materiais etc., da queima de combustíveis.

O gás natural, o carvão mineral e o petróleo são conhecidos como **combustíveis fósseis**, pois, segundo evidências geológicas, foram formados há milhões de anos a partir de restos de organismos. Tais combustíveis são fontes não renováveis de energia.

Há muita especulação sobre quanto tempo vão durar as jazidas naturais de combustíveis fósseis, e as estimativas feitas pelos especialistas variam bastante. Alguns dizem que o petróleo poderá se esgotar em poucas décadas; outros preveem que poderá durar mais cem anos. Uma das poucas certezas que se tem é que, persistindo as atuais taxas de consumo, o petróleo vai acabar muito antes do carvão mineral.

Preocupados com a possível escassez de petróleo, com os altos preços que o produto pode atingir quando isso acontecer e, principalmente, atentos à necessidade de alternativas que substituam o petróleo com vantagens do ponto de vista ambiental, muitos pesquisadores tentam adaptar as atuais tecnologias para o uso de combustíveis provenientes de recursos renováveis.

O Programa Nacional do Álcool, Proálcool, implantado pelo governo brasileiro em 1975, tem o álcool proveniente da cana-de-açúcar (etanol) como combustível alternativo. Durante parte da década de 1980, o Brasil chegou a ter uma frota de carros a álcool maior que a de carros a gasolina. Nos anos seguintes, o programa passou por dificuldades, mas, no início deste século, com a popularização dos motores bicombustível (usam álcool ou gasolina), o programa ganhou novo alento.

Além do álcool, outros **recursos que podem substituir os combustíveis fósseis** são a lenha, o carvão obtido a partir da lenha (carvão vegetal), o biodiesel (veja texto a seguir) e o biogás, que é produzido quando resíduos de organismos, tais como restos de comida, fezes de animais, folhas etc., sofrem a ação de microrganismos decompositores em recipientes apropriados, os biodigestores. Esses recursos são **renováveis** e, administrados adequadamente, podem minimizar o problema da exaustão das jazidas de petróleo.

Em destaque

Como se obtém biodiesel?

O **biodiesel** é um combustível que pode ser usado em motores a diesel (caminhões, ônibus e tratores, por exemplo). Ele é produzido a partir de óleos vegetais, tais como óleo de soja, girassol, amendoim, mamona, dendê, pequi e pinhão-manso.

A fabricação é feita aquecendo-se o óleo por algumas horas, em um recipiente industrial adequado, junto com etanol (o álcool comum) ou metanol (um outro tipo de álcool, bastante tóxico). Uma ou mais substâncias específicas são adicionadas a essa mistura para acelerar o processo. As substâncias que aceleram os processos químicos chamam-se **catalisadores**.

Ocorre uma **reação química** que **transforma o óleo e o álcool em biodiesel e glicerina**. Ambos são separados. A glicerina, uma substância incolor, é purificada e encaminhada para indústrias que a utilizarão, por exemplo, em cremes hidratantes para pele ou em sabonetes glicerinados.

O "biodiesel" utilizado no Brasil ainda é, de fato, uma mistura de diesel comum e um pouco de biodiesel, pois a produção ainda é muito baixa para atender às necessidades da frota nacional. Contudo, isso já permite pequena redução da emissão de fuligem pelos veículos.

ALBERTO VIANA/OLHAR IMAGEM

Ônibus híbrido, movido a energia elétrica e biodiesel. (Curitiba, PR.)

A produção de biodiesel

FERNANDO BUENO/PULSAR IMAGENS
ALF RIBEIRO/OLHAR IMAGEM

1. Os frutos da mamona (em destaque), que contêm óleo, são cultivados e colhidos.
altura da planta: 3,0 m
diâmetro do fruto: 2,5 cm

2. Os frutos são prensados para extrair o óleo, do qual são eliminadas as impurezas.

3. Óleo, álcool (etanol ou metanol) e catalisador são aquecidos por algumas horas.

EDUARDO SANTALIESTRA

4. Biodiesel e glicerina são separados.

HÉRCULES TESTA/LATINSTOCK BRASIL RM/LATINSTOCK

5. O biodiesel é misturado com diesel, e a mistura é comercializada com o nome de "biodiesel".

Fonte dos dados do esquema: BiodieselBr. Acessado em: www.biodieselbr.com/biodiesel/processo-producao/biodiesel-processo-producao.htm

Geração de energia elétrica

Existem várias fontes para obter energia elétrica em usinas apropriadas, como ilustra o esquema a seguir.

Usina hidrelétrica

Gera energia elétrica a partir da energia do movimento de uma queda-d'água.

Usina termelétrica

Gera energia elétrica a partir do calor liberado na queima de combustíveis.

Usina eólica

Gera energia elétrica a partir da energia do movimento do vento.

Usina solar

Gera energia elétrica a partir da energia que provém do Sol.

Usina nuclear

Gera energia elétrica a partir do calor liberado nos complexos processos nucleares.

ILUSTRAÇÕES: ADILSON SECCO

(Representações esquemáticas fora de proporção. Cores fantasiosas.)

Use a internet

Conheça o Projeto Casa Eficiente (UFSC/Eletrosul/Eletrobrás/Procel), em que princípios científicos permitem reduzir o consumo de energia.

http://www.eletrosul.gov.br/ampnbsp/casa-eficiente-home

Caso esse endereço tenha mudado, busque por *casa eficiente Eletrosul*.

No Brasil, a energia elétrica que chega às residências e aos estabelecimentos é obtida, fundamentalmente, em dois tipos diferentes de usinas. Um tipo é o das **usinas hidrelétricas**, que geram eletricidade a partir da energia do movimento de uma queda-d'água. O outro é o das **usinas termelétricas**, que queimam carvão mineral e derivados do petróleo para obter energia elétrica.

As usinas hidrelétricas empregam um recurso energético renovável — as quedas-d'água —, enquanto as termelétricas utilizam recursos não renováveis — o gás natural, o petróleo e o carvão mineral. O Brasil apresenta muitos recursos hídricos (rios e quedas-d'água), por isso a maior parte da energia elétrica nacional é gerada em usinas hidrelétricas, como você pode perceber analisando o gráfico **A**.

O gráfico **B** mostra as fontes das quais provém a energia **total** utilizada no Brasil, incluindo a energia elétrica e o uso de combustíveis.

Fontes de energia elétrica no Brasil

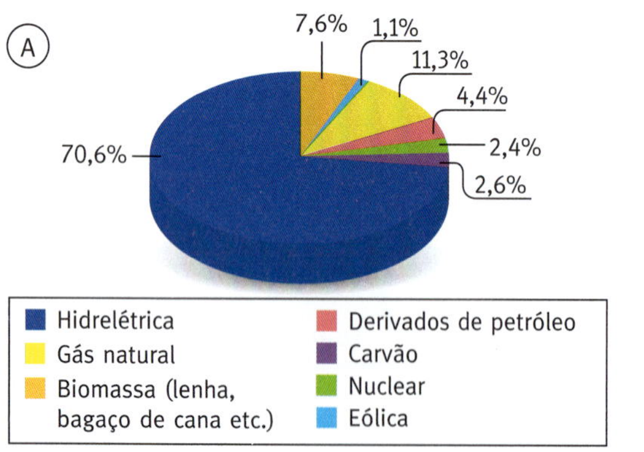

Fontes naturais da energia total usada no Brasil

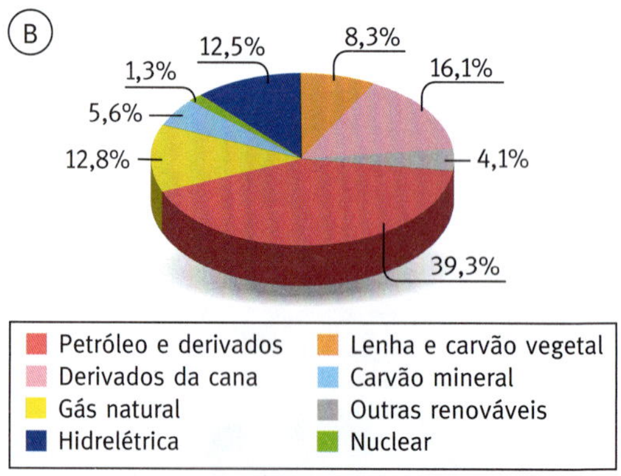

ILUSTRAÇÕES: REINALDO VIGNATI

Fonte: Ministério de Minas e Energia. *Balanço Energético Nacional*, 2014. Acessado em: https://ben.epe.gov.br

A tabela a seguir compara vantagens e desvantagens de diferentes fontes de energia, não apenas de energia elétrica.

Comparação entre fontes energéticas			
Fonte	**Produção**	**Vantagens**	**Desvantagens**
Eletricidade por queima de carvão [ou outro combustível]	A queima do carvão aquece a água que move as turbinas para gerar eletricidade.	Alta disponibilidade.	Não renovável. Consumo alto de água e emissão de gases do efeito estufa.
Hidreletricidade	A passagem da água move as turbinas para a produção de eletricidade.	Renovável. Alta disponibilidade.	Instalação gera gases do efeito estufa e causa danos ao meio ambiente.
Gás natural	O gás chega encanado ao consumidor e é queimado no local.	Eficiente. Menor emissão de gases poluentes que na queima de carvão.	Disponibilidade limitada. Não renovável. Aplicação limitada.
GLP	O gás, fornecido em botijões ou cilindros, é queimado no local.	Ampla disponibilidade. Baixa emissão de gases do efeito estufa.	Cara. Transporte requer energia adicional.
Solar	A energia solar é convertida em energia elétrica usando células fotovoltaicas.	Abundante, gratuita, renovável. Sem gases do efeito estufa.	Disponibilidade limitada. Instalação cara.
Eólica	O vento move turbinas para a produção de eletricidade.	Gratuita, limpa. Sem emissão de gases do efeito estufa.	Instalação cara. Turbinas invasivas e perigosas para pássaros.
Ondas/marés	As marés movem turbinas para a produção de eletricidade.	Alta disponibilidade, renovável e próxima das cidades [litorâneas].	Captação eficiente de energia é difícil e cara.
Biomassa	Matéria vegetal é queimada para alimentar geradores de eletricidade.	Potencialmente renovável. Recicla os resíduos da agricultura.	Cultivo e queima de matéria-prima pode emitir poluentes.
Aterro sanitário	O metano do lixo em putrefação é queimado para alimentar geradores.	Recicla resíduos. Ajuda a prevenir o acúmulo de metano na atmosfera.	Cara. Requer grande quantidade de resíduos.
Geotérmica	Calor, vapor ou água quente do interior da Terra alimenta geradores.	Barata depois da instalação. Eficiente.	Limitada a áreas de atividade geotérmica e características apropriadas.

Fonte: S. Kent et al. (ed.). *Salve o meio ambiente*. Rio de Janeiro: Reader's Digest. p. 21.

5 Recursos materiais para o sistema produtivo

São inúmeras as fontes naturais de materiais para a indústria. Entre as mais importantes estão os minerais, o petróleo, o carvão mineral, o ar, a água do mar e os seres vivos.

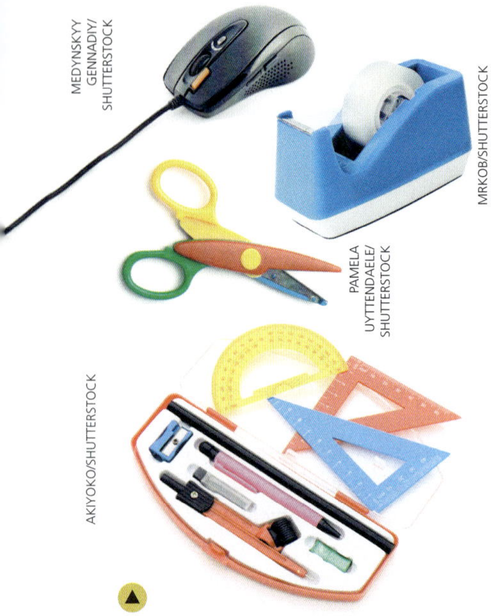
MEDYNSKYY GENNADIY/SHUTTERSTOCK
MRKOB/SHUTTERSTOCK
PAMELA UYTTENDAELE/SHUTTERSTOCK
AKIYOKO/SHUTTERSTOCK

▲ Alguns exemplos de produtos cuja matéria-prima para a fabricação é o petróleo.

Minerais

Alguns minerais são usados praticamente como são obtidos da natureza, sem sofrerem grandes transformações industriais. É o caso do granito, do basalto, da ardósia e do ouro.

Já outros minerais são utilizados em complexos processos industriais, realizados em instalações apropriadas, por meio dos quais são obtidos o ferro, o alumínio, o cobre, a prata, o mercúrio, o manganês, o vidro, as cerâmicas e diversos outros produtos de interesse dos consumidores.

Petróleo

O petróleo é empregado como matéria-prima na fabricação de itens com formas e cores tão variadas que, em geral, as pessoas nem desconfiam de onde vieram. São exemplos: plásticos, tintas, gomas de mascar, colas, tecidos sintéticos, perfumes, medicamentos, borrachas, explosivos e muitos outros.

Outras fontes

A partir do carvão mineral, do ar e da água do mar, as indústrias químicas também elaboram diversos produtos.

Todos os produtos que adquirimos e utilizamos têm, de alguma forma, a matéria-prima extraída da natureza.

6 Os seres vivos como fonte de recursos

Quando pensamos nos organismos vivos como recursos naturais, o que nos vem à mente é o uso que fazemos deles na alimentação. De fato, as frutas, as verduras, as carnes, o leite, os ovos e os outros alimentos provêm de seres vivos. Mas dos organismos vivos se obtêm muitos outros materiais de interesse para o ser humano.

Os animais são fonte de vários materiais de interesse. Veja o caso do gado bovino. Quando abatido, além da carne, pode-se aproveitar praticamente tudo. O couro é usado na fabricação de calçados, cintos e bolsas. O casco e os cornos servem para fazer pentes e fivelas. A gordura é matéria-prima do sabão, seja ele elaborado em fábricas ou de modo caseiro. E os ossos, aquecidos num grande forno e depois triturados, podem ser incorporados à ração do gado ou servem de adubo para plantas.

As plantas representam outra fonte de recursos. A madeira, usada na fabricação de móveis e em construções, serve também de matéria-prima para fabricar papel. As fibras do algodão e da juta são empregadas na produção de tecidos, e as fibras de sisal servem para fazer cordas. Muitos dos medicamentos comercializados foram desenvolvidos por pesquisadores a partir de substâncias extraídas de plantas.

Seres vivos são recursos naturais renováveis.

ATIVIDADE

Tema para pesquisa

O que diz a legislação brasileira sobre unidades de conservação ambiental? Todas essas unidades são do mesmo tipo? De quem é a responsabilidade de cuidar delas? Existem atividades de extração de recursos permitidas em tais unidades? Quais são as unidades de conservação mais próximas de sua localidade?

Reduzir, reutilizar, reciclar

Ao usar recursos naturais como matéria-prima, o sistema produtivo industrial está explorando o ambiente.

Alguns dos recursos usados, como o ar, os seres vivos, a água e o solo, são renováveis, desde que explorados corretamente e de modo sustentável. Outras dessas fontes, entretanto, não são renováveis, como os minerais, o petróleo e o carvão mineral.

A necessidade que a sociedade tem (que **nós** temos) de usar recursos materiais propõe um grande desafio para o futuro. Os recursos não renováveis podem se esgotar e os recursos renováveis têm sido explorados, em geral, acima da capacidade que a natureza tem para renová-los.

Buscar alternativas para acabar com a exploração descontrolada de matérias-primas é um desafio urgente para a sociedade e todo cidadão pode contribuir para isso com simples mudanças em suas atitudes:

- **Refletindo** sobre a real necessidade de consumo;
- **Recusando** comprar coisas desnecessárias ou cuja produção e uso agridam o ambiente;
- **Reduzindo** o uso de recursos (especialmente os não renováveis) e, quando for realmente necessário consumi-los, priorizar o uso de recursos renováveis;
- **Reutilizando** objetos ao máximo e
- **Reciclando** materiais, como plástico, metal, papel e vidro.

A-Z ATIVIDADE

Amplie o vocabulário!

Hora de debater o significado de cada conceito, redigi-lo com nossas palavras e incluí-lo no nosso blog.

- recurso natural renovável
- recurso natural não renovável
- desenvolvimento sustentável

RONNY SANTOS/FOLHAPRESS

Observe esta foto, tirada no corredor de um *shopping center* em São Paulo, e reflita sobre qual é a relação entre recursos naturais e hábitos de consumo.

Em destaque

AFRICA STUDIO/SHUTTERSTOCK

▲ Quando for fazer compras, leve sua própria sacola. Assim, você evitará o desperdício de plástico em sacos e sacolinhas.

Consumo consciente: adote essa causa

"12 princípios do consumidor consciente.
Consuma sem consumir o mundo em que você vive.
Pequenos gestos, grandes transformações.

1. **Planeje suas compras**
   Não seja impulsivo nas compras. A impulsividade é inimiga do consumo consciente. Planeje antecipadamente e, com isso, compre menos e melhor.
2. **Avalie os impactos de seu consumo**
   Leve em consideração o meio ambiente e a sociedade em suas escolhas de consumo.
3. **Consuma apenas o necessário**
   Reflita sobre suas reais necessidades e procure viver com menos.
4. **Reutilize produtos e embalagens**
   Não compre outra vez o que você pode consertar, transformar e reutilizar.
5. **Separe seu lixo**
   Recicle e contribua para a economia de recursos naturais, a redução da degradação ambiental e a geração de empregos.
6. **Use crédito conscientemente**
   Pense bem se o que você vai comprar a crédito não pode esperar e esteja certo de que poderá pagar as prestações.
7. **Conheça e valorize as práticas de responsabilidade social das empresas**
   Em suas escolhas de consumo, não olhe apenas preço e qualidade. Valorize as empresas em função de sua responsabilidade para com os funcionários, a sociedade e o meio ambiente.
8. **Não compre produtos piratas ou contrabandeados**
   Compre sempre do comércio legalizado e, dessa forma, contribua para gerar empregos estáveis e para combater o crime organizado e a violência.
9. **Contribua para a melhoria de produtos e serviços**
   Adote uma postura ativa. Envie às empresas sugestões e críticas construtivas sobre seus produtos/serviços.
10. **Divulgue o consumo consciente**
    Seja um militante da causa: sensibilize outros consumidores e dissemine informações, valores e práticas do consumo consciente. Monte grupos para mobilizar seus familiares, amigos e pessoas mais próximas.
11. **Cobre dos políticos**
    Exija de partidos, candidatos e governantes propostas e ações que viabilizem e aprofundem a prática do consumo consciente.
12. **Reflita sobre seus valores**
    Avalie constantemente os princípios que guiam suas escolhas e seus hábitos de consumo."

Fonte: Instituto Akatu. Acessado em: http://www.akatu.org.br/Temas/Consumo-Consciente/Posts/Conheca-os-12-principios-do-consumo-consciente

ATIVIDADE

Reflita sobre suas atitudes

Além dessas, que outras atitudes **você** pode ter para que a sociedade agrida menos o ambiente?

7 Ameaça aos recursos renováveis

O ser humano não é mais importante que os outros seres vivos. Nós dependemos dos recursos do planeta para sobreviver. Já a Terra, no entanto, não precisa de nós. Se a espécie humana for extinta como consequência de nossa própria incapacidade de controlar a exploração do ambiente, o planeta continuará existindo, e muitos outros seres vivos também.

Os recursos naturais são limitados e também não é inesgotável a capacidade que o nosso planeta tem de receber resíduos. A Ilha de Páscoa é um exemplo dessa situação.

ATIVIDADE

Reflita sobre suas atitudes

Quais de **seus** hábitos e atitudes contribuem para o desenvolvimento não sustentável da humanidade? É possível alterar esses hábitos e atitudes?

Algumas intervenções humanas que comprometem recursos renováveis

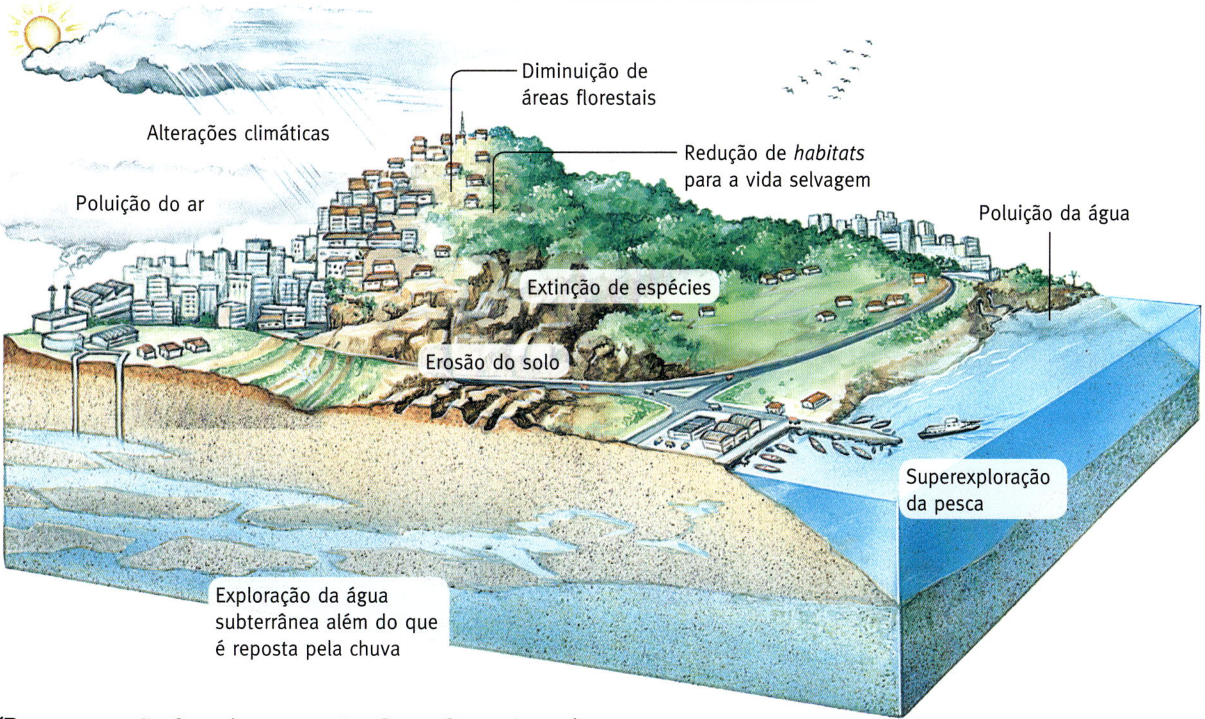

(Representação fora de proporção. Cores fantasiosas.)

Fonte: G. T. Miller Jr. e S. E. Spoolman. *Living in the environment*. 17. ed. Belmont: Brooks/Cole. p. 13.

8 O crescimento da população humana

No início da era cristã a população mundial contava com cerca de 200 milhões de pessoas e cresceu gradualmente até cerca de 1 bilhão por volta de 1800. Daí saltou para 2 bilhões nas primeiras décadas do século XX e disparou para 7 bilhões de pessoas em 2011.

Algumas razões do crescimento populacional

O considerável aumento da população mundial nas últimas décadas deve-se, principalmente, à diminuição da mortalidade resultante dos progressos da Ciência e da Tecnologia. Medicamentos mais avançados, procedimentos médicos mais eficazes, técnicas de assistência às gestantes, melhores condições para o tratamento da água e para o saneamento básico são algumas das razões que, em muitas partes do mundo, reduziram a mortalidade infantil e aumentaram a expectativa de vida da população.

Paralelamente, avanços da tecnologia agrícola, com destaque para os métodos de controle de pragas e as técnicas para melhorar a fertilidade do solo com o uso de fertilizantes inorgânicos, possibilitaram grande aumento da produtividade agrícola no transcorrer do século XX, permitindo alimentar a crescente população. Hoje, mais de 90% do alimento da população mundial provém da agricultura.

Todos esses progressos que ajudaram a abrigar mais pessoas no planeta mostram que a espécie humana teve um sucesso adaptativo fabuloso. Contudo, esse sucesso tem um outro lado. Neste capítulo vimos que o **nosso planeta dispõe de uma quantidade finita de recursos não renováveis e apresenta uma capacidade limitada para repor os recursos renováveis e para absorver e reciclar os resíduos** produzidos por esses bilhões de pessoas.

Mais pessoas, mais problemas

Até 2050, a expectativa é de que a população mundial ultrapasse 9 bilhões de pessoas.

Gráfico da população mundial em meados de 2014 e estimativas para 2030 e 2050

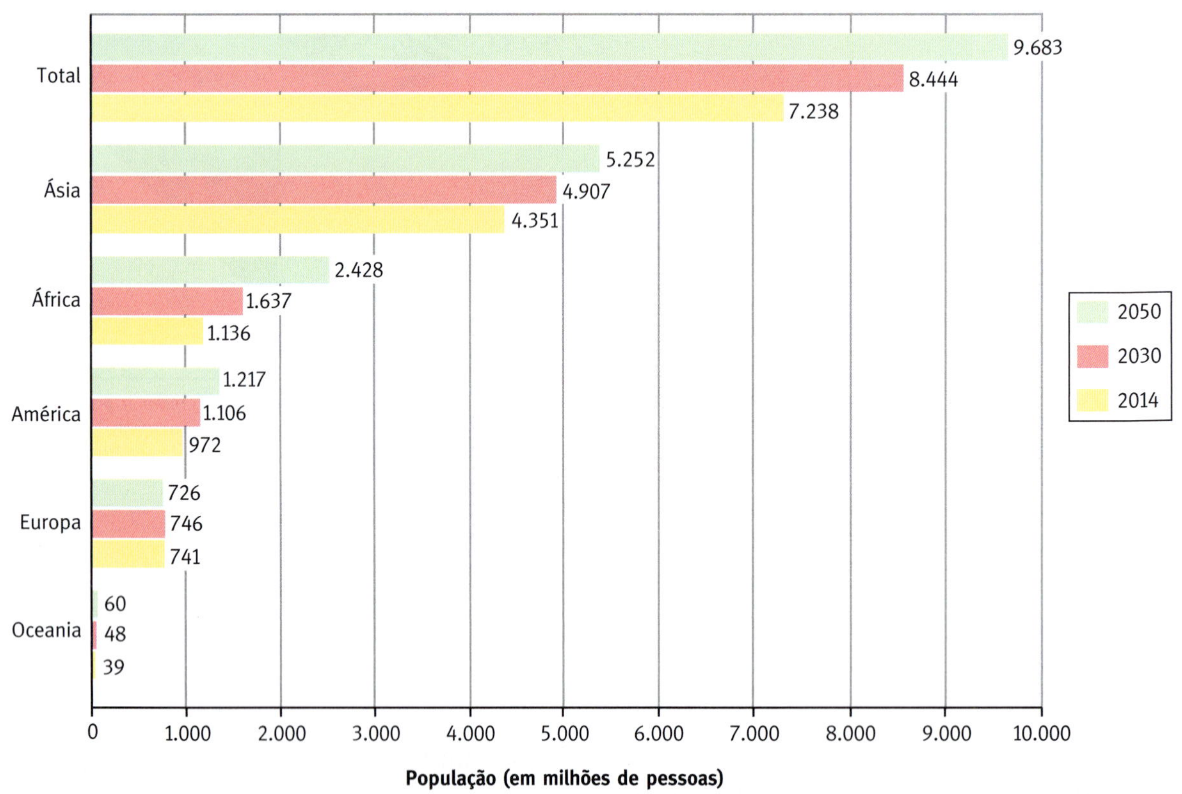

Fonte: Gráfico elaborado a partir de dados de Population Reference Bureau, *2014 World Population Data Sheet*. Washington: PRB.

Com o crescimento populacional, ocorre o aumento da exploração de recursos naturais e da produção de resíduos que poluem o ar, a água e o solo. Além disso, a área coberta por florestas é ocupada por cidades, o que reduz a biodiversidade e o espaço destinado à agricultura. Se, ainda, não houver manejo correto da terra, esta se torna improdutiva.

A disputa de recursos é motivo de desentendimentos em várias partes do mundo. Vez ou outra os noticiários mostram conflitos provocados pela posse de terra fértil ou pela disputa de reservas de água doce. Com o aumento da população, tais conflitos tendem a se agravar, principalmente nas regiões pobres do planeta, onde a distribuição desigual de renda já oferece enormes dificuldades para o acesso à água, à terra fértil, ao alimento, à moradia e ao saneamento básico.

A visão de que a humanidade caminha para uma tragédia tem sido defendida por alguns cientistas já há algumas décadas, mas a desinformação e os interesses políticos, sociais e econômicos de pessoas ou de grupos de pessoas têm dificultado bastante a mudança de rumos.

Por tudo isso, **é fundamental que cada indivíduo tenha consciência de suas responsabilidades** (o que se pode verificar nas atitudes individuais e nas coletivas), pois somente assim as futuras gerações não sofrerão as consequências da exaustão ou do comprometimento de recursos naturais.

ATIVIDADE

Para discussão em grupo

Uma pessoa diz que preocupar-se com o ambiente é bobagem, porque significa voltar a padrões primitivos de vida, deixando de lado os benefícios trazidos pelo progresso.

Que argumentos convincentes podemos apresentar a essa pessoa em favor da defesa ambiental?

As soluções começam conosco

O que podemos fazer para tornar menos sombrio o futuro de nossa espécie? Providências devem ser tomadas logo, e elas começam com nossas atitudes individuais na vida cotidiana.

Há pessoas que têm pensamentos do tipo: "não há problema em descartar meu lixo de modo incorreto" ou "não é o meu lixo que vai agravar o problema ambiental" ou "tudo bem eu desperdiçar recursos, pois o que eu gasto é muito pouco". Esse tipo de raciocínio poderia até funcionar se existissem pouquíssimos seres humanos no planeta. Mas, com bilhões de pessoas e com o aumento desenfreado da população mundial, tal raciocínio é incorreto.

Sobre aquilo que cada um de nós deve fazer, vale uma ideia muito simples e importante: *devemos pensar globalmente e agir localmente*. **Pensar globalmente** é refletir sobre como nossas atitudes interferem no ambiente e no planeta. **Agir localmente** começa com a nossa própria rotina de vida, em nossa casa, nossa escola e nossa comunidade. Precisamos consumir tanto e desperdiçar tantos recursos e tanta energia? Precisamos usar tantos produtos descartáveis? Que fazemos para contribuir para a reciclagem do lixo? Passamos informações a outras pessoas sobre os problemas ambientais que algumas de nossas atitudes diárias provocam?

Use a internet

Conheça mais sobre **atitudes responsáveis** no uso de energia elétrica e no consumo de bens. Visite a página do Programa Nacional de Energia (Procel) e do Instituto Akatu pelo Consumo Consciente:

http://www.procelinfo.com.br/main.asp

http://www.akatu.org.br

Caso esses endereços tenham mudado, busque por *Procel dicas de economia de energia* e por *Instituto Akatu*.

JUNIOR ROZZO /ROZZO IMAGENS

MARCIO SOARES/FUTURA PRESS

Pequenos gestos, como dar destino ao lixo reciclável em lixeiras ou em postos de coleta seletiva, são o ponto de partida para resolver os problemas criados pelo próprio ser humano. **Faça você também a sua parte**.

A. Lixeiras de coleta seletiva em São Paulo, SP. O recipiente marrom nessa foto é para o descarte de lixo não reciclável.

B. Posto de coleta seletiva em São Paulo, SP.

As soluções envolvem a coletividade

Além das providências individuais, é necessário que governantes, empresas e órgãos sejam pressionados pela sociedade a agirem rápida e concretamente a favor da sustentabilidade.

Nesse processo, é importante destacar o trabalho, em todo o mundo, de organizações não governamentais (ONGs) comprometidas com questões ambientais. Mas as conquistas ainda são pequenas quando comparadas à dimensão dos problemas e da população do planeta.

Controlar o crescimento da população mundial é outro fator que deve ser tratado com a máxima urgência, para que a humanidade tenha tempo de resolver seus enormes problemas sociais, para reduzir a necessidade de recursos naturais e para administrar a exploração desses recursos de modo que assegure o desenvolvimento sustentável.

Apesar das muitas controvérsias sobre esse ou aquele ponto, quando refletimos sobre a situação atual e o futuro da humanidade, não há como escapar da ideia de que o desenvolvimento do planeta deve se tornar sustentável, e rápido, ou o destino da humanidade não será muito diferente do destino dos habitantes da Ilha de Páscoa, que a exploraram além das possibilidades naturais de recuperação.

ATIVIDADE

Para discussão em grupo

Que meios poderiam ser usados para controlar o aumento da população humana?

ORGANIZAÇÃO DE IDEIAS

MAPA CONCEITUAL

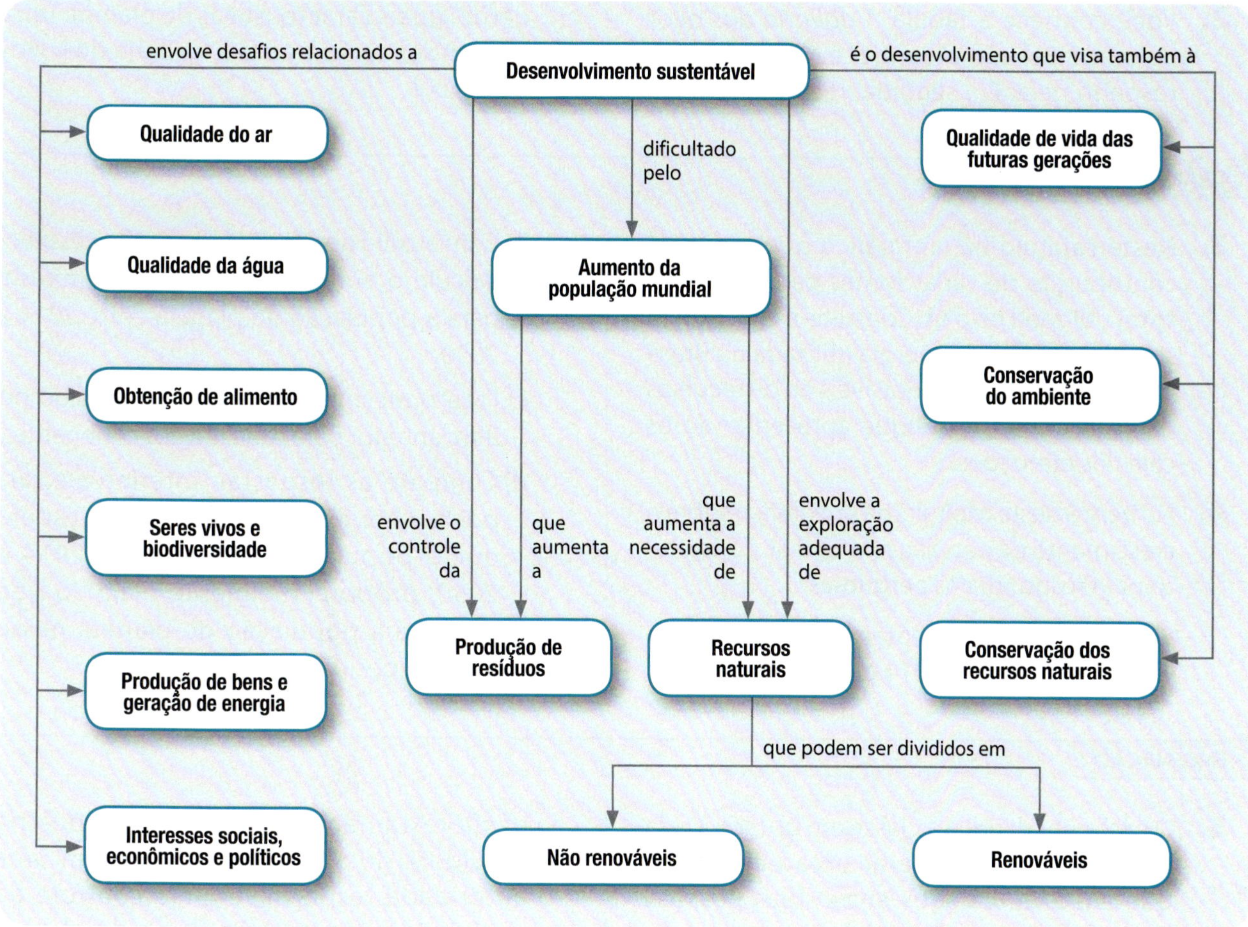

ATIVIDADE

USE O QUE APRENDEU

1. O ser humano faz parte da natureza? Justifique sua resposta.

2. A espécie humana pode viver de modo totalmente independente dos recursos naturais? Explique.

3. Que relação há entre a resposta às duas perguntas anteriores?

4. Neste capítulo, afirmou-se que uma das maneiras de conservar os recursos não renováveis é substituindo-os por recursos que possam ser renovados. Faça uma lista com pelo menos cinco exemplos de substituições desse tipo que podem ser feitas pela sociedade.

ATIVIDADE

EXPLORE DIFERENTES LINGUAGENS

A critério do professor, as atividades a seguir poderão ser feitas em grupos.

TEXTO

1. Redija um texto de dez a quinze linhas fazendo comparações entre o conceito tradicional de **desenvolvimento** e o conceito de **desenvolvimento sustentável**.

FÁBULA

2. Você conhece a fábula *A galinha dos ovos de ouro*? Se não a conhece, informe-se a respeito dela. Em seguida, responda no caderno: quais características do planeta Terra podem ser comparadas à "galinha dos ovos de ouro"?

GRÁFICO

3. Neste capítulo há um gráfico que mostra a contribuição de várias fontes para a energia **total** utilizada no país. Consulte-o e responda se a maior parte da energia utilizada no Brasil provém de recursos renováveis ou de recursos não renováveis. Justifique apresentando os cálculos efetuados.

4. No item 8 deste capítulo há um gráfico sobre o crescimento da população mundial. Consulte-o para responder às perguntas.

a) Em qual dos continentes se espera redução da população de 2014 para 2050?

b) Com auxílio do seu professor, se necessário, calcule o aumento porcentual esperado para a população do planeta entre 2014 e 2050.

c) Faça o mesmo tipo de cálculo pedido no item anterior para cada um dos continentes.

d) Compare as respostas anteriores e responda: em quais continentes se espera que a população cresça, entre 2014 e 2050, proporcionalmente mais do que crescerá a população do planeta nesse mesmo período?

ENCENAÇÃO

5. O professor dividirá a classe em grupos. Cada um deles deve preparar uma encenação que envolva diálogos entre duas pessoas com ideias opostas relativas ao ambiente. Por exemplo, um dono de madeireira dialogando com alguém que deseja evitar o desflorestamento, um dono de indústria poluidora do ar argumentando com uma autoridade responsável pelo controle da qualidade do ar etc. Ambos os lados devem apresentar argumentos para defender seu ponto de vista.

AMANDA DUARTE

Seu aprendizado não termina aqui

Os meios de comunicação noticiam todos os anos a realização de reuniões com representantes dos países mais ricos. É frequente, nessas reuniões, a discussão das questões ambientais. Acompanhe essas notícias e conheça a posição dos diferentes países, o que eles têm feito sobre as questões ambientais, a interferência dos problemas econômicos nessas discussões e as demais dificuldades que a humanidade enfrenta para atingir o desenvolvimento sustentável.

FECHAMENTO DA UNIDADE

Isso vai para o nosso *blog*!

Diversidade das plantas

A critério do professor, a classe será dividida em grupos e cada um deles criará e manterá um *blog* na internet sobre a importância do que se aprende na disciplina de Ciências Naturais. Na presente atividade, a meta é selecionar informações (acessar, reunir, ler, analisar, debater e escolher as mais relevantes e confiáveis) relacionadas aos tópicos abaixo para incluir no *blog*.

DANIEL ZEPPO

SUPLEMENTO DE PROJETOS

FUSE/CORBIS/GETTY IMAGES

PROJETO 1

UMA LENTE DE GARRAFA PLÁSTICA

EXPERIMENTO

ATIVIDADE EM GRUPO

Objetivo

▶ Construir uma lente e investigar seu poder de ampliação de imagens.

Vocês vão precisar de:

- garrafa plástica transparente, com tampa de rosca, sem rótulo e com as laterais lisas (recomendam-se as descartáveis de refrigerante)
- toalha
- água
- folha de jornal

Procedimento

1. Encham completamente a garrafa com água. Fechem-na bem e enxuguem-na com a toalha.
2. Coloquem a garrafa deitada sobre a folha de jornal, como mostra a figura abaixo. Se houver bolhas de ar, é porque vocês não encheram a garrafa completamente. Nesse caso, repitam o item 1 deste procedimento.
3. Comparem as letras do jornal quando vistas diretamente ou quando vistas através da garrafa com água.

AMANDA DUARTE

Vá além:

- Usem a **criatividade** e **modifiquem** esse experimento.
- Coloquem a garrafa sobre papel pautado de caderno e, usando as linhas como referência, tentem avaliar (não é necessário precisão absoluta) qual é o poder de ampliação da lente que vocês construíram, isto é, quantas vezes ela aumenta a imagem. Descartem a água (em um jardim, por exemplo), providenciem outra garrafa (bem lavada e seca) e encham com óleo de cozinha. Verifiquem se o óleo afeta o poder de aumento da lente.
- Usem garrafas de diferentes tamanhos preenchidas com água. Investiguem se isso afeta o poder de aumento da lente.

PROJETO 2

O USO DO MICROSCÓPIO

EXPERIMENTO
ATIVIDADE EM GRUPO

Objetivo

▶ Conhecer as partes principais de um microscópio de luz e adquirir noções sobre seu uso.

Vocês vão precisar de:

- um microscópio de luz
- uma fonte de luz artificial
- uma ou mais lâminas já preparadas e entregues pelo professor

ATENÇÃO!

O microscópio é um instrumento caro e delicado.
Tenham cuidado ao manuseá-lo.

Procedimento

1. Os microscópios podem variar em aparência, complexidade e poder de ampliação de imagens. Todos, porém, têm alguns componentes básicos. Observem o microscópio que o professor colocou sobre a mesa e comparem-no com o do desenho abaixo. Não mexam nele por enquanto. Apenas identifiquem suas partes.

(1) **Braço** – Por onde devemos pegar o microscópio ao transportá-lo.

(2) **Base** – Deve ser colocada sobre superfície horizontal e regular para que o instrumento não balance.

(3) **Ocular** – É por onde olhamos para ver as imagens ampliadas. Contém uma lente (ou conjunto delas) e é responsável por parte da ampliação.

(4) **Objetiva** – Lente (ou conjunto delas) responsável por parte da ampliação. Normalmente há mais de uma objetiva, cada qual com diferente poder de ampliação.

(5) **Canhão** – Parte móvel que pode subir ou descer para a fim de se obter uma imagem nítida do objeto.

(6) **Parafuso macrométrico** – Usado para movimentar o canhão.

(7) **Parafuso micrométrico** – Permite pequeninos movimentos do canhão para melhorar a imagem. Ausente nos microscópios mais simples.

(8) **Mesa** – Onde se coloca a lâmina de vidro que contém o objeto a ser ampliado.

(9) **Clipes** (são dois) – Usados para prender a lâmina à mesa.

(10) **Espelho** – Reflete a luz (de abajur, luminária etc.) para dentro do canhão. Em alguns microscópios há uma lâmpada no lugar desse espelho.

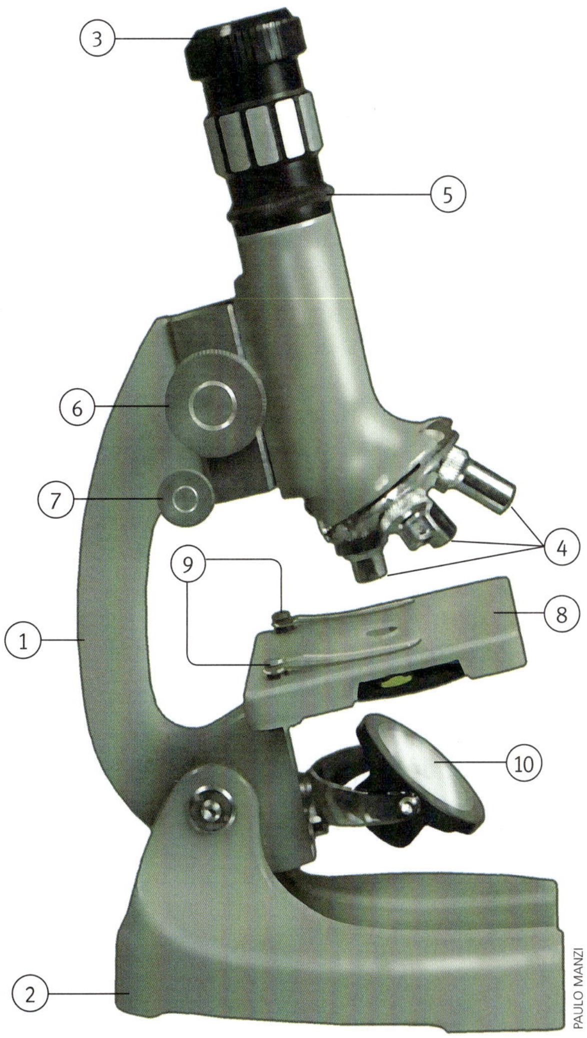

2. Vamos conhecer alguns cuidados básicos que vocês devem ter com o microscópio.
   - Quando forem transportá-lo, utilizem as duas mãos. Uma segura o braço do microscópio e a outra deve ser colocada sob a base.
   - O microscópio deve ser colocado numa mesa firme e longe da beirada, para que não caia.
   - Nunca encostem os dedos diretamente nas lentes ocular e objetiva, pois a gordura — presente nas mãos — deixaria manchas difíceis de remover.
   - Nunca usem luz solar como fonte de iluminação. Ela pode causar danos à sua visão. Além disso, a luz solar é tão forte que impede a visualização de alguns detalhes da imagem e pode, por causa do calor, matar pequenos seres vivos em observação.
3. Agora vocês vão examinar uma lâmina entregue pelo professor. No centro dessa lâmina de vidro está o objeto a ser visualizado. Ele está coberto por uma lâmina mais fina de vidro, denominada lamínula.

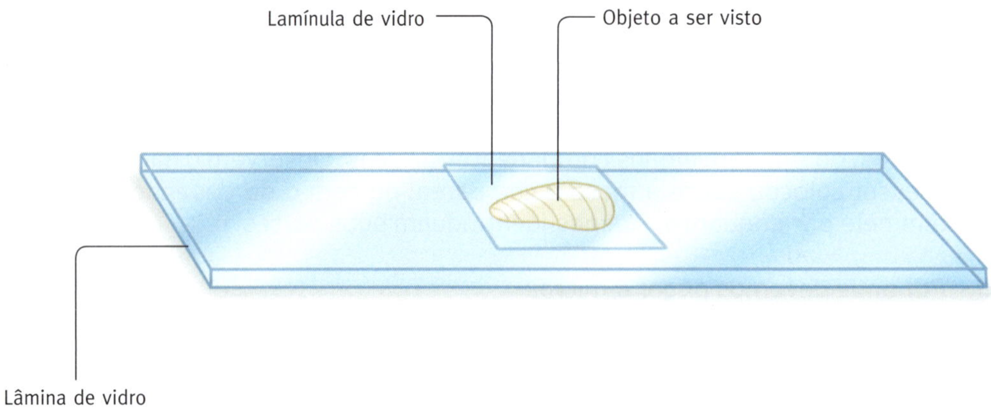

PAULO MANZI

4. Comecem a observação com a objetiva de menor poder de aumento. Posicionem a fonte de luz e o espelho de modo que vejam, pela ocular, um círculo bem claro.
5. Suspendam totalmente o canhão usando o parafuso macrométrico. Prendam a lâmina nos clipes.
6. Usando o parafuso macrométrico, movimentem cuidadosamente o canhão até sua posição mais baixa. **Cuidado** para a objetiva não tocar na lamínula, que pode se quebrar.
7. Olhem pela ocular e, usando o parafuso macrométrico, suspendam o canhão lentamente até conseguirem visualizar o objeto. Melhorem a imagem fazendo pequenos ajustes com o parafuso micrométrico. Movimentem também o espelho, pois pequenas variações de iluminação podem melhorar a imagem.
8. Vamos, agora, ampliar determinada parte da imagem. Primeiramente posicionem-na no centro do círculo, movendo a lâmina. Percebam que, para mover a imagem para baixo, é preciso movimentar a lâmina para cima. Para mover a imagem para a direita, é necessário movimentar a lâmina para a esquerda.
9. Mudem para a objetiva seguinte, de poder de ampliação maior que a anterior.
10. Abaixem o canhão, usando o parafuso macrométrico, até próximo da lamínula. **Cuidado** para não quebrá-la.
11. Olhem pela ocular e, usando o parafuso macrométrico, suspendam o canhão lentamente até conseguir visualizar o objeto. Melhorem a imagem fazendo pequenos ajustes com o parafuso micrométrico. Movimentem também o espelho, pois pequenas variações de iluminação podem melhorar a imagem.
12. Repitam os itens 8 ao 11 com a(s) próxima(s) objetiva(s), de maior poder de ampliação.
13. Para observar outra lâmina, repitam este procedimento a partir do item 3.

PROJETO
3

CAMUFLAGEM E SELEÇÃO NATURAL

EXPERIMENTO

ATIVIDADE EM GRUPO

Objetivo

- Averiguar a eficiência da camuflagem em insetos.

Vocês vão precisar de:

- gramado
- pedacinhos de mesmo tamanho de papéis de diversas cores (sugerem-se azul-claro, azul-escuro, amarelo, laranja, rosa, vermelho, verde-claro, verde-escuro, preto, marrom, bege, roxo, branco)

Procedimento

1. Cada grupo deve espalhar os papéis coloridos na grama, numa mesma região.
2. Uma pessoa de cada grupo (que não viu onde os papéis foram espalhados) deve se aproximar dessa região. A cada passo, deve parar e dizer se consegue ver algum dos papéis coloridos.
3. Anotem a ordem em que as diferentes cores são descobertas pela pessoa.
4. Repitam o procedimento com as outras pessoas do grupo.
5. Que cores são vistas com mais facilidade? E quais são mais difíceis de se ver?

ILUSTRAÇÕES: AMANDA DUARTE

Vá além:

- Pode-se dizer que essas observações se relacionam com camuflagem? E com adaptação, evolução e seleção natural? Expliquem isso em um pequeno texto.

PROJETO 4

SIMULANDO A FORMAÇÃO DE FÓSSEIS

EXPERIMENTO

ATIVIDADE EM GRUPO

Objetivo

- Ter noção de como se formam alguns tipos de fósseis.

Vocês vão precisar de:

- massa de modelar
- concha marinha
- gesso em pó
- óleo de cozinha
- água
- colher de sopa
- copo
- prato

Procedimento

1. Lambuzem a parte externa da concha com um pouco de óleo.
2. Coloquem massa de modelar no centro do prato e pressionem a concha sobre ela. Retirem-na delicadamente, de modo que a forma da concha fique marcada na massa de modelar. Vocês farão, assim, um molde (Figura A).
3. Coloquem no copo cinco colheres de gesso em pó e três colheres de água. Misturem bem e despejem essa mistura dentro do molde de massa de modelar. Vejam a figura B.
4. Esperem o gesso endurecer e separem a massa de modelar do objeto de gesso.
5. Pesquisem e respondam: o que esse experimento tem a ver com a formação dos fósseis?

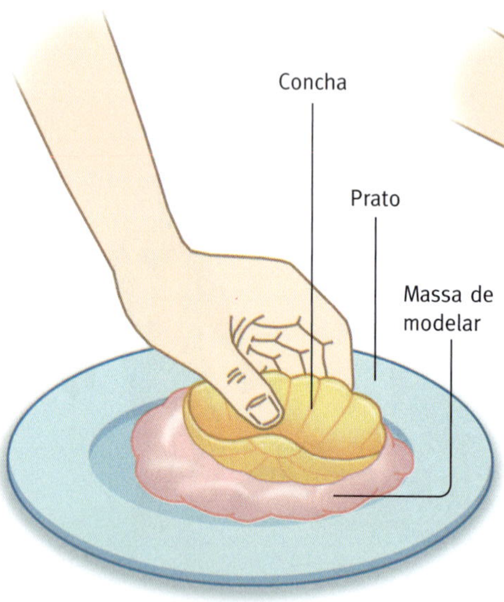

Figura A

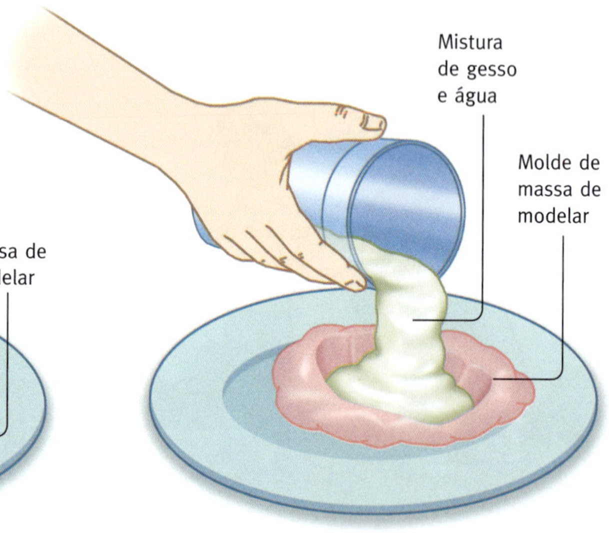

Figura B

ILUSTRAÇÕES: PAULO MANZI

Vá além:

- Usem a **criatividade** e **modifiquem** esse experimento. Vocês podem usar outras partes duras de animais e plantas no lugar da concha. Podem também usar outros materiais no lugar do gesso (argila, por exemplo).

PROJETO 5

ACOMPANHANDO A DECOMPOSIÇÃO DA BANANA

EXPERIMENTO
ATIVIDADE EM GRUPO

Objetivo

- Acompanhar a decomposição da banana na presença e na ausência de fermento biológico.

Vocês vão precisar de:

- dois sacos plásticos transparentes (sem furos)
- duas rodelas de banana cortadas na hora
- fita adesiva
- caneta
- 2 etiquetas
- a quarta parte de um tablete de 15 gramas de fermento biológico para pão

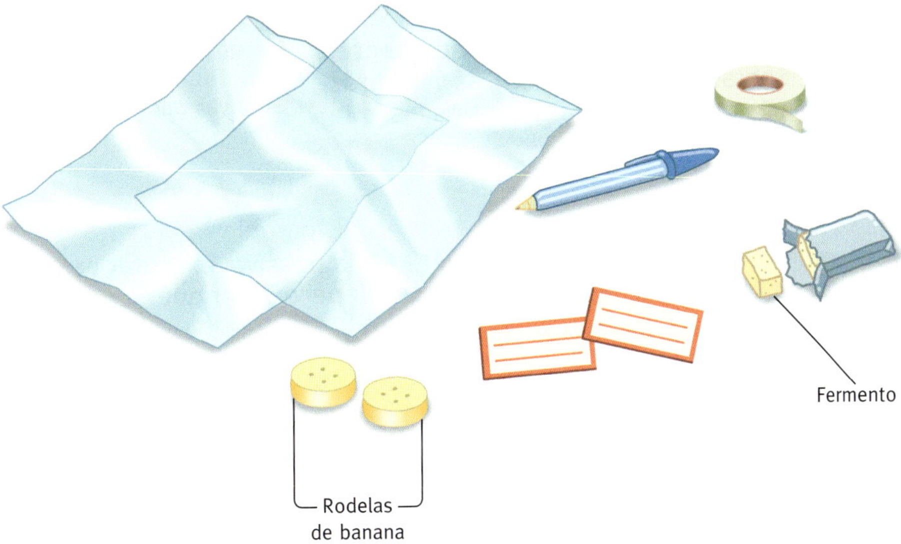

ILUSTRAÇÕES: PAULO MANZI

Procedimento

1. Coloquem uma rodela de banana em cada saco plástico.
2. Esfarelem o fermento e despejem-no sobre uma das rodelas. Lavem bem as mãos após manusear o fermento.
3. Fechem os sacos com fita adesiva. Apliquem em cada um deles uma etiqueta com a identificação do conteúdo, a fim de saber qual tem, ou não, fermento.
4. Observem os sacos por cinco dias. Anotem diariamente as alterações no aspecto das rodelas.
5. Em qual dos casos o alimento se decompõe mais rapidamente? Redijam um texto com uma explicação para o que aconteceu.

AMANDA DUARTE

PROJETO 6

A COLUNA VERTEBRAL

EXPERIMENTO — ATIVIDADE EM GRUPO

Objetivo

▶ Observar a coluna vertebral de um peixe com esqueleto ósseo.

Vocês vão precisar de:

- pedaço de papel-alumínio
- esqueleto de um peixe fresco
- lupa
- luvas descartáveis

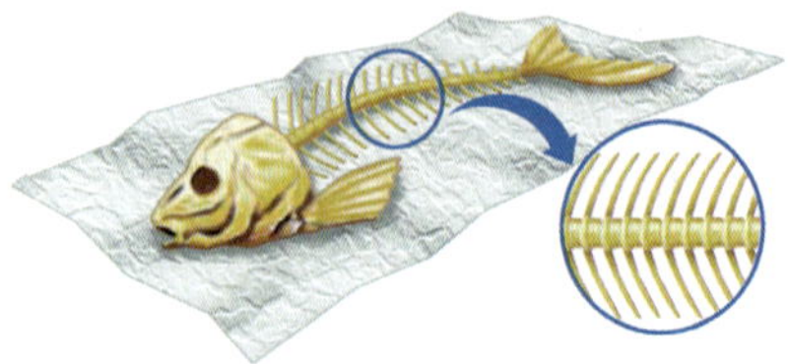
PAULO MANZI

Procedimento

1. Peçam a um adulto que retire o esqueleto do peixe tendo o cuidado de não quebrá-lo.
2. Coloquem o papel-alumínio em uma mesa e o esqueleto do peixe sobre ele.
3. Usando luvas, passem o dedo pelos ossos que formam uma fileira no esqueleto do peixe, **com cuidado para não se ferir**.
4. Utilizando a lupa, examinem os ossos detalhadamente. Observem a coluna vertebral ("espinha dorsal"), as vértebras e a cartilagem (substância mole, parecida com os ossos, que fica entre as vértebras).

ATENÇÃO!

Protejam as mãos usando luvas para manusear o peixe.

Vá além:

- Qual é a função da coluna vertebral no corpo do peixe? Seria possível executar essa função caso não existisse cartilagem na coluna vertebral do peixe? Por quê?

PROJETO 7

GEOTROPISMO

EXPERIMENTO — ATIVIDADE EM GRUPO

Objetivo

▶ Observar o geotropismo.

Vocês vão precisar de:

- dois vasos com plantas do mesmo tipo (regue-as sempre que necessário)

PAULO MANZI

Procedimento

1. Deitem um dos vasos sobre uma superfície plana e calcem-no para não rolar. Mantenham o outro vaso em pé (planta de controle), ao lado do primeiro, conforme a figura.
2. Observem a posição de caules e folhas após uma semana. O que aconteceu com o caule e com as folhas da planta que ficou deitada? E com os da planta de controle?

PROJETO **8**

FOTOTROPISMO

EXPERIMENTO

ATIVIDADE EM GRUPO

Objetivo

- Observar o fototropismo.

Vocês vão precisar de:

- caixa de sapato com tampa
- dois retângulos de cartolina ou papelão
- tesoura com pontas arredondadas
- vaso pequeno com terra adubada
- copo com água
- semente de feijão
- fita adesiva

Procedimento

1. Cortem os retângulos de papelão do tamanho da face menor da caixa de sapato e façam uma pequena "janela" na extremidade de cada retângulo.
2. Recortem uma "janela" larga na face menor da caixa de sapato (Figura A).
3. Plantem a semente no vaso e reguem-no.
4. Encaixem um dos cartões na parte interna da caixa de sapato e fixem-no com fita adesiva. Coloquem o vaso na caixa (Figura B).
5. Tampem a caixa e coloquem-na em local iluminado.
6. Coloquem o segundo cartão alguns dias depois, quando a planta já estiver em desenvolvimento (Figura C), e também fixem-no com fita adesiva. Disponham os cartões de maneira que as "janelas" fiquem posicionadas em lados diferentes. Se houver necessidade, reguem o vaso. Fechem a caixa e aguardem a planta crescer até atravessar a "janela" superior da caixa de sapato.
7. Abram a caixa e observem. Façam um relatório explicando o que ocorreu.

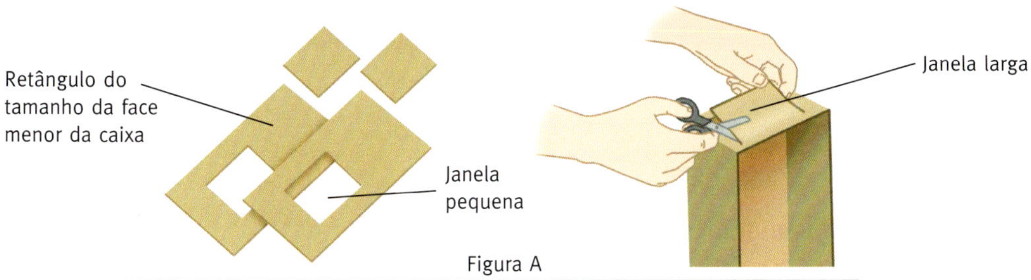

Figura A

Figura B

Figura C

ILUSTRAÇÕES: PAULO MANZI

Vá além:

- Qual é a vantagem adaptativa dos comportamentos observados neste projeto e no anterior?

PROJETO 9

AMADURECIMENTO DOS FRUTOS – 1ª PARTE

EXPERIMENTO

ATIVIDADE EM GRUPO

Objetivo

- Acompanhar a velocidade de amadurecimento de um fruto (banana).

PAULO MANZI

Vocês vão precisar de:

- duas bananas não maduras com cores parecidas
- saco plástico ou de papel

Procedimento

1. Coloquem uma das bananas no saco, fechem-no e deixem-no sobre uma mesa. Coloquem a outra banana sobre a mesma mesa.
2. Diariamente, observem a cor de cada banana, por exemplo: "metade verde", "toda amarela", "um quarto escura". Anotem no caderno. Não se esqueçam de fechar o saco após cada observação.
3. Qual banana amadureceu e ficou escura mais rapidamente? Tentem explicar o ocorrido, sabendo que a banana libera um gás que induz o seu próprio amadurecimento.

PROJETO 10

AMADURECIMENTO DOS FRUTOS – 2ª PARTE

EXPERIMENTO

ATIVIDADE EM GRUPO

Objetivo

- Comparar a velocidade de amadurecimento de um fruto (tomate) em duas condições diferentes.

PAULO MANZI

Vocês vão precisar de:

- banana madura
- dois tomates verdes
- dois frascos de vidro com tampa

Procedimento

1. Em cada frasco coloquem um tomate e, em um dos frascos, coloquem também a banana. Tampem os frascos.
2. Mantenham os frascos em um local escuro, à temperatura ambiente. Aguardem um ou dois dias.
3. Expliquem o que aconteceu com os tomates.

PROJETO 11

A TRANSPIRAÇÃO DAS PLANTAS

EXPERIMENTO

ATIVIDADE EM GRUPO

Objetivo

- Evidenciar a transpiração de uma folha de planta.

Vocês vão precisar de:

- dois copos de vidro
- massa de modelar
- lápis bem apontado
- água
- pedaço quadrado de papelão ou cartolina dura, um pouco maior que o diâmetro do copo
- folha espessa com pecíolo ("haste") firme (exemplo: violeta, hibisco, laranjeira), colhida na hora

Procedimento

1. Usem a ponta do lápis e, **com cuidado**, façam um pequeno orifício no centro do cartão (Figura A). Colham a folha **na hora** do experimento. Empurrem o pecíolo pelo orifício (cerca de 4 a 5 centímetros abaixo do cartão) evitando encostar a folha no cartão. Peguem um pouco de massa de modelar e pressionem contra o cartão, em volta do pecíolo, para fixá-lo (Figura B).
2. Encham um dos copos com água e posicionem o cartão com a folha no topo do copo, de modo que o pecíolo fique mergulhado na água (Figura C).
3. Coloquem o copo vazio sobre o cartão, de modo a cobrir a folha. Deixem o conjunto sob iluminação natural por algumas horas. Observem o copo de cima (Figura D).
4. Tentem explicar o que vocês observaram no copo de cima. Comparem a sua explicação com a dos outros grupos.

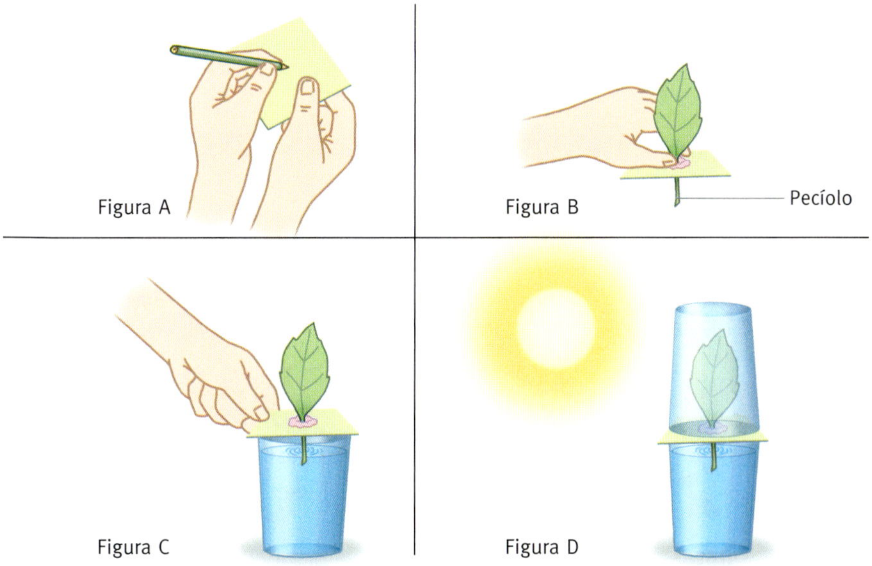

ILUSTRAÇÕES: PAULO MANZI

Vá além:

- Qual é a relação entre o que se observou e o *ciclo da água*?

PROJETO 12

ÉPOCA CERTA PARA PLANTAR

EXPERIMENTO

ATIVIDADE EM GRUPO

Objetivo

- Observar o efeito da temperatura no crescimento da semente.

Vocês vão precisar de:

- oito sementes de feijão
- papel toalha
- dois copos de vidro
- água

Figura A

Figura B

ILUSTRAÇÕES: PAULO MANZI

Procedimento

1. Procedam da mesma forma com os dois copos. Peguem um pedaço de papel toalha e, com ele, envolvam o lado interno do copo (Figura A).
2. Amassem vários pedaços de papel toalha e coloquem-nos dentro do copo. Quando sentirem que o papel que envolve o interior do copo está firme, peguem quatro sementes de feijão e coloquem-nas entre o papel e o vidro. Procurem fixá-las na metade da altura do copo.

   Observem a distância entre as sementes (Figura B).
3. Umedeçam o papel toalha sem encharcá-lo.
4. Coloquem um copo na geladeira e mantenham o outro em temperatura ambiente.
5. Conservem o papel dos copos umedecido.
6. Observem os copos por uma semana e elaborem um relatório com os resultados. Comparem suas anotações com as dos outros grupos.

AMANDA DUARTE

Vá além:

- O que os resultados obtidos têm a ver com o título deste projeto?

BIBLIOGRAFIA

ALBERTS, B. et al. *Molecular Biology of the cell*. 5. ed. Nova York: Garland Science, 2008.

ALLABY, M. (ed.). *Oxford dictionary of Plant Sciences*. 3. ed. Oxford: Oxford University Press, 2004.

________. *Oxford dictionary of Zoology*. 2. ed. Oxford: Oxford University Press, 1999.

ATKINS, P. et al. *Chemical principles: the quest for insight*. 6. ed. Nova York: Freeman, 2013.

AUDESIRK, T. et al. *Biology: life on Earth*. 9. ed. San Francisco: Benjamin Cummings, 2011.

BELK, C. e BORDEN, V. *Biology: science for life*. 2. ed. Upper Saddle River: Prentice Hall, 2007.

BETTELHEIM, F. A. et al. *Introduction to General, Organic, and Biochemistry*. 10. ed. Belmont: Brooks/Cole, 2013.

BLOOMFIELD, L. A. *How everything works: making Physics out of ordinary*. Hoboken: John Wiley, 2007.

BOTKIN, D. B. e KELLER, E. A. *Environmental Science: Earth as a living planet*. 8. ed. Hoboken: John Wiley, 2011.

BROWN, T. L. et al. *Chemistry: the central science*. 13. ed. Upper Saddle River: Prentice Hall, 2015.

BRUSCA, R. C. e BRUSCA, G. J. *Invertebrados*. 2. ed. Rio de Janeiro: Guanabara Koogan, 2007.

BURNIE, D. *101 Nature experiments*. Londres: Dorling Kindersley, 1996.

BURROWS, A. et al. *Chemistry^3: introducing Inorganic, Organic and Physical Chemistry*. Oxford: Oxford University Press, 2009.

CAIN, M. L. et al. *Discover Biology – core topics*. 4. ed. Nova York: W. W. Norton & Company, 2009.

CAMPBELL, M. K. e FARRELL, S. O. *Biochemistry*. 6. ed. Belmont: Thomson Brooks/Cole, 2009.

CAMPBELL, N. et al. *Biology*. 10. ed. Glenview: Pearson, 2014.

________. *Biology: concepts & connections*. 7. ed. San Francisco: Benjamin Cummings, 2012.

CARDOSO, J. L. C. et al. *Animais peçonhentos no Brasil*. 2. ed. São Paulo: Sarvier, 2012.

CIMERMAN, B. e CIMERMAN, S. *Parasitologia humana e seus fundamentos gerais*. 2. ed. São Paulo: Atheneu, 2002.

DAINTITH, J. e MARTIN, E. (eds.). *Oxford dictionary of Science*. 5. ed. Oxford: Oxford University Press, 2005.

FREEMAN, S. et al. *Biological Science*. 5. ed. Glenview: Pearson, 2014.

GIANCOLI, D. C. *Physics: principles with applications*. 6. ed. Upper Saddle River: Prentice-Hall, 2005.

GOODENOUGH, J. e MCGUIRE, B. *Biology of humans: concepts, applications, and issues*. 4. ed. San Francisco: Benjamin Cummings, 2012.

HALLIDAY, D. et al. *Fundamentals of Physics*. 10. ed. Hoboken: John Wiley, 2014.

HEWITT, P. G. *Física conceitual*. 12. ed. Porto Alegre: Bookman, 2015.

HICKMAN JR., C. P. et al. *Integrated principles of Zoology*. 14. ed. Nova York: McGraw-Hill, 2008.

HINE, R. S. e MARTIN, E. (eds.). *Oxford dictionary of Biology*. 5. ed. Oxford: Oxford University Press, 2004.

KARDONG, K. V. *Vertebrados: anatomia comparada, função e evolução*. 5. ed. São Paulo: Roca, 2010.

KARP, G. *Cell and Molecular Biology: concepts and experiments*. 6. ed. Hoboken: John Wiley, 2010.

KRAUSS, H. et al. *Zoonoses: infectious diseases transmissible from animals to humans*. 3. ed. Washington: ASM Press, 2003.

KROGH, D. *Biology: a guide to the natural world*. 5. ed. San Francisco: Benjamin Cummings, 2011.

KUMAR, V. et al. *Robbins e Cotran Patologia: bases patológicas das doenças*. 7. ed. Rio de Janeiro: Elsevier, 2005.

MACHADO, A. B. M. e DRUMMOND, G. M. (eds.). *Livro vermelho da fauna brasileira ameaçada de extinção*. 1. ed. Brasília: Ministério do Meio Ambiente; Belo Horizonte: Fundação Biodiversitas, 2008. 2 v.

MADER, S. S. *Biology*. 10. ed. Nova York: McGraw-Hill, 2010.

______. e WINDELSPECHT, M. *Human Biology*. 12. ed. Nova York: McGraw-Hill, 2012.

MADIGAN, M. T. et al. *Microbiologia de Brock*. 12. ed. Porto Alegre: Artmed, 2010.

MARTIN, E. A. (ed.). *Oxford concise medical dictionary. 7. ed.* Oxford: Oxford University Press, 2007.

MILLER JR., G. T. e SPOOLMAN, S. E. *Living in the environment*. 17. ed. Belmont: Brooks/Cole, 2012.

NEBEL, B. J. e WRIGHT, R. T. *Environmental Science: the way the world works*. 7. ed. Upper Saddle River: Prentice Hall, 2000.

NELSON, D. L. e COX, M. M. *Lehninger Principles of Biochemistry*. 5. ed. Nova York: Freeman, 2008.

NETTER, F. H. *Atlas de Anatomia Humana*. 5. ed. Rio de Janeiro: Elsevier, 2011.

NEVES, D. P. et al. *Parasitologia dinâmica*. 3. ed. São Paulo: Atheneu, 2009.

ONTORIA, A. et al. *Mapas conceptuales: una tecnica para aprender.* 7. ed. Madrid: Narcea, 1997.

PARÂMETROS CURRICULARES NACIONAIS. Brasília: MEC/Secretaria de Educação Fundamental, 1998.

POSTLETHWAIT, J. H. e HOPSON, J. L. *Modern Biology*. Austin: Holt, Rinehart and Winston, 2006.

______. *The nature of life*. 3. ed. Nova York: McGraw-Hill, 1995.

POUGH, F. H. et al. *Vertebrate life*. 7. ed. Upper Saddle River: Prentice Hall, 2005.

RAVEN, P. et al. *Biologia vegetal*. 7. ed. Rio de Janeiro: Guanabara Koogan, 2007.

______. et al. *Biology*. 9. ed. Nova York: McGraw-Hill, 2011.

______. et al. *Environment*. 7. ed. Hoboken: John Wiley, 2010.

RAW, I. et al. *A Biologia e o Homem*. São Paulo: Edusp, 2001.

REIS, N. R. et al. *Mamíferos do Brasil: guia de identificação*. Rio de Janeiro: Technical Books, 2010.

REY, L. *Parasitologia*. 4. ed. Rio de Janeiro: Guanabara Koogan, 2008.

RIDLEY, M. *Evolution*. 3. ed. Malden: Blackwell Science, 2004.

RUPPERT, E. E. et al. *Zoologia dos invertebrados*. 7. ed. São Paulo: Roca, 2005.

RUSSELL, P. J. et al. *Biology: the dynamic science*. Belmont: Thomson Brooks/Cole, 2008.

SADAVA, D. et al. *Life: the science of Biology*. 10. ed. Sunderland: Sinauer, 2014.

SICK, H. *Ornitologia brasileira*. 3. ed. Rio de Janeiro: Nova Fronteira, 2001.

SOLOMON, E. P. et al. *Biology*. 9. ed. Belmont: Brooks/Cole, 2011.

STALEY, J. T. et al. *Microbial life*. 2. ed. Sunderland: Sinauer, 2007.

STARR, C. et al. *Biology: The unity and diversity of life*. 12. ed. Belmont: Brooks/Cole, 2009.

______. *Biology: today and tomorrow*. 3. ed. Belmont: Brooks/Cole, 2010.

STEHLI, G. *The microscope and how to use it*. Nova York: Dover, 1960.

STEPHENS, R. et al. *BSCS Biology: a molecular approach*. 9. ed. Columbus (Ohio): Glencoe/McGraw-Hill, 2006.

STOKER, H. S. *General, Organic, and Biological Chemistry*. 4. ed. Boston: Houghton Mifflin, 2007.

STORER, T. I. et al. *Zoologia geral*. 6. ed. São Paulo: Nacional, 2002.

TAIZ, L. e ZEIGER, E. *Plant Physiology*. 3. ed. Sunderland: Sinauer, 2002.

TEIXEIRA, W. et al. (org.). *Decifrando a Terra*. 2. ed. São Paulo: Companhia Editora Nacional, 2009.

TELAROLLI JR., R. *Epidemias no Brasil: uma abordagem biológica e social*. 2. ed. São Paulo: Moderna, 2003. (Col. Desafios).

TIMBERLAKE, K. C. *Chemistry: an introduction to General, Organic, and Biological Chemistry*. 11. ed. Upper Saddle River: Prentice Hall, 2012.

______. *General, Organic, and Biological Chemistry: structures of life*. 3. ed. Upper Saddle River: Prentice Hall, 2010.

TIPLER, P. e MOSCA, G. *Physics for scientists and engineers*. 6. ed. Nova York: Freeman, 2008.

TORTORA, G. J. et al. *Microbiology: an introduction*. 10. ed. San Francisco: Benjamin Cummings, 2010.

TORTORA, G. J. e DERRICKSON, B. *Principles of Anatomy & Physiology*. 13. ed. Nova York: John Wiley, 2012.

TRIPLEHORN, C. A. e JONNSON, N. F. *Estudo dos insetos*. São Paulo: Cengage, 2011.

VANCLEAVE, J. P. *Microscopes and Magnifying Lenses: mind-boggling Chemistry and Biology experiments you can turn into science fair projects*. Nova York: John Wiley, 1993.

VON IHERING, R. *Dicionário dos animais do Brasil*. Rio de Janeiro: Difel, 2002.

WEISSMANN, H. (org.). *Didática das Ciências Naturais: contribuições e reflexões*. Porto Alegre: Artes Médicas, 1998.

WHITTEN, K. W. et al. *Chemistry*. 10. ed. Belmont: Brooks/Cole, 2014.

YOUNG, H. D. e FREEDMAN, R. A. *University Physics*. 13. ed. San Francisco: Addison-Wesley, 2012.